APOLOGIE
DV CONCILE DE TRENTE
ET DE SAINCT AVGVSTIN:

Cõntre les nouuelles opinions du Cenſeur
Latin de la Lettre Françoiſe d'vn
Abbé à vn Eueſque;

*Où eſt refutée auſſi dans vne Preface vne autre Cenſure
Latine de la Preface Françoiſe de la Lettre
d'vn Abbé à vn Preſident.*

1650.

ESCLAIRCISSEMENT

d'vn fait particulier touchant l'authorité de S. Augustin en la matiere de la Grace & de la Predestination.

LA Preface de la Lettre à vn President auoit dit, *En attendant que ie me donne l'honneur de voir sa Reuerence (le R. P. Petau) pour luy communiquer plus particulicrement mes doutes sur le Liuret du Dissertateur, qu'on asseure auoir dit au R. P. Fronteau, sçauant Religieux de Sainte Geneuiesue, qu'on ne pouuoit suiure seurement S. Augustin en la matiere de la Grace & de la Predestination.*

Mais vn amy de ce Dissertateur a depuis respondu à ces mots de la Preface, auec ceux-cy que tout le monde iuge si modestes:[b] *On blasmera beaucoup plus la legereté (de l'Autheur de la Preface) quand on aura leu qu'il a osé asseurer par vne tres-fausse calomnie,* (la Preface ne l'asseure pas, mais dit seulement qu'on l'auoit asseuré) *que l'Autheur de la Dissertation a dit dans vne certaine rencontre que l'on ne pouuoit suiure assez seurement S. Augustin dans les choses qui appartiennent à la Grace & à la Predestination; en quoy, pour le dire franchement, j'ay appris que l'Escriuain de la Lettre, par l'adueu mesme de celuy qu'il allegue pour tesmoin, AVOIT MENTY.*

Ainsi le R. amy de sa grace suppose icy hardiment, comme vous voyez, que le R. Pere Fronteau luy dit que j'auois menty.

ã ij

a Fol. 5. verso en la glose.

b La dissertation post. de la doct. de Saint August. & du Conc. de Tr. pag. 60. Tum multò verò magis de leuitate illius expostulabit, cùm mendacissimã alterã eiusdē calumniam legerit: qui dissertationis authorē temerè est ausus asserere aliquãdo dixisse: *non tutò satis Augustinū sequi quēpiam posse in iis quæ ad gratiam, & prædestinationem pertinent:* In quo, vt simpliciter dicã, MENTITVM ESSE scriptorē Epistolæ, illo ipso, quē nominat vocis illius testē, autore cōperi.

Depuis, pour sçauoir du R. Pere Fronteau, s'il auoit dit
que j'eusse menty, ie luy escriuis le Billet suiuant.

Mon R. Pere,

Sçachant bien quel est vostre merité, ie ne doute pas que vous ne
rendiez vn fidele tesmoignage à la verité dans l'occasion qui s'en
presente. Il y a quelque temps que des personnes d'honneur m'asseu-
rerent que le R. Pere . . . . . vous auoit dit, que l'on ne pouuoit
suiure S. Augustin auec seureté dans la matiere de la Grace & de
la Predestination; & depuis ayant fait ce reproche au R. Pere, il
n'a pas fait scrupule de me démentir, vous alleguant pour son ga-
rend: Je vous supplie tres-humblement de m'éclaircir sur vne affaire de cette importance, vostre honneur & le mien y sont enga-
gez, & qui plus est, celuy de Dieu & de sa sainte Grace, dans laquelle ie suis & seray toute ma vie, mon R. Pere, vostre tres-hum-
ble, & tres-obeissant seruiteur.

A ce Billet le R. Pere Fronteau me fit l'honneur de respondre ce qui suit:

Monsieur, *VIVE IESVS*, je me sens beaucoup obligé
de l'honneur que vous me faites. Pour respondre à la vostre, ie vous
diray que ie croyois auoir oüy du R. Pere . . . . . qu'on ne peut suiure S. Augustin auec seureté dans la matiere de la Grace & de la
Predestination, & l'ay pû ainsi dire à des personnes d'honneur qui
vous l'auront rapporté: mais depuis dans quelque entretien que j'ay
eu auec le R. Pere il s'est éclaircy, & m'a soustenu qu'il ne me parla
point de la Grace, de laquelle nous ne disputions pas pour lors, ains
seulement de la Predestination, & m'a dit qu'il entendoit parler de
la Reprobation qui se traite auec la Predestination, & s'y rapporte.
Voila ce que ie vous puis dire sur ce sujet: au reste, outre le tesmoignage que ie dois à la verité, j'ay trop de respect pour vostre personne, & pour toutes celles qui portent vostre charactere, pour vous
donner vn démenty. Ie vous prie de le croire; & que s'ie suis l'amy

(*) le scruiteur des RR. Peres . . . . . . le rang que vous tenez en l'Eglise, & voStre. . . . . . . m'obligent de me dire, &c. F. FRONTEAV.

Voila ce que m'eScriuit le R. Pere Fronteau, ne demeurant nullement d'accord d'auoir dit à l'amy du DiSSertateur, que j'auois menty.

Quant à ceux auSquels le R. P. Fronteau a dit la choSe dont il eSt queStion, meSme apres que le R. Pere DiSSertateur l'eut veu, ou fait voir, pour luy en demander vn deSadueu; en voicy deux qui m'ont fait l'honneur de me le teSmoigner par eScrit, y eStant portez, comme vous le verrez, par le Seul zele de la verité: Le premier eSt MonSieur de Flecelles, dont voicy la Lettre.

MonSieur, *L'aSSeurance auec laquelle le R. Pere . . . . nie dans Sa Seconde DiSSertation, auoir dit au R. Pere Fronteau qu'il eStoit dangereux de Suiure S. AuguStin dans la matiere de la Grace & de la PredeStination, m'a paru Si eStrange, & m'a Si fort eStonné, que me Suis Senty Secrettement pouSSé à rendre teSmoignage à la verité, en vous declarant, MonSieur, comme à celuy qui y auez le principal intereSt, voStre honneur y eStant bien auant engagé, tout ce que ie Sçauois de cette affaire, à quoy ie me Suis crû obligé non Seulement par l'inclination qui doit eStre naturelle à tout ChreStien de defendre l'honneur du prochain opprimé par le menSonge, mais encore particulierement par le reSpect que j'ay pour toutes les perSonnes qui ont zele pour les veritez Euangeliques, & qui employent leurs veilles pour leur éclairciSSement. Ce Sont, MonSieur, les motifs qui m'ont porté à vous faire Sçauoir qu'vn de mes oncles ConSeiller en Parlement, auec lequel ie demeure, eStant allé rendre viSite au R. Pere Fronteau Son bon amy, ils tomberent entr'autres diScours Sur les matieres du temps, & Sur vos ouurages: A propos de quoy le R. Pere luy*

dit qu'il auoit receu tout fraischement vne Lettre du Pere . . .
. . . dont le Pere . . . . . auoit esté porteur, dans laquelle ledit
Pere feignoit de s'estonner de ce qu'on auoit escrit qu'il luy estoit
eschappé de dire en presence dudit Pere qu'il estoit dangereux,
&c. ce qu'il sçauoit aussi certainement ne luy estre iamais sorty
de la bouche, comme il pouuoit l'asseurer, que la pensée ne luy en
estoit iamais entrée dans l'esprit; qu'il le supplioit tres-affectueu-
sement de vouloir rendre tesmoignage à son innocence, & le fauoriser d'vn mot de response. Le Porteur qui auoit en pleine
creance, joignit ses prieres aux ciuilitez de la Lettre, dont
neantmoins le P. Fronteau se défit adroitement, en sorte que le
bon Pere ne pût tirer de luy autre parole, sinon QV'IL NE
POVVOIT RIEN FAIRE CONTRE SA
CONSCIENCE. Qu'il estoit bien fasché de ne pouuoir
faire response sur le champ au Pere . . . . . à cause de quelques
personnes qui le demandoient à la porte, & ainsi se separerent.
Moy du depuis estant tombé plus d'vne fois sur ce chapitre
auec le R. Pere Fronteau, il me confirma tout ce que j'en auois
appris de Monsieur mon oncle; surquoy ie conceus le dessein de
vous en donner aduis. Mais afin de ne rien auancer legerement,
& que ie ne pûsse prouuer, s'il en estoit de besoin; ie demandé au
R. Pere s'il ne certifieroit pas volontiers ce qu'il m'auoit dit
touchant cette affaire, en cas qu'il en fust requis. Il me le
promit, &c. DE FLECELLES.

Le second est Monsieur Mestayer, qui m'escriuit d'E-
ureux la Lettre suiuante.

Monsieur, Ayant appris auec quelle hardiesse le Pere . . . .,
vous auoit reproché qu'il n'estoit pas veritable que le R. Pere
Fronteau eust dit de luy ce que vous rapportez dans la Préface de
vostre Lettre au President, j'ay crû estre obligé de vous tesmoigner
par celle-cy la verité de ce que vous auez auancé, auec autant de

sincerité qu'on le contredit auec . . . . en vous faisant sça-
uoir quelques paroles du R. Pere Fronteau sur ce sujet. Lors
que ie luy presenté vne de mes Theses, il m'asseura qu'on luy
auoit rendu vne Lettre du Pere . . . . qui luy demandoit
vn desadueu touchant ce que vous auiez mis de luy dans nostre
Preface, et qu'il auoit respondu qu'il ne le feroit pas, veu que
tres-certainement le Pere . . . . . . luy auoit tenu le discours qui
estoit couché dans la Preface ; sçauoir est, qu'on ne pouuoit sui-
ure seulement S. Augustin. Voila ce que ie tiens de luy, et ce que
ie suis prest de luy soustenir, desirant en ce rencontre, et en tout
autre, defendre l'interest de la verité, et vous faire paroistre
combien passionnément ie suis, etc. DE MECTAYER.

Iugez par là si l'amy du Dissertateur a eu raison de dire, qu'il auoit appris du R. Pere Fronteau que j'auois
menty.

Quant à la distinction que l'amy fait entre la Grace &
la Predestination ; c'est vne distinction vaine & sophistique : puis que la Predestination n'estant autre chose
que la dispensation de la Grace, on ne peut errer en la
Predestination, sans errer en la Grace. Et quant à la Reprobation, qui fait partie de la Predestination, ce n'est
autre chose qu'vn refus que Dieu fait à quelques-vns de
la Grace du Sauueur, en suite du peché originel : d'où il
s'ensuit que si S. Augustin a erré dans la Reprobation, il
a erré dans la Grace, supposant que la Grace n'est pas
donnée à tous les hommes ; puis qu'elle est déniée à quelques reprouuez en chastiment du peché originel. Mais
selon S. Augustin, bien loin d'estre vne erreur, c'est vn
poinct de la Foy Catholique. *Nous sçauons*, dit-il,[a] *parlant*
des choses qui appartiennent à la Foy Catholique[b], *que*
la Grace n'est point donnée à tous les hommes. Au reste, Sainct

a Ep.107.Sci-
mus gratiam
non omnibus
hominibus
dari.
b Peruenimus
autem in ea
quæ ad fidem
Catholicam
pertinere fir-
missimè sci-
mus. *Au mes-*
me lieu de l'E-
pistre.

Augustin ayant enseigné cette Reprobation dans ses principaux Liures ; il est estrange que l'Eglise les ayt approuuez absolument, au lieu de les noter comme erronées en ce poinct, si on en veut croire les Dissertateurs. Mais en ce poinct, comme en tout autre, touchant les mysteres de la Grace, tout fidele, à mon aduis, doit s'asseurer, qu'il vaut mieux suiure vn seul S. Augustin, que mille Seminaires & mille Colleges de Dissertateurs, qui reüssissent plus heureusement à traduire en Grec les Epistres de Ciceron, qu'à traiter de la Theologie de S. Augustin.

PREFACE.

QVAND vous aurez veu dans vne lettre a qui a paru depuis peu, que Molina explique le Concile de Trente par Aristote & par le ieu des dez ; vous serez bien estonné de voir en mesme temps que l'Autheur Anonyme d'vne dissertation Latine me diffame pour auoir dit, qu'aux lieux contestez parmy les Catholiques, il falloit expliquer le mesme Concile par S. Augustin en la matiere de la grace & de la predestination, dont ce Pere est le Docteur du consentement de tous les siecles. Certes quant aux iniures dont cét homme me dechire d'vne maniere horrible, i'en dois faire gloire deuant Dieu, puisque c'est de luy seul que nous deuons attendre toute nostre loüange, *Alors dit l'Apostre* b *la loüange sera renduë de Dieu à vn chacun,* & il auoit dit c auparauant, *que l'on nous considere comme seruiteurs de Christ & dispensateurs des mysteres de Dieu : au reste que recherche t'on en des dispensateurs sinon qu'ils soient trouuez fideles? Pour moy ce m'est tres-peu de chose d'estre iugé par vous, ou par vn iour humain ; ny ie ne me iuge pas moy mesme.* Ie veux donc estre fidele, mon cher Lecteur, auec la misericorde de mon Dieu, à garder le mystere de Christ, qui m'a esté confié touchant les richesses de la grace de son Fils ; & il m'importe peu que les hommes me condamnent si ie suis approuué de Dieu. d Mais celuy de tous qui m'attaque & m'outrage le plus sanglammeut est l'Autheur Latin dont ie vous ay parlé ; & ie puis vous dire iustement qu'il n'auroit rien de fort, si on luy auoit osté la violence de médire & le feu d'vne colere tout à fait indigne d'vn Chrestien. C'est ce que ie pretends de vous faire voir en la response que ie vous donne à sa pretenduë refutation de ma lettre à vn Euesque.

Mais auant que de vous découurir plus amplement

a La lettre d'vn Abbe à vn President ch. 22. pag. 109.

b Premiere aux Cor. ch 4. V. 5. & tunc laus erit vnicuique à Deo, &c.

c La mesme V. 1. Sic nos existimet homo vt ministros Christi, & dipensatores mysteriorum Dei. Hic iam quæritur inter dispensatores, vt fidelis quis inueniatur, mihi autem pro minimo est, vt à vobis iudicer aut ab humano die : sed neque me ipsum iudico.

d 2. aux Cor. Qui autem gloriatur in Domino glorietur, non enim qui se ipsum commendat, ille probatus est, sed quem Deus commendat.

ã

comme ie feray bien tost, les foiblesses incroyables de ce defenseur de la nouueauté de Molina ; i'ay crû vous deuoir aduertir qu'il obmet hardiment la plus part des choses les plus considerables en l'ouurage qu'il côbat. Ainsi il obmet l'interpretation que ie donne [a] à la Bulle du saint Siege, sur le liure de Iansenius, que quelques-vns traitent d'Heretique scandaleusement, & dans leurs entretiens, & dans leurs sermons & dans leurs liures, bienque le saint Siege dans la mesme Bulle, ait defendu de le combattre ; soit de viue voix, soit par escrit. Ainsi il obmet ce que i'ay dit [b] que s'il s'assembloit vn Concile general pour interpreter quelques Canons du Concile de Trente, desquels le sens est disputé parmy les Catholiques touchant la grace, ce Concile general rechercheroit sans doute l'explication de ces Canons dans sainct Augustin, que les Conciles ont tousiours regardé, comme le Maistre de la grace, & dans sainct Prosper & sainct Fulgence, qui ne sont quasi que les Copistes de sainct Augustin ; d'ou i'auois inferé qu'vn sage Ecclesiastique deuoit rechercher l'explication des mesmes Canons dans les mesmes Peres, puisque vn Synode general l'y rechercheroit, & non dans Eccius, dans Ruard Tapper l'admirateur de Fauste, dans Didacus Stunica & dans Iean de Bologne, desquels le Dissertateur s'est rédu le rapsodiste aussi bien que des SS. Peres, dont il fuit le iugement & l'authorité, à l'imitation des Heretiques de ce temps. Ainsi il obmet tout ce que i'ay dit [c] pour faire voir que les Semipelagiens ne reiettoient point vne grace interieure qui fut dependante de nostre volonté ; parce que cette grace ne blessoit aucun de leurs principes, comme Aluarez [d] l'a tres-bien remarqué. Ainsi il obmet tout ce que i'ay [e] dit pour faire voir que si les hommes n'estoiët obligez de faire, que ce qu'ils peuuent faire dans la corruption où ils sont nez, soit qu'ils eussent la grace, ou qu'ils ne l'eussent pas, ils pourroient tousiours accomplir la Loy ; puisqu'ils seroient tousiours obligez de l'accomplir ; & Iesus-Christ par consequent seroit mort en vain ; puisqu'il n'est mort que pour nous donner la force d'accomplir la Loy, qui est vn

[a] En la lettre pag. 39. & suiuantes.

[b] Pag. 34. & suiu.

[c] Pag. 25. & suiu.

[d] Aluarez disp. 120. nomb. 5. obseruez icy que l'on ne cite pas Aluarez pour ce qui regarde la foy, mais pour monstrer que la grace interieure, qui est soufmise à la volonté, ne blessoit point les principes des Semipelagiens.

[e] Pag. 30. & suiu.

argument que Molina n'a fceu iamais refoudre qu'en difant [a] que les hommes n'auoient pas befoin de Iefus-
Chrift pour accomplir la Loy en chaque inftant & en
chaque tentation par des Actes naturels ; ce qui eft vn
blafpheme inoüy & iniurieux à l'Euangile & à toute l'antiquité. Ainfi il obmet ce que i'ay dit, [b] que fi par la nature feule ou par la Loy feule, on operoit vne Iuftice naturelle, comme dit Molina, la Loy fans la grace opereroit
vne Iuftice naturelle, & non pas l'Ire & le peché, comme
dit fainct Paul. Ainfi pour m'outrager & pour me traiter
à toute heure, comme il fait, de difciple de Caluin, il obmet ce que i'ay dit [c] pour monftrer la difference qu'il y a
entre l'opinion de faint Auguftin, & celle de Caluin, qui
met la liberté dans les mouuemens foudains & indeliberez de la volonté : ce qui eft directement contraire à faint
Auguftin. Ainfi il obmet tout ce que i'ay dit [d] du fçauant
Louys de Catanée qui eftant appuyé des autres Dominicains, étalla dans le Concile l'efficace indeclinable &
infuperable de la grace, fuiuant les principes de fainct
Auguftin & de fainct Thomas, pour expliquer de quelle
forte on peut confentir ou diffentir à la grace fi l'on veut.
Ainfi il obmet ce que i'ay dit [c] de Clement VIII. qui voulut que le different des Peres Dominicains & des Peres
Iefuites fut terminé felon la doctrine de fainct Auguftin,
parce que la doctrine de fainct Auguftin, dit ce Souuerain
Pontife, eft comme la dot & l'heritage de l'Eglife Romaine. Ainfi il obmet beaucoup d'autres preuues &
beaucoup d'autres confiderations rapportées en ma lettre, fous pretexte de laiffer le foin de les refuter aux
hommes vulgaires, qui fuiuroient les piftes d'vn fi grand
perfonnage: Comme vn conquerant qui reuient de la de-
faite de fes ennemis, & conuie les Gouiats ou la menuë
Soldatefque a pourfuiure les fuyards ou à piller le ba-
gage.

Mais au mefme temps que i'imprimois cette refponfe, à
cette admirable differtation Latine, il en a paru vne autre
plus admirable encore fous le titre de *differtation pofterieure
touchant la doctrine de S. Auguftin & de l'interpretation du Con-*

ã ij

[a] *Qu. 14. art. 11. difp.
19. memb 6. § fexta
oratio.*

[b] *La lettre pag 31. &
32.*

[c] *Pag. 18.*

[d] *Pag 67. & fui-
uantes.*

[c] *Pag 6.*

cile de Trente, Ce n'est pas le grand Differteur qui a fait cette belle œuure, mais vn sien amy, qui imite son style & ses pensées si parfaitement que l'on diroit que c'est luy mesme ; & ce qui me découure dauantage l'entiere ressemblāce de ces deux Autheurs est le iudicieux & le merueilleux début de l'amy Differtateur, qui voulant perdre l'Autheur de la lettre & le rendre execrable à toute l'Eglise l'accuse a horriblement d'auoir escrit à vn Prefident apres auoir escrit à vn Euesque, & d'auoir imité en ce fier attentat la fureur des Donatistes, qui appellerent de l'Eglise à l'Empereur Constantin. Et pour nous representer l'excez de cette entreprise, l'amy Differtateur allegue courageusement que l'Empereur en fut tout scandalisé s'écriant en ces paroles, b *O enragée & furieuse audace, ils ont interietté vne appellation, comme on a de coustume dans les causes des Gentils.* Iugez de ce Lyon par la patte, mon cher Lecteur ; il faut que l'amy Differtateur ne cede en rien à son amy, & que ce soit quelque excellent homme ; puisque vous voyez qu'il ne marchande pas son aduersaire, mais le terrasse tout d'vn coup, comme par la foudre de cette accusation estrange & effroyable. O ! Le sage amy, ô la iudicieuse comparaison ! Les Donatistes furent condamnez solemnellement par le sainct Siege , & i'ay esté condamné iuridiquement par vn Euesque, si on en veut croire cét amy. Les Donatistes n'acquiesçant pas au iugement du Pape en appellerent à l'Empereur , & moy ayant esté condamné par vn Euesque si on en croit l'amy, i'en ay appellé à vn President, & l'ay fait iuge de ma doctrine, comme sainct Augustin fit iuge de la sienne le Comte Valerius, auquel il addressa ses liures des Nopces & de la conuoitise ; & comme il fit iuge de sa doctrine le Comte Marcellin , auquel il addressa les liures de la Cité de Dieu, ceux de la remission & des merites des pechez , & celuy de l'esprit & de la lettre. Et ie m'estonne que les Donatistes en recriminant n'ayent fait ce reproche à S. Augustin, d'auoir assuietty la doctrine de l'Eglise à la censeure de ces hommes Laïques & profanes, en leur ad-

a *La Differtation posterieure, pag. 5.* In quo Donatistarum est vsus exemplo factioforū hominum, qui ab Romano Pontifice ac Synodali & Ecclesiastico iudicio bis damnāti; ad Constantinum Imperatorem laicum hominem toties prouocarunt.

b *Pag. 6* O ! Rabida furoris audacia; sicut in causis Gentilium solet, appellationem interposuerunt.

dreſſant ſes liures. Mais les Donatiſtes n'auoiét peut eſtre
pas l'eſprit fin & delicat comme le mineur ou le maieur
Diſſertateur qui ſont ſi heureux en comparaiſons & ſi vifs
en reparties. Pour moy ie crains qu'il ne me vienne de la
Roche Tarpeia [a] quelque Anatheme qui me mette en
poudre, pour auoir oſé eſcrire à vn Preſident, aprés auoir
eſcrit à vn Eueſque, & on verra poſſible non pas vn Empereur, mais vn ſouuerain Pontife, s'eſcriant comme vn
Empereur, *O enragée & furieuſe audace*; eſcrire à vn Preſident, aprés auoir eſcrit à vn Eueſque! Iugez dequoy la
trop grande eſtude ſert à certains eſprits. Au reſte le R.
Pere Petau ne ſera pas bien-aiſe que l'amy Diſſertateur
ſe ſoit auiſé de cette comparaiſon, ou de ce reproche; car
le R. Pere qui eſt homme aigu, verra incontinent que
c'eſt pluſtoſt luy qui imita les Donatiſtes, quand il adreſſa
à vne grande Reine, le beau liure qu'il fit contre celuy de
la frequente Communion, approuué par quinze Eueſques, entre leſquels il y a quatre metropolitains, & par
vingts Docteurs. Il ſe peut faire que l'Amy du Diſſertateur n'ait pas veu ce liure, car on n'en parle plus; & il eſt
dommage que le R. Pere ait voulu que ç'ait eſté la premiere & la derniere de ſes compoſitions Françoiſes; on
ne ſçauroit dire pourquoy ſon François s'eſt teu ſi court,
comme auſſi on ne ſçait pourquoy les Diſſertateurs La-
tins s'obſtinent ridiculement à reſpondre en Latin à des
lettres Françoiſes. Certes çe liure fort & elegant nous fit
grand peur à tous: car on y repreſentoit à ſa Majeſté des
raiſons puiſſantes, qui deuoient l'obliger à l'extirpation
des Penitentiers. La premiere eſtoit, qu'en ce deſſein ſa
Majeſté pourroit acquerir beaucoup de loüange & de
merite. Et la ſeconde, que ſa Majeſté procureroit vn
grand contentement au R. Pere: Or il eſtoit à craindre
que cette Princeſſe ne priſt cette affaire grandement à
cœur, puiſque ce luy eſtoit vne occaſion non ſeulement
d'acquerir du merite, mais auſſi de contenter & de reſ-
jouyr le R. Pere, *ce qui luy ſera*, dit-il, [b] *vn ſurcroy de meri-*
te & de loüange immortelle, & à moy vn CONTENTEMENT
SENSIBLE *d'auoir contribué à vne ſi ſainɛte entrepriſe*: voi-

la sans doute vn puissant motif pour encourager sa Majesté. O esprit de l'homme que tu és peu de chose.

Mais reuenons à l'Amy Dissertateur; c'est Amy ayant
eschoüé d'abord par sa comparaison badine & insensée
selon la raison, il faudroit qu'il se teut, & qu'on le renuoyast comme vn homme indigne d'estre ouy. Escoutons-
le neantmoins par grace, & par charité Chrestienne.

Premiere plainte de l'Amy.

En premier lieu, il se plaint de ce que i'ay changé à
ce qu'il dit,[a] l'estat de la question, & de ce qu'au lieu que
i'auois dit en ma premiere lettre, *que sainct Augustin doit*
estre l'interprete du Concile de Trente, aux lieux dont le sens est
disputé entre les Catholiques, en la matiere de la grace, & de la
predestination diuine; I'ay dit en ma derniere lettre, *qu'en la*
matiere de la grace, il n'y auoit point de voye ny plus seure ny plus
aisée pour interpreter les lieux de ce sacré Synode, desquels le sens
est contesté parmy les Catholiques; que de recourir aux liures de
sainct Augustin, dont il emprunte les sentences & les paroles,
comme Henriquez Iesuite l'a tres-bien obserué. Cela estant l'A-
my se plaint de ce qu'en vn lieu i'ay dit que sainct Augustin deuoit estre l'interprete du Concile de Trente, &
que depuis en vn autre lieu, i'ay dit seulement que sainct
Augustin estoit la voye la plus seure & la plus aisée pour
expliquer ce sainct Synode.

Cette plainte est ridicule, s'il faut chercher vn moyen
d'expliquer le Concile, la raison nous enseigne que l'on
doit prendre le plus seur, & le plus aisé : dire donc
que sainct Augustin, est le moyen le plus seur & le plus
facile pour expliquer le Concile, & dire que l'on doit
choisir sainct Augustin pour expliquer le Concile, c'est
dire proprement vne mesme chose. L'Amy veut-il que
la prudence ordonne de choisir le pis, & de reietter
le mieux? & le moyen le plus seur, & le plus aisé, n'est-ce
pas celuy que les sages doiuent prendre en toutes occa-
sions; & particulierement lors qu'il s'agit de la religion,
où l'on ne peut iamais proceder trop seurement? Et le

a la Dissert. pag.9.

Differtateur fçait bien luy-mefme qu'il eft fi delicat en
cette matiere, qu'il ne penfe pas que fainct Auguftin puiffe fuffire, pour le conduire feurement en la matiere de la
grace & de la predeftination.

Mais l'Amy philofophe & prefche declamatoirement [a]
que dire que fainct Auguftin eft la voye la plus feure & la
plus aifée pour expliquer le Concile, c'eft dire feulement
que les liures de faint Auguftin peuuent eftre vtiles à expliquer le Concile, *ce qu'on ne peut nier fans folie*, dit l'A-
my. L'Amy refue, cela ne veut pas dire feulement que
les liures de faint Auguftin font fimplement vtiles pour
expliquer le Concile; mais cela veut dire auffi que les liures de faint Auguftin font la voye la plus feure, & la plus
vtile, & que par confequent tout fage & prudent Ecclefiaftique doit la preferer à toutes les autres voyes : c'eft
ce que i'auois dit ainfi dans ma premiere lettre, [b] *Mais
auant que cette diuine Eglife ait prononcé manifeftement, & fans
qu'il y ait fur fes decifions aucun debat entre les Catholiques, chacun fçait qu'il eft du deuoir & de la prudence d'vn Ecclefiaftique
de quelque condition qu'il foit, de puifer principalement le fens,
ou de l'Efcriture, ou des Conciles, dans les Peres les plus doctes,
& les plus authorifez par la mefme Eglife, comme eft faint Auguftin, de l'aueu de tous, dans la matiere de la grace, & de la
predeftination.*

Et icy l'Amy fe plaint encore [c] de ce qu'ayant dit en la
premiere lettre *en la matiere de la grace & de la predeftination*, en la derniere lettre i'ay dit feulement *dans la matiere de la grace*. Cette plainte eft ridicule auffi ; qui dit la
grace, dit la predeftination en mefme temps, comme vn
Religieux celebre [c] le foutint tres bien au grand differtateur : & ainfi quand on dit que fainct Auguftin eft le docteur de la grace, on fous-entend qu'il ne l'eft pas moins
de la predeftination felon du Perron, [d] & pour quelle
caufe aurois-ie euité le mot de predeftination ? Eft-ce que
touchant la predeftination il y a dans le Concile quelque
chofe qui ne puiffe s'expliquer par faint Auguftin ? ou
fuis-ie dans l'erreur du Differtateur qui fe doute, & qui
craint qu'il n'y ait dans fainct Auguftin quelque dogme
pareilleux touchant la predeftination ?

Seconde plainte de l'Amy.

En second lieu l'Amy se plaint a de ce qu'on ne respond pas à certaines preuues de la dissertation, & en
designe quelques vnes des plus fortes à son aduis : mais
des plus vaines en effet. Graces à Dieu, ie satisfais en ce
liure pleinement, aux raisons friuoles du dissertateur : &
l'Amy est digne de risée de vouloir faire croire b que i'ay
eu dessein de faire vne response entiere en la preface de
ma derniere lettre : & il n'ignore pas que dans le texte, &
dans la marge de cette preface, on a souuent promis au
Reuerend Pere de luy communiquer quelques difficultez & quelques obseruations particulieres, sur la dissertation Latine pour en estre éclaircy par sa reuerence.

Troisiesme plainte de l'Amy.

En troisiesme lieu, l'Amy se plaint c de ce qu'on a mal
traduit quelques paroles du Reuerend Pere, & que
par vne fraude insuportable on a mis vn &, au lieu d'vn
ou, traduisant ainsi, d *la necessité antecedente & contraire à la
liberté, est celle qui pose son effet en telle maniere que sa production ne dépende point de nostre libre volonté ; mais existe en
nous sans nous. Or la destination diuine n'apporte pas vne
telle necessité qui flecheffe le franc-arbitre, contre son gré, &
ne contribuant rien de soy,* au lieu de traduire, *ou ne contribuant rien de soy.* Dieu m'est tesmoin si i'ay vsé de mauuaise
foy, ie n'ay iamais commis de ces fourberies, par la mise-
de de Dieu. Ie condamne Ripalda & tous ses semblables.

Or pour respondre à l'amy ? Ie n'allegue pas que i'auois
mis en marge, le Latin du Reuerend Pere en gros char-
racteres, & l'on sçait que i'escris pour rendre compte de
ma doctrine aux hommes sçauans, & non comme font
quelques-vns pour entretenir les Dames, qui n'entendent
pas le Latin. Ie n'allegue pas, que quant aux actes de le
volonté, la contraindre, ou l'empescher d'agir, ou de
rien contribuer de soy, c'est vne mesme chose, d'où
vient

vient qu'à proprement parler, on ne peut contraindre la volonté en sa propre action : car autrement elle agiroit & n'agiroit pas, en voulant & en ne voulant pas en mesme temps : & ainsi la contraindre en sa propre action, ce n'est autre chose que l'empescher d'agir auec la force qui luy est naturelle ; Ie n'allegue pas que dans le raisonnement que i'ay fait sur les paroles du Reuerend Pere, i'ay exprimé distinctement l'alternatiue quand i'ay dit, *voudriez-vous peut-estre dire que la volonté est forcée ou n'agit point, quand Dieu la meut par vne indeclinable vertu de son esprit.* 1 pag. 4. de la preface.

Ie n'allegue rien de tout cela, ie laisse à l'Amy le choix des armes : car il faut traiter cauallierement, ce faiseur de procedez, & ce donneur de démentis. Qu'il le prenne comme il luy plaira, que la necessité antecedente, soit celle, ou qui contraint la volonté, ou qui ne luy permet point d'agir, & de rien contribuer de soy : Ie dis auec l'Amy que cette necessité, soit qu'elle contraigne la volonté, soit qu'elle luy empesche son action, destruit la liberté ; & ne soustiens-je pas en ma premiere lettre, que Luther a ruiné nostre liberté, en disant que la grace ne laissoit point agir nostre volonté, ou que nostre volonté concouroit auec la grace, comme vn tronc inanimé ? Cela estant qu'ay-ie dit que le Pere Petau n'ait dit aussi bien que moy, quand il a dit que la necessité antecedente, & opposée à la liberté, estoit celle qui flechissoit nostre franc-arbitre, ou contre son gré, ou ne contribuant rien de soy ? & apres cela que l'Amy pointille sur la chicanerie de *l'*ov & de *l'*et & qu'il se tire s'il peut de l'embarras de sa Theologie par la niaiserie, & par la subtilité de sa Grammaire.

Mais apres auoir restably l'alternatiue du Reuerend Pere, representons icy le raisonnement de l'Autheur de la lettre en y adioustant peu de paroles, & voyons si les Dissertateurs y trouueront leur compte. *La necessité antecedente* (dit le Reuerend Pere) *& contraire à la liberté est celle qui pose son effet en telle maniere que sa production ne depende point de nostre libre volonté ; mais existe en nous sans nous. Or la destination diuine n'apporte pas vne telle necessité qui flechisse le franc-arbitre contre son gré (ov) ne contribuant rien de soy,*

e

Mais mon Reuerend Pere (dit la preface) *quand le Concile de Trente dit que l'on peut consentir à la grace si l'on veut quelle necessité condamne-t' il la necessité antecedente: à nostre volonté, & quelle est cette antecedente necessité ? Celle qui contraint la volonté (* ov *) qui fait qu'elle n'agit point du tout, & qu'elle ne contribue rien de soy, en ce qui se fait en nous, comme vous venez de nous l'enseigner. Quand donc vous auez dit que nous consentons à la grace librement, & non pas necessairement, bien que nous luy dissentions si nous voulons ; vous auez voulu dire que la grace ne nous empesche pas d'agir, & que puis qu'elle nous laisse agir, elle ne nous apporte pas de necessité antecedente qui destruise nostre liberté,* Voyez comment la preface a supposé, que la necessité antecedente, en cela mesme qu'elle esteignoit l'action de la volonté, esteignoit la liberté *) voudriez vous peut-estre dire (continué la preface) que la volonté est forcée, ou n'agit point, quand Dieu la meut par vne indeclinable vertu de son esprit ? Vous estes trop sçauant, & trop habile pour le dire, car vous sçauez bien que Iesus-Christ, & les bien-heureux agissent, quoy que Dieu les meuue indeclinablement & insuperablement par la vertu de son esprit ; mais mon Reuerend Pere, afin que ie soulage ma memoire, & que ie profite mieux de vos instructions, permettez moy d'en recueillir ce petit argument. Quant à ce qui regarde l'efficace de la grace, le Concile de Trente ne condamne que la necessité qui destruit la liberté ; Or la seule necessité qui destruit la liberté, est celle qui contraint la volonté (ou qui ne luy permet pas d'agir) donc en ce qui regarde l'efficace de la grace, le Concile de Trente ne condamne que la necessité qui contraint la volonté, ou qui ne luy permet pas d'agir (& de rien contribuer de soy)* Maintenant donc que l'Amy voye comment l'alternatiue & la conionctiue me sont indifferentes, & qu'entre l'ov & l'et il n'y a point d'ouuerture par où le discoureur ou le Reuerend Pere mesme, puisse s'echapper.

Ie n'allegue pas que le Reuerend Pere dit apres sainct Anselme, que la necessité antecedente, fait que la chose existe en nous sans nous. Or y a-t'il quelqu'vn assez fol pour dire que les actes que la grace nous fait faire indeclinablement & insuperablement, comme dit sainct Augustin exiſtent en nous ſans nous? S'il eſtoit ainſi, tout ce que Ieſus-Chriſt a fait de loüable ſe ſeroit fait ſans luy, & en obeiſſant à Dieu ſon Pere, ce ne ſeroit point luy qui luy auroit obey; Ie n'allegue pas que le Reuerend Pere ſuit icy la doctrine de ſainct Anſelme qui n'eſt autre que la mienne : Or ſainct Anſelme dit, pour monſtrer que le fils de Dieu a obey auec liberté, bien qu'il ne pût n'obeïr pas, [a] *d'autant que chacun eſt tiré, ou pouſſé par ſa volonté à ce qu'il veut indeclinablement; on ne dit pas ſans raiſon que Dieu nous tire ou nous pouſſe, quand il nous donne vne telle volonté: & dans cette traction, ou dans cette impulſion, on ne conçoit aucune neceſſité de violence, mais vne ſpontanée, & amoureuſe fermeté à retenir la bonne volonté que l'on a receuë:* mais ie dis que le Reuerend Pere enſeigne expreſſement que les actions de la volonté, qui naiſſent de la grace, ſont des actions libres, des là meſme qu'elles ne ſont pas contraintes, & le Reuerend Pere l'enſeigne, quand il dit ce que la preface a rapporté, [b] *que s'ils ſouſtiennent que l'affaire du ſalut n'eſt pas moins en la puiſſance des Eleus, parce que l'vſage, & le ſuccez de ce decret diuin ſont liez auec noſtre liberté, & auec noſtre conſentement que Dieu ne ſçait pas ſeulement deuoir arriuer tres certainement, mais auſſi dont il a preueu, qu'il le tireroit de nous non malgré nous, mais de noſtre bon gré par ſa toute puiſſante volonté & grace* A LAQVELLE IL SÇAIT QVE LA VOLONTE' DE L'HOMME NE PEVT RESISTER.

Mais le conſentement que la grace tire de la volonté de l'homme, pourquoy eſt il libre? eſt-ce parce que la volōté peut immediatemēt ne le pas produire, ou reſiſter à la grace qui le luy fait produire? mais mon Reuerend Pere, vous dites que la grace que luy fait produire, eſt vne grace à laquelle *Dieu ſçait que la volonté de l'homme ne peut reſiſter;* ce conſentement n'eſt donc pas libre, parce que la volonté peut immediatement ne le pas produire, mais parce que la volonté le produit ſans contrainte, & comme vous dites *de ſon bon gré.* Dieu a preueu, dites vous, *qu'il le tireroit de nous, non malgré nous, mais de noſtre bon gré par ſa toute puiſſante volonté & grace à laquelle il ſçait que la volonté humaine ne peut reſiſter.*

---

[a] *Liu.* 1. Cur Deus homo. ch 10. quoniam voluntate quiſque ad id quod indeclinabiliter vult trahitur, vel impellitur; non inconuenienter trahere vel impellere dicitur Deus, cùm talem voluntatem dat; in quo tractu vel impulſu nulla intelligitur violentiæ neceſſitas, ſed acceptæ bonæ voluntatis ſpontanea & amata neceſſitas.

[b] *Le R. Pere, là meſme,* quod ſi nihilominus in electorum poteſtate ſitum eſſe ſalutis negotium, acerrimè defēdunt, quoniam decreti illius diuini vſus atque exitus libertati noſtræ & conſentioni illigatus eſt, quam non ſolum certiſſimè nouit acceſſuram Deus, ſed etiam omnipotiſſimâ ſuâ voluntate & gratiâ, cui ſcit humanam voluntatem non poſſe reſiſtere, ſe ſe illam non ab inuitis. ſed volentibus expreſſurum eſſe præuidit.

Molina auroit il dit cela mon R. Pere? Or en ce lieu, ſe Pere enſeigne que la grace à laquelle en vn tres-bon ſens ou ne peut reſiſter, n'oſte pas la liberté, pour monſtrer que l'élection gratuite qui ſuppoſe cette grace forte & inuincible n'oſte pas la liberté; & n'eſt-ce pas là toute ma doctrine? en ſouſtiens-ie vne autre? en reconnois-ie vne autre? & auſſi comme les paroles du Reuerend Pere ſont ſi claires qu'elles ne reçoiuent point de repartie, l'Amy fait ſagement de n'y reſpondre rien du tout.

Mais s'il obmet des reſponſes, en recompenſe il n'obmet point de calomnies ny d'occaſion d'en inuenter; C'eſt ainſi qu'il impoſe a à l'Eueſque d'Ypre, d'auoir dit abſolument que tout ce qui eſt volontaire eſt libre, bien que l'Eueſque d'Ypre b enſeigne le côtraire en termes tres-expres, diſant que les actes indeliberez de la volonté ne ſont pas libres bien qu'ils ſoient volontaires. Toutesfois l'Amy dit c que le Reuerend Pere ne s'eſt pas ſeruy du mot neceſſairement, comme l'Autheur de la lettre. Cette défaite eſt ridicule, car par le mot de neceſſité, où l'Amy entend la neceſſité qui contraint la volonté, ou qui ne luy permet pas d'agir & l'Autheur de la lettre condamne cette neceſſité auſſi bien que le Reuerend Pere; ou l'Amy entend vne neceſſité qui ne contraint pas la volonté ou qui ne l'empeſche pas d'agir & de ſe mouuoir, comme il luy conuient auec la lumiere, & auec la deliberation de la raiſon, & le Reuerend Pere reconnoiſt cette neceſſité auſſi bien que l'Autheur de la lettre, & demeure d'accord qu'elle n'oſte pas la liberté. Et pourquoy donc l'Amy chicane t'il icy, & me querelle ſur les termes, quand nous conuenons des choſes; outre qu'il ſuffit que le Diſſertateur luy meſme d ſe ſoit ſeruy du mot de neceſſité. Et il eſt encore plus iniuſte quãd il m'accuſe d'auoir dit e en ma premiere lettre que la grace apportoit vne neceſſité meſme antecedente à la volonté. Cet homme ne ſe ſauue que dans le ieu des équiuoques, & des diſſimulations fourbes & artificieuſes; il ſçauoit que i'auois diſtingué à la fin de ma preface deux eſpeces de neceſſité antecedente, dont l'vne conuient à la grace, &

l'autre ne luy conuient pas, & que i'auois auerty, qu'en mes deux lettres ie ne prenois pas le mot de neceſſité an-tecedente au meſme ſens ; les deguiſemens ne ſont que fleurs à vne eſpece d'hommes.

Quant à ce que l'Amy [a] me renuoye à quelques autres œuures du Reuerend Pere, où il enſeigne le contraire de ce qu'il enſeigne au lieu que i'ay cité : ie dis que faire voir qu'vn homme a enſeigné des choſes contraires, eſt vn foible moyen pour le iuſtifier quand il eſt accuſé de s'eſtre contredit ; & meſmes le Reuerend Pere ſçait tres-bien que le rabillement de ſes cartons eſt connû de tout le monde, & cette reforme neantmoins ou ce radouba-ge de cartons, n'a pas empeſché que depuis peu l'on n'ait propoſé [b] dans quelques Theſes les affirmatiues, & les negatiues Petauiennes ſur vne meſme matiere.

a Pag. 15.

b A Caen & ailleurs.

Quatrieſme plainte de l'Amy.

En quatrieſme lieu l'Amy ſe plaint [c] de ce que i'ay dit, que le Reuerend Pere Petau auoit expliqué le Concile de Trente par S. Auguſtin auſſi bien que l'Autheur de la lettre ; L'Amy dit que le Reuerend Pere n'a pas expli-qué le Concile de Trente par ſainct Auguſtin, mais a fait voir aux Heretiques & à ſemblables rebelles de l'Egliſe, que les ſentimens de ſainct Auguſtin s'accor-doient auec ceux du Concile de Trente. Cette écha-patoire eſt ridicule, le Reuerend Pere ne diſputoit point là ſeulement contre les Heretiques, mais auſſi contre Monſieur d'Ypre & les autres Diſciples de ſainct Augu-ſtin : Or Monſieur d'Ypre & les autres Diſciples de ſainct Auguſtin, demeurent d'accord auec le Pere, de l'authorité du Concile de Trente ; il ne diſputoit donc pas contr'eux pour affermir l'authorité de ce Sainct Con-cile par ſainct Auguſtin, mais pour expliquer le ſens du meſme Concile par ſainct Auguſtin. Car les Diſciples de ſainct Auguſtin reconnoiſſant l'authorité, & infalli-bilité de ce Synode ; & ce Synode ayant dit expreſſement que l'on peut diſſentir à la grace ſi l'on veut : les Diſci-ples de ſainct Auguſtin ne doutent aucunement que cet-

c Pag. 17.

E iij

te sentence Synodique ne soit tres-veritable, mais ils disputent seulement de l'explication de cette sentence; & par consequent le Reuerend Pere n'a pû les combattre ou les conuaincre, qu'en leur faisant voir par sainct Augustin de quelle sorte il falloit l'expliquer. Et dans ce dessein le Reuerend Pere s'est seruy de saint Augustin, supposant sagement que le sainct Concile en cette matiere, ne pouuoit auoir vn autre sentiment que sainct Augustin, comme ayant emprunté de ce diuin Docteur dit le Reuerend Pere, [a] *la forme de croire & la regle de parler.* C'est donc tout hors de propos que l'Amy dit que le Decret du Concile de Trente, par lequel il declare que ses reglemés, ou ses Canons n'ont pas besoin de declaration, ou de definition, ne regarde pas les Heretiques & leurs semblables, qui mesprisent le sainct Siege; mais les Catholiques qui l'honorent & luy obeïssent. Sans doute l'Amy extrauague, & allegue comme i'ay dit, cette consideration tout à contre temps: car le Reuerend Pere, au lieu que i'ay cité, ne dispute pas seulement, comme i'ay fait voir, contre des Heretiques ou des rebelles, qui mesprisent le sainct Siege & le sainct Concile; mais aussi contre les Disciples de sainct Augustin qui honorent le sainct Siege & le sainct Concile, & leur obeïssent. Et en effet quel est icy le but du Reuerend Pere? C'est de refuter ce que Iansenius dit de ce Canon, que l'on peut dissentir à la grace si l'on veut: Or Iansenius reçoit ce Canon & l'interprete, mais d'vne maniere qui ne plaist pas au Reuerend Pere; le Reuerend Pere n'a donc pas voulu persuader à Iansenius par sainct Augustin, que ce Canon deuoit estre receu, mais a voulu faire voir à Iansenius par sainct Augustin, comment ce Canon deuoit estre interpreté.

Or comme l'Amy joint tousiours au mauuais sens la mauuaise foy, il m'impose icy d'auoir dit[a] ce que ie ne dis iamais, qu'il appartient à saint Augustin de faire, ou de donner vne interpretation iuridique des canons du Concile de Trente, puis que l'Amy dit que ie l'ay dit, c'est presque vn tesmoignage que ie ne l'ay point dit. Dans ce

a *Tom.* 3 *liu.* 4. *de l'ouurage des* 6. *iours ch.* 5.§.8. *&* 9. Quod nihil aliud est, quam quod Tridentina Synodus Sanxit, ita dissentire ab gratia, vt ei consentire posset, sed vt hæreticos Theologastros, & eorum de libero arbitrio fautores insaniæ pudeat qui nihil nisi Augustinum iactitant, & in eiusce lectione tot annos contriuisse gloriantur: præclarum illius ac verè Decretorium testimonium afferam, quo & eorum falsa opinio conuincitur peruicaciaque frangitur, & cōmunis sententia comprobatur: hic enim fons est à quo post Canonicas scripturas, Tridentinum Concilium, & sentiendi de libero arbitrio formam, & loquendi regulam accepit.

b *Pag.* 29.

mefme efprit, il a dit ailleurs [a] que les Catholiques eftoiét a pag. 14.
d'accord merueilleufement touchant le fens des defini-
tions du Concile de Trente , & il eft eftrange que l'Amy
ofe proferer vne fauffeté fi enorme, toute l'Eglife fça-
chant le different qui regne depuis long temps entre les
Peres Dominicains & les Peres Iefuites fur l'intelligence du mefme canon , duquel ie difpute contre l'opiniaftreté de tant de difcoureurs. Les Peres Iefuites n'ont-ils
pas obiecté ce fameux canon aux Peres Dominicains, en
la prefence de Clement huictiefme, & le pretendu Do-
cteur de la grace Molina , ne l'obiecte-t'il pas [b] à Soto & b Qu. 14. art. 13. difp.
à Vega, leur reprochant de ne l'entendre pas, bien qu'ils 39.
euffent affifté au Concile qui l'a fait ?

  Et pour moy ie voudrois bien fçauoir du R. Pere s'il
n'oppoferoit pas aux difciples de faint Thomas, dont il
ruine la doctrine, le mefme canon du Concile de Trente?
& ie luy demande fi en difputant contr'eux fur le fens de
ce canon, il n'allegueroit pas côtr'eux , auffi bien que contre, nous le tefmoignage vrayment decifif de S. Auguftin,
& ne pourroit-il pas auancer encore vne fois ces paroles
toutes d'or? *Ie rapporteray vn tefmoignage de ce Pere tres-excel-*
lent & vrayment decifif, par lequel tefmoignage leur opinion (de
la grace predeterminante) *eft conuaincuë, leur opiniaftreté bri-*
fée , & l'opinion commune confirmée : car c'eft la fource de laquel-
le le Concile de Trente apres les Efcritures, a pris fa forme de croi-
re & fa regle de parler touchant le franc-arbitre. Or fi le R. Pere fulminoit ces paroles de faint Auguftin dont il abufe,
côtre les Thomiftes fes anciens & veritables aduerfaires,
fe feruiroit-il de faint Auguftin côtre les Thomiftes pour
leur perfuader l'authorité du Concile de Trente , comme
s'ils ne la reconnoiffoient pas auffi bien que luy? ou pluftoft ne fe feruiroit-il pas de faint Auguftin , quoy que
fans fondement, pour apprendre aux Thomiftes à expliquer cette decifion du mefme Concile que l'on peut diffentir à la grace fi l'on veut?

  Au refte, felon les principes du Differtateur & de fon
Amy, l'Eglife Catholique nous doit faire grand pitié,
puis qu'en difputant contre les Heretiques fur la matiere

de la grace, & en les ramenant à la tradition ancienne, elle ne peut leur opposer que des Autheurs obscurs & embarrassez, puis que saint Augustin qui est le plus clair de tous sur cette matiere, ne laisse pas luy-mesme d'estre vn Autheur obscur & embarrassé suiuant les maximes des nouueaux Dissertateurs; & partant, si en la matiere de la predestination & de la grace, on veut expliquer l'Escriture sainte par la bouche des Peres, selon la coustume de l'Eglise, celuy de tous les Peres, qui est le plus capable de l'expliquer sera trouué par les Heretiques, vn autheur obscur & embarrassé à la grande honte, & au grand opprobre de l'Eglise, qui ne pourra produire contre les Heretiques vn autheur exprez & intelligible en l'antiquité, touchant la grace & la predestination diuine, qui sont les fondemens de la Religion : mais il n'importe que les fondemens de l'Eglise branlent, pour affermir ceux de Molina. Obseruez cependant que l'Amy me calõnie, voulant faire croire que ie dis simplement que les canons du Concile sont obscurs ; au lieu que ie dis seulement que les canons du Concile sont obscurs par accident, à cause de l'ignorance, ou de la preoccupation, ou de l'opiniastreté de ceux qui ne veulent pas les entendre comme il faut, & selon la regle de l'antiquité : mais lors qu'ils sont ambigus de cette sorte, non par leur defaut, mais par le nostre, ie dis qu'il faut les expliquer par sainct Augustin, parce qu'ils ont leur source dans saint Augustin, ou dans l'Ecriture interpretée par saint Augustin.

Cinquiesme plainte.

a pag. 3.

En cinquiesme lieu, l'Amy se plaint[a] de ce qu'ón a traité le Dissertateur comme il le meritoit pour auoir dit que le Concile de Trente, afin de garantir du mauuais sens des Heretiques la doctrine de saint Augustin, y auoit adiousté beaucoup de choses necessaires pour la faire Catholique, mesme en la matiere de la grace ; & l'Amy dit que le Dissertateur ne meritoit pas d'estre si viuement picqué, pour auoir esté si ioliment fleury, & pour auoir dit

par

par vne figure de l'eloquence la plus riche, *faire vne do-*
ctrine Catholique, facere Catholicam, pour dire la declarer
Catholique, & l'Amy souftient[a] que le Diſſertateur n'a [a] *pag. 15.*
pas cueilly cette belle fleur dans Ciceron comme beaucoup d'autres, mais dans les ſaints oracles des diuines Eſcritures, côme quand il eſt dit, *ſi nous diſons que nous n'auons*
pas peché, nous faiſons Dieu menteur, pour dire nous le de-
clarons menteur, ou, *que celuy qui ne croit pas au Fils le fait*
menteur, pour dire le declare menteur; O les beaux & ra-
uiſſants exemples ! & on pourroit dire qu'à l'aduis du Diſſertateur & de ſon Amy, il eſt peut-eſtre auſſi difficile de
faire Catholique la doctrine de S. Auguſtin, que de faire
Dieu menteur, & Ieſus-Chriſt ſon Fils. En voicy d'autres.
Comme quand il eſt dit, *que ton nom ſoit ſanctifié,* pour dire
ſoit declaré Sainct; mais le Diſſertateur qui ne prie point
Dieu en faiſant ſes liures, penſoit-il à ces mots de l'Oraiſon Dominicale, quand il eſcriuoit que le Concile auoit
fait Catholique la doctrine de S. Auguſtin? En voicy d'autres, comme quand il eſt dit, *ſoüiller le nom de Dieu,* qui
neantmoins ne ſe peut ſoüiller, *& vous auez fait trauailler*
Dieu. O le iuſte rapport ! Celuy-cy veut-il dire que le
ſaint Concile a fait Catholique la doctrine de ſaint Auguſtin, comme on fait trauailler Dieu, & comme on ſoüille
ſon ſaint nom? Et neantmoins l'Amy s'enfle & s'applau-
dit ſur ſes belles inuentions, & dit glorieuſement que l'autheur de la lettre ſe voyant accablé par vn ſi grand nombre de teſmoignages & d'exemples, ſe repentira de ſon
peu de iugement, & de ſa legereté. [b] Mais les perſonnes [b] *L'Amy pag.* 60. vt
raiſonnables gemiront icy, & verront bien qu'il ſeroit à iam ipſum tot obru-
ſouhaitter que le Diſſertateur euſt eſté moins fleury, tum exemplis ac te-
moins figuré, & moins allegorique en vn ſuiet de cette ſtimoniis leuitatis
importance, & qu'au lieu de dire que le ſaint Côcile auoit & ἀκρισίας
fait Catholique la doctrine de ce Pere; il eut dit comme pœnitere debent.
ſon Amy, que le ſaint Concile l'auoit declarée Catho-
lique.

Or afin que ce Diſſertateur ne nous échappe pas auec
ſes defaites pueriles & ſophiſtiques : il eſt indubitable
qu'il a voulu dire que le ſaint Concile auoit adiouſté des

choſes neceſſaires à la doctrine de ſaint Auguſtin, pour la rendre Catholique, & non ſeulemēt pour la declarer telle. La raiſon en eſt euidente; le Diſſertateur auance certaines opinions qui ſont ouuertement de S. Auguſtin; puis il dit que le Concile les a condamnées: il ne veut donc pas dire ſeulement que le Concile a adiouſté à la doctrine de ſaint Auguſtin pour la declarer Catholique, mais pour la rendre Catholique, puis qu'il dit que le Concile a con-condamné des opinions qui ſont expreſſement de ſaint Auguſtin.

a Premiere Diſſert. pag. 41.

Par exemple, le Diſſertateur dit [a] que ſaint Auguſtin ayant ſemblé à quelques-vns dire que Ieſus-Chriſt eſtoit mort pour les ſeuls éleus, entendant par là qu'il n'eſtoit pas mort pour tous les hommes; quant aux moyens ſuffiſans de ſe ſauuer; le Concile iugea cette opinion fauſſe, & la condamna comme fauſſe: Or le Diſſertateur demeure d'accord [b] que c'eſt l'opinion de ſaint Auguſtin, qui ne connut iamais de moyens ſuffiſants pour le ſalut de tous les hommes; il veut donc que le Concile en condamnant cette opinion, ait condamné ſaint Auguſtin, & par conſequent n'ait pas declaré ſimplement Catholique, mais ait corrigé & rendu Catholique la doctrine de ſaint Auguſtin.

b Tom. 1. des dogmes liu. 9. ch. 7. ſect. 9.

En ſecond lieu, le Diſſertateur auance [c] que ſaint Auguſtin ayant ſemblé à quelques-vns dire que les œuures faites par la pure crainte eſtoient des pechez, non quant à leur ſubſtance, mais quant à leur fin, le Concile condamna cette opinion par vn canon exprés; Or il eſt ſans doute que c'eſt l'opinion de ſainct Auguſtin, de ſainct Thomas & de l'Egliſe, que les œuures faites par la pure crainte ſont pechez, non quant à leur ſubſtance, mais quant à leur fin; le Diſſertateur veut donc dire que le ſainct Concile en condamnant ce ſentiment, a condamné ſainct Auguſtin, & n'a pas declaré ſeulement ſa doctrine Catholique, mais l'a reformée & l'a renduë Catholique; Ce qui a fait dire au Diſſertateur, [d] que ce que ſaint Auguſtin ſembloit dire bruſquement, le Concile l'a rangé à la regle de la verité Catholique. Mais en quel ſens les œuures

c Premiere Diſſert. pag. 42.

d Premiere Diſſrt. pag. 43 vt quod Auguſtiniana doctrina præfractè ſtatuere videbatur, peccatum eſſe quidquid non ex charitate fit exponerent, & ad regulam Catholicæ veritatis exigerent.

faites par la crainte peuuent eftre pechez , ou ne peuuent l'eftre, & comment le Concile en ce fuiet n'a rien
adioufté à la doctrine Auguftinienne ; vous pourrez le
voir amplement déduit en cette refponfe. Maintenant
il me fuffit de vous faire voir par ces deux exemples, que
lors que ce Sophifte , ou ce Declamateur a dit que le
fainct Concile auoit adioufté des chofes heceffaires à la
doctrine de fainct Auguftin, en l'interpretant pour la faire Catholique , il a voulu vrayment dire que la doctrine
de ce Pere eftoit erronée en certains chefs,& que le faint
Concile en la reformant & en y adiouftant,l'auoit repur-
gée de fes erreurs. Et qui eft-ce qui feroit fi ftupide,que
de ne voir pas qu'il s'eft caché , ou à tout le moins a voulu fe cacher dans l'embarras , & dans le labyrinthe de fon
ftyle : mais comme les animaux qui ne cachant que leur
tefte, penfent eftre bien cachez.

Au refte, comme i'ay dit , fon mauuais raifonnement eft toufiours meflé de quelque impofture. Ainfi
fon Amy qui le fuit en tout, m'impofe hardiment & veut
faire croire que ie ne reconnois point d'autre fens de
cette propofition felon faint Auguftin, Iefus-Chrift eft
mort pour tous , que ceux que i'ay marquez dans ma premiere lettre. Mais en ma premiere lettre, i'ay declaré que
ie ne rapportois pas toutes les explications de cette propofition , & que ie ne defignois pas celles qui regardent
ou la valeur, ou la fuffifance de la mort de Iefus-Chrift,
mais feulement celles qui regardent la communication,
ou l'application de la mort de Iefus-Chrift, *à quoy ce Pere
reſpondoit , ay-ie dit ,* ᵃ *aux termes que le Concile de Trente* ᵃ pag.10.
prend de luy dans le decret qu'il fait de la mort de Iefus-Chrift
pour tous , quant au fens, auquel fa mort eft appliquée à tous ;
pource que tous ceux qui font iuftes ne font iuftes que par luy, com-
me tous ceux qui font pecheurs ne font pecheurs que par Adam.
Et quant à ce decret du fainct Concile touchant la mort
de Iefus-Chrift pour tous , vous verrez comment il n'a
rien adioufté à la doctrine de fainct Auguftin, mais l'a fuiuie tres-ponctuellement en ce fuiet, comme en tous les
autres qui appartiennent à la grace.

Mais il faut que ie vous découure encore icy de tres-
rares & belles choſes. l'Amy cherchant ce que le Concile peut auoir adiouſté à la doctrine de ſaint Auguſtin dans
le canon qu'il a fait de la neceſſité de la grace pour les
œuures meritoires de la vie eternelle,& ne trouuant rien,
s'auiſe d'vne Philoſophie nompareille. Il dit[a] qu'à la verité le Concile n'a point adiouſté là de paroles, ou de termes à la doctrine de ſainct Auguſtin,mais certaines circõ-
ſtances, & vn certain but, & ces circonſtances, & ce but,
qui ne ſont ny termes ny paroles, ne ſe trouuant point
dans le Concile, ne peuuent ſe trouuer que dans la phan-
taiſie du Diſſertateur, qui par ce moyen fera partie du
Concile, comme eſtant l'arſenal où le Concile a mis
le but, les circonſtances, & les choſes neceſſaires qu'il
auoit adiouſtées à la doctrine de ſainct Auguſtin, pour la
rendre Catholique.

Mais l'Amy Diſſertateur n'entend pas ſon amy.Car le
Diſſertateur ayant auancé que le Concile auoit adiouſté
des choſes neceſſaires à la doctrine de S. Auguſtin, auoit
marqué certaines paroles, & certaines phraſes, pretendant
que le Concile auoit inſeré dans ſes Canons, ces paroles & ces phraſes pour les adiouſter à la doctrine Auguſtinienne & pour la rendre heureuſement ſaine & Catholique. Mais il ſe trouue maintenant que ces paroles & ces
phraſes adiouſtées à la doctrine de ſaint Auguſtin,
ont eſté priſes de ſaint Auguſtin meſme : comme ſi
on diſoit diuinement qu'on a adiouſté à ſa doctrine vne
partie de ſa doctrine, & à ſes paroles, ou a ſes phraſes vne partie de ſes phraſes & de ſes paroles ; ce qui
fait ſans doute vn tres-beau ſens, & bien conforme aux
clemens de la Logique. Selon ce myſtere, il faudroit dire que ſi on expliquoit quelques lieux de l'Eſcriture par
quelques autres lieux de l'Eſcriture meſme, on adiouſte-
roit des choſes neceſſaires à la doctrine de l'Eſcriture en
adiouſtant à elle-meſme vne partie d'elle meſme, & que
par là peut-eſtre on pourroit la faire Catholique, c'eſt à
dire la declarer telle, en la preſeruant des mauuais ſens
des Heretiques.

Mais débroüillons cecy mon cher Lecteur, voicy proprement ce que deuoient dire le Dissertateur & son Amy,
le Concile ayant resolu d'employer par tout comme il a
fait, les paroles & les phrases de sainct Augustin en la matiere de la grace il a choisi sagement les phrases & les paroles de ce Pere, qui ne portoient pas vne condamnation
expresse de certaines opinions qui estoient lors souffertes
dans l'Eglise, & qui auoient esté depuis quelque temps
enseignées & soustenuës par quelques Scholastiques.
Ainsi en la matiere de la grace, le Concile ne dit rien que
sainct Augustin n'ait dit, mais le Concile ne dit pas expressément tout ce qu'a dit S. Augustin. Par exemple le
Concile [a] dit expressément auec S. Augustinque la grace
du Sauueur est necessaire pour les bonnes œuures qui meritent la vie eternelle : mais le Concile ne dit pas expressement auec sainct Augustin [b] qu'il n'y a point d'œuure
vrayement bonne, qui en quelque maniere ne soit meritoire de la vie Eternelle : car ce Pere nous enseigne apres
le Fils de Dieu qu'il n'y a que deux arbres, dont l'vn ne
porte que de bon fruit, & c'est la charité, & l'autre ne
porte que de mauuais fruit, & c'est la cupidité : d'où il s'ensuit qu'il n'y a point d'œuure vrayement bonne qui en
quelque sorte ne se puisse dire meritoire, puisque si elle
est vrayement bonne, elle procede de la charité, soit commencée, soit parfaite; & si elle procede de la charité, elle
ne peut-estre entierement denuée de merite : de mesme
le Concile dit [c] expressement auec sainct Augustin que
la crainte de la gehenne, par laquelle on a recours à la
misericorde de Dieu & par laquelle on s'abstiët du peché,
est bonne & vtile, ou n'est pas vn peché, & qu'elle dis-
pose les pecheurs à leur iustification : ce quë le sainct Concile définit contre Luther; mais il ne dit pas expressement auec sainct Augustin [d] que la crainte de la gehenne
qui vient de l'amour propre, en ce sens est vn peché, parce qu'en ce sens elle est contraire à la charité comme dit
sainct Thomas, [e] & ne nous corrige pas le cœur, comme
dit le mesme sainct Thomas [f] apres sainct Augustin; la
volonté de pecher viuant dans l'ame qui ne s'en abstient

í. iij

a Can. 2.

b Voyez le ch. 3. dis
liu. 4. contre lui.

c Sess. 6. can. 8.

d En vne infinité de
lieux.

e 2. 2. qu. 19. art. 6.

f 12. qu. 107. art. 2. en
la resp. au 2. & pro-
pter hoc etiam lex
vetus, dicitur cohi-
bere manum, non
animum, quia qui
timore pœnæ ab
aliquo peccato ab-
stinet, non simpli-
citer eius voluntas
à peccato recedit,
sicut recedit volun-
tas eius, qui amore
iustitiæ abstinet à
peccato, & propter
hoc lex noua quæ
est lex amoris, dici-
tur animum cohi-
bere.

a *Seff.6 ch.16.* vt eorum velit esse merita, quæ sunt ipsius dona.

b *Seff.6.ch.12.*

que par la crainte de la punition, comme dit sainct Augustin vne infinité de fois. De mesme le Concile dit expressement a auec sainct Augustin que nos merites sont des dons de Dieu; mais il ne dit pas expressement auec sainct Augustin que nos merites sont des dons de Dieu entant que Dieu les crée & les forme en nostre cœur, par vne indeclinable & insuperable vertu de son esprit. De mesme le Concile dit expressement b que personne ne doit s'asseurer en cette vie, qu'il appartient au nombre des predestinez; mais il ne dit pas expressement auec sainct Augustin, que cette predestination est purement gratuite, & ne suppose aucune preuision de nos merites. Or oseroit-on dire que le Concile n'ait pas veu aussi bien que Bellarmin & que Salmeron, que cette opinion de la predestination gratuite, n'estoit pas vn sentiment de quelques Docteurs particuliers, mais vn point de la foy Catholique? Ou oseroit on dire que le Concile, n'ait pas veu que cette doctrine, ou cette opinion de la predestination gratuite estoit enseignée tres clairement par sainct Augustin, & le Concile neantmoins n'a pas voulu la définir; quoy qu'il sceut tres-bien qu'elle estoit de la foy, & que sainct Augustin l'auoit enseignée tres manifestement comme estant de la foy; par où l'on voit, que c'est sans doute vne tres mauuaise consequence : le Concile n'a pas definy en termes expres vne telle doctrine ou vne telle opinion de sainct Augustin; il a donc veu qu'elle estoit enseignée ou ambiguement ou obscurement par sainct Augustin : cette consequence est tres inepte, & il n'y a que l'Amy du Disserteur, ou le Dissertateur luy mesme qui puisse la faire ou l'approuuer.

C'est ainsi qu'il presuppose que si le Concile n'a pas authorisé en termes formels quelques sentimens de S. Augustin; il faut conclure de là que sainct Augustin les a enseignés obscurement & ambigument, & que pour cette cause, il faut le traitter d'escriuain obscur & ambigu. Mais ie le dis encore vne fois, le Concile a t'il definy formellement la predestination gratuite? non. Et s'ensuit-il de là, que sainct Augustin l'ait enseignée auec obscurité? Le

Concile declare t'il formermellement que la grace du
Sauueur meut indeclinablement & insuperablement nostre volonté? non. Et sensuit-il de là que sainct Augustin
n'ait pas enseigné tres ouuertement cette verité, & sur
tout quand il a dit a que Dieu nous donne pour perseue- ^a *De la Corr. & de la gr. ch. 8. & 12.*
rer *vne force insuperable & vne delectable perpetuité ou que*
l'on a secouru l'infirmité de la volonté humaine, en sorte qu'el-
e fut poussée indeclinablement & insuperablement par la grace
diuine.

Il faut donc dire que le Concile sçachant bien qu'en la
matiere de la grace, tout ce que sainct Augustin asseure
estre de la foy ; est de la foy, ou ne peut estre quitté com-
me dit Bellarmin ; ^b a voulu neantmoins par vne prudēce ^b *Liu. 2. de la grace & du franc arb. chap. 11.*
iuste & necessaire se restreindre à certains points, quant
à la lettre & quant à l'écorce de ses definitions ; entr'autres raisons qui nous sont cachées, épargnant peut estre
ou la honte, ou la reputation de quelques nouueaux Docteur, qui possible n'eussent pû souffrir sans quelque re-
pugnãce, vne censure expresse de leurs vieilles opinions,
& aymant mieux leur laisser la liberté de reuenir d'eux
mesmes à la doctrine ancienne, par vne estude exacte de
sainct Augustin, duquel ce sainct Synode auoit emprunté apres les Escritures, sa forme de croire & sa regle de
parler.

Et ainsi le Concile voulant authoriser en la matiere de
la grace, toute la doctrine de sainct Angustin, en a exprimé vne partie & a insinué ou sous-entendu l'autre qui
n'en pouuoit estre separée, pretendãt sans doute que tout
Docteur particulier estoit obligé de postposer ses opiniõs
à celles de ce Pere, si authentiquemét approuuées par l'E-
glise ; & se seruant par tout des termes de ce sainct Docteur, pour nous tesmoigner qu'il vouloit croire comme
luy, puisqu'il s'estudioit si exactement à parler comme
luy, & qu'il auoit voulu le prendre pour sa forme de croire, puisqu'il l'auoit pris pour sa regle de parler, apres les
diuines Escritures. C'a esté donc le but du sacré Synode,
& non pas celuy que nous propose scandaleusement le
Dissertateur, d'adiouster à la doctrine de sainct Augu-

ſtin certaines choſes neceſſaires pour la faire Catholiquē, c'eſt à dire pour la declarer Catholique comme dit l'A-my, n'expliquant pas, mais contrediſant ou faiſant de-dire ſon Amy.

Touteſois cét Amy fait vn dernier effort, & pour nous faire voir que ſelon les maximes du Diſſertateur, le ſainct Concile n'a pas corrigé mais interpreté ſainct Auguſtin, il dit fort poliment, a *qu'eſt-ce autre choſe qu'expliquer ou interpreter les paroles de quelque Eſcriuain, ſi ce n'eſt d'y adiouſter quelque choſe qui n'eſtoit pas exprimée ?* Cette penſée eſt iuſte mais elle eſt alleguée tout hors de pro-pos, Car le Diſſertateur ne dit pas que le Concile vou-lant expliquer la doctrine de S. Auguſtin y auoit adiouſté des choſes neceſſaires qu'elle ne contenoit pas ou qu'elle n'exprimoit pas; & cette façon de parler ne ſeroit pas ab-ſurde d'elle meſme, bien qu'elle fut fauſſe: mais cet admi-rable Diſſertateur dit que le Cōcile a adiouſté à la doctri-ne de ſainct Auguſtin des phraſes ou des paroles qui ſont priſes de ſainct Auguſtin meſme, ce qui ne ſe peut dire ſans vne folie manifeſte : Car c'eſt dire qu'on adiouſte à ſainct Auguſtin vne partie de ſainct Auguſtin, ou qu'on adiouſte à ſa doctrine vne partie de ſa doctrine ; puiſque ſes propres paroles qu'on adiouſte, dit-on, à ſa doctrine font partie de ſa doctrine. C'eſt comme ſi l'Egliſe expli-quant ces paroles de ſainct Paul, b *nous eſtimons que l'homme eſt iuſtifié par la foy ſans les œuures de la Loy*, par celles-cy du meſme Apoſtre, c *la Circonciſion & le prepuce ne peuuent rien, mais la foy qui opere par la Charité*, on diſoit que l'Egli-ſe adiouſte des choſes neceſſaires à la doctrine de ſainct Paul pour la faire Catholique. On peut bien dire qu'en interpretant le premier lieu de l'Apoſtre par le ſecond, on adiouſte le ſecond au premier, pour faire voir en quel ſens le premier eſt Catholique : mais on ne peut dire qu'en reſuant; qu'expliquant ſainct Paul par ſainct Paul meſme, l'on adiouſte des choſes neceſſaires à la doctrine de ſainct Paul pour la faire Catholique. Et comme on ne pourroit conclure ſans abſurdité qu'abſolument parlant, l'Apoſtre fût obſcur, ſi on pouuoit touſiours l'expliquer

par

a *Pag. 5*. Ecquid aliud eſt explicari interpretarique ver-ba ſcriptoris alicu-ius, quàm aliquid addere quod ex-preſſum non erat ?

b *Ep. aux Rom. ch. 3.*

c *Ep. aux Gal. ch. 5.*

par luy mefme & par fes propres termes ; de mefme le Differtateur fans s'egarer, n'a pû dire ou pretendre de monftrer que fainct Auguftin eftoit vn Autheur obfcur dans les chofes mefmes, où il fait voir qu'on l'interprete par luy mefme. Pourrions nous fouftenir contre les Heretiques que les Efcritures font obfcures, s'il ne s'y trouuoit aucun paffage obfcur, qui ne pût eftre expliqué par d'autres paffages clairs & manifeftes ? & n'eft-ce pas ce que pretendent les Heretiques de ce temps, quãd ils fouftiennent côtre les Catholiques que l'Efcriture eft claire, & n'a pas befoin d'eftre interpretée par l'Eglife ; puifque il ne s'y trouue rien d'obfcur, difent-ils, qui ne foit expliqué tres-clairement ailleurs ? Iugez donc par là combien eft deplorable le grand Differtateur ; puifque au mefme lieu, où il veut monftrer que fainct Auguftin eft vn Autheur obfcur, il nous môftre qu'il eft clair, & qu'abfolument parlant il n'a pas befoin d'interprete eftranger ; puifqu'il s'interprete par luy mefme.

Mais apres tout, mon cher Lecteur, fouuenez vous que ce Cenfeur ou cet ennemy mafqué de fainct Auguftin, n'ayant point d'autre but dans fa differtation Latine que de diffamer & de miner fecretement la doctrine de ce Pere ; il eft indubitable que lors qu'il a dit que le fainct Concile auoit adioufté *des chofes neceffaires à la doctrine de fainct Auguftin en l'interpretant, pour la faire Catholique* ; il n'a pas voulu dire feulement que le fainct Concile l'auoit éclaircie ou interpretée, mais corrigée & reformée pour la rendre Catholique. Et falloit il attendre autre chofe d'vn confrere & d'vn defenfeur de Molina, dont la nouuelle & profane Theologie eft toute oppofée à l'ancienne & celefte Theologie de fainct Auguftin ? ou falloit il attendre autre chofe d'vn homme qui a dit & qui n'a pas eu honte de dire vne chofe fi honteufe, qu'il n'a pas honte maintenant de nier qu'il l'ait dite, & de dementir facrilegement vn Preftre qui l'auoit blafmé de l'auoir dite, comme en effet il l'a dite conftamment, qui eft QVE L'ON NE PEVT SVIVRE SEVREMENT S. AVGVSTIN EN LA MATIERE DE LA GRACE

ő

Mais l'Amy Diſſertateur pour le renuſier ſur ſon Amy, qu'il ayme & qu'il eſtime plus que tous les hommes du monde, nous aſſeure ſur ſa foy, ᵃ qu'il y a vn Canon du Concile de Trente, où ce Concile adiouſte des choſes neceſſaires à la doctrine de S. Auguſtin pour l'interpreter : ce Canon eſt celuy-cy, *Si quelqu'vn dit que les œuures qui precedent la iuſtification, en quelque maniere qu'elles ſoient faites ſont vrayement pechez, ou meritent la haine de Dieu; ou que dautant plus que l'on s'efforce puiſſamment pour ſe diſpoſer à la grace, on peche dautant plus griefuement; qu'il ſoit Anatheme.* Voila vne horrible impieté que le Concile condamne dans Luther : mais ô l'Amy, qu'adiouſte le Concile en ce Canon pour ſauuer ſainct Auguſtin du ſoupçon de cette impieté ? ᵇ L'Amy dit qu'il adiouſte ces paroles *en quelque maniere qu'elles ſoient faites*, tellement que ſi le Concile n'eut adiouſté ces trois paroles, nous eſtions en peril de croire que ſainct Auguſtin eſtoit dans ce ſentiment, que toutes les œuures qui precedent la iuſtification ſont vrayement pechez, ou meritent la haine de Dieu; ou que d'autant plus que l'on s'efforce puiſſamment pour ſe diſpoſer à la grace, on peche dautant plus griefuement. O badinerie de l'Amy! qui eſt le ſtupide qui a iamais ſoupçonné ſainct Auguſtin de ce blaſpheme ? & n'enſeigne t'il pas à tout moment que les Penitens, ou les Catechumenes font de bonnes œuures pour ſe diſpoſer à leur iuſtification ? mais que veut donc dire le Concile quand il dit de ces œuures *en quelque maniere qu'elles ſoient faites* ? il veut dire qu'elles ne meritent point la haine de Dieu, mais pluſtoſt qu'elles luy ſont agreables, pourueu qu'elles ſoient accompagnées d'vn vray propos de ne plus pecher.

Sixieſme plainte de l'Amy.

En ſixieſme lieu l'Amy ſe plaint ᶜ de ce qu'on accuſe le Diſſertateur d'auoir tronqué ce texte de ſainct Auguſtin, *Croire, ou ne croire pas eſt donc le franc-arbitre de no-*

stre volonté, en obmettant finement les mots qui ſuiuent, immediatement , *mais dans les Eleus la volonté eſt prepa-rée par le Seigneur*, & l'Amy dit que le Diſſertateur eſt in-nocent parce que ces mots, *Mais dans les Eleus la volonté eſt preparée par le Seigneur*, ne ſignifient pas que la grace impoſe vne neceſſité à la volonté. Ce mot de neceſſaire , ou de neceſſité eſt vne chimere. Ces paroles obmiſes par le Diſſertateur monſtrent que la grace determine noſtre volonté ; d'où il s'enſuit que la liberté ne conſiſte pas dans vne prochaine indifference, à croire ou ne pas croi-re ; Molina donc & ſes Diſciples voulant nous faire voir que la liberté conſiſte dans cette prochaine indifference, ne peuuent alleguer raiſonnablement pour eux ces mots de ſainct Auguſtin, *Croire, ou ne croire pas eſt dans le franc-arbitre de noſtre volonté* s'ils ne ſuppriment adroitement, ceux-cy, *mais dans les Eleus la volonté eſt preparée par le Seigneur* : le Diſſertateur l'a fait, ie louë auſſi ſon ad-dreſſe, mais ie me plains de ſa mauuaiſe foy.

Septieſme plainte de l'Amy.

En ſeptieſme lieu, l'Amy qui eſt vn donneur de de-mentis & vn homme de grand cœur , a tres - mauuaiſe opinion du mien, & s'imagine [a] que i'eſtois tout trem-blant quand i'eſcriuis cecy. [b] *Le Reuerend Pere ne ſe moc-quera t'il pas auſſi de ce que le Diſſertateur reproche à l'Au-theur de la lettre , comme vne choſe honteuſe d'auoir dit ce-que Bellarmin* [c] *prouue par des teſmoignagnes manifeſtes de ſainct Auguſtin, de ſainct Proſper, de ſainct Pierre Diacre, & de ſainct Fulgence , que l'opinion de la Predeſtination gra-tuite n'eſt pas vn ſentiment de quelques Docteurs particuliers, mais vn point de la foy Catholique ; tellement que Salmeron* [d] *Ieſuite dit que l'opinion Contraire eſt vn Dogme Pelagien, qu'il faut refuter , comme l'erreur de Caluin qui dit que Dieu eſt l'autheur du peché,* Mais quelle crainte ou quelle laſ-cheté ay-ie teſmoignée en ces paroles ? l'Amy auroit mieux fait de reſpondre à Bellarmin & à Salmeron ſes freres , & à ſes aduerſaires ſainct Auguſtin, ſainct Proſper,

ŏ ij

a *Pag.* 73. Velut illa ſunt quæ de præde-ſtinatione, timidè tamen , ac diffiden-ter modo iactitat.
b *La Preface.*
c *Bellar. liu.* 2. *de la grace & du fr. arb.* *ch* 11. Vt iam hæc ſententia, non quo-rumdam doctorum opinio , ſed fides Eccleſiæ Catholicæ dici debeat.
d *Salm. ſur le ch.* 8. *de l'Epiſt. aux Rom, diſp.* 21.

fainct Pierre Diacre & fainct Fulgence. Toutefois on ne pouuoit leur refpondre, l'Amy eft excufable de ne l'auoir pas fait. Mais cet Amy neantmoins m'oppofe [a] Ianfenius qui auouë que la Predeftination gratuite à la gloire n'eft pas de la foy, & n'eft pas enfeignée par fainct Auguftin comme eftant de la Foy. Ie ne m'attache point à l'Euefque d'Ypre mais ie refifte à ceux qui combattent la Saine doctrine fous le nom de cet Euefque, neantmoins rien ne m'oblige de le defaprouuer en ce fuiet. Quand on dit que les hommes font predeftinez à la gloire fans la preuifion de leurs merites, on peut entendre doublement ces mots, fans la preuifion de leurs merites : car fi par le mot de merites, on entend des œuures faites par noftre franc-arbitre appliquant la grace, en ce fens la predeftination fans la preuifion de nos merites eft vn point de foy, & Molina qui foufmet la grace à noftre franc-arbitre peche contre ce point de foy, par le tefmoignage de Bellarmin. [b] Que fi par le mot de merites on entend des œuures faites par la grace diuine dominante fortement & inuinciblement fur noftre franc-arbitre ; en ce fens la predeftination diuine antecedente à la preuifion de nos merites, peut-n'eftre pas de la foy, comme Ianfenius l'auoüe, mais elle eft neantmoins vne verité certaine & liée neceffairement auec la doctrine de fainct Auguftin, felon la lumiere naturelle, qui nous fait connoiftre que l'intention de la fin, qui eft la gloire, precede naturellement l'election des moyens, qui font les merites qui nous conduifent à la gloire, comme Ianfenius [c] l'a obferué : ce que vous auec teu felon voftre genie. Or ie n'ay iamais dit que tout ce que dit fainct Auguftin foit de la foy, mais que ce qu'il dit eftre certain eft certain, & que ce qu'il dit eftre de la foy eft de la foy. Selon ce principe de Bellarmin *que fi en la matiere de la grace, on pouuoit quitter vne opinion de fainct Auguftin, quand il dit qu'elle eft de la foy, le Pape Celeftin n'eut pas dit de luy, qu'on ne l'auoit foupçonné iamais de la moindre erreur.* Et ce que ie dis icy ne bleffe nullement l'eftroite connexion que i'ay eftablie, entre tous les points de la doctrine Auguftinienne.

a Pag. 131. & 132.

b Liu. 1. de la gr. & du franc-arb. ch. 12.

c Ianfenius liu. 9. de la g. des Saints. ch. 24. Vnde & ego fateor non effe fidei, nec tamquam fidei ab Auguftino ex professo traditum, fed tamquam quod ex naturæ lumine, ex mi gratiæ natura confentaneum eft.

Huictiefme plainte de l'Amy.

En huictiefme lieu l'Amy fe plaint [a] de ce qu'on s'a-
heurte à fouftenir que fainct Auguftin, & le Pape Innocent, que l'Amy n'ofe nommer, pour la Reuerence
du fainct Siege n'ont pas erré. L'Amy eft fage, & refpe-
ctueux vers le throfne Apoftolique ; & s'abftient humblement de nommer vn Pape, quand il ne peut fouffrir
qu'on die, que ce Pape n'a pas erré : cette erreur eft que
fainct Auguftin, & le Pape Innocent ont crû tous
deux par vn aueuglement eftrange que l'Euchariftie e-
ftoit neceffaire aux enfans ; & l'Amy n a pû fe contenter de ce que la preface auoit dit en ces termes pour
fauuer le Pape de la calomnie du Differtateur, & des
Heretiques, [b] *Et de peur que le Reuerend Pere ne s'irrite*
luy mefme exceffiuement, car il eft auffi d'vne humeur vn
peu chaude & vn peu boüillante ; ie n'ay garde de luy monftrer
ce que le Differtateur dit, que le Concile de Trente a condam-
né fainct Auguftin & le Pape Innocent, en ce qu'ils ont crû
tous deux comme fe l'imagine ce Differtateur, que l'Euchari-
ftie eftoit abfolument neceffaire aux enfans. Car le Reuerend
Pere ne pardonneroit iamais au Differtateur, d'auoir fait cet
outrage au Siege Apoftolique en la perfonne du Pape Inno-
cent. Et le Reuerend Pere n'ignore pas que ceux qui ont im-
primé les œuures de fainct Auguftin, donnent vn demcnti à ceux
qui luy imputent cette erreur comme l'a remarqué Poffeuin
[c] *Iefuite. Et en effet le Cardinal du Perron* [d] *fait voir claire-*
ment, que fainct Auguftin & le Pape Innocent ont feulement
crû que l'Euchariftie eftoit neceffaire aux enfans en effet, ou en
vœu, & que le vœu eftoit compris dans le Baptefme. A cela
que refpond l'Amy, il refpond en Miniftre & en homme
de Geneue & fe ioint hardiment à vn Roy d'Angle-
terre, contre vn Pape & contre vn Cardinal, & à Ca-
faubon Heretique, contre de grands hommes Catholiques qu'il regarde tous de haut en bas, & ne les confidere
que comme des Pygmées quand il dit, [e] *puis que vous n'o-*
feriez nier, fi vous y preniez garde en cela, mefme que la Differta-

õ iij

[a] *Pag.* 65.

[b] *Là preface de la let-*
tre à vn Prefident
pag. 14.

[c] *Poffeuin fous le*
mot Auguftin.

[d] *Le Card. du Perron*
en fa replique au Roy
de la gr. Br. ch 11.
pag. 59. *où ce Roy*
s'eftoit feruy de cet
argument comme le
Differtateur, pour
prouuer que fainct
Auguftin auoit erré
en la foy.

[e] *Pag.* 65. Deinde
quod negare, fi at-

tenderes , minimè auderes, in eo ipso quod differtatio notauit cap. 5. de neceffaria paruulis, Eucharistia, FVGIT ILLVM RATIO, fruftra in illius excufationem incumbūt eruditi Theologi, vbi neceffariam infantibus effe dicit participationem dominici corporis & fanguinis.

a Ce fuset eft traité plus amplement dans le reſponſe.

b 3 part. qu. 73. art. 3. dans le corps , & ideo , ex hoc ipfo quod pueri baptifantur, ordinantur per Ecclefiā ad Eucharistiam , & ficut, ex fide Ecclefiæ credunt, fic ex intentione Ecclefiæ defiderant Euchariftiā, & per confequens recipiūt rem ipfius, & li S. Thomas allegue trois fois S. Auguftin pour prouuer cette doctrine.

c L'Amy là mefme.

d En S. Marc ch 16. v. 16. qui crediderit & baptifatus erit, faluus erit, qui verò nõ crediderit, condemnabitur.

tation a remarqué au Chapitre cinquiefme touchant la neceßité de l'Eucharistie aux enfans, le fens luy a manqué (c'eft à dire à fainct Auguftin, & en mefme temps au Pape Innocent) *les fçauans Theologiens trauaillent vainement pour l'excufer, & penfent qu'il parle du Baptefme , lors qu'il dit , que la participation du corps & du fang du Seigneur eft neceffaire aux enfans.* ᵃ fans doute l'Amy a du fens de refte, & en eut fourny en vn befoin à fainct Auguftin, au Pape Innocent, au Cardinal du Perron, aux Docteurs de Louuain, à S. Thomas, & mefmes au Concile de Trente, aufquels le fens a malheureufement manqué; Quant à S. Thomas, il enfeigne ᵇ en vn chapitre exprés, que l'Eucharistie eft neceffaire aux enfans en effet ou en vœu, & dit que ce vœu eft enclos dans le Baptefme, & n'affeure pas feulement, mais prouue que faint Auguftin a crû en cette forte, que l'Euchariftie eftoit neceffaire aux enfans.

Or l'Amy qui eft plein de fens allegue ᶜ vne raifon qui en eft toute vuide, pour monftrer que fainct Auguftin & le Pape Innocent en ont eu peu, & qu'ils ont penfé que le Baptefme ne pouuoit fuppléer à l'Euchariftie, au regard des enfans ; Cette raifon eft que fainct Auguftin diftingue nommement ces deux Sacremens. Il eft vray, mais il ne s'enfuit nullement de là, que le vœu de l'vn ne foit pas compris en l'autre : côme quand Iefus-Chrift dit, ᵈ *Celuy qui aura crû & qui aura efté baptifé fera fauué*, il diftingue nommément la foy & le baptefme, & il ne s'enfuit pas neantmoins de là que la foy ne comprenne le vœu du baptefme , & ne puiffe fuppléer au defaut du baptefme, quand on ne le mefprife point ; comme auffi quand Iefus-Chrift a dit, ᵉ *fi on ne renaift d'eau & d'efprit, on ne peut entrer au Royaume de Dieu*, il a diftingué l'eau d'auec l'efprit, c'eft à dire le baptefme exterieur d'auec l'interieur ; & il n'a pas voulu dire neantmoins que le baptefme interieur ne puiffe fuppléer à l'exterieur, entant que l'interieur contient le vœu de l'exterieur : Quand donc faint Auguftin a dit auec l'anciène Eglife, que le baptefme & l'Euchariftie eftoient neceffaires aux enfans, il a voulu dire que le propre effet de l'Euchariftie , qui eft de nous inferer au corps de Iefus-

Chrift, eftoit neceffaire aux enfans, foit que cet effet leur fut communiqué par l'Euchariftie mefme, ou par le baptefme, entant qu'il contient le vœu & le defir de l'Euchariftie: comme quand Iefus-Chrift a dit, *Celuy qui aura crû, & aura efté baptisé fera fauué*, il a voulu dire que le propre effet du baptefme, qui eft de nous lauer de nos pechez, nous eftoit neceffaire, foit que cet effet nous fut appliqué par le baptefme, ou par la foy, entant qu'elle enferme le vœu du baptefme.

Et apres tout, fi l'Amy prenoit bien garde à ce qu'il dit, il ne fouftiendroit pas vne imagination qui des-honore auec fainct Auguftin & le Pape Innocent, toute l'ancienne Eglife ; s'il eft vray que non feulement elle ait fouffert que l'on enfeignaft cette erreur : mais auffi qu'on l'a pofaft comme vn des fondemēs les plus capitaux pour prouuer aux Pelagiens le peché Originel qui naift auec les Enfans, & dont ils ne peuuent eftre lauez que par vn Sacrement qui les incorpore dans l'Eglife : ce qui eft l'effet formel de l'Euchariftie ou du Baptefme, entant que il enferme, difent les Catholiques, le vœu & le defir de l'Euchariftie. Et partant le Concile de Trente a determiné fagement [a] que fi quelques anciens auoient donné l'Euchariftie aux enfans, il falloit croire fans contredit qu'ils ne l'ont pas fait par aucune neceffité de falut : c'eft à dire qu'ils n'ont pas iugé que l'Euchariftie elle mefme, fut abfolument neceffaire aux enfans, & ainfi l'Amy du Differtateur ; & le Differtateur mefme qui fouftiennent contre le Concile, que les Anciens ont reconnu cette neceffité, font condamnez manifeftement par le Concile : par où l'on voit auffi que le but du Concile n'a pas efté de condamner le Pape Innocent & fainct Auguftin en ce fuiet ; mais bien de condamner ceux qui les condamnent, comme le Differtateur & fon Amy.

a! *Seff.* 21 *ch.* 4. denique eadem fancta Synodus docet, paruulos vfu rationis carentes, nullà obligari neceffitate ad facramentalem Euchariftiæ Communionem; fi quidem per baptifmi lauachrum regenerati, & Chrifto incorporati. *Voila le vœu & le fupplement de l'Euchariftie*, adeptam iam filiorum Dei gratiam, in illa æta-

te, amittere non poffunt ; neque ideò damnanda eft antiquitas, fi eum morem in quibufdam locis aliquando feruauit, vt enim fanctiffimi patres, fui facti probabilem caufam pro illius temporis ratione habuerunt, ita certè nullà falutis neceffitate id feciffe, fine controuerfia credendum eft.

En neufiesme lieu l'Amy se fasche & se plaint mortellement ^a de ce que l'Autheur de la lettre pretend que l'on explique le Concile de Trente par sainct Augustin aux choses contestées touchant la grace; entr'autres raisons parce que le cinquiesme Concile met sainct Augustin au rang des Peres, que nous deuons suiure en toutes les choses qu'ils ont escrites de la droite foy, & pour la condamnation des heretiques: où il est sans doute que le Concile approuue singulierement sainct Augustin en le regardant comme le principal maistre de la grace, & le principal vainqueur des Pelagiens. Mais l'Amy qui fait icy des efforts vains & ridicules pour m'embarrasser, est si malheureux que voulant me conuaincre il me defend: car il dit que le cinquiesme Concile approuuant sainct Augustin a voulu dire seulement, ^b *qu'il falloit tenir pour indubitable tout ce que ce Pere auoit escrit contre les erreurs & les heresies, que le Synode auoit designées nommement*: Or ces heresies sont celles que les quatre premiers Conciles œcumeniques auoient condamnées, à sçauoir l'Arienne, la Macedonienne, la Nestorienne, la Pelagienne, l'Eutycheenne, *& les autres semblables*, dit l'Amy, sans les marquer. ^c Voila certainement vne belle restriction de l'approbation donnée à sainct Augustin par le cinquiesme Synode. Le cinquiesme Synode entend seulement, *que l'on tienne ne pour indubitable*, *tout ce qu'a escrit sainct Augustin* contre tant d'erreurs & d'heresies.

Mais ie n'en veux pas dauantage pour monstrer que s'il faut auoir recours aux Peres pour interpreter le Cōcile de Trente aux lieux disputez touchāt la grace, il faut deferer cette dignité à S. Augustin preferablement à tous les autres; puisque du consentemēt de toute l'Eglise, c'est celuy des Peres qui a escrit le plus exactement, le plus doctement, & le plus authentiquement contre les Pelagiens, & qui les a combattus si purement, que le cinquiesme Concile nous ordonne de le suiure en tout ce qu'il a dit

contre

contre leur herefie. L'Amy n'a point de Sophifmes qui puiffent obfcurcir ce raifonnement ; le cinquiefme Concile approuuant quelques Peres entant qu'ils ont efcrit *pour la droite foy , & pour la condamnation des heretiques* , qui peut douter que ce Concile n'ait vifé principalement à fainct Auguftin, en ce qui regarde la condamnation des Pelagiens & qu'il n'ait pretendu que l'on fuiuit ce S. par deffus tous les autres en ce qu'il a efcrit contre cette herefie? & delà ne peut-on pas conclurre que s'il faut expliquer le Concile de Trente par les anciens Peres en la matiere de la grace , il faut auoir recours particulierement à fainct Auguftin, fuiuant l'intention du cinquiefme Concile.

Or icy l'Amy ne s'abandonne point , & n'oublie point fes foupleffes ordinaires , voulant faire croire que ie dis, ou que ie prefuppofe [a] *que toutes les chofes qui font dans les liures que fainct Auguftin à efcris contre les herefies , doiuent eftre tenuës pour des dogmes Catholiques* : l'Amy eft vn finet pour ne dire pis ; ie n'ay iamais dit ny prefuppofé cela, mais feulement qu'aux chofes de la grace & de la predeftination, ce que fainct Auguftin difoit eftre de la foy, eftoit de la foy : ou qu'en ce fuiet, on ne pouuoit quitter vne opinion de ce fainct Docteur, quand il dit qu'elle eft de la foy, fuiuant la maxime de Bellarmin.

Mais l'Amy n'en demeure pas là , il eft plantureux & inépuifable en calomnies : c'eft ainfi qu'effayant [b] de rendre execrable le grand Euefque d'Ypre , il l'accufe comme d'vn crime tout particulier à ce Prelat d'auoir mis les Peres Grecs au nombre des Semipelagiens , & il n'eft pas croyable de quelle furie il s'acharne fur cet innocent, l'outrage & le dechire, Qu'eft-ce que cecy mon cher Lecteur? vous ferez tout effrayé quand vous aurez appris que l'Euefque d'Ypre mefme au lieu cotté par ce Differtateur, n'aduance rien touchant les Peres Grecs, que ce que Vafquez Iefuite en auoit efcrit, fans que fa Societé l'en ait iamais repris : voicy les paroles de Ianfenius ; [c] *Com-*

Origenem, Chryfoftomum, Theodoretum, Oecumenium, Theophilactum, cæterofque Græcos, Maffilienfium opinionem tradidiffe , quos tanquam columna fuæ doctrinæ Leffius in hoc argumento, tam denfe citat ac tanti facit.

ii

a *pag.* 63. huic argumento Differtatio refponderat, non fic approbationem illam intelligi debere, vt quæcunque lis in libris, quos contra hærefes fcripfit Auguftinus ab eo funt dicta, pro Catholicis dogmatibus habeantur.

b *pag.* 72.

c *Dans le parall. p.* 49 quafi non effet facillimum vniuerfam Semipelagianá hærefim , ex Origine, & cæteris Græcis ftabilire ; vnde *Gabriel Vafquez (fur la 1. part difp.* 89. c.) cæteris non nihil cautior in hac re, palam profitetur, a *Tolet sur ces paroles du Fils de Dieu*, omne quod dat mihi pater ad me veniet, est autem hæc doctrina non istorum tantum Chrysostomi, Euthymii, (Cyrilli) sed aliorum doctorum, maximè Græcorum, qui libero arbitrio humano multū tribuebāt nondum Pelagianâ tunc hæresi grassantes, *& plus bas*, & in hoc Doctores citati Greci non probantur, *& en suite il s'attache à l'option de S. Augustin*

b *Molina. qu. 14. art. 12. disp. 43 où Molina dit qu'il faut excuser S. Chrysostome, parce qu'il ne sçauoit pas distinguer les graces comme luy, & ou le mesme Molina alleguant plusieurs paroles attribuées à S. Chrysostome, reconnoist bien qu'elles ne sont pas de luy, mais ne s'apperçoit pas qu'elles estoient prises des articles adioujés à l'Epistre de ce'estin, ou que Molina, estoit un grand homme, & bien versé dans l'antiquité.*

c *l'Amy pag.* 72.

d *pag.* 61. contemtor, Græcorum patrum Armacanus, nec non illius sectatur.

e *En ses retract.* 1. ch. 23.

me s'il n'estoit pas tres facile de prouuer par *Origene*, *& par les autres Grecs*, toute l'heresie Semipelagienne ; d'où vient que *Gabriel Vasquez* estant vn peu plus auisé que les autres en ce suiet, dit qu'*Origene*, *Chrysostome*, *Theodoret*, *Oecumenius*, *Theophylacte & les autres Grecs ont enseigné l'opinion des Marseillois*, Que dites vous de l'Amy, mon cher Lecteur, iusqu'à cette heure, il n'auoit combattu que sainct Augustin soubs le nom de l'Euesque d'Ypre : maintenant soubs le nom de l'Euesque d'Ypre, il combat ses freres Vasquez, Tolet, & le Prince mesme de sa secte Molina, b qui fait en ce suiet vn chapitre exprez contre sainct Chrysostome, bien que sainct Chrysostome ait connu la grace mieux que luy incomparablement ; mais l'Amy sur tout n'est-il pas cruel & insupportable quand il charge b le docte Euesque d'Ypre, d'auoir dit *que les Grecs ignoroient entierement la Grace de Christ*, FVNDITVS IGNAROS GRATIÆ CHRISTI, *& qu'il les faisoit Pelagiens & demi-Chrestiens*. Iansenius n'a iamais dit cela, & n'en a iamais dit dauantage que Vasquez si grand personnage au iugement de ses Confreres, & partant le tiltre qui est à la teste d'vn chapitre de l'Amy c *Armacan & ses Sectateurs contempteurs des Peres Grecs*, est vn rayon de gloire qui embellit Vasquez, Tolet & Molina ; & les rend illustres pour toute l'Eternité.

Au reste si quelques Peres Grecs dont les Pelagiens se vantoient autrefois aussi bien que l'Amy, ont esté dans l'erreur touchant la grace de la foy, cette erreur n'a pas esté vne erreur positiue, mais negatiue : c'est à dire qu'ils ont erré negatiuement en ce qu'ils n'ont pas connu que la foy mesme estoit vn vray don de Dieu : mais ils n'ont pas erré positiuement, comme s'ils auoient dit ou enseigné que c'estoit vne erreur, de dire que la foy fust vn don de Dieu, & bien qu'ils ne connussent pas distinctement cette verité, ils la connoissoient neantmoins confusement dans leurs prieres, suiuant la remarque de sainct Augustin : Sainct Augustin a erré au premier sens auant que d'estre Euesque parce qu'il n'auoit pas encore assez de lumiere pour connoistre que la foy estoit vn don de Dieu, e *nundum diligentius quæsiueram nec adhuc inuene-*

eram qualis electio gratiæ. Mais en cela il n'a iamais erré positiuement, puis qu'il n'a iamais dit comme faisoient les Semipelagiens, que ce fut vn erreur, de dire que la foy estoit vn don de Dieu, & c'est la différence qui se trouue entre les Marseillois ou les Semipelagiens, & sainct Augustin auant qu'il fût Euesque.

Et icy pour abattre les triomphes de l'Amy, il faut qu'il obserue que le cinquiesme Concile approuuant quelques Peres, & les suiuant dans toutes les choses qu'ils auoient escrites touchant la droite foy, & la condamnation des Heretiques a voulu dire qu'ils n'auoient point erré positiuement, & qu'on pouuoit les suiure auec asseurance dans les choses qu'ils auoient soustenuës contre les Heretiques, estre contraires ou conformes à la foy. Or sainct Chrysostome & les autres Peres Grecs, en impugnant les Heretiques ont-ils iamais dit ou soustenu de propos deliberé comme les Marseillois, que ce fut vne erreur de croire que le commencement de la foy estoit vn don de Dieu? & cette distinction d'erreurs dont les vnes sont positiues & les autres simplement negatiues, est peut-estre plus necessaire que ne s'imaginent les Dissertateurs pour la defense de la tradition des Peres contre les heretiques.

Mais le cinquiesme Concile dit l'Amy [a] tout triomphant, approuue quelques Peres qui ont erré dans la foy: Cette obiection est captieuse & puerile, le Concile n'approuue pas les Peres absolument : mais seulement en ce qu'ils ont *dit, ou presché irreprehensiblement iusques à la fin de leur vie,* c'est à dire sans estre repris soit expressement soit tacitemét par l'Eglise, ou par les autres Preres de plus grande authorité. Au reste il sied tres mal à l'Amy Dissertateur, de faire le zelé pour l'honneur des Peres Grecs; car on sçait tres bien qu'il fut confondu dans vne compagnie de Docteurs pour auoir escrit, que presque tous les Peres des trois premiers Siecles estoient dans l'erreur de l'heretique Arius, qui nioit la diuinité du Fils de Dieu.

Iugez donc par les choses que nous venons de dire, mon cher Lecteur, si l'Amy n'eut pas mieux fait de laisser

[a] *pag.* 60. suscipimus autem & alios sanctos & orthodoxos Patres, , qui in sancta Dei Ecclesia rectam fidem irreprehensibiliter visque in finem suæ vitæ prædicauerunt.

sans response ou de dissimuller les points de la preface qu'il a combattus si pitoyablement, comme il a laissé sans response & dissimulé ceux-cy. La preface auoit allegué ce tesmoignage de Monsieur le Bossu, l'organe & la voix de Clement V I I I. & des celebres Congregations Romaines, où les nouueautez de Molina estoient condamnées à tout moment, a *La commune opinion des Theologiens touchant la iustification, ne peut estre mieux entenduë que par la definition du Concile de Trente, dans laquelle definition s'il y a quelque chose qui parroisse ambigu ou controuersé, on ne pourra mieux le resoudre, (obseruez ce mot resoudre) que par la doctrine de sainct Augustin, le Docteur de la grace comme on l'a nommé cy-dessus, & par son tres-fidele interprete sainct Thomas,* & à cela que respond l'Amy ? rien. La preface auoit dit *le Reuerend Pere Petau a dit sagement en* „ *ses Dogmes Ecclesiastiques,* puisque S. Augustin estant „ nostre arbitre nous auons resolu de gagner nostre „ cause ou de la perdre, & *il dit cela en traitant cette question qui est de sçauoir comment nous pouuons consentir à la grace ou luy dissentir selon le Concile de Trente,* & à cela que respond l'Amy ? rien. La preface auoit dit, *Comme le Reuerend Pere est homme religieux, il s'estonnera certainement du peu de pieté de ce Dissertateur, qui finit sa lettre liminaire en Payen & auec les mots de Ciceron, & conclut son liure par vn dementy terrible dont il charge vn homme pour auoir loüé excessiuement vn sien amy :* & à cela que respond l'Amy ? Rien. Car il ne s'agit pas de la doctrine de Molina, mais seulement de la pieté & de la charité ; & mesmes au lieu de se corriger, il a porté son amy à l'imiter & à ne prier point Dieu non plus que luy. La preface auoit dit, *le Reuerend Pere estant homme iuste, il ne trouuera pas bon que le Dissertateur ait imposé à l'autheur de la lettre d'auoir pris sainct Augustin pour interprete du Concile à l'exclusion du Pape, comme si l'Autheur de la lettre qui est si grand venerateur du Siege Apostolique n'auoit pas soufmis au iugement du Pape l'interpretation qu'il auoit tirée de sainct Augustin,* & à cela que respond l'Amy ? Rien. La preface auoit dit *comme le Reuerend Pere est homme iudicieux & n'approuue pas qu'en vne dispute on change l'estat de la question il trouuera fort estrange que le Dissertateur, se mette en peine de prouuer par beaucoup de Scholastiques que nous pouuons reietter la grace, & que nous sommes indifferens à faire le bien ou le mal: Car nous demeurons tous d'accord que nous pouuons reietter la grace, & que nous sommes indifferens à vouloir le bien ou le mal, & nous disputons seulement de la maniere en laquelle nous sommes indifferens à suiure le bien ou le mal. Il y en a qui disent que cela se doit entendre selon les principes de Molina qui a esté censuré à Rome, bienque la Censure n'en ait pas encore esté publiée, & l'Autheur de la lettre, veut que cela s'entende selon les principes de sainct Augustin & de sainct Thomas, selon lesquels Rome a censuré Molina, & selon lesquels Rome a tousjours presché & definy aussi bien que le Concile de Trente, la doctrine de la grace & du franc-arbitre de nostre volonté:* & à cela que respond l'Amy ? rien, si ce n'est qu'il est faux que Molina ait esté Censuré à Rome, & que c'est vne inuention des Armacans & des Ianfenistes : mais actes des Congregations de Rome, & l'histoire de François à Penna Doyen de la Rotte, tesmoignent le contraire, & nous auons entre les mains vne Bulle du sainct Siege où le Pape Paul censure cinquante erreurs de Molina. Toutesfois l'Amy reproche qu'il y a vne Bulle contre le Liure de Ianfenius. Cette Bulle ne iuge rien au fond, & l'Autheur de la lettre l'a monstré si clairement[a] que le grand Dissertateur n'a osé luy repartir. Au reste si ie découurois quelque erreur dans Ianfenius, ie ferois le premier à la condamner & à la faire condamner, s'il estoit en mon pouuoir ; & ie ne ferois pas comme ceux qui s'apperceuant bien qu'il y a des erreurs dans Molina en empeschent autant qu'ils peuuent la condamnation : & la raison est qu'en souffrant ces erreurs de Molina, on blesse seulement la gloire du Sauueur, au lieu que si on les condamnoit : on blesseroit la gloire de la Societé.

La Preface auoit dit, *Comme le Reuerend Pere est homme versé dans les escrits de Molina, il s'estonnera que le Dissertateur pour appuyer Molina, ait employé le tesmoignage de Soto & de Vega, bien que Molina refute l'vn & l'autre par vn cha-*

a Lettre d'un Abbé à un Euesque pag. 39. & suiu.

ú iij

pitre exprez & luy reproche d'auoir mal entendu le Canon mesme du Concile de Trente, duquel le Dissertateur veut qu'ils soient les interpretes, parce qu'ils ont esté presens au Concile de Trente, & à cela que respond l'Amy ? rien.

La preface auoit dit, *Comme le Cardinal Cantarenus Salmeron Iesuite & Catarin qui ont (tous deux) assisté au mesme Concile, enseignent que la volonté est dautant plus libre qu'elle se porte plus puissamment & indeclinablement à son obiet,* le Reuerend Pere admirera comment le Dissertateur en faueur de Molina a osé se seruir de l'authorité de ces docteurs pour ce qui regarde la liberté; bien que Molina en attaquant la personne de Catarin ait refuté leur opinion touchant la liberté, & à cela que respond l'Amy? rien.

a Tom 1. des Dogmes liu. 9. ch. 7. sect. 9.

La preface auoit dit, *le Reuerend Pere Petau ayant approuué les explications que sainct Augustin donne à ces paroles de l'Apostre,* a *Dieu veut que tous les hommes soient sauuez, & par consequent à celles-cy qui leur sont paralleles selon le Reuerend Pere, Iesus-Christ est mort pour tous, & ayant escrit mesme que la volonté antecedente par laquelle Dieu veut le salut de tous les hommes est seulement vne velleité, selon laquelle Dieu voudroit les sauuer tous, s'ils n'estoient point coupables du peché originel;* il condamnera certainement la temerité du Dissertateur

b Pag. 101.

b qui a osé traiter de violentes, d'extorquées de captieuses & de Calomnieuses des explications si iustes, & si approuuées de toute l'Eglise, & particulierement de sainct Thomas, & à cela que respond L'Amy ? rien.

La Preface auoit dit. *Le Reuerend Pere trouuera fort étrange ce que le Dissertateur escrit que la grace du Saueur, que nul cœur ne reiette, est seulement celle qui est coniointe auec le don de perseuerer,* bien que sainct Augustin par cette grace que nul cœur ne reiette ne distingue pas seulement ceux qui croyent pour tousiours, d'auec ceux qui croyent pour vn temps, mais distingue ceux qui croyent, soit pour vn temps soit pour tousiours d'auec ceux qui ne croyent point, & à cela que respond l'Amy? rien, si ce n'est qu'on ne respond point à cette sienne phantasie bien que vous voyez ce qu'on luy a respondu.

La Preface auoit dit *le R. Pere, qui est grand ennemy de*

toutes fraudes, & de toutes fauſſes ſuppoſitions rougira de la har-
„ *dieſſe du Diſſertateur qui dit, que cette propoſition* la grace
„ *du Sauueur a touſiours* ſon prochain effet, *ſe trouue*
parmy celles de Baius, qui ont eſté condamnées à Rome : ce qui eſt
faux : car elle ne s'y trouue point ; & à cela que reſpond l'Amy?
rien : ce qui eſt fort glorieux pour luy.

La Preface auoit dit, *du Diſſertateur qui dit que le Pape*
a condamné comme Heretique le liure de Ianſenius, mais de-
fend-on d'eſcrire contre vn liure Heretique, comme le Pape a de-
fendu d'eſcrire contre celuy de Ianſenius ? & à cela que reſpond l'Amy? rien.

La Preface auoit dit, *du Diſſertateur qui dit que les propo-*
ſitions du meſme Baius ont eſté condamnées dans le ſens pretendu
par leurs autheurs, comme Heretiques, ſuſpeƈtes, temeraires, ſcan-
daleuſes, & offenſiues des pieuſes oreilles, obmettant ce mot de la
Bulle RESPECTIVEMENT *, pour faire croire que toutes*
ees cenſures enſemble tombent ſur chacune de ces propoſitions : ce qui
eſtant, il faudroit croire que le ſiege Apoſtolique auroit condamné
comme Heretiques, ces deux propoſitions tres-orthodoxes, enſei-
gnées par Vaſquez & Suares Ieſuites, que ſans la grace on ne
peut reſiſter à aucune tentation, ny on ne peut faire aucun
bon vſage du franc-arbitre : *ce qu'on ne peut croire, ou vouloir*
faire croire ſans fleſtrir par vn outrage prodigieux, la pieté & la
maieſté du ſiege Apoſtolique. Ie laiſſe à part qu'au lieu que ſelon
l'original de la Bulle du Pape, il eſt dit que quelques-vnes de ces
propoſitions peuuent eſtre ſouſtenuës à la rigueur, & dans le ſens
pretendu par leurs Aſſerteurs ; le Diſſertateur eſcrit generalement
& confuſement qu'à la rigueur, & dans le ſens pretendu par
leurs autheurs, elles ont eſté cenſurées & condamnées comme He-
retiques ſcandaleuſes &c. Le Reuerend Pere ne perdra-t'il
point patience, en voyant dans vn liuret tant de ſubtilitez indi-
gnes de la ſincerité, & de la fidelité Chreſtienne? Et à cela que
reſpond l'Amy? rien, laiſſant ſon grand amy tout chargé
de honte & de confuſion.

La Preface auoit dit, *le R. Pere ne pourra ſouffrir que*
le Diſſertateur ait comparé ſcandaleuſement l'approbation que
Marcel d'Ancyre tira furtiuement du Concile de Sardique, com-
me quelquesfois vn criminel ſe fait abſoudre par ſurpriſe ; auec

l'approbation que le cinquiesme Concile a donnee à sainct Augu-
stin, en vn temps auquel l'Eglise auoit consideré, examiné, ensei-
gné, reduit en canon la doctrine de ce Pere, qu'on n'auoit ia-
mais soupçonné de la moindre erreur, comme dit le Pape Celestin.
Vn homme ne seroit-il pas agreable qui compareroit l'approba-
tion donnee subrepticement par le Concile de Sardique à Mar-
cel d'Ancyre, ou par le Pape Sozime à Celestin, ou par le Pape
sainct Leon à Eutychès : ce qui ne se fit que pour vn moment, & à
la faueur de quelques termes ambigus ; auec l'approbation don-
nee par le Concile d'Ephese aux Epistres de sainct Cyrille, ou par
le Concile de Chalcedoine à l'Epistre de sainct Leon? Et vous dites
mesme Dissertateur, que l'Eglise a corrigé le cinquiesme Concile
en ce qu'il auoit dit pour sainct Augustin, comme elle a corrigé le
Concile de Sardique en ce qu'il auoit dit pour Marcel d'Ancyre.
Et à cela que respond l'Amy ? rien. Presupposant que le
Dissertateur s'est corrigé luy-mesme aussi iustement que
le Concile de Sardique a esté corrigé par l'Eglise en ce
qu'il auoit dit pour Marcellus.

La Preface auoit dit, *le Dissertateur fera grande compas-*
sion au Reuerend Pere, lors que pour prouuer que sainct Augustin
est vn Autheur obscur, il renuoye l'autheur de la lettre au R. Pere
Sirmond, & à vn certain Prosper qui dit, que la pretenduë He-
resie Predestinatienne estoit nee des liures d'Augustin mal enten-
dus : car le R. Pere Sirmond tesmoigne que ces mots des liures
d'Augustin mal entendus, *ne se trouuët point dans le manuscrit*
de sainct Victor, & dit qu'il souhaitteroit que Monsieur Pitou
ne les eut point mis dans son edition. Il estoit bien besoin que le
Dissertateur renuoyast l'autheur de la lettre au R. Pere Sirmond
pour estre conuaincu luy-mesme par ce R. Pere. Et à cela que
respond l'Amy ? rien, ne trouuant pas mauuais que le R.
Pere Dissertateur soit conuaincu par le Reuerend Pere
Sirmond.

La Preface auoit dit : *Quant à l'amas de quelques Scholasti-*
ques que le Dissertateur, qui reüssit en rapsodies, a mis à la fin
de son liuret, il ne faut pas qu'ils vous estonnent : Car ceux qui
sont les principaux, & qui ont esté presens au Concile de Trente,
Soto, Vega, & Catarin par la confession de Molina qui les
combat, Horantius qui suit Soto, Salmeron, le Cardinal Con-
tarenus.

tarenus, (celuy-cy n'a pas esté au Concile) *& le Cardinal
Hosius*, *presupposent tous que la volonté perseuere en la Iustice, dautant plus librement qu'elle y perseuere indeclinablement : car il n'est pas de l'essence de la liberté, disent-ils, de pouuoir déchoir de la Iustice, ou de pouuoir pecher: c'est à dire de
pouuoir prochainement reietter la grace, & l'inspiration de
Dieu; Ce que l'Euesque Naclantus qui a assisté aussi au Conci-
cile de Trente, escrit encore ouuertement,* & à cela que respond
l'Amy? rien.

En fin la Preface auoit dit, *il est estrange que le Disserta-
tateur ait supprimé artificieusement les paroles de Soto alleguées dans la lettre, où ce Theologien dit, que le concours de
Dieu est prerequis par nature, s'il faut ainsi dire, & doit preceder par une priorité de nature l'action de nostre volonté; ce
qui decide toute la question,* & à cela que respond l'Amy?
rien. De sorte, mon cher Lecteur, que ie puis dire de ce
second libelle, ce que la Preface auoit dit du premier,
qu'il est bref en volume, mais bien moindre en substance, en force & en valeur.

L'Amy Dissertateur a donc grande raison de nous asseurer qu'il veut se taire à l'auenir, & de dire[a] que si l'on
est sage, on apprendra par son exemple à ne me plus respondre; par où vous voyez que cét Amy, a au moins appris du R. Pere vne bonne chose, qui est de se taire à propos; comme quand le R. Pere se teut, apres que Monsieur Arnault, qui ne sçait point parler, eut refuté le
beau François de sa Reuerence, contre l'excellent liure
de la Frequente Communion.

Mais il n'est pas iuste que ie censure autruy, sans penser aussi à me censurer moy-mesme. Ie vous declare
donc; mon cher Lecteur, que i'ay eu tort de mettre en
ma Preface le Cardinal Contarenus au rang de ceux qui
ont assisté au Concile de Trente; car il y a plusieurs
Contarins qui ont esté dans ce Concile : mais celuy-cy
qui est Gaspar, n'y a pas esté. Et ie deuois me souuenir
qu'il mourut en sa Legation vers l'Empereur, au mesme
temps que Paul troisiesme enuoya des Cardinaux à
Trente pour y commencer le Concile; bien qu'ils eus-

a *Pag.* 135.

ã ã

lent defenfe de faire aucune action publique fans vn nouuel ordre de fa Sainéteté. Que fi vous découurez quelque autre faute en ce qui vient de moy, felon l'infirmité
humaine dont ie fuis tout plein : Ie vous coniure, qui
que vous foyez, de m'en donner aduis, & ie vous pro-
mets que ie feray gloire d'imiter mon maiftre le grand
fainét Auguftin, qui n'a pas eu honte de publier luy-mefme les defauts de fes ouurages. Pour mon Cenfeur que
ie connois bien, ne vous imaginez pas que ie fois capable d'aucune haine contre luy ; ie l'aime ie l'honore de
toute mon ame, & ie le plains de s'eftre engagé à con-
fumer tout ce qu'il a d'efprit & de lumiere, pour combatre la grace de fon Dieu. Mais apres luy auoir fouhai-
té toutes fortes de richeffes & de benedictions en Iefus-
Chrift, dont il combat la grace, il trouuera bon s'il
luy plaift, que ie luy die ce que dit vn Pere dans le
Concile d'Ephefe, a *Ie plains mon amy, mais ie prefere
la pieté à toute amitié.* La paix de noftre Seigneur Iefus-
Chrift foit auec vous, mon cher Lecteur.

a *Action premiere
Theodot: d'Ancyre*
ὀδυνώμεθα μὲν ὑπὲρ
φίλου· πλὴν πά-
σης φιλίας προ-
τιμῶ τὴν εὐσέ-
βειαν.

TABLE DES CHAPITRES
de la premiere Partie.

ã

TABLE DES CHAPITRES DE LA seconde Partie.

APOLOGIE DV CONCILE
de Trente & de S. Auguſtin.

Contre les nouuelles opinions du Cenſeur de la Lettre d'vn Abbé à vn Eueſque.

AYant apris qu'vn Autheur Anonyme auoit publié vne Diſſertation Latine contre la lettre Françoiſe d'vn Abbé à vn Eueſque, & ayant lû l'Epiſtre liminaire ſi enflée & ſi pompeuſe de ce Diſſertateur à vn ſien amy, auquel il eſcrit comme vn Payen auroit fait à vn Payen, ſans inuoquer Dieu ny Ieſus-Chriſt, dont le ſacré nom doit conclure tous nos diſcours : Ie m'imaginois qu'il fal-loit attendre d'vn ſi graue Theologien, & d'vn Orateur ſi magnifique des raiſons puiſſantes & inuincibles, par leſ-quelles il fiſt voir manifeſtement les ignorances, les ab-ſurditez, les impoſtures, les erreurs, les hereſies qui ſont contenuës, à ce qu'il dit, dans cette odieuſe lettre qu'il ſe propoſoit de refuter ; mais ie vous auoüe que ie fus bien ſurpris, lors qu'ayant parcouru la diſſertation dont cette epiſtre à vn amy fait le preambule : Ie vis tout le contraire de ce que nous auoient promis le ſtile ampoullé, & la vaine oſtentation de cét Apologiſte de la nouueauté de Molina. Certainement ie fus ſaiſi d'vn eſtonnement extréme, en conſiderant dans cét Autheur ou l'artifice, ou la mauuaiſe foy, ou la confuſion des cho-ſes, ou la foibleſſe des raiſonnemens, ou le denuëment de la pieté Chreſtienne, dont il ne fait preſque paroiſtre aucun ſentiment dans tout ſon liure, ou l'affectation & la molleſſe d'vn langage ſi meſſeant à la ſolidité d'vn Theologien, ou la violence des iniures & des mediſances ſi contraires à l'humilité d'vn Religieux, & d'vn Reli-gieux qui porte le nom de celuy qui a dit, *Aprenez de moy que ie ſuis doux & humble de cœur.* Ce n'eſt pas que l'Au-theur d'vn ouurage ſi imparfait & ſi deplorable ne ſoit

S. Matb. ch. 11. v. 29. Diſcite à me quia mitis ſum & humi-lis corde.

A

docte & ingenieux, & qu'il n'ait acquis par vne estude assez diuerse & assiduë vn rang considerable parmy les sçauans hommes de ce siecle. Nous sçauons qu'il s'est exercé premierement & longuement dans l'Escolle des Grammairiens & des Orateurs, Qu'en suite il a consumé plusieurs années en la lecture des histoires sacrées & profanes, & en la supputation des temps, Et qu'en fin dans la maturité & sur le declin de son aage, il s'est appliqué à ramasser quelques dogmes des Saints Peres touchant les matieres principales de la Religion : mais soit que la varieté de ses occupations ne luy ait point permis d'estudier à fonds la doctrine qui est traictée dans la lettre qu'il combat, soit qu'ayant voulu destruire par la vanité de son sçauoir les veritez les plus solides de la foy Chrestienne, Dieu l'ait confondu & l'ait aueuglé par vn occulte iugement ; Ie puis dire auec iustice en cette rencontre ce que dit autresfois le grand Saint Augustin, dont ie defens la cause, & par consequent celle de l'Eglise, dans le trauail que i'entreprends : *Celuy-cy*, dit ce Pere, *ayant publié vn liure contre la Chrestienne & droite Foy : & contre la verité Catholique : & cét ouurage estant tombé entre nos mains, & ayant esté lû par nos freres, ils me coniurerent par le droit de la charité dans laquelle nous les seruons, de vouloir y respondre*, c'est ce que ie fais maintenant auec le secours de Iesus-Christ nostre Seigneur, & nostre Sauueur, *afin que tous ceux qui liront cecy, connoissent combien c'est peu de chose qu'vn esprit subtil, & vne langue polie, si les pas de l'homme ne sont dressez par* Seigneur, pour moy qui suis l'Autheur de cette fascheuse lettre, Ie confesse auec franchise d'estre aussi ignorant que mon Censeur veut le faire croire ; non pour ce que ie ne parle pas comme luy du breuuage de Circé, de la Diane d'Ephese, du Timée de Plutarque, de la chaine d'Homere, de la roche Tarpeya, des Songes des Sabins, & de plusieurs autres bagatelles dont on entretient les enfans dans les Escolles ; mais pour ce que ie reconnois tres-sincerement par la misericorde de mon Dieu, que toute science est vaine, comme dit S. Paul, excepté la science de la Croix, qui est celle de la grace de mon

Contre Fauste l. 1 ch. 1. Hic quoddam volumen edidit, aduersus rectam Christianamque fidem & Catholicam veritatem, quod cum venisset in manus nostras lectumque esset à fratribus desiderauerunt & iure charitatis per quam eas seruimus, flagitauerunt vt ei responderemus : hoc agrediar nunc in nomine atque adiutorio Domini, & Saluatoris nostri Iesu Christi, vt omnes qui hoc legunt intelligant quàm nihil sit ingenium acutum & lingua expolita, nisi à Domino gressus hominis, dirigantur.

Redempteur, que ie **veux** fouftenir fans relache aucune
iufques à la mort, contre tous les fophifmes, & contre
toutes les fubtilitez de la fageffe humaine, & de la Philofophie des **Payens**. Mais quelque difproportion ou
quelque inegalité qu'il y ait entre mon fçauoir, qui n'eft
que bien mediocre, & celuy de mon aduerfaire qui eft
tres-grand ; voyons quelle eft la force & la folidité des
argumens qu'il a deployez auec tant d'éclat, pour attaquer en ma perfonne Saint Auguftin que ie defends, &
pour combatre en la perfonne de S. Auguftin le Concile
de Trente qui a fuiuy ce Pere ,malgré les Nouateurs, en
la matiere de la Grace & de la Predeftination diuine ; &
quant aux chofes, & quant aux termes, comme dit Hen-   *Au liu. dern. de la fin
riquez fçauant Theologien de la Compagnie de Iefus.   de l'homme.*

CHAPITRE I.

*Où l'on propofe l'eftat de la queftion, & où l'on fait voir
comment la Bulle de Pie quatriefme, obiectée par le
Differtateur, & le decret du Concile de Trente ne pre-
iudicient point à l'Autheur de la Lettre.*

PRemieremēt il faut fçauoir que le fujet de laquerelle
entre mon Cenfeur & moy , eft qu'en prefence d'vn
Prelat de grand merite, i'auançay cette propofition que
Monfieur le Moyne a fouuent approuuée, aprés l'auoir
leuë & examinée auec beaucoup de foin, dans la lettre
mefme dont il eft queftion, que *dans la doctrine de la Grace
les lieux du Concile defquels le fens eft difputé parmy les Catholiques, deuoient eftre expliquez par Saint Auguftin, dont le Concile emprunte & les fentimens & les paroles, dans fes definitions touchant ce grand myftere.*
Mais mon Cenfeur qui a bien d'autres lumieres que le
vulgaire des Docteurs ne pouuant fouffrir cette maxime que Monfieur le Moyne auoit loüée, forme contre
moy, qui ay eu l'audace de la fouftenir, vne accufation

a en la Cõfirmation du Cõcile de Trête, si cui verò in eis aliquid obscurius dictum & statutum fuisse : eã que ob causam interpretatione aut decisione aliquâ egere visum fuerit, ascendat ad locum, quem Dominus elegit, ad Sedem videlicet Apostolicã, omninû fidelium magistram, cuius authoritatem etiam sancta Synodus tã reuerenter agnouit: nos enim difficultates & controuersias si quæ ex eis decretis ortæ fuerint, nobis declarandas & decidendas quemadmodû ipsa quoq; sancta Synodus decreuit, reseruamus, parati sicut ea de nobis meritò confisa est, omnium prouinciarum necessitatibus ea ratione quæ commodior nobis visa fuerit, prouidere, decernetes nihilhominus irritum & inane, si secus super his à quoquâ, quanis authoritate scienter, vel ignoranter contigerit attentari. Seff. 25. touchant la reception & l'obseruation des decrets du Concile, quod si in his recipiendis aliqua difficultas oriatur, aut aliqua inciderint, quæ declarationem, quodnon credit, aut definitionem postulent, preter alia remedia in

terrible en apparence mais puerile & ridicule en effet : il pretend que ce n'est pas à Sainct Augustin d'interpreter le Concile de Trente ; mais au Pape, puisque le Concile luy en a reserué l'interpretation, & que le Pape mesme se l'est reseruée. Pour preuue de sa These, mon Censeur allegue les paroles de Pie quatriesme, qui se trouuent en la Bulle, par laquelle ce souuerain Pontife confirme le Concile, *S'il semble à quelqu'vn, dit Pie a quatriesme, que (dãs les decrets de ce Concile) il y ait quelque chose qui ait esté dite ou ordonnée obscurément, & qui pour ce suiet ait besoin de quelque interpretation, ou de quelque decision, qu'il monte au lieu qui a esté choisi par le Seigneur, à sçauoir à la Chaire Apostolique, qui est la maistresse de tous les fideles, & dont le sainct Synode mesme a reconnu si respectueusement l'authorité : Car ainsi que le S. Concile l'a ordonné luy-mesme, nous nous reseruons la declaration & la decision des difficultez & des controuerses qui pourroient naistre sur ces Decrets, estans prests comme le Concile se l'est promis iustement de nous, de remedier aux necessitez de toutes les Prouinces en la maniere qui nous aura paru la plus conuenable, declarant cependant nul & inualide, tout ce qui auroit esté entrepris au contraire ou sciemment, ou ignoramment par qui que ce soit, & par quelque authorité que ce puisse estre.* Et mon Censeur confirme les paroles de Pie quatriesme par celles-cy du Concile de Trente, *que s'il arriue quelque difficulté dans la reception de ces (Decrets touchant la doctrine Catholique) ou s'il se rencontre des choses qui demandent, (ce que le Concile ne croit pas,) quelque declaration, ou quelque definition, outre les autres remedes ordonnez en ce Concile, il s'asseure que le tres-heureux Pontife Romain,* (Icy mon Censeur s'arreste tout court, & ie ne sçay par quel mystere s'abstient d'alleguer les paroles suiuantes, qui sont) *aura soin de pouruoir pour la gloire de Dieu, & pour la tranquillité de l'Eglise, aux necessitez des Prouinces, ou en appellant à soy des Prouinces dans lesquelles la difficulté sera née, ceux qu'il iugera plus propres à traiter cette affaire, ou en celebrant vn Concile general, s'il le iuge necessaire, ou en vsant de quelque autre voye qui luy aura semblé la plus commode.* Et de ces paroles de Pie quatriesme, fortifiées par celles du

Concile, mon Cenſeur infere cette concluſion, qui teſmoigne en luy vn iugement ſi exact & ſi poly & vn zele ſi
enflammé pour la gloire du S. Siege, que ie ſuis rebelle de
ce Siege, ence que i'attribue à S. Aug. vn pouuoir qui n'appartient qu'à ſa Sainteté, & ce pouuoir eſt d'interpreter
les ordonnãces du Concile; ſans doute le Diſſerteur auoit
ouy dire qu'il ny auoit point d'homme qui euſt plus d'a-
mour, ny plus de reſpect que moy pour la chaire Apoſtolique; Il ſçauoit que i'auois eſcrit & que i'auois parlé en
toutes occaſions tres-auantageuſement pour la defenſe de
ce Troſne; Il n'ignoroit pas auſſi que ie n'approuuois point
& que ie n'aprouuerois iamais ceux qui ſoubs le grand Pape Clement VIII. teſmoignoient qu'ils euſſent mieux ai-
mé eſtre iugez par vn Concile que par le S. Siege, *a* le fait
eſt manifeſte, il eſt publiquement connu, ie ne le ſuppoſe
point; Pour cette raiſon mon Cenſeur a eſtimé iuſtement
qu'il ne pouuoit me faire vn outrage plus ſenſible, qu'en
me rendant coulpable de deſobeïſſance au Pape, dont il
ſçauoit tres bien que ie reuerois ſouuerainement l'authorité. Mais en quoy m'acuſe-t'il de n'obeïr pas au Pape?
en ce que i'ay pris S. Auguſtin pour Interprete du Concile,
au lieu que la puiſſance de l'interpreter eſt reſeruée au
Pape. Certainement ſi en cette occaſion ie ſuis rebelle
au Pape, i'ay pour compagnon de ma rebellion le Reuerend Pere *b* Petau qui a voulù donner par S. Auguſtin vne
explication vrayement deciſiue au Canon du Concile,
ou il eſt dit que l'on peut diſſentir à la grace ſi l'on veut.
I'ay pour compagnon de ma rebellion vn Docteur
tres-Illuſtre de la Faculté de Paris, vn des ſçauans
hommes de ſon Siecle, vn des enfans les plus ſoub-
mis à la chaire de ſainct Pierre. Il n'eſt pas beſoin de vous
le nommer, vous le connoiſtrez, quand ie vous auray dit
que c'eſt celuy qui dans les aſſemblées qui ſe tenoient à
Rome pour examiner les nouueautez de Molina, auoit
l'honneur d'eſtre Rapporteur de cette Congregation ſainte, où il ſe faiſoit admirer toutes les fois qu'il repreſentoit
& qu'il refutoit, principalement par ſaint Auguſtin, les erreurs de Molina, & les raiſons friuoles que l'on apportoit

a hoc concilio inſti-
tuta, conſidit ſan-
cta Synodus beatiſ-
ſimum Romanum
Pontificem curatu-
rum, vt vel euoca-
tis ex illis preſertim
Prouinciis vnde dif-
ficultas orta fuerit,
iis quos eidem ne-
gotio tractando vi-
derit expedire, vel
etiam Concilij ge-
neralis celebratio-
ne, ſi neceſſarium
iudicauerit, vel cõ-
modiore quacum-
que ratione ei viſum
fuerit Prouinciarũ
neceſſitatibus pro
Dei gloria, & Ec-
cleſiæ tranquillitate
Conſulatur.
a Apenna.

b Le Pere Petau tom.
3. des Dogmes l 4. de
l'Ouurage des 6. Iours.
c. 5. § 8 & 9.

*Monsieur le Bossu p.
226. part. 2. ch. 1. de
son animadu. sur la
10. note.* Commu-
nis Theologorum
sententia de iustifi-
catione non potest
melius intelligi,
quam ex definitio-
ne Concilij Tri-
dentini, in qua si
quid videbitur am-
biguum, aut con-
trouersum, non po-
terit aptius resolui,
quàm ex sancti Au-
gustini gratiæ Ma-
gistri, vt supra ap-
pellatus est, Do-
ctrinâ, & ex S. Th.
illius fidelissimo
Interprete.

pour le defendre : voicy donc ce que dit cét Illustre compagnon de mon heresie & de ma rebellion , *la commune
opinion des Theologiens touchant la iustification, ne peut estre
mieux entenduë que par la definition du Concile de Trente, dans
laquelle (definition) s'il y a quelque chose qui paroisse ambigu ou controuersé, on ne pourra mieux le resoudre , que par la
doctrine de sainct Augustin le Maistre de la grace (comme on
l'a nommé cy-dessus) & par son tres fidele Interprete saint Thomas.* Sur ces paroles de ce grand-homme, vous obseruerez s'il vous plaist trois choses, mon Censeur: la premiere
est qu'il parle des decrets du Concile de Trente sur la iustification du sens desquels nous disputons , la seconde est
qu'il ne dit pas seulement que s'il y a dans ces decrets
quelque chose de douteux ou de côtesté, on ne peut mieux
l'expliquer que par sainct Augustin : mais qu'on ne peut
mieux le *resoudre* que par sainct Augustin, & vous qui estes
si excellent & si celebre Grammairien, vous n'ignorez
pas la force de ce mot, *resoudre*: la troisiesme est que si ce
Docteur adiouste S. Thom. à S. August. Il ne l'adiouste
à S. Augustin qu'entant qu'il en est vn fidele Interprete,
comme ayant pris de luy tout le fond de sa Theologie
aussi bien que Pierre Lombart communement nommé le
Maistre des Sentences selon la remarque de Posseuin escriuain fameux de vostre Societé.

*Posseuin sur le mot
August.* Petrus Lô-
bardus qui Magi-
ster sententiarum
est dictus vniuer-
sam Theologiam
ex authoritatibus
Augustini digessit
in ordinem, *& la
mesme* Diuus Tho.
aquinas merito po-
test nominari alter
Augustinus, cum ad
huc solidius atque
in meliorem ordi-
nem doctrinam
Augustini redege-
rit.

Mais pour entendre pleinement la resolution de cette
difficulté, & pour éloigner les equiuoques dont mon Aduersaire à voulu l'embroüiller, vous obseruerez mon cher
Lecteur, qu'il y a grande difference entre l'authorité de
celuy qui fait vne interpretation, & l'authorité de ceux
desquels il tire son interpretation; Celuy qui fait vne explication peut estre vn Docteur particulier & denué de
toute authorité, & ceux dont il tire son explication peuuent estre les saints Peres, dont l'authorité a tousiours esté
tres grande dans l'Eglise. Cela estant vous iugez bien que
lors que le Pape a defendu de faire vne interpretation du
Concile de Trente auec authorité; Il n'a pas defendu de
faire vne interpretation qui eut authorité de la part des
Peres desquels on l'auroit prise, mais de la part de celuy

qui se seroit seruy des Peres pour la faire, & qui auroit osé
la prononcer en forme d'Arrest & de decision, & en effet
representés vous que ie vueille expliquer le Concile de
Trente par les escritures Saintes, ou par le consentement
des Peres, qui sans contredit sont deux fondemens certains de nostre foy: en ce cas, il est certain que ie ne de-
sobeïrois pas au Pape en voulant donner de l'authorité à
mon explication, ou par les liures Canoniques, ou par le
consentement des Peres desquels ie l'aurois prise, mais en
voulant donner de l'authorité à mon explication par mon
propre chef en la composant en forme de sentence &
de definition solemnelle & iuridique, & ainsi quand on
demande si en expliquant le Concile i'ay desobey au Pape
qui defend de l'expliquer auec authorité, on ne demande
pas si i'ay donné de l'authorité aux Peres desquels i'ay recueilly mon explication, mais on peut demander seulement si ie me suis donné moy mesme quelque authorité,
ou si i'ay agy en qualité de Iuge & de Prelat pour establir
mon explication, qui est la seule maniere d'Interpretation que le Pape a defenduë selon l'aueu de mon Censeur;
& partant mon cher Lecteur, quand i'aurois donné vne authorité tres grande & souueraine en quelque maniere au
tesmoignage seul de S. Augustin, comme on doit la donner au consentement des Peres, il est manifeste qu'en cela
ie n'aurois pas violé la Bulle de Pie quatriesme qui ne regle point l'authorité des Peres ny en General ny en particulier; mais ie me serois opposé seulement à l'entreprise &
à la faction de ceux qui ont vn mespris secret pour S. Augustin, & qui trauaillent incessamment & presque à dé-
couuert pour opprimer son authorité; & entre ces violens
aduersaires de S. Augustin, vous deuez sçauoir que mon
Censeur est des plus hardis & des plus declarez, estant certain que depuis peu, & il n'oseroit le nier, il n'a pas appre-
hendé & n'a pas rougy de dire à vn Religieux de reputation & en presence d'vn sien Collegue, *qu'on ne pouuoit fai-*
ure seurement S. Augustin (chose épouuentable?) *en la ma-*
tiere de la grace & de la predestination, & neantmoins auec
vne hardiesse tout à fait indigne de la sincerité d'vn Reli-

P. g. 25. d. la differt,
Augustinum non prodidi, falsa obiicis nunquam id probabis.

gieux, il ose soustenir qu'on le calomnie, en l'accusant ou en luy reprochant d'auoir abandonné S. Augustin, *ie n'ay point quitté S. Augustin*, dit-il, *c'est vne fausseté que vous m'obiectez, vous ne le prouuerez iamais*. Cependant pour reuenir à la declaration de Pie quatriesme qui defend d'interpreter le Concile de Trente en forme iuridique & auec authorité de Iuge, obseruez comment mon Censeur à confondu, ou subtilement ou innocemment ces deux sortes d'authoritez, dont la premiere est de celuy qui fait l'explication, & la seconde est de ceux desquels l'explication est prise, le Pape ne parle que de la premiere, & mon Censeur veut faire croire qu'il parle de la seconde, le Pape ne defend qu'vne interpretation que l'on pretendroit auoir authorité de la part de ceux qui l'auroient faite, & mon Censeur veut faire croire que le Pape à defendu vne interpretation que l'on auroit tirée ou des Peres, ou des Conciles, ou des Escritures Saintes, quand mesmes on la sousmettroit comme i'ay sousmis la mienne à la Censure & au iugement supreme du sainct Siege. O grand Dieu ! quel artifice ou quelle mesprise, ou quel égarement d'esprit !

Certes si en nous seruant ou de S. Augustin ou des Conciles, ou des souuerains Pontifes, ou mesmes des Escritures Saintes pour interpreter le Concile de Trente, nous refusions d'assuiettir nostre interpretation au iugement du Pape, alors sans doute nous serions vrayement rebelles du S. Siege, au iugement duquel nous deuons tousiours assuiettir le nostre en fait de Religion, & on pourroit nous accuser legitimement de n'obeyr pas à l'ordonnance de Pie quatriesme, qui s'est reserué, & à ses successeurs l'authorité supreme d'expliquer le S. Concile : mais comme on ne pourroit inferer de là sans vne folie manifeste que le Pape en cette Bulle à reglé ou moderé l'authorité des Peres ou des liures Canoniques desquels on pourroit prendre l'interpretation du S. Concile : de mesme on ne peut en inferer sans vne tres grande absurdité, que le mesme Pape en la mesme Bulle ait touché l'authorité de sainct Augustin, dont on peut se seruir pour interpreter le sainct

Concile

Concile, & qu'il ait declaré que ce sainct Docteur en
cette matiere n'ait pas receu des Papes, des Conciles, &
de l'Eglise Catholique, vne souueraine authorité en la doctrine de la grace & de la predestination. Ouy mais direz
vous, le Pape, ayant defendu precisément de faire des gloses ou des commentaires pour l'éclaircissément du S. Concile, comment osez vous l'interpreter en quelque maniere que ce soit contre la defense du S. Siege ? Ie m'estois
desia proposé cette difficulté, & l'auois resoluë ainsi dans
la lettre que ie defens, *ny ce que le Pape Pie quatriesme a* ^{Pag. 39.}
defendu par vne Bulle expresse de faire aucune glose ou anno-
tation pour l'Interpretation du S. Concile & l'a reseruée au
S. Siege seul, ne me fait point icy de preiudice, puis que le Pape
entend là parler d'vne interpretation suiuie & composée de pro-
pos deliberé sur les decrets de ce Concile, & non des interpre-
tations que l'on en fait par occasion & de quelques textes pris
à part, ou dans les disputes auec les Heretiques, ou dans les exer-
cices ordinaires de l'Escolle; autrement il n'y auroit point d'Au-
theur ou presque point qui ne fut coulpable de l'infraction de
cette Bulle, ny en ayant point ou presque point qui n'ait entre-
pris d'exposer le S. Synode en la maniere que ie viens de dire:
& si on a pû l'imprimer comme on a fait, sans contreuenir à la
mesme Bulle auec des citations à la marge, où sont marquez
les lieux des Peres ou des Conciles d'où ces Canons ont est pris,
ne pourra-t'on l'interpreter sans desobeir à la mesme Bulle, en
suiuant fidellement les mesmes citations publiquement receües &
authorisées parmy nous? Voila ce que i'ay dit pour faire voir
que ie ne desobeissois pas à sa Sainteté, en interpretant le
S. Concile, & ce que mon Censeur a teu ou supprimé par
vne ruse & par vn mystere qu'il n'est pas facile de comprendre.

Mais pour vous leuer tout scrupule, mon cher Lecteur,
& pour oster à mes Aduersaires tout suiet de me calom-
nier en cette occasion, escoutez ce qu'enseigne l'vn de
leurs Confreres, pour me iustifier de tout soupçon de cri-
me & de toute apparence de rebellion aux ordonnances ^a l.7. des Indulg. c.
de sa Sainteté; a *Ainsi* dit Henriquez Iesuite, *le sens douteux* 19. dans le texte
du Concile de Trente, deuroit estre pris du Pape ou de la Con- sensus dubius Con-

B

cilij Tridentini, à Papa petendus esset, vel à congregatione Cardinalium deputatorum; & tamen ipsum interpretantur in tribunalibus iudices, & in academiis lectores pro causæ vtilitate; *& la glose sur ces mots porte* Trid. sess. 25. ref. cap. 2. & in praxi ita fit.

b *Liu. 4. r de la fin de l'homme dans la glose soubs la lettre.* C. hæc disputatio de præsentia futurorum conditionatorum à nobis ante viginti annos excitata est, & contra votum nostrum suscepta est sententia in Italia, de qua in textu, vt in gratiam Catarini defendant, saluari multos absque vera ratione prædestinationis antecedentis.

c *Là méme c. 14. dans le texte* § 5. nesciunt aliter contra Hereticos saluare vsum nostræ libertatis in exercitio, quàm negando vllum auxilium esse, aut dici præueniens, quod sit causa prædeterminans & efficax nostræ liberæ cooperationis & conuersionis; sed esse auxilium tantum sufficiens, aut concomitans, quo homo potest tantum vti & conuerti, si velit.

d *Là mesme ch. 6. dàs*

gregation des *Cardinaux Deputez, & toutefois les Iuges dans les Tribunaux, & les Lecteurs dans les Academies, l'Interpretent selon l'vtilité de la cause*, Et le mesme Iesuiste dit en la glose de ce texte aprés auoir eotté le Concile de Trente, & dans la pratique on en vse ainsi. C'est à dire que le commun vsage est d'expliquer le Concile de Trente, sans que pour cela on desobeïsse au Pape. C'est le mesme Henriquez qui dit, b *Cette dispute touchant la presence des choses futures conditionnées, a esté excitee par nous depuis vingt ans, & l'opinion dont il est parlé dans le texte a esté receüe en Italie, contre nostre volonté afin que l'on soustint en faueur de Catarin que plusieurs se sauuent sans vne veritable raison d'vne predestination antecedente.* C'est le mesme Henriquez qui dit contre quelques nouateurs, *qu'en vn si profond Mystere qu'est celuy de la predestination: Il faut se tenir au sentiment des Peres & des Theologiens.* C'est le mesme Henriquez qui c dit des opinions nouuelles touchant la liberté. *Ils ne sçauent autrement sauuer contre les Heretiques, l'vsage de nostre liberté dans l'exercice, qu'en niant qu'il y ait vne ayde qui puisse estre dite preuenante, qui soit la cause predeterminante, & efficace de nostre libre cooperation & Conuersion: mais que c'est seulement vne ayde suffisante ou concomitante de laquelle vn homme peut seulement vser, & par laquelle il peut se conuertir s'il veut,* c'est le mesme Henriquez qui dit, d *quelques-vns nient faussement que sainct Thomas ait osé traiter expressement cette difficulté, comment Dieu predeterminant & premouuant nostre volonté, il est necessaire en sens composé que l'homme se meuue, & comment neantmoins nostre volonté est meüe en sorte qu'en sens diuisé & simplement elle puisse n'estre pas meüe, Cordubensis estant conuaicu par cet argument, à quitté son Scot, & nie que l'aide efficace, laquelle estant posée,* IL EST NECESSAIRE *que l'effet soit posé, soit preuenante, mais concomitante,* c'est le mesme Henriquez qui dit ce que i'auois allegué dans la lettre combattuë par mon Aduersaire, mais que mon aduersaire n'a point touché ou a dissimulé auec sa candeur accoustumée, e *Catarin ne craint pas de s'opposer à sainct Augustin, comme il a esté dit, quoy qu'en la matiere de la grace & de la predestination, les Peres dans les*

Conciles mesmes s'attachent au sens & aux paroles de sainct Augustin, & en vn autre lieu *cette opinion, dit-il f, se iustifie absolument par beaucoup de lieux de sainct Augustin, dont l'authorité est venerable aux Conciles & aux Papes, & que les heretiques euxmesmes n'osent refuser, & en ce suiet de la grace & de la predestination de Dieu, S. Augustin me tient lieu seul de mille tesmoins, puisque en ce suiet les Peres aux Conciles de Mileue, d'Orange & de Trente n'empruntent pas seulement ses opinions, mais encore ses paroles:* & qu'auroit donc dit cét Henriquez contre mon Censeur, qui veut que le Concile, chose estrange & detestable! se soit proposé de temperer les opinions de S. Augustin, & de les rendre Catholiques, mesmes en la matiere de la grace & de la predestination de Dieu : O temerité des hommes enflez par la vanité d'vn sçauoir humain ! O digne pensée d'vn Autheur, qui n'a pas inuoqué vne seule fois la grace du Sauueur dans vn Liure composé sur la grace du Sauueur, si ce n'est qu'on dié pour excuser sa faute qu'il ne deuoit pas implorer la grace de son Redempteur, dans vn Liure qu'il a fait pour la renuerser. C'est donc le mesme Henriquez qui dit, & qui prouue par l'vsage de tous les tribunaux, & de toutes les escolles, que bien que l'explication du Concile de Trente soit reseruée au Pape, on ne laisse pas neantmoins d'expliquer ce sainct Concile sans blesser l'authorité du Pape.

Le fondement de cette verité, est qu'on peut exposer par deux diuers moyens vne nouuelle loy, à sçauoir, ou en recourant aux anciennes loix, desquelles elle a esté prise, ou en consultant le Prince qui est l'interprete de toutes les loix, soit anciennes soit nouuelles: ainsi l'on peut interpreter vn edit du Roy, ou en consultant le Prince qui l'a fait & l'a publié, ou en recourant aux ordonnances de ses predecesseurs suiuant cette maxime des Iurisconsultes, que lors qu'on est en doute de l'intention du Prince dans ses ordonnances, on doit presumer qu'elle est conforme aux anciens droits & aux coustumes communement receuës: Ainsi l'on pouuoit interpreter le sommaire des loix que l'on a nommé l'institut de Iustinien, ou en consultant l'Empereur, par l'authorité duquel cet institut auoit esté

la glose, quare falsò quidam negant diuum Thomam ausum fuisse expressè versare eam difficultaté, quomodo Deo prædeterminante & præmouēte voluntatem nostram, necesse sit in sensu composito hominem moueri: 1. 2. q. 9. art. 6. ad 3. qu. 112. art. 3. & tamen voluntas nostra ita liberè moueatur, vt in sensu diuiso & simpliciter, possit non moueri: hoc argumento cōuictus Cordubensis libro 1. quæst. 55. dub. 8. deseruit suū Scotum & negat auxilium efficax, quo posito necesse est poni effectum, esse præueniens sed concomitans;

e *Là mesme chap.12. dans le comment. §.2.* Catarinus nō timet se opponere Augustino, vt dictum est, cum tamen in causa gratiæ & prædestinationis, Patres etiam in Conciliis adhæreant sensui, & verbis Augustini.

f *Là mesme chap.11. dans le texte §5* hęc sentētia planè cōstat ex multis Augustini locis, cuius authoritatem Concilia & Pontifices venerantur, & ipsi hęretici refellere nō audent, atque in hac re de prędestinatione & gratia Dei, vnus Augustinus valet pro

dreſſé, ou en recourant aux loix & aux conſtitutions entieres, dans leſquelles cet abregé du droit Romain auoit eſté puiſé: Ainſi l'on peut interpreter le ſymbole des Apoſtres, ou en recourant à l'Eſcriture Sainte, où eſt expoſée plus au long la doctrine qu'il contient, ou en conſultant le Pape qui eſt eſtably de Dieu pour eſtre l'interprete & de l'Eſcriture & du ſymbole: Ainſi l'on peut interpreter les definitions du Concile de Trente, ou en recourant aux Liures Canoniques, aux Conciles & aux Peres auſquels il nous renuoye pour y voir le ſens de ſes deciſions, ou en couſultant le Pape qui eſt de droit diuin, le viuant Interprete des liures Canoniques, des Conciles & des Peres: mais bien que ces deux moyens d'interpretation, dont l'vn eſt la loy ou comme la loy, & l'autre eſt le Iuge ou le Prince qui doit interpreter la loy, ſoient deux moyens vrayement ſouuerains, chacun en ſon eſpece; toutesfois le premier qui eſt la loy, depend du ſecond qui eſt le Prince non abſolument, mais par accident, & à cauſe de noſtre infirmité, car encore que les Eſcritures Saintes, les Conciles & les Peres pris enſemble, ayent par eux-meſmes vne authorité vrayement ſouueraine, parce neantmoins que les particuliers pourroient en abuſer, ou par leur malice, ou par leur aueuglement, nous auons touſiours beſoin d'auoir vn Iuge viuant & animé, qui eſclaire l'ignorance des vns, & qui reprime la peruerſité des autres, par vne droite & infaillible interpretation des premieres regles de noſtre foy; & partãt bien que les ouurages de S. Auguſtin en la matiere de la grace, cõme eſtans approuuez ſolemnellement par les Conciles, & par les Papes, ayẽt vne ſupréme & irreprochable authorité, les interpretations que l'on en tire doiuent touſiours eſtre aſſuietties à la connoiſſance & au iugement du Pape: car encore que S. Auguſtin, & principalement aux choſes de la grace, ſoit exempt d'erreur & de tout ſoupçon d'erreur, comme dit le Pape Celeſtin, dautant neantmoins que les particuliers peuuent ſe tromper en l'interpretant, le iuſte ſentiment de leur infirmité les oblige de ſoufmettre au iugement du Pape les interpretations qu'ils tirent de ce Pere, comme les Do-

&teurs & les Magiſtrats doiuent ſouſmettre au iugement
du Prince, leurs declarations, ou leurs ſentences, quelque claire que ſoit la loy ou l'ordonnance Royale qu'ils
expliquent: Cela eſtant, que vous eſtes froid & inſipide,
mon Cenſeur, quand vous m'accuſez auec tant de faſte
d'imiter l'orgueil des Heretiques. Mais en quoy? en ce
que vous prenez S. Auguſtin, me direz-vous, pour interprete du Concile, comme les Heretiques prennent l'E-
criture ſainte pour regle de leur foy. Mais il faut vous
oüyr, voicy le tonnerre de vos paroles, *Ce ſont les freſtriſſeu-*
res & les ruines du ſens commun, & du iugement, (ce ſont les
fleurs dont il plaiſt à mon Cenſeur de me parſemer mais
ie vous rends graces, ô mon Sauueur, de ce que vous me
iugez digne de ſouffrir des opprobres pour voſtre verité.)
dans leſquelles nous precipite la regle qui nous eſt preſcrite par le
ſieur Abbé: de ſorte qu'il s'enſuit de cette regle le meſme inconue-
nient, & la meſme abſurdité dont la nation des Caluiniſtes, &
d'autres ſemblables Heretiques eſt malade, qui voulant que l'Eſ-
criture ſainéte ſoit l'vnique regle pour la deciſion de toutes les con-
trouerſes quand on vient à la diſpute: Il ſe trouue enfin qu'ils ne
la reconnoiſſent pour leur interprete, & pour leur iuge, qu'entant
qu'elle parle ſelon leur ſens, & ſelon leur opinion, & mon Cenſeur met à la marge charitablement, *la nation trompeuſe des*
Heretiques. O la iuſte comparaiſon! les Heretiques prennent pour regle de leur foy l'Eſcriture interpretée ſelon
leur ſens particulier, ſans vouloir le ſouſmettre au iugement ny des Conciles, ny des Papes: ie prends S. Auguſtin pour interprete du Concile, en ſouſmettant de toute
mon ame au Tribunal du Pape, l'Interpretation que
i'emprunte de ce Pere, & aprés cela vous direz, & vous
oſerez dire, qu'en cette rencontre j'imite l'inſolence &
la rebellion des Heretiques: les Heretiques interpretent
les Eſcritures ſainétes ſacrilegement contre le Pape, ie
ſouſmets tout ce que ie dis, & tout ce que i'eſcrits au
iugement du Pape; les Heretiques adorent leur ſens, &
le font le iuge des Eſcritures ſainétes, & i'aſſuiettis mon
ſens au Pape, & le fais l'arbitre de toutes mes opinions:
& aprés cela vous oſerez eſcrire que i'imite la vanité des

B iij

P. 11. de la differt
hæ ſunt labes, &
ruinę communis
ſenſuſae iudicij, in
qua D. Abbatis prę-
ſcripta nos regula
compellit, vt idem
ex eâ prorſus incō-
modum & ἄπορον
ſequatur, quo labo-
rat Caluiniſtarum
ac ſimilium hæreti-
corum natio, qui
cum omnium con-
trouerſiarum diſce-
ptandarum normā
vnicam velint eſſe
Scripturamſacram;
vbi ad certamen de-
ducta res eſt, eò tan-
dem peruenitur,
vt illam interpre-
tem ſuam & iudi-
cem non aliter au-
diant, quàm ſuo ip-
ſorum ſenſu & arbi-
trio loquentem.

Heretiques ; vous qui redoutez sainct Augustin manifestement comme vn criminel feroit son Iuge ; vous qui le trai-
tez d'Escriuain obscur & embarrassé pour vous garantir
de sa Censure, comme les Heretiques exagerent l'obscurité des Peres pour recuser leur iugement.

Mais vous estes encore plus froid, & plus insipide mon
Censeur, s'il se peut, quand vous obseruez à vostre aduis si iudicieusement que le S. Concile pour l'interpretation de ses decrets ne rēuoye pas à S. Augustin, mais seulement au Pape. *Augustin n'est pas nommé là* dites-vous, *bien loin
d'estre estably pour interprete & pour arbitre, & toutesfois puisque
le Concile auoit expliqué ses sentimens par les sentences & par les
paroles de S. Augustin, il eut fallu luy commettre cette charge deuant tous & uniquement entre tous, si cette consideration eut suffi pour luy attribuer l'office d'interprete.* Et quoy mon Censeur
ne voyez-vous pas que vous confondez puerilement les
deux moyens d'explication, que nous venons de distinguer: dont l'vn est la loy ou comme la loy, & l'autre est le
Iuge ou le Prince qui doit l'interpreter; les ouurages de
sainct Augustin en la matiere de la grace, sont comme vne
loy ou vne piece authentique qui peut nous aider à expliquer la loy, & le Pape est le iuge qui doit interpreter l'vne
& l'autre solemnellement & de viue voix. Or le Concile
en nous renuoyant au Pape pour l'explication de ses decrets, veut nous designer & nous designe en effet vn Iuge
viuant & animé comme est le Pape, & vous vous estonnez
qu'il ne nous designe pas vn Iuge mort, c'est à dire sainct
Augustin, qui peut bien nous seruir par ses diuins ouurages
pour entendre les decrets du Concile de Trente, qui l'a
suiuy tres-exactement: mais qui ne peut maintenant nous
seruir de Iuge present vif & animé, qui entende les raisons
des parties contestantes, & termine leurs differens aprés
les auoir oüys, comme peut tousiours le faire le souuerain
Pontife, qui sied & qui siera iusques à la fin du monde dans
la chaire de sainct Pierre: & icy, mon Censeur, vous voyant
accablé de tant d'euidentes conuictions vous croyez possible en estre quitte; il s'en faut bien, ie veux vous presser
& vous estreindre plus fortement encore, afin qu'il ne

Pag. 7. Nusquam
illic appellatur Au-
gustinus, ne dum
arbiter ascitus, aut
interpres, quem
tamen præ omni-
bus immo vnum ex
omnibus huic ne-
gotio delegari opor.
tuit, vt pote cuius
verbis & sententiis
potissimum, quę
sentiret Synodus
explicauit, si ad
interpretis officium
satis illa res esse
videretur.

vous reſte aucun moyen de fuyr ou d'échapper: car ie vous
demande, ſi le Pape à defendu generalement d'interpreter le Concile de Trente, ou s'il l'a permis en vn certain
ſens? ſi vous ſouſteniez qu'il l'eut defendu generalement,
vous vous declareriez ennemy du ſens commun, & vous
ne ſeriez plus mon Cenſeur, mais le voſtre propre, & le
Cenſeur meſme de tous les Docteurs, & de toutes les Eſcolles, qui en interpretant ce ſacré Synode n'ont pas crû
deſobeyr au Pape, comme à tres-bien dit le docte Henriquez voſtre Confrere: ſi vous pretendez que ſa Sainteté
defend d'interpreter le ſainct Concile, par certaines voyes,
mais qu'elle ne defend pas de l'interpreter par d'autres,
ie vous demande ſi elle à defendu de l'interpreter par les
Eſcritures Saintes, & par les anciens Peres deſquels ce
ſainct Synode à pris ſes deciſions: Vous n'oſeriez ſans doute proferer ou ſouſtenir vn ſi grand blaſpheme; & pourquoy donc m'obiectez-vous la Bulle de pie quatrieſme,
touchant l'explication du ſacré Concile, & pourquoy me
blaſmez-vous d'auoir deſobey à ce ſouuerain pontife, puiſque ſelon vous il ne defend pas d'expliquer le Concile par
les anciens peres, & entre tous les peres par S. Auguſtin,
qui eſt leur interprete en la matiere de la grace, comme
eſtant pour ce regard l'organe & la voix de l'ancienne
Egliſe, ſelon du perron.

Ouy mais, direz-vous, il faut aſſuiettir au iugement du
pape les interpretations que nous tirons des peres & des
Eſcritures Saintes, & qui le nie? qui ne le fait pas? qui ne
ſouſmet pas ſa creance & ſa doctrine, ſes raiſonnemens,
ſes explications à la Cenſure du throſne Apoſtolique?
mais il ne s'enſuit pas delà que l'authorité de S. Auguſtin ne ſoit pas ſupreme en ſa maniere aux choſes de la grace & de la predeſtination diuine, comme il ne s'enſuit pas
que l'Eſcriture Sainte, les Conciles Vniuerſels, & les Peres pris enſemble ne meritent vne ſouueraine authorité,
bien que nous deuions aſſuiettir au iugement du pape les
explications que nous tirons des Eſcritures des Conciles generaux, & du cõmun conſentement des peres. Ainſi
mon Cenſeur i'auouë que i'ay pitié de vous en cette ren-

contre, quand vous pensez destruire le tiltre que ie donne à S. Augustin d'Interprete du Concile, par vne maxime de laquelle ie conuiens auec tous les Catholiques, & laquelle neantmoins vous pretendez si legerement estre opposée à celle que i'ay soustenuë dans ma lettre, *la sentence de la lettre*, dites vous, *tombe dans cette absurdité, & pour cela nous formons contr'elle cette accusation dont il nous a plû de comprendre le sommaire en cette These opposée & contraire à celle qui se voit à la teste de la lettre : quand il s'agit du fait de la grace, s'il y a quelques lieux du Concile de Trente du sens desquels les Catholiques ne conuiennent pas entr'eux, pour les Interpreter, & pour decider la dispute qui en sera née, la Doctrine des liures de S. Augustin ne suffit pas : mais il faut auoir recours à la responce de l'Oracle viuant : c'est à dire du Pontife Romain comme le Synode mesme le commande,* cette maxime est iuste, sainte, Apostolique : Ie la loüe, ie l'embrasse de toute mon Ame, & comme dit l'Apostre dans la sincerité de Dieu : mais en cette maxime que me conseillez-vous, ou que m'ordonnez-vous, que ie n'aye obserué tres-fidellemēt dans la lettre mesme que vous combatez, ou que vous diffamez, ne sont-ce pas icy mes paroles ? est-il possible que vous ne les ayez pas leuës, ou auiez-vous pris vostre fabuleux breuuage de Cyrcé pour les oublier aprés les auoir leuës ? *pour obuier donc à ces maux* ay-je dit en ma lettre, *à ces perils & à ces extremitez si redoutables, le seul moyen ne seroit-il pas en cette occasion de regler nostre Doctrine autant que nous pouuons sur celle de ce Pere,* (S. Augustin) *puisque l'Eglise nous l'ordonne, & si nous dissentons en quelques points, de prendre pour arbitre de nostre dispute, celuy qui est assis dans le siege de S. Pierre, d'en attendre la sentence auec vne entiere submission egalement de part & d'autre, & iusques à ce que ce Iuge souuerain de tous les Chrestiens ait decidé nostre querelle, nous souffrir mutuellement auec la mesme charité dont l'Eglise nous supporte &c.* Qu'auez-vous donc à m'apprendre ou à me reprocher mon cher Censeur, ne prends ie pas icy le grand sainct Augustin pour interprete du Concile, & en mesme temps ne sousmets ie pas au tribunal du pape l'interpretation que i'ay tirée de sainct Augustin?

CHAP.

p. 21. *&* 22. ad hanc ἀλογίαν offendit Epistolę sanctio, cui nos propterea παρανόμων litem intendimus, cuius summam in hanc formulam includi placet ei .quā Epistola in fronte habet oppositam & obiectam ; Cum de gratie negotio agitur, si quę sunt Tridentini Concilij loca, de quibus inter Catholicos non conuenit , ad hęc interpretanda, & exortam inde dirimendam. controuersiam , non sufficere Augustini librorum doctriná, sed viui oraculi hoc est. Romani Pontificis, vt Synodus ipsa Constituit, abhibendum esse responsum.
b *Pag.*

CHAPITRE II.

Qu'auant que le Pape ait expliqué solemnellement les lieux controuersez du Concile de Trente, nous deuons en rechercher l'Interpretation dans les saints Peres, plutost que dans les Autheurs Modernes.

MAis auant que sa Sainteté ait declaré quel est le vray sens du Concile de Trente, que deuons nous faire ce pendant pour en rechercher l'intelligence, pour empescher que l'on n'employe ses definitions à authoriser des noueautez, & pour resister en mesme temps aux heretiques qui l'expliquent comme vous pour le diffamer? Il faudroit sans doute auoir recours aux actes du Concile pour le bien entendre, mais ces actes ne paroissent point: quant à l'Histoire qui en a esté faite par vn Religieux Seruite nommé Paul, elle peut nous en donner quelque intelligence, & mon Censeur mesme l'allegue volontiers, sauf la liberté qu'il prend d'en supprimer ce qu'il luy plaist: mais quoy qu'il en soit elle est suspecte en plusieurs choses, & ce n'est pas vn tesmoin assez recommandable pour nous obliger absolument à receuoir sa deposition. Pour les Autheurs qui ont assisté dans le Concile, & dont mon Censeur en allegue quelques-vns, bien qu'ils luy soient contraires comme ie le monstreray: Il y en a peu qui ayent escrit, & ceux qui ont escrit ne s'accordent pas entr'eux, & dautant que le Concile par vne prudence iuste & necessaire s'abstint de condamner en termes formels les opinions des Catholiques, il est arriué que chacun d'eux a essayé de tirer de son costé, & de ployer à ses sentimens les Decrets de ce Synode: il faut seulement presupposer comme vne verité certaine & indubitable, que l'opinion de Molina n'ayant esté forgée, & n'ayãt parû que long-temps aprés la cession sixiéme du Concile de Trente, où les matieres de la grace furent resoluës: il est

ridicule de pretendre que la nouueauté de cét Autheur ait
esté receüe & confirmée par ce grand Synode, qui a esté
comme l'on sçait si fidele Zelateur de l'antiquité Chrestienne : Et en effet parmy les autres Theologiens qui ont
esté presens à cette session sixiéme, qui oseroit dire que
Dominicus Soto, & Andreas Vega l'vn de l'ordre de saint
Dominique, & l'autre de l'Ordre de S. François, ayent
enseigné la science moyenne dans laquelle est enfermé le
secret du Molinisme, & qu'ils se soient seruis de cét ex-
pedient pour expliquer l'efficace de la grace, & la maniere
dont on peut luy resister? Soto & Vega, que Molina côbat
par 2. chap. exprés, côme deux Autheurs qui enseignent
la predetermination de nostre franc arbitre par la force de
la grace suiuât les Principes de S. Augustin, de S. Thomas &
de l'Escot. Ce qui estant, qui n'admireroit la legereté ou
l'inconsideration de mon Censeur, qui a bien osé citer ces
deux Theologiens en faueur de Molina touchant l'efficace de la grace, & la façon dont on peut la repousser, bien
que Molina ait impugné ces deux Thologiens comme ses
aduersaires en ce point ? Mais quand Soto & Vega auroient consommé toute leur vie à interpreter les definitions du Concile de Trente, on pourroit tousiours douter
s'ils en auroient bien pris le sens, ou s'ils l'auroient rapporté fidelement, d'où vient aussi que Molina ne fait point
scrupule d'obiecter, à ces deux hommes les canons du
Concile de Trente, & celuy-là mesme ou il est dit *que
l'on peut dissentir à la grace si l'on veut*, ce Iesuite pretendant
qu'il auoit mieux compris le sens de ce canon que ces
deux Theologiens, bien qu'ils fussent au Concile lors que
ce canon fut fait contre Luther. Quant aux Peres on ne
peut nier que le S. Concile n'ait voulu les suiure dans ses
decisions, puis qu'il le declare *b* expressement, & l'on ne
peut nier aussi sans impieté qu'il les ait entendus & qu'il
ait recherché tres-soigneusement quelle estoit leur Doctrine pour la definir : & de là ie conclus certainement
qu'vn sage, prudent & graue Theologien qui est touché
d'vn vray respect & d'vn vray zele pour la gloire du Concile, ne sçauroit mieux faire que de recourir aux Peres

*Molina en sa concor-
de qu. 14. art. 13. disp.
39. & dans sa secon-
de edition, il a ad-
iousté vn nouueau
chapitre pour refuter
ceux qui s'attachoient
encore au sentiment
de Soto, & de Vega.*

*b Sess. 5. dans le dé-
cret du peché originel*
sacratum Scriptu-
rarum, & sancto
rum Patrum, ac
probatissimorum,
Conciliorum testi-
monia, & ipsius
Ecclesiæ iudicium,
& consensum secu-
ta; *Voyez aussi le sauf
conduis donné aux
protestans par le mes-
me Concile.*

pour entendre ſes definitions ; peut-on mieux connoiſtre le ruiſſeau qu'en remontant au lieu dont il prend ſon ori-gine ? le Concile nous declare qu'il ne veut dire que ce qu'ont dit les Peres , & que c'eſt la fontaine aprés l'Eſcri-ture ſainte ou il veut puiſer tous ſes iugemens, & qu'y a-t'il donc de plus naturel, de plus Religieux & de plus iuſte, que de conſulter les Peres , pour entendre le Concile qui fait gloire de les embraſſer, & de les prendre comme pour ſes guides en toute la ſuite de ſes declarations ? Et obſer-uez icy que lors que nous diſons que la vraye explication du Concile de Trente doit eſtre priſe des ſaints Peres: nous voulons dire par là que l'explication de ce Concile qui s'accorde auec les Peres, en eſt la vraye explication, bien qu'elle fut contraire aux nouueaux Docteurs, au lieu qu'vne explication du meſme Concile, qui ne s'ac-corderoit pas auec les peres ne pourroit en eſtre la iuſte explication, bien qu'elle s'accordaſt auec les ſentimens des nouueaux Docteurs ; & pourquoy donc n'irons-nous pas droit à l'oracle des ſaints peres , pour entendre le Concile, puis qu'eſtant aſſeurez du ſentiment des peres, nous ſommes aſſeurez de celuy du Concile, Se qui ne ſe peut dire des nouueaux Docteurs ? Adiouſtez , que lors que nous parlons d'expliquer les regles & les ordonnan-ces du Concile de Trente , nous entendons parler princi-palement d'vne explication qui faſſe voir la ſincerité , la force , la ſolidité des definitions de ce Concile, & qui fer-me la bouche à la calomnie des nouueaux Heretiques, qui oſent l'accuſer de s'eſtre eſloigné de la tradition des peres , & de la ſaine antiquité. C'eſt ſans doute pour des raiſons ſi iuſtes, que dans les Conferences qui ſe faiſoient à Rome en la preſence de Clement huictieſme , touchant la matiere de la Grace , ce grand pape ne voulut iamais ſouffrir que l'on allegaſt les nouueaux Docteurs pour l'é-clairciſſement de cette celebre Controuerſe, quand meſ-me il s'agiſſoit d'expliquer les deciſions du Concile de Trente , qui eſtoient bien ſouuent examinées par les diſ-putans: ſur ce ſuiet voiey vn extraict que i'ay fait moy-meſme des actes de ces memorables Conferences. ᵃ *Aprés* a *Congregation* 8. *vn peu aprés le commencement*, poſtquam autem hæc dixit Pater Valentia ſanctiſſimus Dominus noſter legit in Concilio Tridentino, quomodo ad res fidei tractãdas, & definiẽdas, his debemus vti teſtimoniis. 1. libris ſacris ſecundò authoritare approbatorum Conciliorum 3. authoritate Sanctorum Patrum, his vti debetis, ait, nõ autem Scholaſticis authoribus. quos adducitis.

que le *Pere Valentia eut dit ces choſes, noſtre tres-Saint Seigneur lût dans le Concile de Trente, comment en la recherche & en la definition des choſes de la foy, nous deuons nous ſeruir de ces teſmoignages : Premierement des liures ſacrez : Secondement de l'authorité des Conciles approuuez : Troiſieſmement de l'authorité des ſaints Peres, ce ſont ceux dont il faut que vous vous ſeruiez, dit le Pape*, ET NON PAS DES AVTHEVRS SCHOLASTIQVES *que vous alleguez*, l'Oracle de ce Pape nous enſeigne clairement que lors que ce grand homme & ce fameux Docteur de la Faculté de Paris, duquel nous auons deſia parlé, nous preſcriuit cette belle regle, *que ſi dans la definition du Concile de Trente ſur la iuſtification, il ſemble qu'il y ait quelques lieux ambigus ou conteſtez, on ne pourra mieux la reſoudre que par la doctrine de Saint Auguſtin, qui eſt le maiſtre de la Grace, & par ſon tres-fidele Interprete Saint Thomas.* Il n'aduança pas cette maxime par ſon propre inſtinct : mais comme l'ayant priſe, & l'ayant puiſée dans le ſein de Clement huictieſme, dont il auoit ſi ſouuent oüy, & admiré les ſçauans diſcours, & en particulier & en public touchant les myſteres de la Grace, & de la predeſtination des Saints, & cét illuſtre perſonnage ne ſe contente pas d'auoir aduancé vne ſeule fois cét excellent precepte, que la doctrine du Concile doit eſtre expliquée par celle des Saints Peres, il le repete & l'accompagne de conſiderations ſages & iudicieuſes, quand il dit : *nous rediſons encore icy que l'opinion des meſmes Theologiens touchant le don de la Perſeuerance, ne peut eſtre mieux entenduë que par la definition du ſaint Concile de Trente, que nous auons ſouſtenuë fortement eſtre conforme à la doctrine des anciens Peres, non pour donner de la force à cette deciſion : mais parce qu'il n'eſtoit pas vray-ſemblable que le Concile eut voulu definir en ce ſujet aucune choſe qui ne fut conforme à leur doctrine : car encore que la deciſion du Concile ait plus de force que l'authorité d'aucun ancien Theologien, quelque docte & quelque ſaint qu'il ſoit, il eſt vtile neantmoins de voir cõment le iour ſoufle la parole à vn autre iour, & en cette ſorte, il paroiſtra que les ſaintes lettres ont appris cette ſcience aux ſaints Docteurs.* Or ce Theologien en ce lieu auoit deſſein de iuſtifier que le don ſpecial de la

pag. 161. *part.* 2. *c.* 2. *de l'Obſeru. ſur la* 10. *roe*, hic etiam in la : parte ſecunda, capite ſecundò, reſumimus, eorumdẽ Theologorum ſententiã de dono perſeuerātiæ non poſſe melius intellig:, quã ex definitione ſancti Concilij Tridentini, quam eſſe conformẽ doctrinæ Patrum antiquoũ luculenter contendimus, non uidem, ad illius deqſioni

Perseuerance, estoit vn don purement gratuit, & qu'il nous estoit donné de Dieu, sans aucune preuision de nos merites, & bien que le Concile de Trente n'ait pas definy expressement cette verité : ce Theologien neantmoins pretend qu'il l'a definie implicitement, & pour nous faire voir que ça esté la pensée du Concile ; ce Docteur celebre n'a pas recours aux Scholastiques de son temps : mais aux anciens Peres, dans lesquels le sacré Synode nous declare qu'il auoit puisé ses Decisions. Et certes si l'on assembloit vn Concile general pour interpreter les definitions du Concile de Trente, suiuant la proposition qu'il en a faite luy mesme au Pape, *que s'il arriue quelque difficulté*, dit le sainct Synode, *dans la reception de ces (decrets) & s'il se rencontre des choses qui demandent quelque declaration ou quelque decision, ce que le sainct Synode ne croit pas* (c'est la coustume des Peres de n'augurer point le mal) *il s'asseure que le bien-heureux Pontife Romain aura soin de pouruoir aux necessitez des Prouinces &c. Ou mesmes par la celebration d'vn Concile general,* En ce Concile assemblé, pour expliquer le Concile de Trente aprés la parole de Dieu, on liroit les Peres, & l'on rechercheroit soigneusement leurs ouurages & leur doctrine pour en recueillir l'explication du Concile de Trente : y a-t'il quelqu'vn qui puisse douter de cette verité, s'il n'est tout à fait ignorant de la coustume, & de la procedure des Synodes Ecclesiastiques? Que s'il est manifeste qu'en vn Concile vniuersel poussé & animé de l'esprit de Dieu, on auroit recours à cette voye, pour interpreter le Concile de Trente, vn Docteur particulier ne doit-il pas y recourir, ne doit-il pas tendre à la mesme fin par les mesmes moyens, & au mesme but, par la mesme carriere, & peut-il se conduire plus religieusement que de suiure en ce sujet l'esprit & la methode d'vn Concile Oecumenique ? I'auois rapporté bien plus amplement cette consideration si forte dans ma lettre : mais mon Censeur, qui ne voit que ce qui luy plaist, & qui a son franc-arbitre iusques dans les yeux, ne l'a pas veuë, on ne l'a pas iugée digne d'estre refutée par le poids de ses raisons : Voicy mes paroles, *Cette hypothese estant posée, qu'il* La lettre pag. 3 4.

robur præstandum, sed quia non erat probabile Concilium quicquam in hac re definire velle, nisi conformiter ad illorum doctrinâ : quamuis enim Concilij decisio maioris roboris est quæ cuiuspiam antiqui Theologi quãtumuis docti & sancti authoritas, iuuat tamen vt conspiciatur quomodo dies diei eructet verbũ, qua etiam ratione sacras Litteras hanc scẽtiam sanctis indicasse scriptoribus fiet conspicuum.

C iij

n'y a point d'autheurs indifferens entre S. Augustin & les anciens Censeurs de sa doctrine; ie vous demande Monseigneur, comme la coustume des Conciles, apres la lecture de l'Escriture Sainte est de s'informer de la verité des choses contestées, par les anciens Peres, ce qu'à fait celuy de Trente auec tant d'exactitude: si vn Concile s'assembloit pour regler le different qui est entre les Dominiquains & les Iesuites touchant l'intelligence d'vn Canon de Trente, pour l'esclaircissement de ce Canon, & pour la decision de ce different, quels Peres a lors seroient produits, seroient leus, seroient examinez dans le Concile, seroit-ce Fauste Cassien & Gennadius, ou S. Augustin, S. Prosper & S. Fulgence, dans le sentiment desquels il est si facile de monstrer quel est le sens de ce Canon? quel profane n'auoüeroit que ce seroit les trois derniers que l'on produiroit, que l'on liroit, que l'on examineroit dãs ce Concile, & que ce Concile regarderoit en ce suiet comme autheurs Saints & orthodoxes, au lieu qu'il regarderoit les autres que nous leur opposons, comme Autheurs suspects & Apocryphes? si donc en vn temps où il s'agiroit de l'explication d'vn Canon de Trente, l'Eglise choisiroit pour regle de son interpretation sainct Augustin, & ses disciples peut-on blasmer en pareil cas vn Docteur particulier, d'en vser de la mesme sorte & d'obseruer vne conduite que l'Eglise toute entiere, selon les voyes ordinaires seroit obligée de garder? Mais allons encore plus auant dans cette derniere des considerations que i'auois à vous proposer, comme le mesme esprit de Dieu, qui doit regner dans les Conciles, doit regner hors des Conciles en ceux qui les doiuent composer, ou au moins qui doiuent y parler, excepté le priuilege de l'infaillibilité; c'est à dire que comme Dieu veut qu'il y ait tousiours en son Eglise des Docteurs, dans l'esprit desquels il prepare comme vn fond de science, pour en éclairer les assemblées Ecclesiastiques, ne faut-il pas que ces Docteurs dont la suffisance doit reluire dans ces Augustes assemblées s'instruisent en particulier des veritez diuines par les mesmes voyes, selon lesquelles ils doiuent en parler dans les Conciles? si donc Monseigneur, au cas qu'vn Synode recherchast l'explication de quelque Canon du Concile de Trente, touchant les choses de la grace, les Docteurs ne pourroient mieux seruir au dessein de ce Synode qu'en luy proposant les opinions de S. Augustin, pour l'éclaircissement de ce Canon, qui peut douter que ces Docteurs en leur particulier, & hors du Concile

ne doiuent rechercher la mefme explication par la mefme voye: c'eft
à dire par vne exacte & vne fidele eftude des œuures de ce Pere?
Faut-il rechercher la verité d'vne maniere dans les Conciles, &
d'vne autre dans les Efcolles, & fi les Conciles la recherchent com-
me ils font toufiours dans les ouurages des faints Peres, les Efcolles
auffi ne doiuent-elles pas l'y rechercher? Certes à proprement parler
que penfons-nous que foient maintenant les Efcolles de la Theolo-
gie, finon des images ou des imitations imparfaites des Conciles,
vne lice & vn champ où l'on s'exerce pour fe rendre digne de parler
des diuins myfteres dans ces venerables affemblées, & vn arfenal
fpirituel, fi ie l'ofe dire où l'on difpofe, & où l'on polit les armes
qu'on doit employer dans les Synodes contre les rebelles de l'Eglife?
où l'on s'inftruit de la Trinité dans S. Hilaire & dans S. Athana-
fe, de l'Incarnation dans S. Leon & dans S. Cyrille, & de la
grace du Sauueur dans S. Auguftin & dans fes difciples, pour def-
ployer deuant les Papes & dans les Conciles mefmes œcumeniques
les hauts fecrets que ces Saints nous ont appris touchant ces diuines
veritez. De cette forte Monfeigneur, en iugeant des point de la
foy Chreftienne fi nous voulons fuiure les veftiges de l'Eglife mef-
me & des Conciles qui la reprefentent, nous deuons toufiours leuer
les yeux vers la fage antiquité comme vers vn Ciel, où paroiffent
les lumieres qui doiuent nous conduire dans l'obfcurité qui nous en-
uironne, pourueu qu'en fuiuant ces facrez guides dans l'explication
ou des Conciles ou de l'Efcriture Sainte, nous referuions toufiours
à la mefme Eglife l'authorité fupreme de les efclaircir & de les de-
uelopper, Entendez-vous mon Cenfeur? rougiffez icy de
honte ou de colere; voila l'efprit rebelle que vous accufez
de fe fouftraire de l'authorité du Pape & de l'Eglife, pour
auoir choifi les Peres pour interpretes du Concile; mais de
quelque artifice que vous attaquiez ma fidelité, l'on voit
clairement à voftre confufion, & fi i'ofe dire à ma loüange, que i'honore le Concile en recourant aux Peres, aufquels il me renuoye pour entendre fes decrets, & que i'honore auffi le Pape en foufmettant à fon iugement l'interpretation que ie prends des Peres pour l'efclairciffement
ou de l'Efcriture ou des Conciles.

Ie fçay qu'on peut m'obiecter qu'en ce fujet ie ne dis rien
des Peres qu'on ne puiffe dire de l'Efcriture: car en vn Sy-

node conuoqué pour expliquer celuy de Trente, on liroit l'Escriture aussi bien que les Peres; d'où l'on peut conclurre que l'Escriture pourroit estre dite l'interprete du
Concile de Trente aussi bien que les Peres? cette obiection est grossiere & vaine; car en cette rencontre lors que
nous parlons d'vn interprete du Concile de Trente, nous
parlons d'vn interprete duquel on tireroit immediatement l'explication de ce Concile: Or en vn Synode af-
semblé pour expliquer celuy de Trente, en premier lieu
on liroit l'Escriture, & aprés l'Escriture on liroit les Peres
qui l'auroient expliquée, & de l'explication des Peres on
tireroit immediatement & directement l'exposition du
Concile de Trente, qu'on auroit dessein d'interpreter.

CHAPITRE III.

*Que supposé que les definitions du Concile de Trente,
touchant la grace doiuent estre expliquées par la doctrine des SS. Peres, elles ne peuuent l'estre mieux
que par celle de sainct Augustin.*

QVe si la sagesse & la prudence Ecclesiastique, nous
conuient à consulter les Peres pour entendre les definitions du Concile de Trente, comme nous l'auons
prouué par vn si grand nombre de raisons: pouuons nous
choisir à ce sainct Synode, & particulierement en la matiere de la grace & de la predestination diuine, vn plus noble expositeur & vn plus venerable truchement que sainct
Augustin, qui en ce haut mystere est la voix & l'organe de
l'ancienne Eglise, comme dit si doctement le grand du-
perron? Qu'elle qualité demandons-nous en sainct Augustin, pour luy deferer cette dignité? est-ce la lumiere de
l'esprit? est-ce l'estenduë du sçauoir? est-ce le zele de la
pieté? est-ce la pureté de la foy? est-ce l'exercice dans les
combats contre les Heretiques? est-ce l'intelligence des
Escritures Saintes? est-ce l'authorité de la doctrine? est-

*En sa replique au
Roy de la grand Bre-
tagne liu. 1. ch. 12.*

ce la

ce la clarté dans le difcours? eſt-ce donc la lumiere de l'eſprit? L'eſprit de ce pere eſt diuin & prodigieux, & il ſeroit
ſuperflu d'en alleguer vne autre preuue que le miracle de
ſes ouurages. Eſt-ce l'eſtenduë du ſçauoir? voicy ce qu'vn
grand pape dit de la haute ſcience de ce pere. *A cauſe de luy* _{Martin 5. dans Sermon de la tranſlation de ſainte Monique.}
nous n'auons plus ſuiet de porter enuie à la ſageſſe des Philoſophes,
nous n'auons que faire de ſouhaitter ou l'eloquence des Orateurs ou
l'intelligence des ſçauans, enfin nous n'auons pas beſoin ny de la
ſubtilité d'Ariſtote, ny de l'elegance de Platon, ny de la prudence de
Varron, ny de la grauité de Socrate, ny de l'authorité de Pytha-
gore ny de l'accortiſe d'Empedocles, ny la vertu ny la ſcience de cette
ſorte d'hommes, ne doiuent plus nous ſeruir d'exemple ou de con-
duite, vn ſeul Auguſtin nous rapporte les oracles des Prophetes, &
la voix des Apoſtres Et le reſte: eſt-ce le zele de la pieté? toutes les œuures de ce Pere ne reſpirẽt que l'amour de Dieu,
la paix des Saints, l'Eternité: d'où vient qu'vn ſien diſciple
n'apprehende pas de le comparer aux Anges en ferueur: & _{Poſſidius dans l'Epiſtre à Macedon.}
par les liures admirables de ſes Confeſſions, il a voulu fai-
re de tous les lieux & de tous les ſiecles vn theatre de ſes
fautes, de ſa penitence, & de ſon humilité; eſt-ce la pureté
de la foy? Le Pape *a* Celeſtin dit qu'on ne ſoupçonna _{a *En l'Epiſtre aux Eueſques de la Gau-le.*}
iamais ce Pere de la moindre erreur : le cinquieſme Con-
cile œcumenique le reçoit *b* aprés l'Empereur Iuſtinien _{b *En la Seſſ. 3.*}
dans toutes les choſes qu'il a dites touchant la droite foy,
& la condemnation des Heretiques *c*: Caſſiodore dit *qu'il* _{c *En ſon Prologue ſur les Pſeaumes.*}
eſt tout Catholique, qu'il eſt pur de toute ſoüilleure, & qu'ayant
perſeueré dans l'integrité de la foy, il n'a iamais donné de priſe à la
calomnie des Heretiques: d Serapion dit *qu'il approuue en ſorte* _{d *Entre les œuures de ſainct Irenée.*}
les enſeignemens de S. Auguſtin, qu'il croit que celuy-là ſe declare
Heretique par ſa propre bouche qui penſe qu'Auguſtin doiue eſtre
repris en quelqu'vn de ſes diſcours: prenez donc garde à vous
mon Cenſeur, qui auez iuré contre ce ſainct Docteur, &
qui luy faites vne ſi rude guerre, ſainct Vincent Ferrier eſ-
crit, *i'oſe dire que tous les Docteurs qui ſont venus aprés S. Au-* _{*Au Sermon de ſainct Auguſtin.*}
guſtin, s'appuyent ſur ſa doctrine ſaincte, pure, Catholique, ſem-
blable à vn or tres-pur, exempte de l'erreur des fauſſes opinions &
il n'y a point de Docteur qui ne ſe contente pour prouuer ce qu'il

D

veut dire, s'il peut auoir vn tesmoignage seul de S. Augustin. Est-
ce le trauail ou l'exercice dans les combats contre les Heresies ? l'Eglise l'appelle aux yeux de Dieu, & à la face des
Autels le marteau des Heretiques, & sainct Prosper escrit
que durant vingt années, l'armée Catholique a combattu les Pelagiens, & les a vaincus sous la conduite de ce Pere : est-ce le poids, ou l'authorité de la doctrine ? Il a esté
l'ame des Conciles, il en a fait les Canons & les Epistres
comme en ceux d'Afrique, où leurs Canons ont esté puisez au fond de ses ouurages comme ceux d'Orange & de
Trente : le Pape Celestin dans les articles adioustés à
l'Epistre aux Gaulois, impose silence à ses reprehenseurs,
& ne peut souffrir qu'ils luy reprochent d'auoir excedé
dans sa doctrine touchant les veritez de la predestination
& de la grace; le Pape Innocent loüe l'excellence des lettres Synodiques des Conciles Afriquains que ce Pere
auoit escrites; le Pape Boniface le consulte dans ses doutes selon le rapport de sainct Prosper*; le Pape Leon imite
par tout ses expressions & son langage, en preschant ou en
escriuant de la grace du Sauueur; le pape Gelase met Cassien & Fauste, qui l'auoient des-aprouué au rang des Apocryphes : le pape *b* Hormisdas nous renuoye à ses escrits
pour y voir quelle est la doctrine de l'Eglise Romaine touchant la grace & le franc-Arbitre: *encore, dit-il, que tu puisses
apprendre des liures d'Augustin, & particulierement de ceux qu'il
addresse à Prosper & Hilarius, ce que croit l'Eglise Romaine,
c'est à dire la Catholique touchant le franc-Arbitre & la grace
&c.* Le pape *a* Iean second dit, *que selon les statuts de ses predecesseurs l'Eglise Romaine suit & garde sa doctrine,* le Pape
Boniface second dit en confirmant le Concile d'Orange,
*puisque plusieurs Peres, & par dessus tous Augustin d'heureuse
memoire ont traité cette matiere;* le Pape Vrbain sixiesme exal-
te sainct Thomas particulierement pour auoir suiuy auec
fidelité la Theologie de sainct Augustin, le Pape Clement
huictiesme le choisit pour Iuge & pour Arbitre de la Controuerse, qui fut agitée deuant luy, touchant la grace entre les Dominiquains & les Iesuites. Le Concile general
d'Ephese authorise les actes qui luy furent enuoyez par

Contre le Collateur au commencement.

En sa response à ces Conciles.

* A la fin du liu. cont. le Collateur.

b En l'Epistre à Pos-se,ssor.

a En l'Epistre à quel-ques Senateurs.

a En son Epistre Sy-nodique au Pape Ce-lestin.

le Pape Celeſtin contre les Pelagiens, & parce que ces actes ne pouuoient eſtre compoſez que de ce qu'on auoit tiré de ſainct Auguſtin à Rome, & en Afrique contre les Heretiques, ſainct Proſper* ne manque pas de produire ce Concile ſi ſaint & ſi celebre parmy les garēds de la doctrine Auguſtinienne : enfin au moyen aage de l'Egliſe, celle de Lyon *b* s'eſtonne comme d'vne entrepriſe par trop temeraire, & d'vn nouuel attentat, que de ſon temps quelques-vns euſſent choqué, & euſſent affoibly, dit-elle, autant qu'en eux eſtoit auec indiſcretion, & auec inſolence l'authorité venerable de ce Pere. Eſt-ce l'intelligence des Eſcritures Saintes ? le Pape Martin *c* cinquieſme dit que tous ceux qui auoient qnelque gouſt de Ieſus-Chriſt, de la foy, de la Religion auoient dans la bouche S. *Auguſtin en telle ſorte qu'on ne peut preſque rien entendre des Eſcritures Saintes, s'il ne nous aide & ne nous conduit pour les interpreter.* Et S. Hieroſme *d* dit, *prends courage Auguſtin, tu es celebre dans tout le monde, les Catholiques t'honorent & te rcuerent comme vn nouuel Architecte de l'ancienne foy, toy qui as demeuré ferme par l'ardeur de ta foy contre la violence des orages,* & en *e* vn autre lieu, *tout ce qu'on pouuoit dire,* luy dit-il, *& tout ce que l'on pouuoit puiſer par vn eſprit ſublime dans la ſource des Eſcritures Saintes, tu l'as déployé.* Eſt-ce la clarté ou la netteté dans les diſcours ? le meſme ſainct Hieroſme dit en s'impoſant vn eternel ſilence, & en cedant à vn ſeul Auguſtin, la gloire d'eſtouffer l'erreur des Pelagiens *f*, *On dit qu'Auguſtin fait encore d'autres liures qui ne ſont pas venus entre mes mains : c'eſt pourquoy i'eſtime que ie dois me diſpenſer de ce trauail de peur qu'on ne m'allegue ce precepte d'Horace, ne porte point de bois en la foreſt, car nous repeterions ſuperflument les meſmes choſes, ou ſi nous voulions en dire de nouuelles, il ſe trouueroit touſiours que ce tres-clair & tres-brillant eſprit nous auroit enleué tout ce qu'il y auoit de meilleur à dire,* ſainct Paulin de Nole dit, *g ô flambeau de l'Egliſe qui repands largement ta lumiere ſalutaire comme vne huile de ioye dans les villes Catholiques, qui diſſipes les tenebres des Heretiques pour eſpaiſſes qu'elles ſoient, & qui par la ſplendeur de ton ſtile rayonnant, tires de la confuſion des tenebres la lumiere de la*

g Epiſt. 31. parmy celles de ſainct Auguſtin.

D ij

* *A la fin du liure contre le Collateur.*

b *L'Egliſ. de Lyon* de tenenda veritate.

c *Dans le Serm. de la Translat. de ſaincte Monique,* quicunque de Chriſto, de fide, de religione, aliquid ſaperent, omnibus in ore erat Auguſtinus, vt nihil pene ex ſacris litteris poſſit, niſi eo duce intelligi, nihil niſi eo interprete explicari.

d *En l'Epiſtre 25. parmy celles de ſainct Auguſtin,* macte virtute, in orbe celebraris, Catholicæ concionem antiquæ rurſum fidei venerantur, & ſuſpiciunt, qui contra flantes vētos ardore fidei perſtitiſti.

e Certè quicquid dici potuit & ſublimi ingenio de ſcripturarum Sanctarum hauriri fontibus, à te diſſertum eſt.

f *A la fin du 3. liure contre les Pelag.* alios quoque ſpecialiter tuo nomini cudere dicitur, qui nec dum in noſtras venere manus, vnde ſuperſedendū huic labori cenſeo, nè dicatur mihi illud Horatij, in ſyluam ne ligna feras ; aut enim eadem diceremus ex ſuperfluo, aut ſi noua volucrimus dicere, à clariſſimo ingenio occupata ſunt meliora.

verité, Haymo * d'Alberstat escrit, *Augustin surpasse tous les Docteurs qui ont vescu depuis les Apostres dans l'éclaircissement des questions*, & apres Haymo d'Alberstat b Remy d'Auxerre dit, *comme le soleil excede tous les planetes en lumiere, de mesme Augustin à surmonté tous les Docteurs dans l'exposition des Escritures*, & en vn autre lieu, *comme les estoilles*, dit-il, *reçoiuent la lumiere du soleil, ainsi tous les Docteurs empruntent leur science d'Augustin*. Pour ce dernier aage, vn seul du Perron cet illustre Cardinal, dont le grand sçauoir est connu de tout le monde peut me tenir lieu de mille tesmoins; & pour fermer la bouche à la calomnie qui traite Augustin d'Autheur embarrassé, il suffit que ce Prelat ait dit ce que ie ne puis me lasser de dire & de repeter à l'infiny, *sainct Augustin le plus grand Docteur au point de la predestination qui ait esté depuis les Apostres, voire l'organe & la voix de l'ancienne Eglise pour ce regard.* Or pourroit-il en estre la voix & l'organe, c'est à dire l'interprete, s'il estoit si obscur & si tenebreux que vous le dépeignez, mon Reuerend Censeur, & si nous auions besoin de vostre voix & de vostre organe, pour l'interpreter, au mesme temps que pour l'embroüiller, vous repandez sur luy & sur ses vrais disciples tout le fiel & tout le venin de vos sanglantes inuectiues, & de vostre artificieuse vanité. Mais parce qu'il se trouue maintenant des esprits, si vains & si legers qu'ils osent imposer au grand sainct Augustin, non seulement de n'estre pas clair: mais encore de se contredire luy-mesme en sa doctrine, i'estime qu'il est à propos d'alleguer icy ce que Posseuin Iesuite rapporte auec Eloge, d'vn Docteur considerable en ces derniers temps, cet Autheur escriuant contre vn Heretique qui auoit eu l'audace de noircir ce Pere par la mesme calomnie, luy reproche ainsi sa bizarrerie & sa stupidité, *il arriue* dit-il, *que sainct Augustin semble se combattre & se contrarier luy mesme à quelques menus hommes & peu versez en sa lecture, & principalement lors que ses sentences qui sont dispersées ç'a & là en plusieurs liures, ou sont détachées de la tissure du discours, ou ne sont pas poisées auec assez de maturité; ie te promis donc à l'heure mesme que ie te ferois voir euidemment qu'il n'eschappa iamais à ce saint Homme aucune parole con-*

traire qu'il n'ait corrigée luy-mesme, ou qu'il n'ait desiré d'estre
corrigée auant sa mort, & que la cause pour laquelle toutes les
paroles de ce saint Homme ne paroissent pas d'abord s'accorder
entr'-elles touchant la Religion, consiste toute entiere DANS LA
GROSSIERETE' ET DANS LA MALICE DE CEVX
QVI LE LISENT. Et c'est pourquoy ie t'aduertis que si tu
voulois passer pour sçauant & honneste homme, tu ne t'arrestasses
point à peu de paroles, n'y à leur son exterieur, ny tousiours en vn
mesme lieu, que tu examinasses plustost ce qu'il auoit dit & enseigné
dans la suite de son discours dés le commencement d'vn liure, ou
d'vn chapitre, & mesme dans tous ses liures, sçauoir dans les premiers, dans les moyens, & dans les derniers, & quel but il s'e-
stoit proposé, que s'il se rencontroit quelque chose d'obscur, ou ac-
compagné de quelque difficulté, ie te conseillé d'en puiser l'intelligence, comme en la vraye source, dans les autres liures de ce saint
Docteur, où il auroit plus clairement expliqué son opinion, & que
tu prisses garde de ne pas tomber dans cette SOTTISE, OV DANS
CETTE FATVITE', que de croire qu'il y ait dans S. Augustin quelque opinion contraire qu'il n'ait pas expliquée luy-
mesme, & que tu ne misses dans ton liure aucun tesmoignage de
Saint Augustin, que tu n'eusses consideré soigneusement en tous
ses liures, & que tu iugeasses alors en ta conscience, que ce tesmoignage pouuoit seruir à iustifier ce que tu pretendois.

    Presupposé donc qu'il faille expliquer le Concile
de Trente, par le tesmoignage, & par la tradition
des Peres, comme i'ay iustifié si manifestement, vous
voyez à mon aduis quelles sont les causes & les raisons
puissantes, qui doiuent obliger vn prudent Ecclesiastique
à choisir entre tous le grand Saint Augustin, & à le preferer dans ce dessein incomparablement à tous les autres,
soit que l'on considere ou l'esprit, ou le sçauoir, ou la pieté, ou la droite foy, ou le trauail, ou l'authorité, ou l'intelligence de la parole de Dieu, ou la clarté de l'expression, ce qui a fait dire à Vasquez, vn de vos fameux Côfre-
res, que les mysteres de la Grace estoient vne matiere grandement
subtile, & difficile à expliquer, iusques à ce que Saint Augustin
nous l'eut deueloppée, comme beaucoup d'autres secrets, par la
sublimité de son esprit, & vous voyez aussi ce qu'il semble,

D iij

Consistere totam in
hebetudine & ma-
litia eorum, qui
sanctum virum le-
gunt, eoque monui,
si vir honestus &
litteratus haberi
velles, &c.

Et nunquam In il-
lam te FATVITA-
TEM dares vt con
trariam vnam in S.
Augustino esse sen-
tentiam, quam ip-
se non explicaueris
crederes, &c.

*sur la premiere part.
de saint Thomas disp.
91.ch.9.*

que iufques à cette heure vous n'ayez pas veu, pour ce
qu'il vous a plû le taire, ou le diffimuler à voftre accouftumé, par quels puiffans motifs, depuis quelques années
le grand Pape Clement huictiefme d'heureufe & immortelle memoire, vous le donna pour Iuge, & pour Arbitre
fouuerain de la difpute qui eftoit agitée à Rome, & en
prefence de ce mefme Pape, entre les Religieux de Saint
Dominique & ceux de voftre Societé, voicy l'oracle de
ce fouuerain Pontife, qui n'eft pas obfcur comme S. Auguftin l'eft, fi l'on veut vous en croire, & ie l'auois defia
rapporté dans ma lettre, mais vous l'auez teu, & l'auez
caché comme vn coulpable fupprimeroit l'arreft de fa
condamnation ; *bien qu'il n'y ait que Dieu*, dit ce grand Pape, *à qui ie doiue rendre compte de mes actions, neantmoins ie diray maintenant quelles font les raifons pour lefquelles i'ay refolu
de regler toute cette difpute au niueau de la doctrine de S. Auguftin touchant la Grace, la premiere eft, que fi fuiuant le tefmoignage de Profper au commencement de fon liure contre le Collateur l'armée de l'Eglife durant l'efpace de vingt ans, a combattu
de forte contre les Pelagiens qu'elle ait enfin vaincu fous la conduite de S. Auguftin, il faut auffi en pareil cas que nous reconnoif-
fions, & que nous fuiuions le mefme guide ; La feconde eft, que la
mefme Saint femble n'auoir rien obmis des chofes qui appartiennent à la decifion des prefentes Controuerfes: comme s'il s'agit de
la neceffité de la grace, il la décrit difant: il eft neceffaire qu'elle
nous preuienne, qu'elle nous accompagne, & qu'elle nous fuiue.
S'il eft queftion de fon efficace ; il dit qu'elle donne des forces tres-
puiffantes à la volonté; S'il eft queftion de fon effet; il dit qu'elle fait
vouloir celuy qui ne vouloit pas; S'il eft queftion de la maniere, il
dit que Dieu le fait par vne vertu toute-puiffante; enfin il refoult
les obiections, en enfeignant que le franc-arbitre ne s'accorde pas
feulement bien auec la grace qu'il defend, mais que le franc-arbitre deuient plus libre quand il eft deliuré par elle. En fin la troifiefme raifon eft que plufieurs Papes nos predeceffeurs ayant fouftenu fi puiffamment la doctrine de S. Auguftin, touchant la grace,
il femble qu'ils ayent voulu la laiffer à l'Eglife par vn droit hereditaire, & il n'eft pas iufte que ie fouffre que l'Eglife foit priuée
de cette efpece d'heritage & de fucceffion.*

pag 6. &7.

Dans les actes des
Conferences tenuës
deuant Clement 8.

Mais entre ces illuſtres aduantages, & ces eloges magnifiques dont S. Auguſtin eſt couronné, s'il faut ainſi dire, de la main de tous les ſiecles, mon Cenſeur qui eſt vn
homme iuſte & equitable luy en accorde quelques-vns, &
luy en conteſte quelques autres. Ouy mon Cenſeur vous
faites la faueur à S. Auguſtin de ne toucher pas à ſon Eſprit, à ſon ſçauoir, à ſa pieté : mais vous ne craignez pas
auſſi de combatre ſa clarté, ſon authorité, ſa foy : vous
combattez ſa clarté en le traittant d'eſcriuain obſcur &
embaraſſé : vous combattez ſon authorité en pretendant
qu'on n'eſt pas obligé de le receuoir en tous les points de
ſa doctrine : vous combattez ſa foy en ſouſtenant auec vne
hardieſſe eſtrange qu'il a vrayement erré, & que les Peres
de Trente ont condamné ſes erreurs en la foy.

CHAPITRE IV.

Où l'on voit la temerité du diſſertateur en ce qu'il oſe in-
ſolemment traitter S. Auguſtin, d'Autheur obſcur
& embarraſſé.

PRemierement donc vous eſtimez que S. Auguſtin eſt
vn Autheur obſcur & embaraſſé : mais ſçachez, mon
cher Cenſeur, que cette accuſation ne vous eſt pas cõmune auec les Anciens Peres, puis qu'il eſt certain qu'il ny en
a pas vn ſeul qui ait blaſmé S. Auguſtin de cconfuſion &
d'obſcurité, & cette accuſation ou cette calomnie, vous
eſt ſeulement commune auec Iulien le Pelagien, qui a fait
ſouuent à ce S. Docteur, le meſme reproche que vous
luy faites, bien que ce Iulien euſt comme vous vn ſtyle
bruyant, declamatoire & empeſtré, & plus remply d'iniures que de ſens, de lumiere & de clarté. Toutefois il n'eſt
pas permis d'appeller de vos ſentences. Il faut croire que
S. Auguſtin eſt vn Autheur obſcur & embroüillé, puis que
vous le dites, & ie ne doute pas que vous n'attendiez icy
cét excellent mot qui ne vous échapperoit pas dans vne

pareille conioncture. Il faut le croire, il l'a dit, il faut croire ſur voſtre parole, que le Pape Hormiſdas nous à renuoyez à vn Autheur obſcur & embaraſſé en nous renuoyant à S. Auguſtin, pour ſçauoir de luy quelle eſtoit la
doctrine de l'Egliſe Romaine, c'eſt à dire de l'Egliſe vniuerſelle touchant la grace & le franc arbitre. Il faut croire ſur voſtre parole que les canõs desConciles d'Affrique,
d'Orange & de Trente, ſont des canons obſcurs & em-
baraſſez, puis qu'ils ſont pris mot à mot de S. Auguſtin
qui eſt vn Autheur obſcur & embarraſſé, & qu'ils ne ſont
autre choſe que des phraſes & des expreſſions toutes pures
de ce pere, comme Henriquez voſtre Confrere l'a obſerué; ſi ce n'eſt que vous diſiez par vne admirable intelligence, que ces canons ſont clairs dans ces Conciles, dans
leſquels ils ſont tous ſimples & tous nuds, & qu'ils ſont
obſcurs dans S. Auguſtin, ou ils ſe trouuent reueſtus de
tous les principes & de toutes les circonſtances qui pourroient nous ayder à les éclaircir & à les deuelopper s'il y
pouuoit auoir de l'obſcurité. Il faut croire que S. Auguſtin, à parlé obſcurement & confuſement quand il à dit
de la grace du Sauueur, non pas en l'oppoſant à vne autre
grace, mais au franc arbitre ſeul & à la loy ſeule [a] *nous ſça-*
uons que (la grace) n'eſt pas donnée à tous les hommes, & qu'à
ceux auſquels elle eſt donnée elle n'eſtpas donnée ſelon les merites de
leurs œuures, ny ſelon les merites de leur volonté: ce qui paroiſt prin-
cipalement dans les enfans, Il faut croire que ſainct Auguſtin a parlé obſcurement & confuſément quand il a dit
du don de la foy, non pas en l'oppoſant à vn autre don:
mais au franc arbitre ſeul & à la Doctrine ſeule, *& que ce*
don ſoit donné aux vns & ne ſoit pas donné aux autres, que l'on
n'en doute nullement ſi on ne veut contredire à de tres-manifeſtes eſ-
critures ſaintes, & pour quelle cauſe il n'eſt pas donné à tous, ce-
la ne doit pas eſtonner vn fidele qui croit que par vn (ſeul) tous
ont paſſé dans vne condãnation indubitablement tres iuſte, Il faut
croire que S. Auguſtin a parlé obſcurement & confuſément, quand il a dit pour nous faire voir que la grace du
Sauueur par la vigueur interne de ſanature propre eſtoit
inſurmontable, [c] *& partant au regard meſme de la perſeuerance*

dans

a *Epiſtre* 107.
ſimus gratiam non
omnib. hominibus
dari ; & quibus da-
tur non ſolum ſe-
cundum merita
operum non dari,
ſed nec ſecundum
merita voluntatis
eorum , quibus da-
tur quod maxime
apparet in paruulis.
b *Liu.de la pred des
ſaints c.* 8. fides igi-
tur , & inchoata &
peifecta donum
dei eſt , & hoc do-
num quibuſdam
dari , quibuſdá non
dari omnino non
dubitet qui non
vult manifeſtiſſimis
ſacris literis repu-
gnare , cur autem
non omnibus de-
tur fidelem moue-
re non debet , qui
credit ex vno om-
nes ille in condẽna-
tionẽ ſine dubita-
tione iuſtiſſimam.
c *Liu. de la Corr.* &

dans le bien, Dieu n'a pas voulu que ses saints se glorifiassent en leurs forces : mais en luy qui ne leur donne pas seulement vne aide pareille à celle qu'il a donnée au premier homme sans laquelle ils ne pussent perseuerer s'ils vouloient : mais qui opere en eux le vouloir mesme, afin que ne pouuant perseuerer, s'ils ne le peuuent & ne le veulent, la possibilité, & la volonté de perseuerer leur soient données par la largesse de la grace Diuine. Car leur volonté est si fort emflammée par le S. Esprit qu'ils peuuent par ce qu'ils veulent ainsi, & qu'ils veulent ainsi, parce que Dieu opere ou fait qu'ils vueillent, pour ce que dans vne infirmité si grande qu'est celle de cette vie, dans laquelle infirmité neantmoins il falloit que la vertu fust accomplie pour reprimer l'orgueil, si leur volonté leur eust esté laissée afin qu'ils demeurassent s'ils vouloient dans le secours de Dieu sans lequel ils n'eussent pû perseuerer, & si Dieu n'eust point operé ou n'eust point fait qu'ils voulussent, entre vn si grand nombre de si violentes tentations leur volonté mesme eust succombé par leur infirmité, & ils n'eussent pû perseuerer parce que defaillant dãs leur infirmité, & ils ne. eussent pas voulu, ou par l'irfirmité mesme de leur volonté, ils ne l'eussent pas voulu en sorte qu'ils le pussent : on a donc secouru l'infirmité de la volonté humaine, de maniere qu'elle fust poussee indeclinablement & insuperablement par la Diuine grace, & que par ce moyen, toute infirme qu'elle estoit, elle ne defaillit neantmoins & ne fut vaincuë par aucune aduersité. Il faut croire que S. Augustin a parlé obscurement quand il a dit pour nous monstrer qu'il n'enseignoit pas seulement vne grace qui nous conseillast simplement le bien : mais aussi qui nous le persuadast, *nous voulons que celuy-cy (Pelagius) auoüe vne grace par laquelle la sagesse n'est pas seulement reuelee : mais aussy aymee, & par laquelle le bien ne nous est pas seulement conseillé : mais persuadé,* & plus bas, [a] *Il faut que Pelagius confesse cette grace, s'il ne veut pas seulement estre appellé Chrestien : mais l'estre en effet,* vous direz peut-estre mon Censeur, que vostre grace ne conseille pas simplement le bien : mais le persuade aussi, supposé que Dieu ait preueu que

de la grace. c. 11. ac per hoc, nec de ipsa perseuerentiâ boni, voluit deus sanctos suos, non in viribus suis, sed in ipso gloriari, qui eis non solum dat adiutorium, quale primo homini dédit, sine quo non possint perseuerare si velint, sed in eis etiam operatur & velle, vt quoniam non perseuerabunt, nisi & possint & velint, perseuerandi eis possibilitas, & voluntas diuinæ gratiæ largitate donentur; tantum quippe spiritu sancto accenditur voluntas eorum, vt ideo possint quia sic volunt, ideo sic velint quia Deus operatur vt velint; nam si in tanta infirmitate vitæ huius, in qua tamen infirmitate, propter elationem reprimendam, perfici virtutem oportebat, ipsis relinqueretur voluntas sua, vt in adiutorio Dei sine quo perieuerare non possunt, manerent, si vellent, nec Deus in eis operaretur vt vellent, inter tot & tantas tentationes infirmitate suâ voluntas ipsa succumberet; & ideo perseuerare non possent, quia deficietes subuentû est igitur agereretur : & ideo *la grace de Chrisst.* bonum est verum

infirmitate, nec vellent, aut non ita vellent infirmitate voluntatis, vt possent, infirmitati voluntatis humanę vt diuinâ gratiâ indeclinabiliter, & insuperabiliter qu.muis infirma, non tamen deficeret, neque aduersitate aliquâ vincer tur. [a] *De chap. 10* hanc deber Pelagius gratia confiteri, qua cum sua detur solum omne quod & persuadetur; si vult non solum vocari, verum etiam esse Christianus.

E

nous la receurons. O que Pelagius & ses disciples ont esté enueloppez d'epaisses tenebres aussi bien que saint S. Augustin selon Molina, puis qu'ils n'ont pû comprendre ce mystere de la Theologie Molinienne! Il faut croire que S. Augustin a parlé obscurement & confusément quand il a dit pour nous faire voir, que nous croyons quand nous auons la grace, & que nous ne croyons pas quand nous ne l'auons point, *a Il depend du franc-arbitre de nostre volonté de croire, ou de ne pas croire : mais dans les Eleus la volonté est preparee du Seigneur, & c'est pourquoy, quant à la foy mesme qui depend de la volonté, il est vray de dire qui est-ce qui te discerne? Et qu'as-tu que tu nayes receu? plusieurs entendent la parole de la verité, mais les vns la croyent, & les autres la contredisent, qui ne sçait cela, & qui le nie? Mais puis que dans les vns la volonté est preparee du Seigneur, & n'est pas preparee dans les autres; Il faut discerner ce qui vient de sa misericorde & ce qui vient de son iugement:* mais il faut croire que ces mots seroient bien encore plus obscurs si on les estropioit & si on les détachoit les vns des autres en alleguant ceux-cy, *b Il depend du franc-arbitre de nostre volonté, de croire ou ne pas croire* & en supprimāt ceux-cy, cōme vous faites si ingenieusemēt mō Cēseur: *mais dans les eleus la volonté est preparee du Seigneur.* Il faut croire que S. Augustin a parlé obscurement & confusemēt, quād il a dit des œuures des Payens, dont vous defendez si violēmment les vertus profanes & naissātes de la racine infecte de l'orgueil humain, comme si c'estoit vn blaspheme horrible parmy les Chrestiens de dire que les hommes n'ont iamais pû faire aucune bonne œuure sans celuy qui a dit *sans moy vous ne pouuez rien faire. c Vestir vn nud,* dit sainct Augustin, *entant que cette action ne vient pas de la foy c'est vn peché, non que cette action par elle-mesme, qui est de couurir vn nud, soit vn peché, mais de ne se glorifier pas au Seigneur pour vne telle œuure,* il n'y a que l'Impie qui nie que ce soit vn peché. Il faut croire que sainct Augustin à parlé obscurement & confusément quand il a dit pour nous apprendre que le monde racheppté est tiré du monde condamné & ennemy de Dieu, *d que les raisonnemens humains se taisent.* Dieu connoit que les pensees des hommes sont vaines, il a caché ces choses aux sages & aux prudens, & les a

a *De la pred. des saints cap.* 3. non quia credere velnō credere, non est in arbitrio voluntatis humanæ, sed in electis preparatur voluntas à Domino : Ideo ad ipsam quoque fidem quæ in voluntate est pertinet, quis enim discernitte, quid autem habes quod non accepisti? multi audiunt verbum veritatis, sed alij credunt, alij contradicunt, volunt ergo isti credere, nolunt autem illi, quis hoc ignoret? quis hoc neget? sed cùm aliis preparetur, aliis non præparetur voluntas à Domino : discernendum est vtique quid veniat de misericordia eius, quid de iudicio.

b *Le dissertateur pag. 18 rapporte ces mots,* credere vel non credere esse in arbitrio voluntatis humanæ, *& dit que l'on peut s'en seruir pour prouuer que la volonté n'est point determinée par la grace : mais il laisse ceux qui suiuent,* sed *&c. par lesquels on voit que la volonté est determinée par la grace.*

c *Lib.* 4. *Contr. Iul. c.* 3. Si gentilis, in-

reuelées aux petits, si la religion Chrestienne te déplaist, dit ce Pere à Iulien, *declare-le plus ouuertement ; il y a vn homme pour la mort, & vn homme pour la vie ; celuy-là est seulement homme, & celuy-cy est Dieu & homme, par celuy-là le monde est deuenu ennemy de Dieu, & par celuy-cy le monde éleu du monde est reconcilié auec Dieu : car comme tous meurent en Adam (* c'est le monde ennemy de Dieu *ainsi tous seront viuifiez en Iesus - Christ* (c'est le monde choisi de Dieu) *comme nous auons porté l'image de l'homme terrien, portons aussi l'image de celuy qui est du Ciel, que si quelqu'vn s'esforce de renuerser ces fondemens de la foy Chrestienne, a ces fondemens demeurans fermes, il sera luy-mesme renuersé.* Si la religion Chrestienne te déplaist, dit sainct Augustin à Iulien, *auoüe-le franchement,* mais estoit-il croyable que Iulien n'eut pû souffrir, ou n'eut pú gouster la religion Chrestienne, si l'on eut voulu l'obliger de croire que Dieu donne à tous les hommes vne grace suffisante pour se sauuer, & pour auoir part à la Redemption de Iesus-Christ, puisque tout le suiet qu'auoit cet Heretique de condamner les Catholiques, estoit qu'il s'ensuiuoit de l'opinion des Catholiques, que tous les hommes ne pouuoient se sauuer & prendre part à la Redemption de Iesus-Christ.

Mais puisque contre le torrent & le sentiment commun des Catholiques, & malgré la lumiere des propres paroles de sainct Augustin, dont la splendeur ébloüit les yeux malades, plustost que de les éclairer ? vous croyez que ce Pere est vn Autheur obscur & embarrassé ? voyons quelles sont les raisons qui vous persuadent cette belle verité, & les examinons par ordre, non par l ordre dans lequel vous les auez deduites, mais par l'ordre dans lequel il a fallu les mettre pour les demesler de la confusion & du cahos horrible, où vous les auiez enseuelies & confonduës pesle mesle. Vous estimez donc que la doctrine de sainct Augustin est obscure & embroüillée ; en premier lieu pource qu'en sa naissance ell'a causé des troubles parmy les Fideles ; En second lieu parce que Luther & Caluin se vantent qu'elle les fauorise ; en troisiesme lieu, parce que les Catholiques bien que parragez dans leurs opinions, pensent tous la suiure & la defendre ; en quatriesme lieu parce

E ij

quis, nudum operuerit, nunquid quia non est ex fide peccatum est? prorsus in quantum nó est ex fide, peccatum est, non quia per se ipsum factum, quod est nudum operire, peccatum est, sed de tali opere non in Domino gloriari, solus impius negat esse peccatum.

d *Liu 6. Con. re Iul. c.*

4. Argumentationes hominum conticescant, Dominus nouit cogitationes hominũ, quoniam vanæ sunt: abscondit hæc à sapientibus, & prudentibus, & reuelauit ea paruulis ; si tibi Christiana fides displicet, apertius confitere; nam Christianam fidem aliam non potes inuenire; vnus homo est ad mortem, vnus ad vitam, ille tantum homo, iste Deus & homo; per illum est mundus inimicus factus Deo, per istum mundus reconciliatus Deo, electus ex mundo, sicut enim in Adam omnes moriuntur, sic & in Christo omnes viuificabuntur ; sicut portauimus imaginem terreni, ita portemus & imaginem eius qui de cœlo est, hæc stabilimenta fidei Christi nę, qui subuertere nititur, stantibus eis ipse subuertitur.

que le Concile de Trente , dites-vous auec vne hardiesse
inoüye & vne temerité desesperée , a voulu adiouster à la
doctrine de ce Pere beaucoup de choses necessaires en l'interpretant (ô prodige ! ô blaspheme !) pour la rendre Catholique , mesmes aux choses de la grace & de la predestination des Saints.

CHAPITRE V.

*Qu'il est ridicule de dire, ce que dit le dissertateur, que la
doctrine de sainct Augustin est obscure , parce que
autrefois quelques-vns s'en sont scandalisez.*

VOus soustenez donc premierement que la doctrine
de ce Saint est tenebreuse & ambiguë , parce qu'en
son commencement , elle a fait naistre des troubles & des
querelles dans l'Eglise. Certes mon Censeur iusques icy
vous n'auez emprunté que la plume de Iulien , en accusant
comme luy sainct Augustin de confusion & d'obscurité ,
mais maintenant vous prenez l'esprit & le stile des Payens,
qui ne diffamoient la religion Chrestienne , qu'en luy reprochant d'auoir troublé le monde , & de l'auoir remply
de diuisions ; & ie ne doute pas que d'icy à quelque temps,
si l'année est sterile, ou si la Seine se deborde, vous ne l'im-
putiez à la doctrine de sainct Augustin, comme les Payens
attribuoient autrefois à la religion Chrestienne, l'inonda-
tion du Tybre & le desordre des saisons. Mais ne voyez-
vous pas que l'on pourroit faire le mesme reproche aux
plus anciens, & plus saints Conciles, & à leurs plus celebres defenseurs, au Concile de Nicée , & à sainct Athanase ; au Concile d'Ephese & à sainct Cyrille ; au Concile de
Chalcedoine & à sainct Leon , puisqu'il est certain que
tous ces Conciles ont esté suiuis de partialitez & de dis-
cordes parmy les Chrestiens, & ne voyez-vous pas que
l'on pourroit former & à bien plus iuste tiltre, la mesme
accusation contre les nouueautez & les inuentions de Mo-

lina, qui depuis peu d'années, & dez le moment qu'elles
ont paru, ont remply l'Eglise de dissentions, & nous ont
reduits à vn si fascheux & si déplorable estat, que nous ay-
merions mieux nous taire, & garder le silence pour garder la paix, s'il ne valoit mieux, selon les Peres, negliger la
paix que trahir la verité.

Mais maintenant mon Censeur venons au fond de vostre excellente preuue; la doctrine de sainct Augustin, dites-vous, à excité des troubles & des disputes dans l'Eglise, elle est donc obscure & peu intelligible: quelle est
la iustesse de cette consequence? souffririez vous qu'à
vostre exemple on raisonnast de cette sorte? la nouueauté de Molina est vne doctrine obscure & peu intelligible, puisqu'elle à causé des diuisions en Espagne, en France, en Allemagne, en Italie, iusqu'au point
que son Autheur auoue d'auoir esté contraint de cacher ses sentimens pour le bien de la paix, & de la concorde de l'Eglise. Mais ie vois bien icy quel est vostre artifice;
au lieu que les Prestres de Marseille rejettoient la doctrine de S. Augustin, parce qu'entre autres causes elle sembloit trop dure à l'orgueil du sens humain, vous voulez
qu'on s'imagine qu'ils l'a reiettoient, parce qu'ils ne l'entendoient pas; comme s'ils eussent ignoré quelle estoit la
doctrine, ou quelles estoient les opinions que S. Augustin
auoit enseignées dans ses liures. Mais il y a grande difference entre ne sçauoir pas ce que S. Augustin enseigne, ou
ne vouloir pas le suiure & l'approuuer, quoy qu'on sçache
bien ce qu'il enseigne. Les Payens n'entendoient-ils pas
ce qui est enseigné dans l'Euangile, mais bien qu'ils l'entendissent, l'ont-ils creu? ou pluftost ne l'ont-ils pas traité d'erreur & de mensonge? Ainsi les Marseillois n'ignoroient pas quelle estoit la doctrine de S. Augustin, touchant la grace & la predestination diuine: Mais ils ne
pouuoient la gouster & l'embrasser, quoy qu'ils sceussent
bien quelle elle estoit, & quels estoient les sentimens de
ce S. Docteur sur ces mysteres: Lisez les Epistres de S. Prosper & d'Hilaire à S. Augustin, & vous verrez qu'ils n'accusoient pas les Marseillois d'ignorer, quelle estoit la

E iij

De la concorde qu. 1.
ar. 11. d sp 19 memb.
6. §. fortè mirabitur.
id sanè ad quorum-
dam animos sedan-
dos, pacèque quo-
ad fieri posset ser-
uandam, factum à
nobis fuit ; nouit
enim Dominus pro
illorum temporum
ratione aliud, nec
mihi, nec ipsius ob-
sequio expediens
tunc fuisse.

doctrine de ce Pere ; mais qu'ils se plaignoient seulement de ce que les Marseillois osoient la condamner &
la combattre, auec les mesmes armes dont vous la combattez encore à leur imitation. Ils sçauoient tres-bien que
S. Augustin enseignoit vne grace qui estoit singuliere, efficace & necessaire ; qu'entant qu'elle estoit singuliere, elle n'estoit pas donnée à tous ; qu'entant qu'elle estoit efficace, elle operoit tousiours l'effet pour lequel elle estoit
donnée, & qu'entant qu'elle estoit necessaire, on ne pouuoit faire sans son aide aucune œuure vrayement bonne. C'est contre le fond de cette doctrine, que les Marseillois obiectoient comme vous faites ; qu'il s'en ensuiuroit que Dieu ne voudroit pas le salut de tous les hômes,
Iesus-Christ ne seroit pas mort pour tous les hômes, que
les Commandemens Diuins seroient impossibles ; qu'il
faudroit admettre le destin & le Manicheisme ; qu'il n'y
auroit point de liberté ny de loüange, ny de merite, &
qu'il seroit inutile de prier, de prescher, de trauailler,
d'exhorter, de corriger. On peut dire toutesfois qu'en vn
sens les Marseillois entendoient la doctrine de S. Augustin, & qu'en vn autre sens ils ne l entendoient pas ; qu'ils
entendoient la doctrine de S. Augustin, pource qu'ils sçauoient tres-bien quel estoit le corps & la substance de ses
opinions ; mais qu'ils ne l'entendoient pas aussi, pource
qu'ils n'en comprenoient pas la verité : c'est à dire en vn
mot, qu'ils sçauoient bien quelle elle estoit, mais qu'ils ne
sçauoient pas qu'elle fut veritable, orthodoxe & Catholique. De mesme on peut dire de quelques Payens, comme estoient Celse & Hierocles, qu'en vn sens ils entendoient la doctrine de l'Euangile, & qu'en vn autre sens ils
ne l'entendoient pas, qu'ils entendoient la doctrine de
l'Euangile, parce qu'ils sçauoient tres-bien quel estoit le
corps & la substance des propositions qui composent l'E-
uangile ; mais en mesme temps ils n'entendoient pas la
doctrine de l'Euangile, parce qu'ils ne comprenoient pas
la verité des propositions qui sont soustenuës en l'Euangile : ils sçauoient fort bien que l'Euangile enseignoit que
Dieu s'est fait homme, & qu'il est mort pour nous rache-

cer; qu'il a eſtably vne Egliſe, des Paſteurs & des Sacremens, & qu'il a promis la vie eternelle aux obſeruateurs
des Commandemens diuins: mais n'eſtant pas eſclairez
d'enhaut, & n'eſtans pas tirez du Pere pour venir au Fils,
ils ne penetroient pas dans la verité de ces myſteres, qui
leur ſembloient folie, comme dit l'Apoſtre, dans la vanité de leur eſprit. C'eſt donc en cette ſorte que les Marſeillois entendoient tres-bien quelle eſtoit en ſubſtance
la doctrine de S. Auguſtin: mais ils ne conceuoient pas la
ſolidité des raiſonnemens ſur leſquels il l'appuyoit, parce
qu'ils ne voyoient pas la verité des principes qu'il poſoit
pour l'eſtablir, ou ne voyoient pas la liaiſon de ces principes auec les concluſions que ce Pere en inferoit. Or il
tiroit les fondemens, & les principes de ſa doctrine, ou
de la lumiere de la raiſon humaine, ou de l'authorité des
Eſcritures ſaintes: Ceux qu'il empruntoit de la raiſon humaine eſtoient ſemblables à celuy-cy, que ce ſaint Homme poſe pour prouuer que Dieu ſauue tous ceux qu'il
veut ſauuer. *Ceux-là*, dit-il, [a] *penſent peu conuenablement à vne
ſi grande choſe, ou ne ſont pas capables de la mediter, qui s'imaginent que Dieu tout-Puiſſant vueille vne choſe, & qu'vn homme
infirme l'en empeſchant, il ne la puiſſe.* Ou à celuy-cy qu'il
poſe pour nous faire voir que ce que Dieu a promis à l'homme ne depend pas de l'homme, mais de
Dieu, [b] *Il y a quelque apparence de raiſon & de verité à
dire que l'homme promette, & que Dieu faſſe: mais qu'vn homme die qu'il fait ce que Dieu à promis; c'eſt le ſentiment damnable d'vne ſuperbe impieté:* ou à celuy-cy que ſainct
Auguſtin poſe pour monſtrer que la liberté ne conſiſte pas à pouuoir pecher, [c] *qu'y aura-t'il de plus libre
que le franc-Arbitre, quand il ne pourra ſeruir au peché?* ou ce
Pere emprunte ſes principes de l'authorité des eſcritures
comme quand il prouue par ces paroles de ſainct Paul, que
tous les hommes naiſſent en peché, [d] *par vn homme le peché
eſt entré dans le monde & par le peché la mort,* ou quand il prouue que la grace du Sauueur nous eſt neceſſaire à toute bonne œuure ſans en excepter la foy par cette ſentence du
Sauueur, [e] *perſonne ne peut venir à moy, ſi mon Pere qui m'a en-*

a *Liu.* 1. *de l'Oeuure
Imparf. ch.* 91. parũ
de re tanta cogitãt,
vel ei excogitandæ
non ſufficiunt; qui
putant Deum om-
nipotentem aliquid
velle, & homine in-
firmo impediente,
non poſſe.
b *En l'Epiſt.* 105. ha-
bet namque aliquid
rationis, & veritatis
vt homo promittat
& Deus faciat, vt
autem homo ſe fa-
cere, dicat, quod
promiſerit D.us, ſu-
perbæ impietatis
eſt reprobus ſenſus.
c *Au liu. de la corr.
& de la gr. ch.* 11. quid
erit autem liberius
libero arbitrio, quã-
do non poterit ſer-
uire peccato.
d *Epiſt. aux Rom. c.* 5,
e *En S. Iean ch.* 6;

zoyé ne le tire: ou quand il prouue par cette autre maxime du Sauueur que l'aide de sa grace n'est iamais sans effet; *quiconque a ouy & appris de mon Pere vient à moy*, surquoy ce Pere dit, [a] *si cette grace aidoit seulement nostre puissance le Seigneur diroit ainsi, quiconque a ouy & appris de mon Pere, peut venir à moy: or il n'a pas dit ainsi, mais il a dit quiconque a ouy & appris de mon Pere vient à moy.* Cela estant ie dis que les Marseillois sçauoient tres-bien quelle estoit la doctrine de sainct Augustin, soit quant aux principes sur lesquels il la fondoit, soit quant aux conclusions qu'il tiroit de ses principes mais ils ne pouuoient penetrer dans la verité de ces conclusions ny de ces principes, ces hommes estant enueloppez, comme dit sainct Prosper, dans les tenebres de leurs fausses persuasions; [b] *Le liure de la correction & de la grace escrit sainct Prosper à sainct Augustin, nous ayant esté apporté par vn bon-heur inesperé, nous pensasmes que toutes les plaintes de nos aduersaires seroient assoupies, parce qu'en ce liure vous auez respondu si pleinement & si absoluëment,* (où est l'obscurité mon cher Censeur) *à toutes les questions sur lesquelles vostre sainteté deuoit estre consultée, comme si vous auiez eu proprement dessein d'appaiser les troubles qui estoient nez parmy nous, mais le liure de vostre beatitude ayant esté lû & consideré, comme ceux qui suiuoient auparauant l'authorité Sainte, & Apostolique de vostre doctrine en deuinrent plus eclairez & mieux instruits, ainsi ceux qui* ESTOIENT EMPESCHEZ PAR L'OBSCVRITÉ DE LEVRS PREIVGEZ, SE RETIRERENT; ESTANT PLVS OPPOSEZ QV'ILS N'AVOIENT IAMAIS ESTE; Mais cette auersion des Marseillois contre la doctrine de sainct Augustin procedoit-elle de ce qu'ils ne sçauoient pas ou n'entendoient pas quelles estoient les maximes, ou les opinions qu'il auoit enseignées dans son liure? non certainement mon Censeur: car ils sçauoient tres-bien que S. Augustin auoit enseigné dans cét excellent ouurage vne election ou vne predestination diuine selon laquelle Dieu à choisy de toute eternité ceux qu'il vouloit sauuer par vne bonté pure & sans aucune preuision de leurs merites, [c] *quant à ce propos de la vocation de Dieu, dit S. Prosper, selon lequel on dit que deuant le commencement du Monde, ou dans la Creation mesme du genre*

humain

---

[a] *Au liu. de la grace de Christ ch. 1.* Si enim solum posse nostrum hac gratiâ iuuaretur, ita diceret Dominus, omnis qui audiuit à Patre & didicit, potest venire ad me, non autem ita dixit, sed omnis, inquit, qui audiuit à Patre, & didicit, venit ad me.

[b] *S. Prosper à sainct Augustin,* vt &c. Librum de corruptione & gratia, plenum diuinæ authoritatis emittere; quo in notitiam nostram insperata opportunitate delato, putauimus omnes quærelas resistentium sopiendas, quia vniuersis quæstionibus de quibus côsulenda erat sanctitas tua, tunc plenè absolutè que responsum est, quasi hoc specialiter studueris, vt quæ apud nos erant turbata, componeres: recensito autem hoc beatitudinis tuæ libro, sicut qui sanctam atque Apostolicam doctrinæ tuæ authoritatem antea sequebantur, intelligentiores multò, instructioresque sunt facti, ita qui persuasionis suæ impediebantur obscuro, obscuriores quam fuerant recesserunt.

[c] *Le mesme,* hoc autem propositum vocationis Dei, quo

humain, le discernement a esté fait de ceux qui deuoient estre choisis, & de ceux qui deuoient estre reiettez, en sorte que les vns ayent esté créez comme des vaisseaux d'honneur, & les autres comme des vaisseaux d'ignominie, selon qu'il a plû à leur Createur (*Ils soustiennent que ce propos de Dieu*) oste aux pecheurs le soin de se releuer, apporte aux saints vn suiet de tiedeur, puisque de quelque part qu'on soit, il est superflu de trauailler, si celuy qui est reietté ne peut entrer, quelque industrie qu'il employe, & si celuy qui est eleu ne peut dechoir, quelque negligent qu'il soit : Car aussi bien quoy qu'ils fassent, il ne peut leur arriuer que ce que Dieu a desiny pour ce qui les regarde ; & que dans cette esperance incertaine, on ne peut courir constamment, puis que le dessein de celuy qui s'efforce est vain, si l'eslection de celuy qui le predestine luy est contraire ; que toute *diligence est detruite (&*) *les vertus éteintes*, si le decret de Dieu preuient les volontez humaines, & que soubs ce nom de predestination, on introduit vne necessité fatale, & que l'on pose vn Dieu Createur de diuerses natures, si l'on ne peut deuenir autre qu'on estoit quand on est né. Voyez donc mon Censeur, comment les Marseillois ont connu tres-clairement que S. Augustin auoit enseigné vne predestination purement gratuite, & independante de la preuision de nos merites, bien qu'il n'eut pas encore escrit le merueilleux liure qu'il a fait exprés sur ce sujet, & vous vous seruez neantmoins de l'exemple des Marseillois par vn artifice incomparable, pour nous faire voir que S. Augustin est obscur en cét endroit, & qu'il est difficile de iuger s'il a enseigné cette maniere de predestination. Ainsi les Marseillois voyoient tres-bien que S. Augustin auoit enseigné qu'il y auoit vn don de Perseuerance, non seulement sans lequel on ne peut perseuerer, mais encore auec lequel on perseuere infailliblement, *Ils n'approuuent pas*, dit Hylaire escriuant à S. Augustin, *que la Grace qui a esté donnee au premier homme, ou qui est donnee à tous, soit diuisee en sorte que le premier homme ait receu vne Perseuerance, non par laquelle il fut fait perseuerant, mais sans laquelle il n'eut pû perseuerer par le franc-arbitre, mais que maintenant quant aux Saints predestinez au Royaume par la Grace, on ne leur donne pas vne pareille aide pour perseuerer,*

vel ante mundi initium, vel in ipsa conditione generis humani, eligendorum & reiiciendorum dicitur facta discretio, vt secundum quod placuit creatori, alij vasa honoris, alij vasa contumeliæ sint creati, & lapsis curam resurgendi adimere, & sanctis occasionem teporis afferre, eò quod vtraque parte superfluus labor sit, si neque reiectus vllâ industria possit intrare, nec electus, vllâ negligētia possit excidere ; quecunque enim modo se egerint non posse aliud erga eos, quā definiuit, accidere, & sub incertâ spe cursum non posse esse constantē, cum si aliud habeat prædestinantis electio, cassa sit annitentis intentio, remoueri itaque omnem industriam, tolli que virtutes, si Dei constitutio humanas præueniat voluntates, & sub hoc prædestinationis nomine, fatalem quandam induci necessitem, aut diuersarū naturarum dici Dominum conditorem, si nemo aliud possit esse quam factus est.

mais vne aide par laquelle là Perseuerance mesme leur est donnee,
non seulement afin que sans ce don ils ne puissent perseuerer, mais
encore afin que par ce don ils ne soient autre chose que perseuerans
a ils sont touchez tellement de ces paroles de ta Sainteté, qu'ils
disent qu'elles apportent aux hommes vne espece de desespoir : car,
disent-ils, si Adam a esté secouru de sorte qu'il pût demeurer dans
la iustice, ou en déchoir, & si les Saints maintenant sont tellement aydez, qu'ils ne puissent en decheoir, puis qu'ils ont receu
vne telle perseuerance de vouloir, qu'ils ne peuuent vouloir autre
chose, ou si quelques-vns sont tellement quittez, qu'ils ne puissent
approcher, ou qu'ils s'eloignent s'ils se sont approchez, ils disent
que l'vtilité de l'exhortation ou des menaces appartient à cette volonté qui auoit vne puissance libre, & de perseuerer, & de desister,
& non pas à celle-cy qui emporte auec elle vne necessité ineuitable de s'esloigner de la iustice, & de ne la vouloir pas, excepté ceux-
là seuls qui estant créez auec ceux qui sont damnez dans la masse
generale, ont esté choisis pour estre deliurez par le benefice de la
Grace. Dites mon Censeur, les Marseillois parlent-ils icy
douteusement de la doctrine de S. Augustin touchant le
don de la Perseuerance, où s'ils l'auoient si mal entenduë,
ou mal representée, Hylaire qui rapporte leurs paroles
à S. Augustin, & aprés Hylaire S. Augustin mesme, ne
s'en seroiēt-ils pas plaints? & cōment donc se seruiroit-on
de l'exemple des Marseillois, pour faire voir qu'il est mal-
aisé d'entendre ce que S. Augustin a creu touchant le don
de Perseuerer, puis que ces Marseillois l'ont veu, & l'ont
conceu auec tant d'euidence & de facilité? De mesme ils
sçauoient clairement que S. Augustin auoit enseigné que
Dieu ne vouloit pas indifferemment sauuer tous les hommes : mais ceux-là seulement dont il auoit arresté le nombre de toute eternité, b *ils n'admettent pas aussi*, dit le mesme Hylaire escriuant à S. Augustin, *que le nombre des*
esleus & des reprouuez soit definy, & ils n'expliquent pas ces pa-
roles : Dieu veut que tous les hommes soient sauuez, comme vous
les expliquez, car ils les entendent de tous les hommes, sans en ex-
cepter aucun, & non seulement ceux qui appartiennent au nom-
bre des Saints. Les Marseillois donc n'entendoient-ils pas,
ou entendoient-ils auec peine l'interpretation que S. Au-

guſtin auoit donnée à ces paroles, Dieu veut que tous les
hommes ſoient ſauuez? Sans doute ils l'entendoient tres-
euidemment, mais ils la mespriſoient ou la reiettoient
comme fait le R. P. Petau en ſes dernieres œuures, aprés
l'auoir approuuée en ſes premieres: & par quel artifice
donc, ou par quelle Dialectique ſe ſeruiroit-on de leur
exemple pour prouuer que l'explication que S. Auguſtin
donne à cette maxime de l'Apoſtre, eſt obſcure & ambiguë? Et ainſi parmy les Marſeillois le fait eſtoit conſtant,
le droit eſtoit ſeulement conteſté touchant la doctrine de
S. Auguſtin: Ils ſçauoient tres-bien quelle elle eſtoit, en
quoy proprement elle conſiſtoit, & quel en eſtoit le
corps & la ſubſtance, mais ils ne croyoient pas qu'elle
fut veritable, & qu'ils fuſſent obligez de l'approuuer.
Mais maintenant, mon Cenſeur, eſt ce du droit, ou du
fait que nous diſputons? Demandons-nous quelle eſt la
doctrine de S. Auguſtin, ou demandons-nous ſi elle eſt
veritable, & ſi nous ſommes obligez de la receuoir? Certes nous demeurons d'accord quelle eſt veritable, & que
nous deuons la ſouſtenir, nous ne diſputons donc plus
que pour apprendre quelle elle eſt, & quels ſont les dogmes qui la compoſent; Que ſi les Marſeillois voyoiët ſi clairement, & ſi facilement quelle elle eſtoit, pourquoy ne
le verrions-nous pas auſſi bien qu'eux? & par quelle Logique vous preualez vous de leur exemple, pour nous faire
croire qu'il eſt difficile de le voir? Vous donnez donc icy
manifeſtement le change, mon Cenſeur, vous contrefai-
tes par tout le Declamateur & le Sophiſte, & vous ne
prouuez par tout l'obſcurité & l'ambiguité de Saint Auguſtin, que par des raiſonnemens obſcurs, equiuoques &
ambigus. Et ſi S. Proſper non pas en ſon Epiſtre à S. Auguſtin, mais en ſes autres œuures, accuſe quelquesfois les
calomniateurs de la doctrine de ſon maiſtre, il ne les accuſe pas d'ignorer, ou de ne ſçauoir pas quelle eſtoit la
doctrine de ſon maiſtre, mais il les accuſe ſeulement de la
deguiſer & de la corrompre malicieuſement, *voyez vous* [a]
ie vous prie, dit Saint Proſper, *combien ce diſcours eſt different*
de celuy qu'auoit formé la malignité des mediſans, qui auec des

[a] *En la reſp. aux Gaꝰ*
noſt. hap 7. Vide tis
ne obſecro quan-
tum diſtet hic ſer-

expressions trompeuses & affectées, ont tasché de peruertir ce qu'il auoit bien dit: Et cette audace d'alterer & de corrompre ma-licieusement la Theologie de S. Augustin & de ses disci-ples, a enfanté le monstre, qui n'a iamais esté que dans l'i-magination de ses fabricateurs; ie veux dire l'heresie Pre-destinatienne, qui est vn vilain masque que l'on auoit mis sur le visage de la doctrine Catholique touchant la prede-stination. Mais comme mon Censeur est difficile, non pas à vaincre, car il est si foible, mais à conuaincre, car il est si amoureux de ses opinions; il est necessaire de le pres-ser icy plus estroitement encore pour acheuer, s'il est pos-sible, de le persuader.

Parlez donc mon Censeur, si en la matiere de la Grace les expressions de S. Augustin, eussent esté si obscures & si noires, que les Marseillois, & les Semi-Pelagiens vos amis secrets n'eussent pû les entendre: comment le Con-cile d'Orenge auroit-il pû se seruir des propres expres-sions de S. Augustin pour condamner les Marseillois & les autres Semi-Pelagiens? Prononce-t'on vn arrest à vn criminel en des termes qu'il n'entende point? si ce n'est peut-estre que vous prononciez vous-mesme auec vne authorité magistrale & absoluë, que les mesmes mots qui estoient obscurs dans la bouche, ou dans les liures de Sainct Augustin, estoient clairs & rayonnans dans les Canons du Concile d'Orange, ou dans la bouche de Ce-sarius, qui estoit si fidel & si zelé defenseur de Sainct Au-gustin, & qui a presidé à ce Concile en la personne d'vn sien Legat.

CHAPITRE VI.

Que ce seroit vne folie de dire absolument, qu'il faut expliquer sainct Augustin par le Concile d'Orange, & non le Concile d'Orange par sainct Augustin ; puisque les mesmes expressions qui se trouuent toutes nües dans ce Concile, se trouuent en sainct Augustin accompagnées de plusieurs circonstances qui peuuent seruir à les expliquer.

Voyez donc comment vous dites de si bonne grace, ou plustost comment vous ordonnez & nous commandez de croire sur vostre parole, qu'il faut expliquer S. Augustin par le Concile d'Orange, & non le Concile d'Orange par S. Augustin, qui estoit mort long temps deuant la tenuë de ce Concile: car à vostre aduis, cette raison toute grossiere, & toutepuerile qu'elle est, doit nous conuaincre absolûment? Mais ie ne crains pas de me rebeller contre le Roy de la litterature humaine; & ie vous soustiens fortement, auec le respect que ie vous dois, mon cher Censeur, que tout homme sage doit interpreter le Concile d'Orange par S. Augustin, & non S. Augustin par le Concile d'Orange, puisque les mesmes termes qui se trouuent tous simples, & tous nuds dãs le Concile d'Orange, se trouuët en S. Augustin, ornez & reuestus de toutes les lumieres qui peuuent nous seruir à les expliquer, ou a les entendre plus euidemment & plus profondement. Par exemple: car ie ne veux pas m'euaporer en pensées vagues & generales comme vous faites: mais vous faire voir sensiblement les choses, & vous les faire toucher au doigt en particulier & en detail, ce Canon du Concile d'Orange, [a] *Dieu nous aime tels que nous deuons estre par son don, & non par nostre merite*, n'est-il pas tiré proprement de l'Epistre de Saint Augustin à Sixte où il est dit plus amplement & plus particulierement encore [b] *Dieu qu'aimoit-il en Iacob deuant qu'il*

[a] Can. 11. tales nos amat Deus, quales futuri sumus ipsius dono, non quales sumus nostro merito.

[b] Epist. 105. quid.

enim diligebat in Iacob antequā natus feciſſet aliquid boni, niſi gratuitū miſericordiæ ſuæ donum ? & quid oderat in Eſaü antequam feciſſet aliquid mali, niſi originale peccatum? nam neque in illo diligeret iuſtitiam, quam nullam illæ fecerat, neque in iſto odiſſet naturam, quam bonam ipſe perfecerat.

a *Là meſme*, Fides orat quæ data eſt non oranti quę vtique niſi data eſſet, orare non poſſet.

b Can 20. Multa in homine bona fiunt, quę ron facit homo, nulla verò facit homo bona quę non Deus pręſtet vt faciat homo.

c *hep. 9.* Quare hoc? niſi quiain vno ipſorum cooperatur homini facienti, alterum ſoius facit, quapropter multa Deus facit in homine bona, quæ non facit homo, nulla verò facit homo, quæ non facit Deus, vt faciat homo,

fuſt né & qu'il euſt fait aucun bien, ſi ce n'eſt le don gratuit de ſa miſericorde? & que hayſſoit-il en Eſaü deuant qu'il euſt fait aucun mal, ſi ce n'eſt le peché originel? Car en celuy-là Dieu ne pouuoit pas aymer la Iuſtice, puis qu'il n'en auoit fait aucune, & il ne pouuoit pas hayr la Nature qu'il auoit creée bonne. Si donc nous deſirons ſçauoir quel eſt le vray ſens de ce Canon, ou quelle eſt la nature de ce don qui nous rēd aymables à celuy qui nous le donne, pouuons-nous mieux l'apprendre que par vne eſtude exacte de la meſme Epiſtre de S. Auguſtin à Sixte, où nous verrons que ce precieux don eſt celuy de la Foy, & où nous verrons que ce don de la foy n'eſt pas donné à tous, & qu'il eſt tellement le principe de la priere qu'il fait efficacement prier tous ceux qui l'ont, & que ceux qui ne l'ont pas, non ſeulement ne prient point, mais ne peuuent prier? a *La foy*, dit-il, *qui a eſté donnée à celuy qui ne prioit pas, prie, & celuy-là meſme ne pourroit prier ſi elle ne luy auoit eſté donnée.* Ce Canon b du Cōcile d'Orange, *Beaucoup de biens ſe font en l'homme que l'homme ne faiſ point, mais l'homme ne fait point de biens que Dieu ne faſſe faire à l'homme,* N'a-il pas eſté pris mot à mot du ſecond Liure de S. Auguſtin au Pape c Boniface, où ce Pere dit plus amplement & plus particulierement : *En l'vn de ces biens, Dieu coopere auec l'homme qui le fait, & Dieu fait l'autre ſeul : c'eſt pourquoy Dieu fait en l'homme pluſieurs biens que l'homme ne fait pas, mais l'homme n'en fait aucun que Dieu ne faſſe faire à l'homme.* Si donc nous deſirons apprendre quel eſt le vray ſens de ce Canon, & ſçauoir qui l'entend mieux ou de Molina, ou de Vega, qui diſputent là deſſus : Pouuons-nous faire plus ſagement que de recourir au meſme liure de Sainct Auguſtin à Boniface, où ce Pere explique ſi ſoigneuſement comment Dieu fait ſans nous ou auec nous? tous les biens qu'il fait en nous, & ſi l'on demandoit ſi par ce mot de *bien*, le Concile d'Orenge a entendu meſme la ſimple affection & le ſimple deſir du bien, pourroit-on reſoudre plus certainement cette queſtion, qu'en recourant au meſme lieu de Sainct Auguſtin, où nous verrions qu'il adjouſte immediatement aux mots que nous auons citez de luy, & que le Concile d'Orenge a reduits en canon, 2 *Si la cupidité du bien n'estoit pas vn bien, l'homme ne la receuroit point de Dieu: mais si elle est vn bien, elle ne peut nous estre donnée que par celuy qui est bon souuerainement & immuablement?* Ce canon du Concile d'Orange, b *C'est la cupidité mondaine qui fait la force des gentils, & c'est la charité de de Dieu respanduë en nos cœurs, non par le franc-arbitre de la volonté: mais par le S. Esprit qui nous a esté donné, aucun merite ne preuenant la grace, qui fait la force des Chestiens,* n'a t'il pas esté pris du liure de la patience, & du premier liure de l'œuure imparfait de S. Augustin où ce Pere dit. c *Escoutez donc & entendez la cupidité mondaine fait la force des gentils, & la charité de Dieu respanduë dans nos cœurs non par le franc-arbitre de la volonté qui est de nous: mais par le S. Esprit qui nous a esté donné, fait la force des Chrestiens?* Si donc nous desirons sçauoir quelle est l'intelligence de ce canon, & de cette sentence de saint Augustin, & si on demande si saint Augustin lors qu'il l'a prononcée a eu dessein de nous enseigner que toutes les œuures des infideles sont pechez; en recourant à la source, c'est à dire au lieu dans lequel le Concile d'Orâge a puisé cette maxime, on verra que c'est proprement ce que ce Pere a voulu dire; on trouuera là que Iulien voulant monstrer qu'il n'y a point d'action ou d'œuure si parfaite que les infideles ne pûissent faire par leur franc-arbitre; allegue pour prouuer cette impieté qu'il n'y auoit point de peines, que les infideles n'ayent endurées aussi bien que les Chrestiens pour l'amour de la vertu: mais en mesme temps on trouuera que S. Augustin pour nous faire voir que les œuures des Payens les plus éclatantes, ne laissoient pas d'estre mauuaises à cause du Principe dont elles procedoient; respond absolument à cét heretique. Que la cupidité mondaine fait la force des Payens, & que la charité diuine répandüe dans nos cœurs par le S. Esprit fait la force des Chrestiens, que si selon S. Augustin l'action la plus noble & la plus excellente que pûssent faire les Payens, comme est celle de mourir pour le salut de leur patrie, ne laissoit pas d'estre soüillée à cause de la source dont elle prouenoit, ne s'ensuit-il pas selon le mesme Pere que toutes les œuures des Payens, pour spe-

a *La mesme,* proinde, cupiditas boni non homini à Domino esset, si bonū non esset, si autem bonum est, nonnisi ab illo nobis est, qui summè atque incommutabiliter bonus est.

b *Can.* 17. fortitudinem gentilium mundana cupiditas, fortitudinem] Christianorum Dei charitas facit, quę diffusa est in cordibus nostris non per voluntatis arbitriū, sed per spiritū sanctum, qui datus est nobis, nullis meritis gratiæ precedentibus; *mais le R. P. Sirmond rapporte ces derniers mots.* nullis meritis *&c. au canon suiuant, ce qui toutesfois n'importe pas au fond.*

c *Liu.* 1 *de l'œuure imparf. c.* 71. audite ergo & intelligite, fortitudinem gentilium mundana cupiditas, fortitudinem autem Christianorum Dei charitas facit, quæ diffusa est in cordibus nostris, non per voluntatis arbitrium quod est à nobis, sed per spiritum sanctum, qui datus est nobis.

cieuſes qu'elles fuſſent eſtoiént, impures, comme naiſſant toutes de la racine immonde de la cupidité. Enfin le cinquieſme, le ſixieſme & le ſeptieſme Canõ du Concile d'Orãge dans leſquels eſt condãnée l'Hereſie Semipelagienne, qui vouloit que le cõmencement du bien vint de nous, que l'oraiſon precedaſt la grace ; que l'on pût croire pieuſémẽt par le franc-arbitre ſans vn don diuin qui nous determinaſt à croire ; ne ſont ce pas autãt de bouquets tiſſus des mots de S Auguſtin, comme de fleurs qui ne fleſtriront iamais (car il faut quelquefois reſioüir voſtre vieilleſſe, mõ Cenſeur, par la gayeté de nos expreſſions) comme on peut voir aux premiers chapitres du liure de la Predeſtination des ſaints, ou eſt enſeigné le don ſingulier & tres efficace de la foy ; au chapitre vingt-troiſieſme du liure du don de la perſeuerance, où il eſt monſtré que la grace n'eſt pas ſeulement donnée à ceux qui prient, mais qu'elle nous eſt dõnée auſſi pour nous faire efficacement prier, & au vingt-ſixieſme chapitre du liure de la grace de Chriſt, où il eſt enſeigné que l'on ne peut faire aucune œuure vrayement pieuſe, & vrayement iuſte ſans la grace du Sauueur, & ſans la charité de Dieu? ſçachez donc mon Cenſeur qu'à proprement parler le Concile d'Orange n'eſclaircit pas, ou n'interprete pas la doctrine de S Auguſtin : mais la publie & la confirme aprez l'auoir iugée ſi claire, ſi expliquée, & ſi intelligible d'elle meſme, qu'il s'eſt contenté de la rapporter, de la produire, & de la mõſtrer toute ſimple & toute nuë pour la definir, pour l'arreſter, pour l'authoriſer contre l'orgueil, le faſte, l'artifice de ceux qui auoient oſé, ou la déguiſer, ou la contredire, ou la condamner, ſoit ouuertement comme ont fait les Marſeillois, ſoit ſecrettement comme vous faites auec toute la troupe de vos Approbateurs Il faut auoüer donc que ie vous ay vne obligation tres-particuliere, mon Cenſeur, de ce que vous me renuoyez, au Reuerend Pere, Sirmond pour apprendre de luy que le vieil phantoſme du Predeſtinatianiſme eſtoit éclos *des liures de S. Auguſtin mal entendus* : c'eſt à dire, dites vous, pour aider noſtre ignorance, *mal interpretés* ; d'où vous voulez que l'on infere qu'il

n'eſt

n'est pas aisé de les entendre, & peut estre aussi que la lecture en est suspecte & dangereuse : mais afin que ie ne sois pas ingrat du charitable aduis que vous me donnez, vous trouuerez bon s'il vous plaist qu'à mõ tour ie vous renuoye au mesme Pere, & a cét homme venerable dont la reputation auroit esté sans tache, si les interests de sa compagnie ne l'auoient engagé à fauoriser le sentiment des Semipelagiẽs, au preiudice de la doctrine du S. Siege & de l'Eglise Catholique. Souuenez-vous donc que ce grand Personnage dont ie deplore le malheur bien plus iustement qu'il n'a deploré celuy de Fauste, nous auoit aduertis en son histoire Predestinatienne, & vous deuiez le sçauoir, ou ne le pas dissimuler, que dans le manuscrit de Sainct Victor on ne lisoit pas ces mots : *L'heresie des Predestinez que l'on dit auoir pris naissance des Liures d'Augustin mal-entendus*, mais seulement ceux-cy, *L'heresie des Predestinez que l'on dit auoir pris naissance d'Augustin*, & que Monsieur Pitou qui a tiré son edition du manuscrit de Sainct Victor, ayant trouué ces deux leçons dans le manuscrit de Monsieur Loisel, auoit preferé la premiere à la seconde, ayant mis *des liures d'Augustin mal-entendus*, au lieu de mettre simplement *d'Augustin*. Et le Reuerend Pere Sirmond [a] auoüe ingenuëment qu'il souhaitteroit que Monsieur Pitou ne l'eut pas fait, d'où vient qu'au deuant de l'Autheur Predestiné le mesme Pere a preferé le manuscrit de Sainct Victor à tous les autres, ayant rapporté de cette sorte le tesmoignage de Prosper : *L'heresie des Predestinez que l'on dit auoir pris naissance d'Augustin*, ce qui estant, que deuient l'argument que vous auez tiré de ces paroles, *des liures d'Augustin*, ou comme vous dites, *des termes d'Augustin mal-entendus*, pour prouuer que les ouurages de ce sainct Docteur estoient peu intelligibles ? Qui de vous ou de moy a mieux profité des enseignemens & des doctes veilles du Reuerend Pere Sirmond ? & que dois-ie accuser en cette rencontre ou vostre diligence, ou vostre memoire, ou vostre fidelité : mais enfin, vous me renuoyez à l'Escole de ce Pere, & me reprochez de n'auoir pas leu, ou bien obserué ce qu'il auoit escrit dans ses tomes des Conciles sur

G

la pretenduë secte des Predestinatiens, & sur la doctrine de Sainct Augustin qui paroissoit les fauoriser. Voicy les paroles que vous rapportez du R. Pere. *Sainct Augustin, au iugement de quelques Euesques, & de quelques autres en la Gaule, sembloit frayer la voye ou donner de la force à cette opinion absurde, par quelques sentences de quelques-uns de ses liures, tellement qu'en ce suiet ils s'opposoient puissamment à luy, bien qu'ils en fissent vne estime tres-grande en tout le reste.* Mais s'ensuit-il de là que les Euesques de la Gaule qui contredisoient Sainct Augustin ne l'entendissent point? Le Reuerend Pere Sirmond ne se sert-il pas icy des propres mots d'Hilaire en son Epistre à Sainct Augustin, où il luy parle ainsi des reprehenseurs de sa doctrine, *Ie ne dois pas taire cecy, qui est qu'ils disent, qu'excepté cette seule chose, ils admirent vostre Sainteté en toutes ses actions, & en toutes ses paroles?* Et nous auons veu neantmoins que ces Reprehenseurs du grand sainct Augustin sçauoient tres-bien quelle estoit sa doctrine, bien qu'ils ne peussent l'approuuer; mais vous n'auiez garde d'adiouster les paroles qui suiuent immediatement celles que vous auez citées du Reuerend Pere Sirmond, daignez au moins de les oüyr, puisque vous n'auez pas daigné de les escrire: *Mais au contraire, dit le Pere Sirmond, ceux qui combatoient auec Prosper pour les sentimens de sainct Augustin, blasmoient ses aduersaires, comme estans Semipelagiens, pource qu'il sembloit qu'ils donnassent trop à la Nature humaine, & Fauste n'a pas esté exempt de cette tache dans ses Liures, car c'est pour cette cause qu'ils ont esté mis par le Pape Gelase au rang des Apocryphes, & qu'Auitus de Vienne, Fulgence & plusieurs autres les ont impugnez. Au reste cette dispute qui auoit trauaillé plus de cent ans des hommes tres-saincts & tres-sçauans de part & d'autre, fut terminée enfin par le second Concile d'Orange, qui decida cette question du Franc-Arbitre & de la Grace selon les sentimens de Sainct Augustin.* Maintenant sur ces paroles du

---

a *Au 1 tom des Conc. sur l'année 475.* Cui absurdo, quia nonnullis, quorumdam librorum suorū sententiis, viam munire aut vim addere sanctus Augustinus, quorumdā in Gallia Episcoporum aliorumque Iudicio videbatur, ab illo propterea, cum in cęteris maximi facerent, vehementer hac in parte dissidebant.

b Sed plane illud tacere non debeo quod se dicant tuā sanctitatē, hoc excepto in factis & dictis omnibus admirari

c *Le R. Pere Sirmōd au mesme lieu,* At contra qui pro sancti Augustini placitis cum Prospero dimicabāt, eius aduersarios quod naturę humanę plus ęquo tribuere viderentur, vt Semipelagianos insimulabant, qua nota in his etiam libris suis Faustus non caruit, nam & à Gelasio Papā hoc nomine inter Apocryphos relati sunt, & ab Auito Viennensi, atque à Fulgentio & aliis pluribus oppugnati, cęterum graui ac diuturnę contentioni, quę sanctissimos & doctissimos vtrimque viros in Gallia centum amplius annos exercuit, finem postea tandem attulit Synodus Arausicana secunda; quę totam de Gratiā & Libero Arbitrio controuersiam, ex Sancti Augustini sententiā composuit.

Reuerend Pere Sirmond, que vous auez obmifes parce
qu'elles ne vous plaifoient point: ie ne m'arrefte pas à confiderer que le Reuerend Pere auotie que les Liures de
Faufte ont efté cenfurez par le Pape Gelafe comme conte-
nans vne herefie & vne erreur en la foy, fi ce n'eft que l'on
veüille dire que le fentiment des Semipelagiens, n'eft
pas vne erreur ou vne herefie, malgré le tefmoignage du
fiege Apoftolique & de l'Eglife Vniuerfelle qui les ont iugez & condamnez fi folemnellement. C'eft pourquoy ie
m'eftonne que le R. Pere Sirmond ait depuis efcrit que
les liures de Faufte n'auoient pas efté mis par le Pape Gelafe, entre les Liures heretiques, [a] mais feulement entre les Apocryphes, *& ceux qui ne font pas de la premiere au-*
thorité: ce font les termes de ce Pere, comme fi ce n'eftoit
pas vne mefme chofe de declarer des liures heretiques &
de les declarer Apocryphes; parce qu'ils contiennent des
erreurs en la foy, comme ceux de Faufte ont efté reprouuez de l'adueu mefme du Reuerend Pere; parce qu'ils en-
feignoient la pernicieufe erreur des Semipelagiens, qui
voulorent que les hommes fe difcernaffent eux-mefmes, &
qu'ils fuffent les arbitres, & par confequent les principaux
autheurs de leur falut: Ie ne m'arrefte pas à confiderer que
le R. P. Sirmond auoüe que les liures de Faufte n'ont pas
feulement efté notez par le Pape Gelafe, mais encore refutez par Auitus, par Fulgence, & par plufieurs autres Autheurs du mefme fiecle, comme ont fait Cefarius, Pierre
Diacre, & les Euefques d'Afrique refugiez en l'Ifle de
Sardaigne; d'où vient que [b] Bellarmin & poffeuin Iefuiftes
s'eftonnent grandement que quelques Efcriuains modernes ayent entrepris la defenfe de Faufte, comme a fait depuis peu le Reuerend pere. *I'ay voulu donner cet aduis* (dit
Bellarmin, apres auoir allegué Ado [c] de Vienne, qui dit
abfolument que ceux-là fe trompent qui veulent faire
paffer pour Catholiques les fentimens de Faufte) *à caufe*
de quelques-vns qui fouftiennent en ce temps que Faufte a efté Ca-

factus, Pelagianorum dogma deftruere conatus, in errorem labitur, vnde qui eius
Catholicos predicant, ficut Gennadius, de Viris Illuftribus fcribens, errant.

G ij

a *Sous le mot* RVAR-
DVS, *Quem Fau-
stum non ego tan-
tum, sed & Cardi-
nalis Bellarminus
mirati sumus ab eo-
dem viro (Ruardo
Tappero) alioquin
doctissimo, appella-
tum fuisse Catholi-
cum.*

tholique, *& non seulement moy*, dit Posseuin, *mais Bellarmin aussi, nous sommes estonnez que le mesme Fauste ait esté nommé Catholique par* Ruardus Tapperus, *qui d'ailleurs estoit tres-
sçauant homme.* Ie ne m'arreste pas à considerer que lorsque les Catholiques disputoient contre les Semipelagiens,
ils n'ont iamais blasmé les Semipelagiens de leur imputer
l'erreur des Predestinatiens ; ce qu'ils n'eussent pas manqué de faire s'il y eut eu des predestinatiens, ou s'il y eust
eu d'autres predestinatiens que les vrais Disciples de Saint
Augustin. On voit dans sainct prosper que les Semipelagiens faisoient contre la doctrine de sainct Augustin, les
mesmes obiections qu'on auoit accoustumé de faire contre l'heresie predestinatiëne, & sainct prosper neantmoins
a-t'il iamais dit, Vous nous calomniez, ce n'est pas nous
ny sainct Augustin, mais ce sont les predestinatiens qui
enseignent les erreurs que vous nous imputez : ce que S.
prosper auroit deu dire, & ce qu'il auroit dit tres-infailli-
blement si de son temps il y eust eu d'autres predestinatiens que les defenseurs de Sainct Augustin : d'où vient
aussi que tous ceux qui ont mis les predestinatiens au rang
des Heretiques, ont esté Marseillois & Semipelagiens,
comme Fauste, Gennadius, & les autres ennemis de la
Theologie de sainct Augustin. Et c'est pourquoy ie ne
puis m'estonner assez que le Reuerend Pere Sirmond ait
supposé, que les Marseillois & les Semipelagiens eussent
d'autres aduersaires que les Approbateurs de sainct Augustin : mais dans les paroles que i'ay rapportées du Reuerend pere, ie remarque principalement qu'il a confes-
sé que le Concile d'Orenge auoit decidé & reglé le different d'entre les Catholiques & les Semipelagiens selon les

*En son hist. Predest.
pag* 67. *Que tota
ex Augustini placi-
tis conflata est.*

sentimens de sainct Augustin : c'est à dire, comme escrit
ailleurs ce mesme pere, que ce sainct Synode estoit tout
composé des propres sentëces de S. Augustin. Ce qui estất
ainsi, ie vous demande vne seconde fois, comment le Concile d'Orenge auroit pû condamner les Semipelagiens
auec les propres phrases & les propres maximes de sainct
Augustin, si les Semipelagiens n'eussent pû les entendre,
& s'ils en eussent ignoré le sens, aussi bien qu'ils en con-

estoiēt l'authorité. Que si vous dites que les Semipelagiens n'entendoient pas quelle estoit la doctrine de sainct
Augustin, puisqu'ils l'accusoient de ruiner le franc-arbitre, & d'introduire le destin, ne voyez-vous pas qu'il s'ensuiuroit que les pelagiens mesmes n'auroient iamais sceu
ou n'auroient iamais compris quelle estoit la doctrine de
l'Eglise, parce qu'ils accusoient la doctrine de l'Eglise
d'abolir le franc-arbitre, & d'establir le destin : & de là
recueillerez-vous que la doctrine de l'Eglise estoit obscure, & peu intelligible aussi bien que celle de saint Augustin ? & en tout cecy, ie ne veux pas dire qu'en vn sens S.
Augustin ne puisse estre expliqué par le Concile d'Orenge, puisqu'il se peut faire que quelques lieux de S. Augustin ne soient pas si clairs que les Canons du Concile
d'Orange, & que ces lieux par consequent puissent estre
expliquez par les Canons de ce Concile:mais ie dis qu'absolument parlant, le Concile d'Orange doit estre expliqué par S. Augustin, puisqu'il n'y a point de phrases &
d'expressions dans le Concile d'Orange, qui ne soient
aussi dans S. Augustin, & qui n'y soient accompagnées de
beaucoup de circonstances qui les éclaircissent, au lieu
qu'elles paroissent toutes despouillées, & toutes simples
dans le Concile d'Orange, qui les a puisées au fond des ouurages de S. Augustin,& les en a tirées côme vne eau de sa
source, vn fruict de son arbre, & vn rocher de sa carriere.
Et Suares ^a vostre confrere a recōnu,& pratiqué cette ve- a *Suarez, l. 3 de au-
xil. c. 5.*
rité, en interpretant par S. Augustin le huicte Canon du
Concile d'Orange, où l'heresie Semipelagiēne est condā-
née formellemēt,parce qu'il voioit que cet excellēt Canō
auoit esté pris& recueilly exactemēt des liures de ce Pere.

Toutes ces considerations me font admirer la subtilité & la gentillesse de vostre esprit, lors que vous estallez
auec tant de pompe que les Peres du Concile d'Orange
estoient si esloignez de vouloir estre expliquez par S. Au-
gustin,qu'ils n'ont pas seulement daigné de le nommer: ^b b *Le Dissertateur
pag. 51.num ubi ap-
pellauit Augusti-
num (Synodus A-*
mais qu'auoiēt-ils besoin de le nōmer mon Censeur?estoit
ce pour donner plus d'authorité à leurs decisions parmy
les Semi-Palagiens? mais les Semi-Pelagiens estoient en-

sennemis & contempteurs de S. Augustin aussi bien que ceux que vous sçauez : & pour quelle cause leur eust-on declaré qu'on vouloit se seruir de leur aduersaire pour les condamner ? ou estoit ce pour nous faire voir qu'ils vouloient le suiure en leurs definitions ? mais pouuoient ils nous le tesmoigner plus clairement qu'en employant par tout ses propres sentences, & ses propres expressions ? Que si vous voulez l'oüir nommer, & l'oüir nômer à l'aduantage du Concile d'Orange qui l'a suiuy si exactement, escoutez le Pape Boniface, qui en confirmant ce Concile parle en cette sorte ª , *Puis que l'on fait voir que plusieurs Peres, & par dessus tous Augustin Euesque d'heureuse memoire, & aussi nos predecesseurs les Prelats du siege Apostolique, ont parlé de ce suiet si copieusement & si amplement, que personne ne deuroit plus douter que la foy mesme ne nous vint de la grace, nous auons pensé qu'il n'estoit pas besoin de nous estendre en nostre response :* Voyez-vous, mon Censeur, comment ce Pape dit que les anciens Peres, & par dessus tous Saint Augustin auoient euidemment monstré que la foy Chrestienne estoit vn don de Dieu, & que par consequent le Concile d'Orange ne s'estoit pas assemblé pour interpreter leur sentiment, mais pour le définir, & pour le publier ? Toutesfois il ne faut rien obmettre de la force de vos preuues, tout y est precieux & inuincible, comme il vous a plû de nous le declarer vous-mesme : Vous obseruez donc iudicieusement que le Concile d'Orange ne dit pas en sa preface qu'il a dessein de prendre ses Canons de S. Augustin, mais des Peres, sans en designer aucun particulierement. Certes ie ne veux pas vous alleguer icy, qu'en consideration d'vn mesme Esprit saint qui habite dans les Peres, & qui les fait tous vn seul homme deuant Dieu, par la concorde de leur charité, & de leurs sentimens ; on dit pour l'ordinaire que l'on prouue par les Peres ce que l'on ne prouue quelquefois que par vn seul ; comme on dit bien souuent que les Conciles & les Papes ont definy ce qu'vn seul Concile, ou vn seul Pape a definy. Ie me contenteray de vous aduertir que vous deuiez sçauoir aussi bien que moy, qui ne suis rien au prix de vous, que le Con-

cile d'Orange n'a pas tiré tous ses Canons immediatement de S. Augustin; mais aussi de S. Prosper, qui les auoit
puisez luy-mesme dans S. Augustin, & qu'ainsi l'on peut dire que le Concile d'Orange les auoit pris des Peres; bien
qu'il les eut tous pris originairemēt d'vn seul S. Augustin.
Par exemple, ce Canon du Concile d'Oran-
ge [a], *Le salaire est deub aux bonnes œuures, si on en fait; mais
la grace qui n'est pas deuë precede, afin que l'on en fasse*, est vn
Canon que le Concile d'Orange à pris du liure des [b] Sentences de S. Prosper, mais que S. Prosper luy-mesme auoit
pris auparauant de l'œuure imparfait de S. Augustin, ou
ce Pere dit [c] : *Certes quant à ces œuures, le salaire leur est imputé selon la debte, car le salaire leur est deub si l'on en fait; mais
la grace qui n'est pas deuë, precede afin que l'on en fasse.*

Mais en fin que voulez-vous dire, mon Censeur, pensez-
vous pouuoir nous éblouïr, ou nous surprendre auec l'artifice de vos argumens, les Canons du Concile d'Orange,
n'ōt-ils pas esté faits des Chapitres que le S. siege luy auoit
ennoyez? & ce Concile ne sçauoit-il pas que le S. siege les
auoit tirez de S. Augustin ? Ie n'en veux pas d'auantage
pour monstrer que le Concile d'Orange, qui est tout pris
de S. Augustin, doit estre expliqué par S. Augustin, comme il est certain que l'extrait d'vn liure doit estre expliqué
par le liure mesme duquel on l'a tiré ; Et pour vous conuaincre icy par vn exemple familier, ou plustost par vostre propre exemple, dites-moy, mon Censeur, si on
vouloit vous bien entendre lors que vous auoüez [b] que
vos aduersaires sçauent parler leur langue naturelle,
& que vous vous plaignez tacitement vous-mesme,
comme si vous ne le sçauiez pas, & que vous employez ces paroles si coulantes pour vous expliquer en
bon Latin, par faute de bon François, *expeditam & pro-
fluentem celeritatem*, ne faudroit-il pas auoir recours au Bru-
tus de Ciceron d'où vous les auez prises ? dauantage si
quelqu'vn de vos Escolliers vouloit expliquer cette belle
Phrase qui finit & Couronne vostre lettre à vostre amy,
vale & me sicuti facis, amare perge, faudroit-il qu'il eust recours aux Epistres de S. Paul qui finissent tout autrement,
& pour l'ordinaire auec ces paroles, *la grace & la paix de*

[a] *Can.* 18. debetur merces bonis ope-ribus, si fiant, sed gratia quę non de-betur, precedit vt fiant.

[b] *Sentence* 297.

[c] *Liu.* 1. *ch.* 19t. his certe operibus merces imputatur secūdum debitum, debetur enim mer-ces, si fiant, sed gra-tia quæ non debe-tur, præcedit vt fiāt: debetur inquam bona merces ope-ribus hominum bo-nis, sed non debe-tur gratia quæ ipsos bonos homines o-peratur ex malis.

[b] *En L'Epistre à vn amy.*

noftre Seigneur Iefus-Chrift foit auec vous ? où plutoft ne deuroit-il pas auoir recours aux Epiftres de Ciceron, def-
quelles vous auez pris la conclufion de voftre lettre ? & ne
verroit-il pas là qu'elles veulët dire *portez, vous bien & continuez de m'aimer comme vous faites :* mais d'vn amour profane tel qu'eftoit celuy des infideles, comme on verroit que
celles de S. Paul, *la grace & la paix de Iefus-Chrift foient auec
vous,* fignifient proprement que la paix de l'ame, & la charité diuine qui nous eft refpanduë par le S. Efprit, doiuent
toufiours eftre auec nous.

Mais pour vous traitter plus ferieufement, bien qu'à dire
vray, vous ne le meritiez gueres, le R. Pere Petau [a] n'a-
uoüe-t'il pas luy mefme, que l'on peut expliquer decifiue-
ment par S. Auguftin le canon du Concile de Trente, où
il eft dit que *l'on peut diffentir à la grace fi l'on veut,* parce dit-
il qu'en ce lieu là le Cöcile emprunte de ce pere, aprez les
Efcritures faintes *la forme de croire & la regle de parler.* Toutefois reuenons mon Cenfeur, il faut vous ouyr tonner vos
propres paroles, comme vn ancien Orateur difoit de fon
riual, & voir en mefme temps combien eft redoutable
tout ce que vous auez dit, & tout ce que vous auez penfé
fur vn fuiet de cette importance : voicy l'explication de
voftre Latin fi fouuent bigarré de Grec. [b] C'eft ce que nous
*auions à dire en general contre l'inftance de l'Abbé, quant aux
exemples qu'il a rapportez, il y a plufieurs chofes mal raifonnées
que ie reprefenteray briefuement : feroit-ce vn grand crime auprez de vous que de mal raifonner ? Ne voulez vous pas
qu'on vous imite ? Il dit que le Concile d'Orange a deployé
auec les fentences de S. Auguftin, ce qu'il a publié dans fes canons
touchant la grace, & il le prouue par l'authorité du R. Pere Sirmond qui fait cette remarque fur le Concile d'Arles, enuiron l'année quatre cens feptente cinq. Au refte cette longue & forte con-
teftation qui a trauaillé dans la Gaule, plus de cent années des
hommes tres-doctes & tres-faints depart & d'autre, a efté terminée enfin par le Concile d'Orange, qui decida toute cette queftion
touchant la grace & le franc-arbitre felon les fentences de S. Auguftin : quoy donc S. Auguftin fera-t'il l'Interprete du Concile d'O-
range, & pourquoy plutoft le Concile d'Orange ne le feroit-il pas*
de S.

a tom. 3. *des Dogmes
liu.* 4. *de l'œuure des*
6. *Iours* c. 3. §. 8. & 9.

b *Le differtateur pag.*
48. hæc vniuerfé
contra abbatis,
ἐπίϛασιν
In exemplis porro
quæ attulit com-
plura funt,
ἀσυλλόγιϛα
quę paucis exequar,
Arauficanam ait
fynodum, Auguftini
fententiis explanaf-
fe, quæ de gratia
canonibus fuis edi-
dit, idque autho-
re probat R. P. Sir-
mondo, qui ad Are-
latenfe Concilium
circa annum 475
hoc obferuat ; cæ-
terum graui ac diu-
rurnæ contentioni,

de S. Augustin ? vous éstes vn pauure homme mon Censeur: Nous auons desia monstré que le Concile d'Orange doit estre expliqué par S. Augustin, parce que ce qui ne se trouue qu'en abregé dans le Concile d'Orange, se trouue tout du long dans S. Augustin. Vous adioustez. [a] *Car la raison mesme nous enseigne que celuy-là doit estre l'Interprete de S. Augustin qui decide vn different qui est né touchant l'opinion de S. Augustin.* Vous supposez faux mon Censeur: nous auons veu que le Concile d'Orange ne s'est pas assemblé pour interpreter, ou pour éclaircir la doctrine de S. Augustin: mais pour la confirmer & pour la publier. Car le Concile d'Orange s'estant seruy par tout des propres expressions de S. Augustin, Il faudroit dire qu'elles sont claires dans le Concile d'Orange, & qu'elles sont obscures dans S. Augustin; C'est pourquoy vous adioustez inutilement cette pensée rare & extraordinaire, [b] *toutes les fois que nous disputons auec les Heretiques, de quelque point de foy que nous essayons de iustifier par le tesmoignage de l'ecriture, ce que nous faisons ordinairemét aprez auoir cité les mots de l'Escriture, est de sousteuir qu'il faut les entendre de la mesme sorte que l'Eglise Catholique les entend: ce qui est proprement interpreter l'escriture; & c'est là vrayement ce que le Concile d'Orange eut alors dessein de faire touchant S. Augustin.* Ie vous réponds mon Censeur auec les mots solennels de Fauste que vous nous allez maintenant produire, *non ita est,* Il n'est pas ainsi, [c] *Ce que l'Autheur de la Lettre,* adioustez-vous, *eut pû apprendre de l'obseruation du Pere Sirmond, où il enseigne que le Synode d'Arles, duquel Fauste Euesque de Riez à fait mention, s'estoit assemblé contre l'heresie des Predestinatiens.* Nous auons veu que cette heresie pretenduë estoit l'opinion de sainct Augustin ; que vostre Fauste qui la combatoit, auoit esté combatu luy mesme par les Peres Orthodoxes, & censuré par le sainct siege : par où l'on peut iuger quelle estime l'on doit faire de vostre precieux & bien-aimé Concile d'Arles qui a authorisé les sentimens de Fauste ; si Fauste toutesfois ne l'a supposé par vne fraude digne de cet esprit fin

larensem, cuius Faustus Reiensis Episcopus meminit contra Prædestinatianorum Hæresim , Collectam fuisse docet.

H

quæ sanctissimos, &doctissimos vtrinque viros in G llia centum amplius annos exercuit; finé postea tandem attulit synodus Arausiana secunda , que totam de gratia & libero arbitrio controuersiam, ex Augustini sententia composuit. Ergone interpres erit Augustinus Aransicani Concilij , qui potius quam Arausicanum Concilium Augustini ?

a Hoc enim ratio ipsa dictat vt qui ex Augustino, controuersiam aliquam decidit prçsertim de Augustini ortam sententia, is Augustinum interpretari dicatur.

b Non enim aliter vsuuenit , quoties cum hæreticis de dogmate aliquo contendimus, quod scriptura teste asseuerare nitimur, quâ vt eius allatis verbis ea sic intelligenda esse pugnemus, quomodo Catholica sentit Ecclesia, quod ipsum est interpretari scripturam , ld ipsunt Arausicana tum synodus in Augustino instituit facere.

c Quod Epistolæ scriptor ex eadem illa patris Sirmondi animaduersione discere poterat in qua Synodum Arelarensem Hæresim , Colle-

a Quæ hæresis ex Augustini verbis male intellectis, initium sumpsisse dicitur, quod idem est ac male interpretatis.

Voyez le Latin cy-deſſus.

& artificieux dont les Peres l'ont blasmé, *a laquelle heresie, adioustez-vous, est dite auoir pris naissance des mots d'Augustin mal entendus*, ce qui veut dire *mal interpretez*. Il n'y a point *des mots*, mais *des liures*, surquoy neantmoins ie ne veux pas vous inquieter: mais ie dis seulement que ces paroles, *des mots d'Augustin mal entendus*, ne se lisent point dans le manuscript de sainct Victor, qui est le plus correct de tous, selon le iugemēt du Reuerend Pere Sirmond. Continuez, mon Censeur, *& de vray, comme le Pere Sirmond l'a obserué là mesme, sainct Augustin selon l'aduis de plusieurs Euesques en la Gaule & de plusieurs autres, sembloit fauoriser ou fortifier cette opinion absurde, de maniere que pour cette cause ils luy estoiēt grādement contraires en ce suiet, bien qu'ils l'estimassent extrémement en tout le reste.* Nous auons veu que ces Gaulois qui estoient si contraires à l'opinion de sainct Augustin ne l'ignoroiēt pas, comme s'il eust esté mal-aisé de sçauoir quelle elle estoit; mais la rejettoient comme vne opinion qui ne s'accordoit pas auec leurs preiugez ainsi que parle S. Prosper; & c'est pour cela, mon Censeur que vous me faites vne pitié si grande quand vous adioustez auec tant de faste & auec tant de propre complaisance, *b Si l'Abbé consideroit soigneusement ces choses, il ne prendroit iamais sainct Augustin pour Interprete du Concile d'Orange, puisque la doctrine contenuë dans les liures de ce Pere estoit si ambiguë, que de tres-saincts Euesques des Gaules la tenoient suspecte d'vne erreur impie & detestable, duquel soupçon le Concile d'Orange ne l'a lauée & entierement exemptée qu'en l'interpretant, & ainsi le Concile d'Orange n'a pas pris sainct Augustin pour Interprete de ses Decrets; mais plustost s'est rendu luy-mesme l'Interprete de sainct Augustin.* Vous heurtez tousiours contre le mesme écueil, & vous supposez tousiours faussement ou vous feignez artificieusement que l'on doutoit quelle estoit la doctrine de sainct Augustin, au lieu de dire qu'on la desauoüoit, comme paroissant trop dure, quoy qu'on sceust tres-bien quelle elle estoit. Poursuiuez, mon Censeur? *Que dirons-nous de ce que les Peres du Concile d'Orange declarent en leur Preface qu'en cette matiere principalement leurs Decrets leur auoiēt esté fournis par les anciens Peres, de certains liures des Escritures, afin qu'ō arrestast la foy Ca-*

b Hæc si benè apud se Abbas expenderet nunquam Arausicani Concilij interpretem faceret Augustinum, cuius adeo esset ambigua librorum sentētia. vt ab eruditissimis ac sanctissimis Galliarum Episcopis, in suspicionem adduceretur erroris impij ac nefarij, quæ quidem nec alio sanè modo, quam interpretando procul ab Augustino depulit Arausicana synodus, atque ita non interpretem Decretorū suorum adhibuit Augustinum; sed pro huius illa potius interprete se gessit. Quidquod in præfatione ipsa synodi Arausicanæ, Patres Decreta sua ab antiquis Patribus de

tholique touchant la Grace & le Franc-Arbitre. Le Concile a-t'il nommé quelque part sainct Augustin, qu'il eust deu mesme nommer seul s'il eust voulu le prendre pour son Interprete? Nous auons veu qu'il eust esté vain & superflu de nommer sainct Augustin, & il est encore plus vain de dire qu'on deuoit le nommer, puisque son visage estoit comme empraint dans tous les Decrets que les Peres du Concile auoient pris de ses sentimens, [a] comme Tertullien dit que les Epistres de sainct Paul qui estoient conseruées par les peuples ausquels il les auoit escrites, representoient la face & la majesté de ce diuin Apostre? Acheuez mon Censeur.

[b] *Or le Concile d'Orange designe les anciens Peres & les liures diuins, des sentences desquels il auoit formé ses Canons. Donc selon la pointe de l'Epistre, les anciens Peres & les Escritures Stes seront les Interpretes du Concile d'Orange, ce qui sans doute est par trop obtus & émoussé.* prenez garde mon Censeur, que vous ne deueniez vous-mesmes trop obtus & émoussé. Les Peres que le Concile allegue sont S. Augustin & sainct Prosper, citant sainct Augustin, où ramassant les sentimens de sainct Augustin, comme nous l'auons monstré: les Escritures sainctes dont le Concile parle, sont des lieux de l'Escriture alleguez mille fois par sainct Augustin, & inserez dans les propres sentences que le Concile d'Orange prend de luy pour en faire ses Canons: & s'il arriue apres cela que le sens de ces Canons soit controuersé, vous oserez nier qu'il faille recourir aux œuures de sainct Augustin, où ces Canons se trouuent en paroles expresses, accompagnez d'vne infinité de raisonnemens puissans pour les expliquer, & où les lieux mesmes de l'Escriture saincte qui sont contenus dans ces Canons, se trouuent épluchez, pesez & examinez auec vn soin si exact, vn iugement si fort & des expressions si viues & si emphatiques, qu'il faudroit estre plus obtus & plus hebeté que la stupidité mesme pour n'en pas comprendre la clarté.

Par exemple, le Concile d'Orange dans son Canon huictiéme ayant allegué tout à la fin ces deux lieux de l'Escriture, dont l'vn est, *sans moy vous ne pouuez rien faire*, & l'au-

certis scripturarum voluminibus in hac præcipuè causa collata esse profitentur, vt de gratia & Libero Arbitrio fides Catholica sanciretur; nuncubi appellauit &c.

a *Tertul. au liu. des Proscriptions.*

b Nunc & Patres antiquos & scripturas designat quorū è sententiis Canones suos composuit, igitur vt est acumen Epistolæ interpretes erunt antiqui Patres, nec non scripturæ sacræ, Arausicani Concilij quod profecto nimis est obtusum.

tre est; *Nous ne sommes pas capables de penser quelque chose de*
nous-mesmes comme de nous-mesmes , mais toute nostre suffisance
vient de Dieu. D'où le Concile d'Orange infere apres
sainct Augustin, qu'on ne peut consentir à la parole de l'E-
uangile sans estre illuminé de Dieu. Si quelques Heretiques ou quelques nouueaux Semipelagiens , comme sont
les Sociniens & les Ariminiens , nous contestoient le sens
de ces deux passages de l'Escriture, & pretendoient que le
Concile d'Orange en a mal inferé , que la Foy Chrestienne estoit vn don de Dieu , ne pourroit-on pas éclaircir le
sens de ces passages en recourant au second liure de S. Augustin au Pape Boniface, chap. 8ᵉ. où ce Pere déploye auec
tnat de force & de lumiere l'intelligence de ces deux sentences , qu'il faut estre obstiné ou stupide au dernier
poinct pour n'en pas estre persuadé. *Le Seigneur,* dit-il *,*
pour respondre à Pelagius qui deuoit venir , ne dit pas , Sans moy
vous pouuez difficilement faire quelque chose : (A quoy nous
pourrions adiouster , mon Censeur, que le Fils de Dieu
sçauoit que vous deuiez venir aussi , vous qui osez expliquer ces mesmes paroles , *Sans moy vous ne pouuez rien faire,*
d'vne grande difficulté qu'on appelle vne impossibilité
morale, & non d'vne simple impossibilité.) *Et pour respondre*
encore à ceux-cy dans vne mesme maxime Euangelique , il ne dit
pas, Sans moy vous ne pouuez parfaire , mais faire : Car s'il eust
dit , parfaire , ceux-cy pourroient dire que le secours de Dieu n'est
pas necessaire pour commencer le bien qui est de nous , mais (seule-
ment) pour le parfaire? mais qu'ils entendent aussi l'Apostre : car
le Seigneur disant , Sans moy vous ne pouuez rien faire , comprend
la fin & le commencement dans cette parole seule : mais l'Apostre
comme estant l'Interprete du Seigneur , a distingué l'vn & l'au-
tre plus ouuertement. (Voyez, mon Censeur, comment l'A-
postre explique le Sauueur, & comment sainct Augustin
explique l'vn & l'autre.) *Parce que celuy qui a commencé en*
vous la bonne œuure, l'accomplira iusques au iour de Iesus-Christ ,
or dans les Escritures Sainctes & dans le mesme Apostre , nous
trouuons encore plus que ce que nous pretendons icy : car nous par-
lons maintenant du desir du bien , & s'ils veulent que ce desir com-
mence par nous-mesmes , & qu'il soit accomply par le Seigneur

qu'ils penſent à ce qu'ils auront à reſpondre à l'Apoſtre, quand il
dit, nous ne ſommes pas capables de penſer quelque choſe comme
de nous-meſmes, mais toute noſtre ſuffiſance vient de Dieu, il dit
penſer quelque choſe, c'eſt à dire quelque choſe de bon : or penſer eſt
moins que deſirer, parce que nous penſons tout ce que nous deſirons,
mais toutesfois nous ne deſirons pas tout ce que nous penſons, parce que quelquefois nous penſons ce que nous ne deſirons point. Et
en vn autre lieu, pour appliquer ces paroles à la foy, &
& pour prouuer par elles que la foy eſt vn don de Dieu,
l'Apoſtre, dit-il, voulant recommander cette grace qui n'eſt point
donnee ſelon quelques merites, mais qui fait tous les bons merites,
dit, Nous ne ſommes pas capables de penſer quelque choſe comme
de nous-meſmes, mais noſtre ſuffiſance vient de Dieu. Que ceux-là
ſoient attentifs icy, & peſent ces paroles qui eſtiment que le commencement de la foy vient de nous, & que le ſupplemet, ou que l'accroiſ-
ſance de la foy vient de Dieu : car y a-t'il perſonne qui ne voye qu'il
faut penſer auant que de croire, puiſque perſonne ne croit quelque
choſe s'il n'a premierement penſé qu'il faut la croire : car encore
que quelques penſées deuancent premierement & rapidement la
volonté de croire, & qu'elle ſuiue incontinent de ſorte qu'elle ne
ſemble pas en eſtre ſeparee, il eſt neceſſaire neantmoins que toutes
les choſes que l'on croit ſoient creuës, par vne penſee preuenante,
bien que le croire meſme ne ſoit autre choſe que penſer en conſentant, car tous ceux qui penſent ne croient pas, puis que pluſieurs
penſent à deſſein de ne croire pas : mais tous ceux qui croient penſent, ils penſent en croyant, & croyent en penſant. Pour ce qui
appartient donc à la religion & à la pieté dont parloit l'Apoſtre,
ſi nous ne ſommes point capables de penſer quelque choſe, comme
de nous-meſmes, mais ſi noſtre ſuffiſance vient de Dieu, ſans doute nous ne ſommes point capables de croire quelque choſe comme de
nous-meſmes, ce que nous ne pouuons faire ſans penſer, mais noſtre
ſuffiſance par laquelle nous commençons à croire vient de Dieu,
Et partant comme perſonne ne ſuffit à ſoy-meſme pour commencer,
ou pour accomplir quelque bonne œuure que ce ſoit, ce que ces Freres, comme nous l'apprenons de vos eſcrits, auoüent eſtre vray,
entant que dans le commencement & dans la perfection de chaque bonne œuure, noſtre ſuffiſance vient de Dieu, ainſi perſonne
ne ſuffit à luy-meſme pour commencer la foy, ou pour la perfection-

Au liu. de la Pred.
des Saints ch. 2.

H iij

ner ; mais noſtre ſuffiſance vient de Dieu ; parce que la foy eſt nul-
le ſi elle n'eſt penſee, or nous ne ſommes point capables de penſer
quelque choſe comme de nous meſmes , mais noſtre ſuffiſance vient
de Dieu. Oſeriez-vous donc dire, mon Cenſeur , que ces
deux paſſages de l'Eſcriture ſaincte ſont plus clairs dans
l'Eſcriture ſainte , ou dans le Concile d'Orange que dans
S. Auguſtin , pour faire voir que la foy Chreſtienne eſt vn
don de Dieu ? & ne comprendrez-vous pas en fin que le
Concile d'Orange doit eſtre expliqué par S. Auguſtin,
parce que le Concile eſt tout compoſé des propres phraſes de S. Auguſtin, & des lieux de l'Eſcriture, qui ſe voyent
expoſez d'vne maniere merueilleuſe dans les liures de S.
Auguſtin ? Ouurez les yeux ſi vous en auez , ou gueriſſez-
les s'ils ſont malades ? N'ay-ie pas eu raiſon de dire que ſi
l'on diſpute de l'explication du Concile d'Orange , on
doit la regler par S. Auguſtin, qui tout mort qu'il eſtoit,
n'a pas laiſſé d'en eſtre l'Architecte par l'eſprit immortel,
qui regne , & regnera perpetuellement dans ſes ouurages?
& n'ay-ie pas conclud de là raiſonnablement que le Concile de Trente qui emprunte ſes Canons de S. Auguſtin,
auſſi bien que celuy d'Orange , deuoit eſtre expliqué par
S. Auguſtin , bien qu'il fut poſterieur à ſainct Auguſtin,
comme le Concile d'Orange l'a eſté?

CHAPITRE VIII.

Impoſture du Diſſertateur , touchant la comparaiſon que
l'Autheur de la Lettre , fait de ſaint Athanaſe & de
ſaint Cyrille , auec ſaint Auguſtin , au regard des Con-
ciles de Nicée , d'Epheſe & de Trente.

PAr où l'on voit combien eſt ſenſée & legitimée la
cruelle plainte que vous faites de ce que ie veux,
comme vous le ſuppoſez ſubtilement, que S. Auguſtin ſoit
l'interprete du Concile de Trente, puiſque ſaint Athanaſe eſt bien l'interprete de celuy de Nicée , & ſaint Cyrille
de celuy d'Epheſe : Quand i'aurois dit cela, ie n'aurois

rien dit qui ne fut tres-raiſonnable , comme vous le verrez
tout maintenant : mais il eſt bon que i’obſerue auparauant que vous deguiſez & que vous diſſimulez ce que i’ay
dit, parce que vous n’auiez rien de iuſte à me reſpondre,
& ie n’ay pas dit ce que i’euſſe peu dire tres-legitime-
ment, que S. Auguſtin doit eſtre l’interprete du Concile
de Trente, comme ſaint Athanaſe de celuy de Nicée &
ſaint Cyrille de celuy d’Epheſe , mais i’ay dit que ie n’a-
uois pas mis ſaint Auguſtin au deſſus du Concile de Trente, comme on me l’imputoit , pour auoir dit que ſaint
Auguſtin deuoit en eſtre l’interprete ; comme on ne met
pas ſaint Athanaſe au deſſus du Concile de Nicée, ny ſaint
Cyrille au deſſus du Concile d’Epheſe, pour dire que ſaint
Athanaſe doit eſtre l’interprete du Concile de Nicée , &
ſaint Cyrille de celuy d’Epheſe. Voicy mes paroles , *& par
là peut eſtre on ſe figure que i’oſe égaler ſaint Auguſtin en authorité à ce Concile Oecumenique : mais pour preuenir vne conſequen-
ce ſi deraiſonnable & qui ne peut eſtre tirée par vn eſprit ſage &
clairuoyant comme le voſtre : comme il y a grande difference entre
la qualité de Iuge & celle d’interprete ; Ie dis qu’autant
que la qualité de Iuge eſt ſuperieure à celle d’interprete, autant le Concile , qui eſt le Iuge de ſainct Auguſtin eſt Superieur à ſainct Auguſtin qui n’en eſt que l’interprete. Et en effet,
Monſeigneur, qui ne ſçait que le Chancellier qui eſt l’interprete de
ſon Roy ne l’aiſſe pas d’eſtre ſon ſuiet ? Qui ne ſçait que le Magi-
ſtrat qui eſt l’Interprete de la Loy , ne laiſſe pas d’eſtre inferieur à
la Loy qu’il interprete ? Qui ne ſçait qu’en la matiere de la Trinité, ſainct Athanaſe qui eſt l’Interprete du Concile de Nicée ,
ne laiſſe pas d’eſtre inferieur au Concile de Nicée dont il eſt
l’Interprete ? Qui ne ſçait qu’en la matiere de l’Incarnation ,
S. Cyrille qui eſt l’interprete du Concile general d’Epheſe , ne laiſſe pas d’eſtre inferieur à ce Concile General dont il eſt l’interprete ;
comme le declare le Pape Eugene dans le Concile de Florence? Qui
ne ſçait enfin que les ſaints Peres qui ſont les Interpretes de l’Eſcriture ſainte ne laiſſent pas d’eſtre inferieur à l’Eſcriture
Sainte dont ils ſont les interpretes , & que c’eſt vne calomnie
infame des Heretiques de ce temps quand ils nous accuſent d’egaler l’authorité des Peres à celle de l’Eſcriture ſainte en ce que nous
les reconnoiſſons pour interpretes legitimes de l’Eſcriture ſainte.*

Pag. 2. de la letre.

Ce qui estant ainsi, par quelle raison peut-on pretendre que i'aye
egalé l'authorité de S. Augustin à celle du Concile, pour auoir dit
comme i'ay fait, que S. Augustin en doit estre l'interprete aux lieux,
dont le sens est disputé entre les Catholiques, en la matiere de la
grace & de la Predestination diuine. Vous m'imposez donc,
vous alterez artificieusement le sens de mes paroles voulant faire croire que i'ay dit icy, ce que ie ne dis point. Ie
n'ay point dit, & n'ay pas eu dessein de dire que S. Augustin deuoit estre l'interprete du Concile de Trente, aussi
bien que S. Athanase doit estre l'interprete du Concile de
Nicée; & S. Cyrille, de celuy d'Ephese : mais i'ay dit que
ie n'auois pas egalé ou preferé S. Augustin au Concile de
Trente, bien que ie l'en fisse l'nterprete, comme on n'a
leue pas S. Athanase au dessus du Concile de Nicée, ny
saint Cyrille au dessus du Concile d'Ephese, en disant que
saint Athanase doit estre l'interprete du Concile de Nicée, & saint Cyrile de celuy d'Ephese. Mais quand i'aurois dit ce que vous m'imputez si peu sincerement, que
le Concile de Trente doit estre expliqué par saint Augustin aux lieux contestez touchant la grace, comme le Concile de Nicée doit estre expliqué par saint Athanase, &
celuy d'Ephese par saint Cyrile; qu'aurois-je dit qui ne
fust tres-iuste & tres-raisonnable? Vous alleguez que saint
Athanase ayant assisté au Concile de Nicée, ne pouuoit
ignorer quels estoient les sentimens du Concile de Nicée,
& que par consequent il pouuoit bien nous les declarer; &
que saint Cyrille ayant assisté au Concile d'Ephese, ne
pouuoit ignorer quels estoient les sentimens du Concile
d'Ephese, & pouuoit tres bien par consequent nous les
expliquer; Ie le veux, mais ie vous demande aussi, mon
Censeur, si le Concile de Trente ne sçauoit pas bien quels
estoient les sentimens de saint Augustin touchant la grace, & s'il n'a pas voulu les suiure? s'il est donc certain qu'il
a voulu les suiure, & qu'il na pû les ignorer : quand nous
disputons du sens du Concile de Trente en la matiere de
la grace, pouuons nous le mieux entendre que par saint
Augustin, puis que le Concile de Trente, & saint Augustin ne peuuent auoir qu'vn mesme sentiment en la matiere

tiere de la grace, comme saint Athanase & le Concile de
Nicée, ne peuuent auoir qu'vn mesme sentiment en la
matiere de la Trinité, & comme saint Cyrille & le Concile d'Ephese ne peuuent auoir qu'vn mesme sentiment en
la matiere de l'Incarnation. Oüy mais, dites vous, les Epistres de saint Cyrille qui doiuent expliquer le Concile
d'Ephese, ont esté receuës par le Concile & inserées dans
ses actes. Mais les liures de saint Augustin touchant la
grace, n'ont ils pas esté approuuez aussi par l'Eglise Vniuerselle? & ne peut on pas dire qu'ils sont inserez en substance & en abregé dans le Concile de Trente, puis qu'il
est tout tissu de leurs expressions & de leurs termes?
Et saint Athanase selon vous laisse-t'il d'estre l'interprete du Concile de Nicée, bien que ses ouurages ne
soient pas inserez dãs les actes de ce Concile? Dauantage,
mon Censeur, estimez vous qu'on ne puisse interpreter
le Concile d'Ephese, par les liures de saint Cyrille qui ne
sont pas inserez dans les actes de ce Concile par celuy
qu'il addresse à Theodose, aux Reines, par ceux qu'il a
faits expressement contre Nestorius, & par son traité celebre à Euoptius.

Mais quelles sont les lettres de saint Cyrille qui sont
inserées dans les actes du Concile d'Ephese, & qui doiuent
nous seruir à l'interpreter? peut estre ne vous en souuenez
vous pas mon Censeur, puis que vous ne les designez
point, & il n'est pas estrange qu'vn homme de vostre aage
oublie quelque chose, ou ne l'ait pas tousiours preset: Ces
lettres sont deux principales, dont l'vne est escrite à Ne-
rius & l'autre aux Orientaux: celle qui est escrite à Nestorius fut faite deuant le Concile, & fut leuë à l'ouuerture & à l'entrée mesme du Concile, auec l'approbation
& auec l'applaudissement de tous les Peres. Maintenant
mon Censeur, supposez, ie vous supplie, que saint Cyrille
qui est l'Autheur de certe lette soit mort quelque temps
deuant le Concile d Ephese, eust on l'aissé pour cela de
lire sa lettre, de l'admirer & de l'approuuer dans ce Concile? Et le oncile de Florence à l'imitation du cinquiesme Concile, & le cinquiesme Concile à l'imitation de ce-

I

luy de Chalcedoine, euſſent ils laiſſé de la receuoir, & de
nous la marquer pour nous ſeruir de clef, & d'interprete
pour l'intelligence du Concile d'Epheſe ? Cependant mon
Cenſeur, ce cas eſtant poſé, cette abſurdité monſtrueuſe
que vous exaggerez ſi fort pour épouuenter les eſprits foibles ſeroit arriuée, & ſaint Cyrille non par luy meſme,
mais par ſon Epiſtre ſeroit l'Interprete d'vn Concile deuant lequel il ſeroit mort, comme ie veux ſi inconſideré-
ment que ſainct Auguſtin, non par luy-meſme, mais par
ſes eſcrits, ſoit l'Interprete du Concile de Trente, bien
qu'il ſoit mort deuant ce Concile : Mais ſainct Cyrille
n'eſcrit-il pas luy-meſme qu'il auoit inſeré dans le Concile d'Epheſe pluſieurs témoignages des anciens Peres pour
l'explication de ce Concile. Voyla donc bien des Peres
qui interpretent vn Concile, quoy qu'ils fuſſent morts
auant qu'il s'aſſemblaſt. Que ſi nous diſputions du ſens de
ces teſmoignages des ſaincts Peres que ſainct Cyrille a in-
ſerez dans le Concile d'Epheſe pour l'interpreter ; pourrions-nous mieux les entendre qu'en recourant aux ſources & aux liures tous entiers où ſainct Cyrille les a pris?
Donc le Concile de Trente ayant proteſté ſi ſolemnellement qu'il ne vouloit dire que ce qu'auoiết dit les Peres, &
ayant compoſé comme vne chaiſne de leurs teſmoignages pour en faire ſes Canons : ſi nous diſputions du ſens
des meſmes teſmoignages, pourrions-nous mieux les entendre qu'en recourant aux originaux dans leſquels ils
ils ont eſté puiſez. Par exemple, le Concile de Trente
ayant emprunté de ſainct Auguſtin cette ſentence toute
pure, a *Dieu ne nous commande pas des choſes impoſſibles, mais*
en nous commandant il nous aduertit de faire ce que nous
pouuons &c. Si nous eſtions en different ſur le ſens de ces
paroles, pourrions-nous mieux les éclaircir qu'en recourant au liure de la Nature & de la Grace, & au liure de la
perfection de la Iuſtice, deſquels elles ont eſté tirées mot
à mot ? & ne verrions-nous pas là que ſainct Auguſtin, &
apres luy par conſequent le Concile de Trente, veulent dire que les commandemens de Dieu ne ſont pas d'eux-meſmes impoſſibles, mais ſeulement par accident, & à cauſe

a *2. au liure de la Na-*
ture & de la Grace
chap 43. Non igitur
Deus impoſſibilia
iubet, ſed iubendo
admonet & facere
quod poſſis, & pe-
tere quod non poſ-
ſis.

de noſtre infirmité, *& que nous pouuons par le remede ce que nous ne pouuons par noſtre vice*, quoy que ce remede, qui eſt la grace, ne ſoit pas donné à tous. Le Concile de Trente ayant emprunté de ſainct Auguſtin cette ſentence toute pure, *Dieu ne quitte point ceux qu'il a iuſtifiez s'ils ne le quittent*, Si on recherchoit le ſens de cette maxime, pourroit-on le mieux trouuer qu'en recourant au meſme liure de la Nature & de la Grace duquel le Concile l'a tirée ? & ne verroit-on pas là que ſainct Auguſtin, & apres luy, par conſequent le Concile de Trente veulent dire que Dieu ne dénie point l'ayde de ſa grace à ceux qui perſeuerent à la demander en s'humiliant ſans ceſſe, & en attribuant à Dieu tout le bien qu'ils font, & on verroit ailleurs dans le meſme Pere, que la perſeuerance en l'humilité, & en la priere, n'eſt pas donnée meſme à tous les Iuſtifiez. Le Concile de Trente ayant emprunté de ſainct Auguſtin ces paroles ſi Chreſtiennes, *Dieu en couronnant nos œuures ne couronne pas nos merites, mais ſes dons.* Pouuons-nous mieux les entendre qu'en recourant aux liures de ſainct Auguſtin, où cette maxime eſt par tout reſpanduë & expliquée auec tant d'emphaſe & d'energie, & où l'on voit que par ces dons & par ces merites ſainct Auguſtin entend toutes les bonnes œuures que Dieu nous fait faire en nous y determinant par la vertu de ſon Eſprit? d'où vient que ce Pere met cette difference entre les merites du premier homme, & les merites de ſes deſcendans ; que la volonté humaine eſtoit la cauſe diſcernante & la maiſtreſſe de la grace dans les merites du premier homme ; & que la grace eſt la maiſtreſſe de la volonté & le principe diſcernant dans les merites de ſes deſcendans.

Le Concile de Trente ayant emprunté de ſainct Auguſtin cette comparaiſon du premier homme auec le ſecond qui eſt Ieſus-Chriſt, en conſiderant l'vn comme autheur vniuerſel de noſtre damnation, & l'autre comme autheur vniuerſel de noſtre ſalut. *Car ainſi qu'en effet ſi les hommes ne naiſſoient de la ſemence d'Adam, ils ne naiſtroient pas injuſtes &c. de meſmes s'ils ne renaiſſoient de Ieſus-Chriſt ils ne ſeroient iamais faits iuſtes.* Peut-on mieux entendre ce pa-

---

Notes marginales :

a *Là meſme*, ſed medicinâ poterit quod vitio non poteſt.

b *S. Aug. en l'Epiſt. à Vitalis*, Scimus non omnibus hominibus dari.

c *Le Conc. de Trente ſeſſ. 6 chap. 11* Deus namque ſuâ gratiâ ſemel iuſtificatos non deſerit, niſi ab eis prius deſeratur.

d *au liure de la Nature & de la Grace chap. 16.*

e *Voyez la lettre d'vn Abbé à vn Preſident.*

f *Deſſ. 6. chap. 16.* Vt eorum velit eſſe merita, quæ ſunt ipſius dona.

g *Cette ſentéce eſt priſe de Celeſtin, comme Celeſtin l'auoit priſe de S. Auguſtin.*

h *Au liure de la Grace & du Franc-Arbitre chap. 6. & par tout ailleurs.*

i *Le Concile ſeſſ. 6. cha. 6.* Sicut enim reuera homines niſi ex ſemine Adæ propagati, non naſcerentur iniuſti &c. Ita niſi in Chriſto renaſcerentur, nunquam iuſtificarentur.

rallelle de ces deux principaux hommes qu'en lisant l'Epiſtre de ſainct Auguſtin à Hilaire, de laquelle le Concile l'a tiré ; d'où vient qu'en cet endroit on a cotté iudicieuſement la meſme Epiſtre à la marge du Concile, pour nous faire voir que c'eſt de là que le Concile a pris ce qu'il a deſiny touchant la mort de Ieſus-Chriſt pour tous.

Enfin le Concile de Trente ayant emprunté de ſainct Auguſtin toutes ces fraſes & tous ces termes, eſtre meu, eſtré excité, eſtre aydé, eſtre illuminé de la grace, en auoir le cœur touché, agir auec elle, cooperer auec elle, luy diſſentir ſi on veut ; Peut-on mieux entendre toutes ces expreſſions qu'en recourant aux liures de ſainct Auguſtin où elles ſe trouuent éclaircies & deueloppées à tout moment auec tant de force & de lumiere, & où l'on voit qu'elles ſignifient vn ſecours diuin qui fait agir noſtre volonté, & qui en tire touſiours l'operation pour laquelle il eſt donné ? & en particulier quant à ces termes, diſſentir à la grace ſi l'on veut ; peut-on mieux les entendre qu'en recourant aux liures de ſainct Auguſtin de l'Eſprit & de la Lettre, où le Reuerend Pere Petau auoüe[a] que le Concile de Trente viſoit quand il s'en eſt ſeruy, & où l'on voit qu'à la verité ſainct Auguſtin dit que *le conſentir & le diſſentir ſont de noſtre volonté propre* : c'eſt à dire, que nous conſentons ou que nous diſſentons ſi nous voulons : mais où il dit auſſi que [b] ceux qui conſentent ſont appellez, de ſorte qu'ils ſont perſuadez ; ce qui veut dire qu'ils ſuiuent touſiours leur vocation, & ne la reiettent iamais, parce, dit ailleurs le meſme Sainct, qu'ils ſont appellez ſelon le propos ; qu'ils ſont tirez du Pere ; qu'ils reçoiuent l'accroiſſement d'enhaut ; qu'ils apprennent ſelon l'eſprit, & non ſelon la lettre, que leur volonté eſt preparée du Seigneur ?

Maintenant donc mon Cenſeur qui ſçait bien quel eſt le Pere Petau, & pleuſt à Dieu qu'il le ſceuſt mieux encore ; allez nous dire qu'il eſt ridicule de pretendre que ſainct Auguſtin ſoit l'Interprete du Concile de Trente, meſmes aux lieux dõt le ſens eſt diſputé touchãt la Grace ; puiſque ſainct Auguſtin eſtoit mort plus d'onze ſiecles deuant le Concile. Car à parler proprement, nous ne diſons pas

qu'aux lieux côtrouerſez en la matiere de la grace, le Concile de Trente doit eſtre expliqué par ſainct Auguſtin, qui
eſtoit mort pluſieurs ſiecles deuant ce Concile ; mais que
ce Concile doit eſtre expliqué par les ouurages de ſainct
Auguſtin qui eſtoient tous viuans & tous brûlans encore
de l'eſprit de Dieu, deuant la face de ce ſainct Synode,
apres la mort de leur Autheur, Que ſi les ouurages de
ſainct Auguſtin ont eſté faits deuant le Concile, s'enſuit-
il de là qu'ils ne puiſſent nous ſeruir à l'interpreter ? & y a-
t'il perſonne qui ne ſçache qu'vn eſcrit poſterieur peut
eſtre expliqué par vn autre plus ancien, ſi celuy qui eſt
poſterieur eſt vn extraict ou vn abregé de celuy qui eſt
plus ancien, comme l'on peut dire que la Seſſion ſixieſme
du Concile de Trente, dans laquelle la matiere de la Grace a eſté traitée & definie, eſt vn enchaiſnement, vn pre-
cis, & vn ſommaire des ouurages de ſainct Auguſtin, dont
ce Concile emprunte les Sentences & les paroles, comme dit Henriquez voſtre ſçauant Confrere ? Cela eſtant,
qui n'admireroit la pointe & la delicateſſe de voſtre eſprit, quand vous dites, que pretendre que ſainct Auguſtin ſoit l'interprete du Concile, meſmes aux lieux dont
le ſens eſt diſputé touchant la Grace : c'eſt comme ſi on
vouloit qu'Homere fut interprete d'Eutathius, & que Le Diſſertateur pag. 46.
Virgile le fut de Seruius : De façon qu'à voſtre compte,
afin que voſtre comparaiſon ſoit tout à fait iuſte, il faudra croire que le Concile de Trente eſt vn diffus & ample
commentaire de S. Auguſtin, comme Euſtathius d'Homere, & Seruius de Virgile. Ce ſont là les fleurs qui naiſſent, & qui s'epanoüiſſent encore dans le beau jardin de
vos Lettres humaines. Toutesfois i'ay tort, ie le confeſſe
ie n'auois pas beſoin de m'arreſter icy à éclaircir vne obiection ſi foible & ſi enfantine : ie deuois me contenter de
l'auoir deſia ſuffiſāment battuë & renuerſée dans ma lettre, ce que vous diſſimulez à voſtre ordinaire, mon Cenſeur, voicy mes paroles. *Mais quelque grande qui puiſſe
eſtre l'authorité de ſaint Auguſtin, comment peut-il eſtre, dira-* La Lettre pag. 37.
t'on poſſible, l'interprete d'vn Concile tenu depuis vn ſiecle, &
poſterieur à ce Pere de prez d'onze ſiecles. Mais en fait d'in-

terpretation, ce qui fait que l'on choisit vn lieu pour en interpreter
vn autre ; ce n'est pas que celuy qui explique est posterieur en temps
à celuy qui est expliqué ; mais plustost que celuy qui expose est plus
intelligible que celuy qui est exposé : & il est censé plus intelligible,
lors qu'il est plus diffus, plus estendu, plus exactement circonstan-
tié ; & que la matiere qui s'y traite si trouue resoluë iusqu'en ses
derniers principes. C'est ainsi que pour l'exposition de beaucoup
de lieux du vieux Testament, qui sont alleguez dans le Nouueau,
les Interpretes nous renuoyent au Vieux Testament, d'où ces lieux
ont esté pris, & où ils se voyent reuestus de toutes les circonstances
qui en font paroistre le vray sens. Et pour ne pas sortir de mon suiet, c'est ainsi que les Canons du second Concile d'Orange, qui est
posterieur à sainct Augustin, ne laissent pas d'estre interpretez selon
le sçauant Pere Sirmond, par les liures de sainct Augustin, où l'on
en voit la viue source dans sa plenitude, & dans sa pureté. I'adiouste à cecy, Monseigneur, que bien que sainct Augustin, & les
autres Peres ne viuent plus au monde dans leur chair mortelle, ils
y viuent encore neantmoins dans les monumens incorruptibles
qu'ils nous ont laissez de leur doctrine, qu'ils nous seront tousiours
presens, & nous éclaireront tousiours par la lumiere de leurs œuures ; & que dans les liures où ils deployent si amplement & si profondement les mysteres de la foy Chrestienne, ils nous expliqueront
tousiours les reglemens & les Canons que les Conciles en ont faits,
& où il ne se peut qu'il ne se rencontre assez souuent quelque obscurité, & quelque nuage à cause de leur briefueté. Et sans cela, dequoy nous seruiroient les veilles de tant de sçauans hommes, qu'ils
ont employées à exposer les decrets des Papes & des Conciles ? &
comment eussent-ils pû les exposer, s'ils n'eussent eu recours aux
sources où ces decrets auoient esté puisez : c'est à dire, aux liures &
aux ouurages des plus Illustres Peres de l'antiquité ? C'est ce qui
fait dire en ce sujet au R. P. Sirmond[a] dont le sçauoir rare est connu de tout le monde. Dans quelle source pouuons-nous puiser vne
intelligence plus asseuree des Canons que dans les coustumes, ou
dans les obseruations des temps, où ces Canons mesmes ont esté faits?
mais ces obseruations, ou ces coustumes, où deuons-nous les rechercher ?[b] Dans les anciens escrits des Peres, & des Theologiens,
respond ce mesme Religieux ? & en vse ainsi luy-mesme en alleguant vn grand nombre d'anciens Peres, pour establir l'interpre-

tation qu'il donne à vn Canon du premier Concile d'Orange, où il auoüe neantmoins que la seule authorité de saint Hierosme suffisoit pour nous enseigner l'explication de ce Canon. a *Et il ne me sera pas permis de dire de sainct Augustin seul, au regard des Canons de Trente, ce que le Pere Sirmond dit de sainct Hierosme seul au regard de ceux d'Orange ? Et le Pere Sirmond expliquera par sainct Hierosme seul les Canons d'Orange, sans mettre sainct Hierosme au dessus de ce Synode, & ie ne pourray interpreter par sainct Augustin les Canons du Concile de Trente, sans mettre S. Augustin au dessus de ce Concile, dont ie dis qu'il est l'interprete ?*

Voila ce que i'ay dit, & ce que vous auez teu, mon Censeur, pour éblouïr les ames imbecilles par la puerilité de vostre obiection ; mais ie ne dois pas taire ce que vous dites, comme vous supprimez ce que ie dis : il faut maintenant vous donner audience ; vous ne nous auez rien enseigné depuis quelque temps par le vif oracle de vostre parole, & il y a plaisir & profit à vous oüir, b *de cecy l'on recueille,* dites-vous, *combien il est plus prudent d'accommoder la doctrine de sainct Augustin à la regle & à l'interpretation du Concile de Trente, que d'accommoder celuy-cy à celle-là :* C'est à dire, d'expliquer le Concile de Trente, par la doctrine de sainct Augustin. Qui est ce qui nie, que lors que nous conuenons du sens du Concile de Trente, il ne soit plus iuste d'interpreter sainct Augustin par le Concile de Trente, que le Concile de Trente par sainct Augustin ? mais quand le sens du Concile est contesté dans les choses de la Grace ; qui est-ce qui nie aussi, s'il n'est preuenu d'vn estrange aueuglement ; qu'il ne soit de la prudence d'vn Ecclesiastique d'expliquer le Concile par sainct Augustin, que le Concile suit en la matiere de la Grace, & quant aux sentimens, & quant aux expressions ? Et n'est-ce pas la regle que nous a prescrite si iudicieusement, & si sagement le sçauant Censeur de la Philosophie Molinienne duquel vous auez veu les paroles cy-dessus ? Continuez, mon Censeur, c *Icy l'Epistre m'allegue quelques Docteurs particuliers* (c'est parler bien seichement de S. Athanase & de S. Cyrille, en ce qui regarde la Trinité & l'Incarnation, que de les traiter de Docteurs particuliers) *de grande doctrine, &*

lim, & quos ad fines vsurpatę in Ecclesia fuerint ex antiquis patrum Theologorumque scriptis inuestigandum est; & *tout cela pour nous apprendre la vraye intelligence des Canons.*

a *Là mesme ch. 6. tout au commencement,* prodeat nunc, *dit-il,* in medium contra Luciferianos sanctus Hieronymus, qui vno suæ vocis oraculo, & nostram de Canone illorumque temporum consuetudine firmat sententiam, & tuam ingulat cōtentionem.

b *Le Dissertateur pag.* 31. Indidem colligitur quantò prudentius Augustini doctrina adtridētini Concilij normain & interpretationē, quàm hoc ad illam accommodetur.

c *Là mesme,* hîc mihi priuatos quosdã Doctores, sed eximiâ doctrinâ & authoritate præditos, Epistola comme.

morar, qui generalium Synodorum interpretes habentur, vt Nicæni Concilij Athanasium, Ephesini Cyrillum Alexandr. num, verum incredibile est quantum in eo scriptorem Epistolę ratio fugerit, nihil enim dissimilius aut aduersum se validius afferre potuit.

de grande authorité, qui sont estimez les Interpretes des Conciles Generaux, comme S. Athanase du Concile de Nicée, & S. Cyrille d'Alexandrie, du Concile d'Ephese; mais il n'est pas croyable combien le sens a manqué à l'Autheur de la lettre; car il n'y a rien de plus dissemblable, & il ne pouuoit rien apporter de plus fort contre luy. Vous ne pouuiez rien dire de plus foible ny de moins sincere, mon Censeur, & le bon sens ne m'a pas manqué, mais la bonne foy vous a manqué; puis que vous voulez surprendre icy delicatement vostre lecteur, & luy faire croire que i'ay dit que saint Augustin deuoit estre l'Interprete du Concile de Trente puisque saint Athanase l'estoit bien du Concile de Nicée, & saint Cyrille de celuy d'Ephese: & c'est ce parallelle dont vous dites qu'il n'y a rien de plus dissemblable: mais plutost il n'y a rien de plus dissemblable que ce que i'ay dit, & ce que vous me faites dire par vn artifice qui vous fait paroistre tres semblable à vous mesme. Ie n'ay point dit cela, i'ay dit que ie n'auois pas mis saint Augustin au dessus du Concile de Trente, comme quelques-vns me l'auoient imputé, pour auoir dit que ce saint Docteur deuoit estre l'interprete du Concile de Trente; comme quand on dit que saint Athanase doit estre l'Interprete du Concile de Nicée, & saint Cyrille de celuy d'Ephese, on n'eleue pas pour cela saint Athanase au dessus du Concile de Nicée, ny saint Cyrille au dessus de celuy d'Ephese. Mais quand i'aurois dit ce que vous m'imposez, i'ay desia fait voir que ie n'aurois rien dit que de tres solide & de tres raisonnable; estant certain que l'on peut expliquer aussi iustement le Concile de Trente par saint Augustin, que le Concile de Nicée par saint Athanase, & celuy d'Ephese par saint Cyrille; puis qu'en la matiere de la grace saint Augustin & le Concile de Trente qui l'a suiuy, ne peuuent auoir qu'vn mesme sentiment, comme le Concile de Nicée ne peut auoir vn autre sentiment que saint Athanase en la matiere de la Trinité & comme le Concile d'Ephese ne peut auoir vne autre opinion que saint Cyrille, en la matiere de l'incarnation.

CHAP.

CHAPITRE IX.

Combien il est absurde de dire absolument que Sainct Augustin est vn Autheur obscur sous ombre qu'il y en a qui ne l'entendent pas, ou qui feignent de ne le pas entendre, ou parce que les Heretiques modernes essayent de le tirer de leur costé.

MAis ie m'apperçois que ie m'estens par trop, & beaucoup plus que ne merite la legereté de vos argumens, ou pour dire mieux, de vos sophismes; Il faut refuter plus succinctement les considerations suiuantes que vous alleguez pour nous faire voir, à vostre ordinaire, que sainct Augustin est vn Autheur obscur & embarrassé.

Vous dites donc en la seconde de vos doctes preuues que ce diuin homme est vn Escriuain confus & embroüillé, parce que les Catholiques mesmes sont en different depuis long-temps sur l'intelligence de ses liures : mais ou estes-vous ? Ne sçauez-vous pas que des liures peuuent estre clairs d'eux-mesmes & obscurs par accident, à cause, ou de la negligence, ou de l'aueuglement, ou de l'auersion, ou de l'orgueil de ceux qui les lisent ? D'où vient que sainct Leon escrit des Heretiques Eutycheens [a] *Qu'ils se soumettent pour le salut de leur ame aux Decrets Synodiques qui ont esté confirmez dans la ville de Chalcedoine, & parce qu'il n'y a qu'vne humilité tranquille & vne veritable foy qui puisse paruenir à l'intelligence du mystere du salut humain, qu'ils croyent dans l'Euangile ce qu'ils confessent dans le Symbole.*

Et pour la mesme raison sainct Augustin dit des superbes Pelagiens [b] *Et ces obstinez-cy, qui sont aueugles contre la lumiere de Dieu, & qui sont sourds contre la voix de Dieu, di-*

a *Epistre.* 58. Succumbant pro salute animarum suarum, Synodalibus, quę in ciuitate Chalcedonensi sunt confirmata Decretis; & quia ad intelligendum Sacramētum salutis humanæ, nisi fides vera & humilitas quieta non peruenit : credant in Euangelio, quod confitentur in Symbolo. b *Au liure de la Grace & du Franc Arb. chap.* 11 Et isti indociles, contra lucem Dei cœci, & contra vocem Dei surdi, occidentem litteram viuificare dicunt, & viuificanti spiritui contradicunt.

K

sent que la lettre homicide viuifie, & contredisent à l'esprit vi-uifiant. Et Combien y en a-t'il qui ne comprennent pas vn liure parce qu'ils l'ont leu auec si peu de soin & auec vn si grand embarras de preiugez & de propres fantaisies dont ils sont idolatres, que l'on peut dire qu'ils ne l'ont pas leu, & ce sont ceux dont sainct Leon a dit en ces paroles rapportées par le cinquiesme Concile. a *Ceux-là tombent dans cette folie qui par quelque obscurité estant empeschez de connoistre la verité, n'ont pas recours aux voix des Prophetes ou aux lettres Apostoliques, ou aux authoritez de l'Euangile, mais à eux-mesmes.* Et vn sçauãt Docteur du precedẽt siecle ne deuroit-il pas vo⁹ auoir apris en particulier de S. Augustin, que les ouurages de ce Pere demandent vn Lecteur qui soit attentif & non preoccupé. b Ie laisse à part les souplesses & les simulations prudentes ou malignes de ceux qui feignent de n'entendre pas ce qu'ils déguisent à dessein, ou par vn faux zele de pieté, ou par vn engagement d'honneur, ou par vne jalousie de party ; & à parler ingenument, mon Censeur, ne deuons-nous pas mettre en ce dernier rang ceux qui soustenoient à Rome, que la doctrine de Molina estoit conforme à celle de sainct Augustin ; bien que Molina luy-mesme auoüe le contraire, c & qui abuserent mesme de la patience de Clement huictiesme, en luy proposant vn amas de lieux de sainct Augustin alleguez si à contre-sens ; que ce sçauant Pape fut contraint de s'en plaindre en ces paroles, d *Nous auons veu personnellement ce tas de passages que vous qui defendez Molina, auez produits de sainct Augustin, & il ne s'est pas trouué vn seul passage qui*

a *En l'Ep. 10. à Fauian*, Sed in hanc insipientiam cadunt : qui cum ad cognoscendum veritatem aliquo impediuntur obscuro, non ad Propheticas voces, non ad Apostolicas litteras, nec ad Euangelicas authoritates, sed, ad semetipsos recurrunt.

b *Stapleton tom.* 2. *l.* 11 *ch.* 15. Ita prorsus ab omni voluntate vel operatione mali, vel Decreto & destinatione ad malum, liberat Deũ semper Augustini doctrina, sed attentum & incorruptũ lectorem illa desiderat.

c *Qu.* 23. *art.* 4. *& 5. disp.* 1 *memb* 6. Interim verè dum sub ea quasi caligine, Diuus Augustinus ad hoc non attendit, arbitratus primo aspectu in sua de prædestinatione opinione, esse coniunctum, Deum non velle omnes vniuersim homines saluos fieri, sed solos prædestinatos *Et memb. vlt.* § pro nostra, Quæ si data explanataque semper fuissent, fortè neq; Pelagiana hæresis fuisset exorta, neque Lutherani tam impudenter arbitrij nostri libertatem fuissent ausi negare &c. neque ex Augustini opinione concertationibusque cum Pelagianis tot fideles fuissent turbati, ad Pelagianosque defecissent &c. *Et au* §. *longior fut auoüant qu'il est l'autheur de son opinion il dit*, Et hęc nostra ratio conciliandi libertatem arbitrij cum diuina prędestinatione à nemine quem viderim huc vsque tradita.

d *Dans les actes des Conferences en la seconde Congreg.* Nos personaliter omnem istam congeriem locorum vidimus, quam vos qui defenditis Molinam ; ex S. Augustino induxistis, & nullus inuentus est locus, qui doctrinę Molinę faueat ; & prosecutus Pontifex summus, sententiam Molinę referebat in aliquibus pręcipuis, & alia è contra apertissima sancti Augustini testimonia proponebat, atque sæpius repetebat, quod Molinę defensores volebant contra apertam sancti Augustini doctrinam & mentem suadere, doctrinam Molinę esse doctrinam S. Augustini, de quo grauissimis & efficacissimis verbis illos increpebat, quo finiente Gregorius de Valentia ęquiuocationibus nitebatur Pontifici summo respondere, & suadere doctrinam Molinę contra sanctum Augustinum non procedere.

fauorisast la doctrine de Molina, & le souuerain Pontife (adiou-
stent les a ctes) poursuiuant, rapportoit l'opinion de Molina touchant quelques principaux points, & alleguoit au contraire, de tres
manifestes tesmoignages de S. Augustin, & repetoit souuent que
les Defenseurs de Molina vouloient persuader contre l'opinion de
la doctrine euidente de S. Augustin, que la doctrine de Molina estoit
la doctrine de S. Augustin ; dequoy ce Pape les reprenoit en des
termes tres-graues, & tres-emphatiques : & quand il eut finy,
Gregorius de Valentia s'efforçoit de respondre au souuerain Pontife, auec des equiuoques, & de luy persuader, que la doctrine de
Molina n'estoit point contraire à la doctrine de sainct Augustin.
Et c'est cette licence scandaleuse de tordre les paroles de
sainct Augustin, & de luy donner la gehenne pour luy faire dire tout ce que l'on veut, qui a fait escrire sagement à
vn celebre Theologien : *Ceux qui citent ce tesmoignage de
sainct Augustin en faueur de leur opinion, ou ne l'ont pas leu, ou
le font exprez.*

    Dites donc maintenant, mon Censeur, que sainct Au-
gustin est vn Autheur obscur, parce que les Catholiques
sont en dispute touchant ses sentimens, & que par consequent il ne peut estre arbitre de nos controuerses mais
outre qu'en cela vous contredites le R. Petau, puis
qu'il l'a reconnu luy-mesme pour le commun arbitre de
nos contestations ; ne voyez-vous pas encore qu'il s'ensuiuroit de vostre paralogisme que les anciens Peres ne
pourroient estre arbitres entre les Heretiques & nous ;
puisque les Heretiques disputent auec nous du sentiment
des Peres, & disent bien souuent que les Peres sont obscurs pour euiter leur iugement, comme vous le dites de
sainct Augustin à mesme dessein. Que si quelques-vns ont
obscurcy, ou par ignorance, ou autrement sainct Augustin, & les autres Peres, mon cher Lecteur, nous ne deuons pas laisser de faire ce que l'Eglise a tousiours fait en
recourant aux Peres dans la matiere de la foy, & particulierement à sainct Augustin, en la matiere de la Grace &
de la Predestination.

    Quant à vous & à vos Confreres, mon Censeur, pour
nous obliger à estimer vostre tesmoignage en ce suiet,

K ij

---

a *Ledesma des se-*
cours de la Gr. diuine
q. *vnique ch.* 12. §.
ad testimonium.
qui citant testimo-
nium hoc diui Au-
gustini, in fauorem
suę sententię, vel
non legerunt illum
vel de industria fa-
ciunt.

vous deuez estre libres : Or vous ne l'estes pas, puisque vostre Pere [a] General par vn decret exprés, vous ordonne d'enseigner l'opinion de Molina, auec l'aiustement que vos Peres y apporterent deuant Clement huictiesme, que vous mesprisez scandaleusement, en vous obligeant par regle à soustenir vne opinion qu'il auoit condamnée. N'est-ce pas là brauer le sainct Siege, mon Censeur ? & ne condamnez-vous ceux qui le mesprisent à vostre aduis, que pour vous reseruer le priuilege de le mespriser? Ce decret est rapporté par Tannerus Iesuite. Et aprés cela vous nous traitterez de secte ? Qu'est-ce que secte, sinon s'engager à defendre la doctrine d'vn Autheur, qui n'est approuué ny par le saint Siege, ny par l'Eglise, mais qui plustost a esté censuré dans la doctrine mesme, que vous nous adstreignez de suiure, bien que la censure n'en ait pas encore esté publiée ? Ne vous seruez donc plus de ce mot de secte à l'auenir si vous m'en croyez, de peur qu'on ne repousse vostre médisance par vne repartie, qui ne vous seroit pas agreable. Vous suiuez Molina que le saint Siege a censuré : Ie suis saint Augustin qui est approuué de toute l'Eglise, & dont la doctrine, comme dit le Pape Celestin, est pure de tout soupçon d'erreur, bien que vous ayez osé dire, [b] qu'on ne pouuoit la suiure auec seureté. Soyez donc sage à l'auenir, temperez l'excez de vostre chaleur si vous m'en croyez, & souuenez vous qu'en cette matiere vostre authorité est reduitte à vn seul homme, & que l'on peut dire que vous & vos confreres n'auez qu'vne teste, qui est celle de vostre Pere General. Et en effet dites, dites franchement, y a-t'il quelqu'vn parmy vous qui osast se declarer, ou se declarast impunément pour l'opinion de saint Augustin ?

[a] *Aquauiua.* *Ce decret est rapporté par Tannerus Iesuite disp. 6. de la Grace qu. 2. doute.* 5. Mandamus, vt in tradēda diuinę gratiæ efficacitate, nostri eam opinionem sequátur, siue in libris, siue in lectionibus ac publicis disputationibus, quę à plerisque societatis scriptoribus tradita atque in controuersia de auxiliis diuinæ gratiæ corā summis Pontificibus piæ memoriæ Clemente 8. & S. D. N. Paulo quinto, táquam magis consentanea S S. Augustini & Thomæ grauissimorum Patrum iu dicio explicata & defensa est, nostri imposterum omnino doceant ; inter eam gratiam quæ effectum re ipsa habet, atque efficax dicitur, & eam quam sufficientem nominant, non tantum discrimen esse in actu. Secundo, quia vna ex vsu liberi arbitrij etiam cooperantem gratiam habentis, effectum sortiatur, altera non item, sed in ipso actu. Primo, quod posita scientia, conditionalium ex efficaci Dei proposito, atque intentione efficiendi certissimè in nobis boni de industria ipse ea media seligit, atque eo modo & tempore confert, quo videt effectum infallibiliter habitura ; aliis vsurus si hæc efficacia præuidisset ; quare semper moraliter, & in ratione beneficij plus aliquid in efficaci quam in sufficienti gratia etiam in actu. Primo, contineri. atque hac ratione efficere Deum vt reipsa faciamus, non tantum quia dat gratiam, qua facere possumus, quod idem dicendum de perseuerantia quæ procul dubio donum Dei est. Romæ 14. Decembris an. 1653. [b] *au Reuerend Pere Fronteau.*

Mais n'ayant pû trouuer cette tenebreuse & effroyable obſcurité de ſaint Auguſtin dans les diuiſions des Catholiques qui l'expliquent differemment ; vous l'allez chercher dans la vanité des Heretiques qui ſe vantent de l'auoir de leur coſté : d'où vous inferez iudicieuſement qu'il ne ſe peut faire qu'il ne ſoit obſcur & embarraſſé ; Mais les Heretiques ſe vantent auſſi que l Eſcriture & les Peres ſont de leur coſté, meſmes dans les points de foy qui ſont contenus le plus clairement dans l'Eſcriture & dans les Peres à l'aduantage de l'Egliſe Catholique. Et quant aux Lutheriens Il eſt vray qu'ils ſont condamnez en beaucoup de choſes par ſaint Auguſtin, mais cela n'empeſche pas qu'ils ne condamnent iuſtement aprés ſanit Auguſtin beaucoup d'erreurs de Molina, qui par exemple dit que Ieſus-Chriſt a pû pecher nonobſtant les graces, & les dons du ſaint Eſprit dont il eſtoit remply ; ce qui eſt vn blaſpheme que les Lutheriens deteſtent auſſi bien que nous ; Et ainſi vous diffamez l'Egliſe en voulant faire croire qu'elle ſuit la doctrine de Molina, qui eſt oppoſée à celle de ſaint Auguſtin que l'on ſçait conſtamment auoir touſiours eſté celle du S. Siege, & celle de l'Egliſe.

CHAPITRE X.

Où l'on fait voir combien eſt eſtrange & ſcandaleuſe la temerité du Diſſertateur en ce qu'il oſe dire, que le vray but du Concile de Trente a eſté d'adiouſter des choſes neceſſaires à la doctrine de ſaint Auguſtin en l'interpretant, pour la rendre Catholique.

Toutesfois, le Diſſertateur qui ne ſe rend iamais, fait vn effort de deſeſperé, & dit horriblement pour faire voir que ſaint Auguſtin eſt vn Autheur obſcur, que le Concile de Trente a eu pour but d'adiouſter certaines choſes neceſſaires à la doctrine de ce Pere en l'interpretant, pour la rendre Catholique. Or mon Censeur il ne faudroit rien adiouster à vostre doctrine : mais il faudroit la rayer toute, ou presque toute pour la rendre Catholique, & vostre ancre ne s'est elle pas changée en rouge, comme dit saint Augustin à Fauste, quand vous auez escrit ces paroles outrageuses aux Papes & aux Conciles, & particulierement à celuy de Trente que vous voulez rendre le condamnateur de la doctrine de saint Augustin, pour le rendre le protecteur de la nouueauté de Molina. O grand Dieu humiliez cet homme ! & reprimez son audace pernicieuse au regne de vostre saint Fils, qui ne s'est fait seruiteur des hommes dans la foiblesse de sa chair que pour regner sur eux par la vertu de son Esprit. Et de vray mon Censeur ne leuez-vous pas enfin le masque, & n'attaquez vous pas ouuertement la grace du Sauueur par les flancs de S. Augustin qui en est le principal & le plus ferme defenseur par le tesmoignage de tous les siecles ? mais voyons quels sont les fondemens de vostre meditation friuole & insupportable aux oreilles Chrestiennes. Le Concile de Trente, qu'adiouste t'il à la doctrine de saint Augustin pour la rendre Catholique en la matiere de la grace & de la Predestination Diuine. Il est necessaire de rapporter icy vos propres paroles. [a] *Saint Augustin semble auoir esté dans cette opinion qui est de nier que Iesus-Christ soit mort pour toute la posterité d'Adam : mais seulement pour les Eleus & pour les Predestinez : parce que le Concile de Trente a iugé que cela estoit faux, & que cela n'estoit pas seulement éloigné de l'Ecriture, mais aussi du sentiment de saint Augustin ; Pour cette raison, lors qu'il definit cette matiere ayant adiousté certaines choses, il a exposé de cette sorte le sens conuenable à la doctrine de saint Augustin. Au reste bien qu'il soit mort pour tous, tous neantmoins ne reçoiuent pas le benefice de sa mort : mais seulement ceux ausquels le merite de sa Passion est communiqué.* Il faut dõc dire que S. Prosper en defendãt la doctrine de S. Augustin son Maistre, a voulu y adiouster des choses necessaires pour la rendre Catholique ? car ce que le Concile dit icy touchant la mort de Iesus-Christ pour tous, n'est ce pas ce que S. Prosper auoit desia dit en cette sorte [b] *Le breuuage de*

[a] *Le Dissertateur pag.* 41. Augustinus in ea videtur opinione fuisse, vt Christum negaret pro omnibus adami posteris mortem obiisse, sed pro electis duntaxat prædestinatis. Hoc quia falsum iudicauit Tridenrina Synodus nec ab scriptura tantum, sed etiam ab Augustini sensu dissidens & abhorrens. Idcircò cum de ea re decerneret quibusdam additis verum & Augustinianę doctrinæ consentaneum sensum exposuit, sic cap. 3. sef. 6. verum etsi pro omnibus mortuus est, non omnes tamen mortis eius Beneficium recipiunt, sed ij duntaxat quibus meritum passionis communicatur

[b] *En la resp à la* 1. *obi de vin.* poculum

l'immortalité peut bien de luy mesme profiter à tous : mais il ne guerit point si on ne le boit : car ce que le Concile de Trente dit, *bien que Iesus-Christ soit mort pour tous*, n'est-ce pas ce que dit S. Prosper, *le breuuage de l'immortalité peut bien par soy mesme profiter à tous* ? ou comme dit là mesme le mesme Pere, c *Iesus-Christ est bien mort pour tous quant à la puissance, & quant à la grandeur du prix qu'il a payé pour nous, & pour ce qui appartient à vne mesme cause du genre humain.* Et ce que le Concile de Trente dit, *Tous neantmoins ne reçoiuent pas le Benefice de sa mort, mais seulement ceux ausquels le merite de sa passion est communiqué,* n'est ce pas ce que dit S. Prosper *que le breuuage de l'immortalité ne nous guerit point si nous ne le beuuons* ? Mais qui a iamais ouy dire que S. Prosper en soustenant la doctrine de S. Augustin ait esté contraint d'y adiouster des choses necessaires en l'interpretant pour la rendre Catholique. S. Prosper dit *que le breuuage de l'immortalité peut de luy mesme profiter à tous,* & qui a iamais crû que S. Augustin ait pû douter de cette verité; que le Sang de Iesus-Christ fut suffisant pour le rachapt generalement de tous les hommes ? Et n'est-ce pas ce qu'il dit formellement quand il escrit d que la grace du Sauueur estoit propre à racheter non seulement le peché Originel ; mais aussi tous les autres qui luy peuuent estre adioustez ? S. Prosper dit que le *breuuage de l'immortalité ne guerit point si on ne le boit,* comme le Concile de Trente dit, *que tous ne reçoiuent pas le benefice de sa mort ; mais seulement ceux ausquels le merite de sa passion est communiqué.* e Mais sainct Augustin qu'enseigne-t'il autre chose dans tous ses ouurages, sinon que pour estre fait iuste, il faut renaistre en Iesus-Christ, comme on est fait pecheur en naissant d'Adam ? le Concile donc & deuant luy Sainct Prosper, qu'adioustent-ils à la doctrine de sainct Augustin en l'interpretant pour la rendre Catholique ? & quelle question, ou quel doute des fideles resoluent-ils touchant la doctrine de sainct Augustin sur la mort de Iesus-Christ pour tous ? Car selon vous c'est proprement ce que le Concile a voulu faire. Voyons s'il le fait par la propre force, & par la propre vertu de ces paroles comme vous le pretendez ? Soyez attentif ie vous

quippe immortalitatis quod confectum est, de infirmitate nostra & virtute diuina, habet quidem in se vt omnibus prosit, sed si non bibetur, non medetur.

c Quod ergo ad magnitudinem, & potentiam pretij, & quod ad vnam pertinet causam generis humani, sanguis Christi, redemptio est totius mundi.

d *Epist.* 89. *n Hyl.* sed quoniam hoc totum, etiam quod non pertinet ad illius vnius delicti originem, tamen idonea est soluere, gratia saluatoris.

e *En son Epist. à Hyl. & par tout ailleurs.*

supplie. Le Concile dit en general, ou presuppose comme vn fondement de ce qu'il vouloit definir, *bien que Iesus-Christ soit mort pour tous*, c'est à dire, bien qu'en vn sens Iesus-Christ soit mort pour tous: mais a-t'on iamais douté, qu'en vn sens selon saint Augustin, Iesus-Christ soit mort pour tous, generalement c'est à dire, quãt à la suffisance de sa mort? Le Concile donc quel doute resoult-t'il touchant la doctrine de sainct Augustin, sur la mort de Iesus-Christ pour tous? Declare-t'il que Iesus-Christ est mort pour tous quant à la suffisance de sa mort? s'il le fait, il ne resoult aucune question qui fut agitée parmy nous touchant la doctrine de sainct Augustin. Le Concile declare-t'il que Iesus-Christ est mort pour tous, non seulement quant à la suffisance de sa passion pour tous; mais encore quant à l'application de sa passion à tous, ou quant à l'intention de l'appliquer à tous? Le Concile n'en parle point du tout, il ne le definit donc point. Il ne dit point que Iesus-Christ de sa part ait eu dessein de mourir pour tous. Et quant à l'application de sa mort, outre que vous auoüez vous mesmes qu'elle n'est pas appliquée à tous, [a] le Concile definit en termes exprés qu'elle n'est pas appliquée à tous: d'où vient que certains modernes, comme Monsieur le Moine me l'a auoüé, abusent manifestement de ce decret pour prouuer que Dieu donne à tous vne grace suffisante, ou vn secours suffisant pour se sauuer. Dites donc mon Censeur, le Concile de Trente qu'adiouste-t'il icy à la doctrine de sainct Augustin, pour la rendre Catholique? quelle dispute ou quelle controuerse appaise-t'il qui ait eu lieu parmy nous touchant la doctrine de sainct Augustin? Mais le Concile peut estre pour la rendre Catholique y adioustera quelque chose necessaire dans la suite de son decret? & quelle est elle? *Tous neantmoins ne reçoiuent pas le benefice de sa mort; mais seulement ceux ausquels le merite de sa passion est communiqué? Car comme en effet si les hommes ne naissoient de la semence d'Adam, ils ne naistroient pas iniustes &c. De mesme, s'ils ne renaissoient de Iesus-Christ, ils ne seroient iamais faits iustes.* Mais le Concile en ces paroles est si éloigné de rien adiouster à la doctrine de sainct

Augustin

[a] *Le Dissertateur pag.* 101. non applicari ad omnes mortem Christi quod aduotat epistola.

Auguſtin pour la rendre Catholique en l'interpretant,
qu'il a pris toute cette periode preſque mot à mot
de pluſieurs lieux de ſainct Auguſtin , & particulierement de l'Epiſtre à Hylaire, a que Sotallus & Lucius
ſçauans Perſonnages ont cottée pour cette raiſon à la
marge de ce decret. Adiouſtez que le Concile de Trente ne parle pas icy du ſalut des hommes : mais de la iuſtification des hommes : poſez donc que le Concile ait icy definy que Ieſus-Chriſt n'eſt pas mort pour la iuſtification
des ſeuls éleus, ce qui eſt tres vray, s'enſuit-il pour cela
qu'il ait definy que Ieſus-Chriſt n'eſt pas mort pour le ſalut des ſeuls Eleus ? S. Thomas b ne dit-il pas apres S. Auguſtin, que Ieſus-Chriſt n'a prié ſon Pere que pour le ſalut de ſes éleus ? & vous dites neantmoins admirablement,
que le Concile a voulu condamner cette propoſition dont
il reconnoiſſoit, dites vous, la fauſſeté, que Ieſus-Chriſt eſt
mort pour les eleus ſeuls, c'eſt à dire pour le ſalut des éleus
ſeuls : car ceux qui diſent que Ieſus-Chriſt eſt mort pour
les eleus ſeuls, ne veulent pas dire comme vous ſçauez,
que Ieſus-Chriſt ſoit mort pour la iuſtification des ſeuls
eleus ; mais pour le ſalut des ſeuls eleus. Il eſt donc vray
que le Concile ne dit riẽ icy, dont l'on puiſſe tirer la condamnation de cette propoſition, au ſens que nous l'enſei
gnons, & que tout le monde ſçait que S. Auguſtin l'à enſei
gnée, *Ieſus-Chriſt eſt mort pour les ſeuls Eleus* , entendant par
là que Ieſus-Chriſt eſt mort pour le ſalut des ſeuls eleus.
Le Concile donc qu'adiouſte-t'il icy à la doctrine de S. Auguſtin pour la rendre Catholique en l'interpretant ? Et
quelle difficulté reſoult-il touchant la doctrine de S. Auguſtin ſur la mort de Ieſus-Chriſt pour les ſeuls eleus, puis
que perſonne n'a iamais douté que S. Auguſtin n'ait voulu
dire que Ieſus-Chriſt eſt mort pour le ſalut des ſeuls eleus ?
Or nous auons veu que le Concile ne dit rien en ce decret
qui tende à condamner cette propoſition, & il n'auoit
garde de la condamner, puis qu'elle eſt ſi vraye & ſi orthodoxe qu'on ne ſçauroit comprendre que des Theologiens
ſolides ſoient capables de la condamner.

 Vous eſtes donc par tout foible, & par tout deplorable

L

a *Epiſt.* 89 Et hic om nes dixit & ibi, no.a quia omnes homi- nes venirent ad gra- tiam iuſtificationis Chriſti, cùm multi alienati ab illa, in æternum moriátur : ſed quia omnes qui renaſcuntur in iu- ſtificationem, niſi per Chriſtum renaſ- cuntur; ſicut omnes qui naſcuntur in condemnationem, non niſi per Adam naſcuntur.

b 3. *part. qu.* 21. *art* 4. *en la reſp. an* 2. ad ſe- cundum dicendum, quod dominus non orauit pro omnibus Crucifixoribus, ne- que etiam pro om- nibus qni erant cre- dituri in eum , ſed pro jis ſolum qui erant prædeſtinati, vt per ipſum vitam conſecuturi æter- nam.

monCenſeur ; Ie ſerois marry qu'on ſe mocquaſt de vous: mais ie deſire que tout le monde ait pitié de vous, & que tout le monde prie Dieu pour vous, afin qu'il luy plaiſe de vous illuminer : i'ay douleur auſſi d'eſtre obligé de vous affliger & de vous inquieter, mais permettez que i'adiouſte icy cette conſideration pour vous rendre Catholique, puis que vous dites bien que le S. Concile adiouſte des choſes neceſſaires à la doctrine de S. Auguſtin pour la rendre Catholique en l'interpretant. Vous ſuppoſez que ces deux propoſitions de l'Eſcriture Sainte, ont meſme ſens & meſme eſtenduë. [a] *Dieu veut que tous les hommes ſoient ſauuez*, & *Ieſus-Chriſt eſt mort pour le ſalut de tous les hommes*, & en effet le ſens de la ſeconde depend de celuy de la premiere, c'eſt à dire que Dieu veut le ſalut de tous les hômes au méme ſens que Ieſus-Chriſt eſt mort pour le ſalut de tous les hômes; [b] Mais le grand Eueſque Naclantus qui eſtoit admiré dãs le Cõcile de Trenté, & qui a aſſiſté à ce Concile durant tant d'années, entre autres ſens qu'il donne à cette propoſition, *Dieu veut que tous les hommes ſoient ſauuez*, dit que celuy - cy eſt ſans ſcrupule & ſans difficulté, que Dieu veut que tous les hommes ſoient ſauuez, entant qu'il veut ſauuer tous ſes eleus; Mais ie vous prie Naclantus au lieu de dire que ce ſens eſtoit ſans ſcrupule, ne deuoit-il pas dire que le Concile de Trente l'ayant iugé faux, l'auoit condamné dans vn decret où il adiouſte neceſſairement certaines choſes à la doctrine de S. Auguſtin pour la rendre Catholique en l'interpretant?

Mais voicy vn autre canon du Concile de Trente, par lequel ce Concile adiouſte neceſſairement certaines choſes à la Theologie de S. Auguſtin pour la rendre Catholique en l'interpretant: [c] Le Diſſertateur dit que parce que quelques-vns prouuoient par S. Auguſtin que ſans la grace du Sauueur on ne pouuoit faire aucune bonne œuure (ce qui eſt vn blaſpheme qui deshonore eſtrangement l'Academie & le Lycée), le Concile de Trente en adiou-

do[c]ti & inſignes Theologi, qui de boni genere iſto duntaxat Auguſtinum inter-ſalutem & æternam vitam attinet. inter hos velut & ſequeſter pacis & interpres alterutra opinio ne præiudicium faceret, nonnullis additis, ita temperauit Cano-dixerit ad hoc ſolum diuinam gratiam per **Chriſtum Ieſum dari**, vt facilius homo æternam promereri poſſit , Anathema ſit,

---

Marginal notes:

[a] *p.* 106. Primum non omnes ſaluare velle deum neque pro omnibus paſſum eſſe Chriſtum; id enim ex illo priore pendet, quippe ſi nulla niſi. efficiens &c.

[b] *Sur le premier cha. de l'Ep. aux Ephes.* de voluntate autem eius, vt quiſque ſaluetur non deſunt qui dicant Apoſtolum non loqui de omnibus abſolutè, ſed de omnibus qui ſunt electi, nam & ſi adultus nemo, ſine ſua vt dictum eſt voluntate ſaluetur. Auguſtino dicente quod qui fecit te ſine te, non ſaluabit te ſine te, ſalus tamen non in noſtrã ſed in Dei reijcitur voluntatem, cuius eſt ſilius, & Deus eſt noſtræ ſalutis, & hoc pacto nullus ſcrupulus.

[c] *Pag.* 42. rurſus ſine gratia Chriſti, boni nihil omnino poſſe fieri quidam ex Auguſtini placitis conſequens putant, negant alij ſanè interpretantur ; quod ad Synodus , ne de nem ſuum ; ſi quis vuere ac vitam

ſtant certaines choſes, auoit temperé ſon Canon de telle ſorte : *Si quelqu'vn dit que la grace diuine eſt ſeulement donnée par Ieſus-Chriſt, afin que l'homme puiſſe plus facilement viure iuſtement, & meriter la vie eternelle, qu'il ſoit Anatheme.* Mais il eſt tres-faux, qu'en ce canon le Concile de Trente ait rien adiouſté à la doctrine de ſainct Auguſtin, puiſque ce canon a eſté pris entierement du liure de la Grace de Chriſt, où S. Auguſtin dit, [a] que la Grace n'eſt pas ſeulement donnée pour faire plus facilement le bien qui appartient à la pieté, & à la vraye iuſtice. Mais la pieté & la vraye iuſtice ne meritent-elles point la vie eternelle? S. Auguſtin donc & le Concile de Trente diſent preciſement vne meſme choſe, quand le Concile de Trente dit que la grace n'eſt pas donnée pour pouuoir plus facilement viure iuſtement, & meriter la vie eternelle,& quant S. Auguſtin dit, que la grace n'eſt pas donnée pour pouuoir plus facilement operer le bien qui appartient à la pieté,& à la vraye iuſtice; & en vn autre lieu [b] S. Auguſtin dit en termes tous exprés, qu'il ne faut pas croire que ſans la grace nous puiſſions faire aucune bonne œuure qui nous ſerue pour le Royaume des Cieux. Dites donc, mon Cenſeur dites, le Cócile de Trente qu'adiouſte-t'il icy à S. Auguſtin pour le rendre Catholique en l'interpretãt? rien du tout & vous n'ignorez pas que quand S. Auguſtin dit,que ſans la grace on ne fait aucun biē,il n'oppoſe pas vn bien à vn autre bien,mais qu'il oppoſe le biē au mal,en telle ſorte que ceux qui ne font pas ce bien pechent en cela, meſme qu'ils ne le font pas, & que leur action eſt vn peché en ce qu'elle n'a pas vne droite fin, *ipſo non recto fine peccatum eſt;* & ce qui fait cette droite fin, c'eſt l'amour diuin, duquel S. Auguſtin dit : *auec cet amour chacun vſe bien des creatures, & ſans cet amour perſonne n'vſe bien des creatures.*

Et quant à la neceſſité de la grace, pour toute œuure vrayment bonne, l'Eueſque Roffenſis que vous loüez ſi magnifiquement dit, qu'en ce ſuiet il veut eſtre de l'ad-

[a] *Chap.* 26. ac per hoc, gratiam Dei qua Charitas Dei diffunditur in cordibus noſtris per Spitum ſanctum qui datus eſt nobis, ſic confiteatur qui vult veraciter confiteri, vt omnino nihil boni ſine illa quod ad pietatē pertinet veramque iuſtitiam fieri poſſe non dubitet, non quemo do iſte, qui cum dicit propterea dari gratiam, vt quod a Deo præcipitur facilius impleatur; quid de illa ſentiat ſatis oſtendit, ſcilicet quod etiam ſine illa eſſe minus facilè; fieri tamen quod diuinitus præcipitur poteſt.

[b] *Liu.* 4. *contre Iul. ch.* 3. Scito nos, illud bonum hominum, dicere illam volūtatem bonam; Illud opus bonum ſine Dei gratia,quæ datur per vnum mediatorem Dei & hominum, nemini poſſe conferri, per quod ſolum homo poteſt ad æternum

Dei donum, régnumque peruci. c *La meſn e,* per hunc amorem creatoris, benç quiſque vtitur etiam creaturis; ſine hoc amore creatoris, nullus quiſquam bene vtitur creaturis. d *En la Refut de la* 36. *Aſſert. de Luth.* hæc dixi propter Patres quorum ſententiam ſequi malui quam ſcolaſticorum, cum hac in re mutuò ſibi pugnent.

mis des anciens Peres, & non de l'aduis qu'il appelle l'argutie de quelques Scholastiques : c'est à dire de ceux qui veulent que l'on puisse faire de bonnes œuures sans vn secours special de Dieu.

Mais voicy encore vne addition pareille aux precedentes : Le Dissertateur dit, [a] que quelques vns ayant pensé que sainct Augustin croyoit que ce que l'on faisoit par la crainte de la peine estoit mal fait : pour cette raison les Peres du Concile de Trente ont formé de sorte leur decret, qu'ils ont arresté que la crainte de la gehenne, par laquelle nous nous abstenons de peché n'est pas vn peché, voicy le Canon tout entier : [b] *Si quelqu'vn dit que la crainte de la gehenne par laquelle nous auons recours à la misericorde de Dieu, en nous affligeant de nos pechez, où par laquelle nous nous abstenons de pecher, est vn peché, & quelle rend les pecheurs encore pires, qu'il soit Anatheme.* Ce Canon fut fait contre Luther, qui ne reconnoissoit aucunes bonnes œuures, qui nous disposassent à la iustification ; mais disoit que toutes celles qui la precedoient, & la crainte mesme de l'Enfer, nous rendoient hypocrites, & encore plus pecheurs. [c] Mais cette heresie de Luther qu'à-t'elle de semblable à la doctrine de sainct Augustin ? Et comment le Concile en la condamnant par ce canon, adiouste-t'il à la doctrine de S. Augustin pour la rendre Catholique en l'interpretant ? Ce canon dit, que la crainte de la gehenne n'est pas vn peché, sainct Augustin dit, [d] *Il craint d'estre enuoyé dans la gehenne, cette crainte est bonne & vtile.* Il dit donc qu'elle n'est pas vn peché. Le Concile dit : *La crainte de la gehenne par laquelle nous nous abstenons du peché,* & S. Augustin dit, [e] *Ils ont la crainte, & par la crainte ils s'abstiennent du peché.* Et en [f] vn autre lieu, *que cette crainte par laquelle tu crains la gehenne te conserue pendant que tu ne fais pas en craignant.* Le Concile dit *La crainte par laquelle nous auons recours à la misericorde de Dieu,* & S. Augustin dit, [g] *que la crainte de la loy nous ayant humiliez, nous fait rechercher vn Liberateur & vn Sauueur, & comme vn Pedagogue, nous ameine à la foy, & à la grace ;*

---

pag. 42. quidquid boni sit timore pœnæ, malè fieri docuisse quibusdam visus est Augustinus Id alij secus habere sentiunt. Tridentini Patres decretum suum Ita temperarunt, vt gehennæ metum qua à peccando abstinemus, non esse peccatum, canone octauo sciderent.

b *Can.* 8. Si quis dixerit gehennæ metum per quem ad misericordiam Dei de peccatis, dolendo confugimus, vel à peccando abstinemus peccatum esse, aut peccatores peiores facere Anathema sit.

c *Voyez Roffensis au lieu suallegué.*

d Ps. 127 Timet ne mittatur in gehennam, bonus est & iste timor, vtilis est non quidem permanebit, &c.

e *Au mesme lieu.* Timent, & continent se à peccato, & per timorem continent se à peccato. Timent quidam, sed non amant iustitiam, cum autem per timorem continent se à peccato, fit consuetudo iustitiæ, & incipit quod durum erat amari, & dulcessit Deus.

f *Au Ser. 18. des paroles de l'apostre.* Custodiat tamen te timor iste, dum non facis timendo & veniat Charitas &c g *Au l. de la Perf. de la Iustice ch.* 19. atque ita eum timor legis humilem factum, tanquam pædagogus ad fidem gratiamque perduceret.

Il est donc tres-vray qu'en ce canon le Concile a foudroyé
vn Blasphesme de Luther: mais il est tres faux qu'ē ce canō
il n'ait pû condamner Luther qu'en adioustant à la doctrine de S. Augustin *pour la rendre Catholique en l'interpretant,*
puis qu'en ce canon le Concile ne dit rien que S. Augustin n'ait dit aussi tres expressement. La crainte de la gehenne, n'est donc pas vn peché, mais est bonne quant à sa
substāce, puis que ce n'est pas vn peché de craindre la peine du peché: mais si elle vient de l'amour propre, cōme de
sō dernier principe eile est vn peché entant qu'elle vient
de l'amour propre, parce qu'en ce sens, dit S. Thomas [a] elle
est cōtraire à la charité: que si la crainte de la peine est sub-
ordonnée à la charité, en telle sorte que nous ne craigniōs
pas la peine cōme nostre souuerain mal, mais cōme vn mal
bien moindre que la separation de Dieu, alors la crainte de
la peine, & quāt à sa substance, & quant à son principe, &
en quelque sens qu'on la regarde n'est pas vn peché, mais
vn veritable don de Dieu duquel S. Augustin dit, [b] *Nous
auons receu l'esprit de la crainte, de laquelle dit le Seigneur Iesus
luy mesme, craignez celuy qui a la puissance de perdre l'ame, & le
corps dans la gehenne.*

Il falloit donc que le Dissertateur fortifiast ce canon,
comme il a fait par le precedent pour faire voir que le
Concile de Trente a adiousté plusieurs choses necessaires
à la doctrine de sainct Augustin pour la rendre Catholique en l'interpretant; Le Dissertateur cite ce Canon sans
le rapporter, parce qu'il voyoit bien qu'il nuisoit plutost
qu'il ne seruoit à son intention, voicy quel il est [c] *Si quelqu'vn dit que toutes les œuures qui se font deuant la iustification
de quelque maniere qu'elles se fassent, sont vrayement pechez ou
meritent la haine de Dieu, ou que d'autant plus fortement que
l'on s'efforce de se disposer à la grace, on peche d'autant plus grié-
uement qu'il soit Anatheme.* Ce Canon pareillement a esté
fait contre Luther: mais pour monstrer qu'il a esté fait
aussi afin d'adiouster à la doctrine de sainct Augustin, le
Dissertateur nous donne cét aduis [d] *les Peres de Trente ont
fait la mesme chose dans le Canon septiesme pour expliquer, &
pour ramener à la regle de la verité Catholique, ce que la doctri-*

L iij

ne *Auguſtinienne ſembloit bruſquement eſtablir, que tout ce qui n'eſt pas fait par la charité eſt peché.* Mais quelle mepriſe! quel egarement! Le Cenſeur preſuppoſe icy que toutes les œuures qui ſe font deuant la iuſtification, ne viennent point de la charité ; ce qui eſt contraire au Concile de Trente, qui dit, a que ceux qui ſe diſpoſent au Bapteſme ont vn commencement de charité ; bien qu'ils n'ayent pas l'habitude méme de la charité. En ſecond lieu le Concile dit ſeulement contre Luther, que les œuures qui precedent la iuſtification ne ſont pas des pechez, & ne meritent pas la haine de Dieu, & que l'on ne peche pas dautant plus griéfuement que l'on s'efforce puiſſamment de ſe diſpoſer à la grace. Cette impieté de Luther, qu'a-t'elle de commun auec la doctrine de ſainct Auguſtin qui enſeigne à toute heure que les Catechumenes & les Penitens font de bonnes œuures deuant leur iuſtification, & que leur foy & leur repentance leur ſont inſpirées par vn vray don de Dieu? Et où eſtoit donc mon Cenſeur? à quoy penſoit-il, quand il a inferé prodigieuſement de ce canon que le Concile de Trente auoit eu deſſein d'adiouſter des choſes neceſſaires à la doctrine de ſainct Auguſtin pour la rendre Catholique en l'interpretant? Dieu vous pardonne mon Cenſeur, l'outrage que vous faites au Concile de Trente, quand vous luy imputez d'auoir eu ce but dans ſes definitiõs; mais ſouuenez-vous bien que ces inuentions de voſtre bel eſprit, & ces additions imaginaires vous cauſeront vn iour, vne veritable diminution, & vne veritable flétriſſeure de voſtre reputation dans la poſterité.

guſtiniana doctrina præfractè ſtatuere videbatur, peccatum eſſe quidquid non ex charitate fit exponerent, & ad regulam Catholicę veritatis exigerent a *Seſſ. ch* 6.illumque tamquam iuſtitiæ fontem diligere incipiunt.

CHAPITRE XI.

Où l'on refute ce que dit le Diſſertateur pour raualler l'authorité de ſainct Auguſtin.

IVſqu'icy donc voila ce qu'a dit le Diſſertateur pour nous faire croire que ſainct Auguſtin eſtoit vn eſcriuain obſcur & embaraſſé: voyons maintenant ce qu'il dit

pour deprimer son authorité. Il dit que le Pape Celeftin
affeure feulement que fainct Auguftin n'a iamais efté
foupçonné de la moindre erreur, & qu'il ne s'enfuit pas
delà que fainct Auguftin doiue eftre l'interprete du Concile de Trente. De ce tefmoignage de Celeftin, i'ay inferé neceffairement, que fi le Concile de Trente deuoit
eftre interpreté par les Anciens Peres, dans les lieux dont
le fens eft difputé parmy les Catholiques, fainct Auguftin
deuoit eftre preferé incomparablement à tous les autres
en la matiere de la Grace & de la Predeftination. Or i'ay
prouué dans la mefme lettre que le Concile de Trente
deuoit eftre expliqué par les Anciens Peres, puis qu'vn
Concile general l'expliqueroit par eux, & non par Ec-
xius, par Ruard Tapper, par Iean de Bologne, & par Didacus Stunica defquels le Differtateur s'eft rédu le Rap-
fodifte, auffi bien que des anciens Peres. Au refte il faut
que ie loüe mon Cenfeur, de ce qu'il auoüe a auffi bien
que Celeftin, qu'en la matiere de la Grace & du franc-
arbitre, on n'a iamais decouuert en fainct Auguftin aucune erreur : mais ie ne fçay comment on peut accorder fes
efcrits auec fes paroles, puis qu'il eft certain qu'il a ofé dire
b qu'on ne pouuoit fuiure fainct Auguftin auec feureté,
mefme en la matiere de la Grace & de la Predeftination.

Mais pour fleftrir l'authorité de fainct Auguftin, il a recours à vne confideration bien plus forte, quand il dit qu'il
ne s'enfuit pas que fainct Auguftin n'ait point erré, bien
que le cinquiefme Concile l'ait approuué dans toutes les
chofes qu'il a dites touchant la droite foy, puis que ce
Concile a donné la mefme approbation à plufieurs autres
Peres qui ont erré dans la foy, & de là il conclud qu'il faut
entendre c que le Concile les a approuuez touchant les
chofes qu'il venoit de definir. Mais en premier lieu quand
le Concile aprés l'Empereur Iuftinien donna cette approbation à tous ces Peres, il n'auoit rien encore definy de
particulier, mais auoit feulement declaré en general qu'il
approuuoit les quatre precedens Conciles œcumeniques
& auoit Anathematifé indefiniment tous les Heretiques.
Il eft eftrange que le Differtateur parle fi hardiment de

a Pag. 63. Maximi
quidem pro eo ac
meretur ab Ecclefia
eiufque Synodis, &
Pontificibus fem-
per factus eft, ho-
dieque fit Augufti-
nus, præfertim in
ijs controuerfiis que
ad gratiam & libe-
rum arbitrium per-
tinent, quibus nul-
lum illius erratum
deprehenfum eft
nihil quod ab folida
finceraque Theolo-
gia difcrepet.
b en Pere Fronteau
celebre Religieux.
c Pag. 59. fed & in
eo duntaxat recté
illos fentire & om-
nino fequendos effe
decernat, de quibus
tum Synodicũ iu-
dicium fecerat ; &
en la pag. 6. ad hunc
modum quod de
patribus illis quorũ
plerofque in non-

nullis aberraſſe conſtat ; quinta Synodus infinirà conſtituit.

a *Bellarm. au lin.1.de la grace & du franc-arb. ch.11.*

b *Dans ſon Ep. Synod. au Pape Celeſtin act. 5.*

c *Seſſ. 7.*

d *p. 54. Quinam hoc Dominus Abbas tueri poterit, &c.*

ce qu'il ne ſçait point, & qu'vn ſi grand homme comme luy ne ſoit mieux inſtruit de ce qui regarde vn Concile œcumenique ; En ſecond lieu ie dis que lors que le cinquieſme Concile a approuué ſainct Auguſtin & ces autres Peres, en ce qu'ils ont dit touchant la foy & la condemnation des Heretiques, la raiſon nous aprend qu'il a eu deſſein de les approuuer aux choſes qu'ils auoient enſeignées, en les propoſant comme des veritez de foy & en nous obligeant à les croire pour eſtre Catholiques. C'eſt ainſi que Bellarmin à tres bien entendu l'approbation donnée à ſainct Auguſtin par le Pape Celeſtin ; a doù vient que ce Cardinal a dit tres iudicieuſement, que ſi on pouuoit quitter vne opinion de ſainct Auguſtin quand il dit qu'elle eſt de la foy, le Pape Celeſtin n'auroit pas dit de luy qu'on ne l'auoit iamais ſoupçonné de la moindre erreur, & en ce ſens le Diſſertateur auroit bien de la peine à nous faire voir que les ſaints Peres que le cinquieſme Concile a approuuez ayent erré dans les choſes de la foy. Adiouſtez pour ſainct Auguſtin, particulierement que le cinquieſme Concile s'eſtant aſſemblé pour la defence du Concile d'Epheſe qui auoit condamné les Neſtoriens & les Pelagiens leurs Peres, il ne faut pas douter que le cinquieſme Concile en approuuant ſainct Auguſtin ne l'ait regardé principalement comme le vainqueur des Pelagiens que le Concile d'Epheſe auoit excõmuniés, b & qu'il n'ait authoriſé ſingulieremẽt ce que ce Pere auoit eſcrit en la matiere de la grace & de la Predeſtination contre les Pelagiens. C'eſt dõc auec raiſon que ie me ſuis ſeruy de l'apptobatiõ donnée à S. Auguſtin par le cinq.c Concile, & confirmée par le Concile de Florence c pour monſtrer que ſi en la matiere de la grace & de la Predeſtinatiõ, il falloit marquer vn interprete au Concile de Trente parmy les Anciens Peres, on deuroit choiſir ſainct Auguſtin preferablement à tous les autres ; Et partant que le Diſſertateur en s'applaudiſſant luy meſme nous aille dire qu'il voudroit bien voir comment ie me tireray de cette difficulté ? d Ie m'en ſuis tiré mon Cenſeur, auſſi facilement que ie me tireray de celle que vous voulez former ſur le teſmoignage du Pape Hor-

Hormiſdas, en faueur de ce ſainct dont l'authorité eſt comme vn poids qui vous opprime, & ne vous permet pas de reſpirer ; le Pape dit. [a] *Encore que tu puiſſes apprendre des liures d'Auguſtin, & particulierement de ceux qu'il adreſſe à Proſper & Hylarius, ce que croit l'Egliſe Romaine, c'eſt à dire la Catholique touchant la grace & le franc-arbitre.* Or le Diſſertateur dit que i'ay tronqué cette Epiſtre d'Hormiſdas, puis qu'elle ne dit pas ſeulement que l'on peut connoiſtre par ſainct Auguſtin quelle eſt la doctrine de l'Egliſe Romaine ſur la grace ; mais auſſi par des Chapitres qui eſtoient conſeruez dans les Archiues du S. Siege, & meſme par les Epiſtres de ſainct Paul, *toutesfois* dit le Pape, *Bien qu'en pluſieurs liures du bien-heureux Auguſtin, & principalement en ceux (qu'il eſcrits) à Hylaire & à Proſper, on puiſſe connoiſtre ce que l'Egliſe Romaine, c'eſt à dire la Catholique, ſuit & aſſeure, il y a neantmoins des Chapitres exprez contenus au Greffe de l'Egliſe ; Que ſi vous ne les auez point, & ſi vous croyez qu'ils vous ſoient neceſſaires, nous vous les enuoyerons, bien que celuy qui conſidere auec diligence les paroles de l'Apoſtre connoiſſe euidemment ce qu'il faut ſuiure,* & le Diſſertateut moraliſe ainſi ſur les paroles de ce Pape, [b] *Si vne ſi grande queſtion deuoit eſtre interpretée par les liures & par la doctrine de ſainct Auguſtin, & s'il falloit le prendre pour arbitre* (dites interprete mon Cenſeur, & non pas arbitre au regard des Conciles & des Papes) *des Synodes & des Souuerains Pontifes, pourquoy Hormiſdas ne ſe contente-t'il pas de luy ? Pourquoy renuoye-t'il Poſſeſſor aux Chapitres des Archiues Eccleſiaſtiques ? Et enfin pourquoy ſouſtient-il que les paroles de l'Apoſtre ſont plus claires & plus faciles à entendre ſur cette controuerſe ?*

Mais en premier lieu obſeruez icy qu'Hormiſdas ſuppoſe que les liures d'Auguſtin, & particulierement ceux qu'il a eſcrits à Hylaire & à Proſper, contre les Semipelagiens, peuuent nous ſuffire pour connoiſtre qu'elle eſt la doctrine de l'Egliſe ſur la grace ; Le Pape donc ſuppoſe que ſainct Auguſtin eſt aſſez clair pour nous enſeigner quelle eſt la doctrine de l'Egliſe en cette matiere : mais le Cenſeur dit contre Hormiſdas, que ſainct Auguſtin eſt

M

a *Epiſtre* 70. *à Poſſeſſor Eueſque*, de arbitrio tamen libero, & gratiâ dei quod Romana, id eſt Catholica ſequatur & aſſeueret Eccleſia ; licet in variis libris beati Auguſtini & maximè ad Hylarium & Proſperum poſſet agnoſci, tamen in ſcriniis Eccleſiaſticis expreſſa capitula continentur, quæ ſi tibi deſunt & neceſſaria creditis, deſtinabimus : quoniam qui diligenter Apoſtoli dicta conſiderat, quid ſequi debeat euidenter cognoſcat.

b *Pag.* 65. Si ex Auguſtini libris, & doctrina, tanta eſſet interpretenda quæſtio, & vnus illis arbiter Synodorum & Pontificum iudicio adhibendus, Cur eo non contentus Hormiſda ? Cur ad Eccleſiaſticorum ſcriniorum Capitula Poſſeſſorem reuocat? Cur denique clariora & intellectu faciliora de Controuerſiis iſtis, Apoſtoli eſſe dicta contendit ?

peu propre à nous l'apprendre, comme estant vn escriuain obscur & embarrassé. Hormisdas ne sçauoit pas le nouueau secret des tenebres Augustinienes dans lesquelles, selon Molina ce S. Homme estoit enueloppé quãd il combattoit les Pelagiens. En second lieu ie ne dis pas que S. Augustin ou les liures de S. Augustin soient absolument le seul moyen d'apprendre quelle est la doctrine de l'Eglise touchant la grace: mais ie dis que c'en est le moyen le plus clair & le plus resolutif, sauf le iugemẽt du Pape: puisque les choses qui se trouuent succinctement & en abregé dans l'Escriture, dans les Conciles, & dans les recueils de Chapitres, comme est celuy dont parle Hormisdas, se trouuent dans les liures de S. Augustin estenduës, distinguées, circonstanciées, & appuyées d'vne infinité de raisonnemens tres forts pour les éclaircir: donc les liures d'Augustin doiuent estre regardez comme estãs le moyen de tous le plus resolutif pour s'instruire de la Grace, puisque s'il se rencontre quelque difficulté dans les autres moyens, on doit prudemment recourir à celuy-cy pour la demesler. En troisiesme lieu, il faut obseruer que les Chapitres dont parle Hormisdas, & qui estoient gardez aux Archiues de l'Eglise ne pouuoient estre vray-semblablement que ceux que le S. Siege enuoya huict ans aprés au Concile d'Orange pour les rediger en canons, & aussi le Concile d'Orange les appelle, ^a *Des Chapitres qui luy auoient esté enuoyez du Siege Apostolique*; mais nous auons veu que si le sens de ces Chapitres, ou de ces canons estoit controuersé, la prudence vouloit qu'on les expliquast par S. Augustin duquel ils ont esté tirez; cõme aussi si nous disputons du sens de l'Apostre en la méme matiere, la prudence nous ordonne de l'interpreter par S. Augustin, qui en ce suiet est le principal expositeur de cét Apostre par le consentement de toute l'Eglise; par où l'on peut iuger de la bonne foy du Dissertateur, qui fait dire à Hormisdas ce qu'il ne dit point; qu'en cette matiere l'Apostre soit plus clair que S. Augustin, bien qu'il soit certain que cét Apostre seul puisse suffire pour conuaincre des esprits libres & non preoccupez. C'est donc vous qui auez alteré l'E-

piſtre d'Hormiſdas , & non pas moy qui en ay rapporté
fidellement ce qui faiſoit à mon propos. I'auoüe neantmoins que i'ay eu tort , & que ie deuois rapporter entierement le texte d'Hormiſdas. Car on auroit veu que ſelon ce
Pape , la doctrine de ſainct Auguſtin , eſt ſi eſtroitement
liée auec la doctrine du S. Siege , & auec la doctrine de
l'Apoſtre , qu'on ne peut condamner celle de ſainct Auguſtin ſans condamner celle du S. Siege , & meſme celle
de l'Apoſtre; Mais pourquoy le Pape Hormiſdas renuoye-
t'il l'Eueſque Poſſeſſor des liures de ſainct Auguſtin aux
Chapitres Eccleſiaſtiques , & des Chapitres Eccleſiaſtiques aux Epiſtres de l'Apoſtre? Il renuoye poſſeſſor de S.
Auguſtin à ces chapitres , afin que cét Eueſque viſt tout
d'vne veuë les principaux dogmes de la foy qui ſont reſ-
pandus en diuers liures de ſainct Auguſtin; & il le renuoye
enfin aux Epiſtres de l'Apoſtre, pour monſtrer quelle eſtoit
la ſource de la doctrine de l'Egliſe , & quelle en eſtoit l'authorité , puis qu'elle ſe trouuoit clairement fondée ſur les
Epiſtres de ſainct paul. Mais tout cela n'empeſche pas que
lors qu'il ſe rencontre quelque difficulté , ou dans les chapitres de l'Egliſe, ou dans les Epiſtres de ſainct Paul, on ne
doiue prudemment conſulter ſainct Auguſtin qui les a ſi
amplement & ſi diligemment expliquées dans ſes liures.

Comme donc en tout moyen d'apprendre, on peut y re-
querir trois choſes, l'authorité, la briefueté & la clarté ;
Hormiſdas renuoye Poſſeſſor aux Epiſtres de ſainct Paul
à cauſe de leur authorité ; aux chapitres Eccleſiaſtiques à
cauſe de leur briefueté , & aux liures de ſainct Auguſtin à
cauſe de leur clarté ; qui doit eſtre preferée à la clarté , &
des chapitres Eccleſiaſtiques & des Epiſtres de S. Paul,
puis que ces chapitres & ces Epiſtres ſe doiuent interpreter par les liures de ce Pere pour les conſiderations que
nous venons de dire. Et qui eſt-ce donc qui n'auroit pitié
du Diſſertateur qui ſe chante luy meſme ſon Triomphe
auec cette demande d'Orateur? *l'Eſcriuain de l'Epiſtre ne ſe*
perce t'il pas luy meſme comme de ſes propres aiſlerons par les pa-
roles d'Hormiſdas qu'il a rapportées & tronquées & couppées
par moitié , c'eſt vous diſie qui les auez falſifiees & non pas

Non ne iis Hormiſ-
dæ verbis, quẹ trun-
cata & dimidiata
protulit Epiſtolæ
ſcriptor abbas, velut
pinnis ſuis ipſe con-
figitur?

M ij

moy. Mais vous eussiez fait sagement, mon Censeur, de taire & de supprimer ce tesmoignage d'Hormisdas comme vous auez teu en habile Orateur, & laissé sans response celuy-cy de Iean second [a], *Augustin dont l'Eglise Romaine suit & garde la doctrine selon les ordonnances de nos predecesseurs ;* comme vous auez teu & laissé sans response celuy-cy de Boniface [b] second , *Puis que plusieurs Peres & PAR DESSVS TOVS AVGVSTIN d'heureuse memoire , ont traité cette matiere.* Comme vous auez teu & laissé sans response celuy-cy de Clement huictiesme : [c] *plusieurs Papes nos predecesseurs ayant soustenu si puissamment la doctrine de sainct Augustin touchant la grace , il semble qu'ils ayent voulu la laisser à l'Eglise par vn droit hereditaire : & il n'est pas iuste que ie souffre que l'Eglise soit priuée de cette espece d'heritage & de succession.* Ie vous en supplie donc, mon Censeur, laissez cette dot à l'Espouse de Iesus-Christ , & ne la reduisez pas à la pauureté de Molina.

CHAPITRE XII.

Où est refuté ce que le Dissertateur allegue apres quelques Heretiques , pour prouuer que sainct Augustin a erré dans la foy.

C'Est là ce que le Dissertateur a dit pour affoiblir l'authorité de sainct Augustin : voyons ce qu'il dit pour flestrir la foy de ce sainct Docteur , & pour monstrer qu'il a erré. Il dit que sainct Augustin a crû que l'Eucharistie estoit necessaire aux enfans, & que c'est vne erreur que le Concile de Trente à condamnée par vn Canon exprez ; & mon [d] Censeur a mesme la franchise d'auoüer que le Pape Innocent a encore esté dans la mesme erreur. Il est estrange de ne pouuoir prouuer que sainct Augustin a erré que par des raisons qui prouuent que le Pape peut errer [e] agissant en Pape, & respondant solemnellement à des Conciles : Mais & le Pape Innocent & sainct Augustin

a *En l'Epistre à quelques Senateurs.*

b *En sa confirmation du Concile d'Orange.* Et præ cæteris beatæ recordationis Augustinus Episcopus. c *Dans les actes des Conferences.*

d *Pag.* 57. Eandem & Augustini & Innocentij primi sententiam fuisse testatur eruditissimus Iohannes Maldonatus.

e *Le Pape Innocent en sa response au Concile de Mileue,* Illud verò quod eos vestra fraternitas asserit prædicare , paruulos æternæ vitæ præmiis, etiam sine baptismatis gratia posse donari persa-

font exempts d'erreur en ce ſujet, & ie ne ſuis pas le premier qui en ay iuſtifié ſainct Auguſtin contre les Heretiques, qui la luy ont reprochée auſſi bien que mon Cēſeur;
Ceux qui ont imprimé ſainct Auguſtin, comme obſerue
a Poſſeuin Ieſuite ont fait vne liſte des erreurs qu'on luy
impoſe fauſſement; & ils y mettent celle-cy, que ce Pere
a crû que l'Euchariſtie eſtoit neceſſaire aux enfans: & à
cela que reſpondent-ils? Il eſt faux; ie reſponds de meſme à mon Cenſeur; Il eſt faux; ſainct Auguſtin ne l'a pas
crû, & le Diſſertateur qui eſt ſi habile-homme, ne deuoit
pas ignorer, ce que du Perron le grand Cardinal a reſpon-
du à Caſaubon, qui eſcriuant au nom du Roy d'Angle-
terre, s'eſtoit ſeruy du meſme argument que mon Cenſeur, pour faire voir que ſainct Auguſtin auoit erré dans
la foy. Mais l'Illuſtre du Perron enſeigne doctement que
ſainct Auguſtin a ſeulement crû que l'Euchariſtie eſtoit
neceſſaire aux enfans, ou en effet, ou en vœu, & que ce
vœu de l'Euchariſtie eſtoit enfermé dans le Bapteſme.
comme ce Cardinal le monſtre clairement par le teſmoignage de ſainct auguſtin, ou de ſainct Fulgence raiſon-
nant par ſainct Auguſtin; en voicy le texte cité par Beda
& traduit ainſi par le meſme Cardinal, comme s'il eſtoit
de ſainct Auguſtin meſme, *Il ne faut douter en aucune ſorte
que chacun des fideles ne ſoit fait participant du corps & du ſang
du Seigneur, quand il eſt fait membre de Chriſt au bapteſme, &
que cettuy-là n'eſt point alliené de la participation de ce pain, encore que deuant que de manger de ce pain & boire de ce Calice, il
parte de ce ſiecle conſtitué en l'vnité du corps de Chriſt: Car il n'eſt
point priué de la participation du benefice de ce Sacrement-là
quand il trouue en ſoy ce que ce Sacrement-là ſignifie.*

    Adiouſtez que lors que ſainct Auguſtin dit, que l'Eu-
chariſtie eſt neceſſaire aux enfans, il deſigne ordinairement l'vne & l'autre eſpece de l'Euchariſtie; & il ſçauoit
bien neantmoins qu'en Affrique meſme, comme le teſmoigne ſainct Cyprien, c on ne communioit les enfans
que ſous l'eſpece du vin: A quoy ſans doute ſainct Auguſtin viſe en ces paroles rapportées par le Diſſertateur,
pourquoy ne reçois-tu pas au Royaume de Dieu vne image de

tuum eſt : niſi e-
nim manducaue-
rint carnem filij
hominis, & bibe-
rint ſanguinem eius
non habebunt vitā
in ſemetipſis; qui
autem hanc eis ſine
regeneratione de-
fendunt, videntur
mihi ipſum baptiſ-
mum velle caſſare,
cum prædicant hos
habere, quod in eos
creditur non niſi
baptiſmate confe-
rendum.
a *Voyez Poſſeuin ſous
le mot Auguſtin.*

b *En ſa Replique au
Roy de la grand Bre-
tagne, ſur la troiſieſ-
me Obſeruat ch. 11.
pag. 195.*

c *Aulis* de Lapſis.

d *Pag.* 57. Cur nec tu
admittis in regnum
Dei, nullum habeu-

Dieu, qui selon toy n'a aucun merite de peché? Pourquoy admi-
nistre-t'on le sang qui estant tiré de la similitude de la chair du pe-
ché, a esté respandu pour la remissiõ des pechez, que l'enfant doit boi-
re (c'est à dire en vœu, ou en effet) afin qu'il puisse auoir la uie,
s'il ne vient à la mort par aucune origine de peché? Il ne faut donc
pas prendre à la rigueur, & à l'escorce de la lettre ce que
S. Augustin escrit en ce sujet: mais quãd il dit que l'Eucharistie est necessaire aux enfans; il faut entendre propremẽt
qu'elle leur est necessaire quãt à son effet, qui est de les in-
corporer en l'Eglise, & par cõsequẽt le Baptesme seul leur
peut suffire, puisque le Baptesme seul peut produire cet effet, ainsi que nous venons de voir. Aussi ne se trouue-t'il
pas que S. Augustin ait iamais dit en termes exprés, qu'vn
enfant seroit damné si aprés auoir receu le Sacrement du
Baptesme, il ne receuoit pas celuy de l'Eucharistie; &
bien que saint Augustin die tant de fois simplement & absolument que l'Eucharistie est necessaire aux enfans; cela
n'empesche pas qu'il n'ait estimé que le Baptesme qui
comprend le vœu de l'Eucharistie, suffisoit pour les sauuer: comme bien qu'il die tant de fois absolument & simplement que le Baptesme est necessaire aux adultes, cela
n'empesche pas qu'il n'ait iugé que la charité qui enferme le vœu du Baptesme suffisoit pour les sauuer; ᵃ*Combien*
est puissant, dit-il, sans le Sacrement visible du Baptesme, ce que
l'Apostre dit; on croit de cœur à iustice, & la Confession se fait de
bouche à salut; on l'a veu dans le Larron: Mais cela s'accomplit
inuisiblement lors que le point de la necessité, & non le mespris de
la Religion exclut le ministere du Baptesme.

Mais pourquoy S. Augustin & le Pape Innocent, direz-
vo⁹, obiectoiẽt-ils plustot aux Pelagiẽs la necessité de l'Eucharistie, que la necessité du Baptesme, pour prouuer dans
les enfans le peché Originel? Le Dissertateur en a touché
luy mesme la rasõ, qu'il auoit aprise du Cardinal du Perrõ;
les Pelagiens disoient que les enfans morts sans Baptesme
auroiẽt la vie eternelle, bien qu'ils n'eussent pas le Royaume des Cieux; Or l'Escriture dit bien que sans le Baptesme, on n'entrera point au Royaume de Dieu, mais elle
ne dit point que sans le Baptesme on n'aura point la vie

Marginal notes:

tem secundum te meritum peccati, imaginem Dei: cur ministratur sanguis qui de similitudine carnis peccati in remissionem fusus est peccatorum quẽ bibat paruulus vt habere possit vitam, si de nulla peccati origine, venit in mortem?

a *Au liu. 4. du Baptesme, contre les Donatistes* ch. 22. quantum itaque valeat, etiam sine visibili Sacramento Baptismi, quod ait Apostolus, corde creditur ad iustitiam; ore autem Confessio fit ad salutem, in illo Latrone declaratum est; sed tunc impletur inuisibiliter cum ministerium baptismi, non religionis contemptus, sed articulus necessitatis excludit.

eternelle comme elle dit de l'Eucharistie, *si vous ne mangez la chair du Fils de l'homme & ne beuuez son sang, vous n'aurez point la vie eternelle*: & pour cette cause S. Augustin, & apres luy le Pape Innocent, se seruoient plustost contre les Pelagiens de l'exemple de l'Eucharistie que de l'exemple du Baptesme, pour monstrer que les enfans qui ne sont point faits membres de l'Eglise par quelque Sacrement, n'auront point la vie eternelle, mais vne eternelle mort.

Et ainsi mon Censeur vous pouuiez apprendre pour quelle raison Innocent premier alleguant ces paroles, *si vous ne mangez la chair du Fils de l'homme*, &c. pour monstrer que les enfans ne pouuoient auoir sans le Baptesme la vie eternelle, a tousiours parlé du Baptesme seul, & n'a pas dit vn mot de l'Eucharistie, témoignãt par là bien euidemment, que l'on pouuoit satisfaire à ce commandemẽt, *si vous ne mangez la chair du Fils de l'homme*, &c. en receuant le Baptesme seul, parce que le Baptesme en nous inserant au Corps mystique du Sauueur, contenoit en vœu & en vertu vn des plus grands effets de l'Eucharistie, qui est de nous faire membres de l'Eglise Catholique, dans laquelle ceux qui ne meurent pas, perissent, & dans laquelle ceux qui meurent viuent & se sauuent eternellement.

Mais quand saint Augustin auroit erré, ce qui n'est point du tout, dans la doctrine des Sacremens, parmy lesquels l'Eucharistie tient le premier lieu; il ne sensuyuroit pas qu'il eut erré en la doctrine de la grace & de la predestination qui consiste toute, à sçauoir que l'homme estant malade, il a eu besoin que Dieu le guerit par la grace du Sauueur: mais comment cette grace du Sauueur doit estre appliquée à l'homme infirme par des moyens externes tels que sont la predication & les Sacremens, c'est vn autre point de la Theologie qui n'appartient pas formellement à celuy de la grace & de la predestination : & aussi comme il y a grande difference entre la doctrine de la grace & celle des Sacremens, on a tousiours mis grande difference entre les liures que sainct Augustin a faits pour soustenir la grace contre les Pelagiens, & les liures qu'il a faits pour souftenir l'Eglife & les Sacremens contre les Donatiftes : C'eft pourquoy le Differtateur me fait pitié quand il efcrit que cette opinion de fainct Auguftin touchant l'Euchariftie, eft liée & enlacée auec les opinions de ce fainct Docteur touchant la grace & la predeftination : & il ne laiffe pas neantmoins icy de fe faire fefte & de fe conioüir luy mefme de fon imaginaire victoire, quand il dit, ^a *Ie penfe que l'Autheur de l'Epiftre s'apperçoit dans quels filets il s'eft engagé*, ^b & vn peu plus bas dans le mefme efprit il ofe m'aduertir que ie me garde de la foudre du Concile de Trente qui condamne cette erreur de faint Auguftin : mais cette erreur n'eft point de faint Auguftin, & la foudre d'vn Concile que i'honore auec tant de reuerence, & dont ie fouftiens contre vous la dignité par la mifericorde de Dieu auec tant de foin, ne me menacera iamais.

Cependant, mon cher Lecteur, remarquez bien que le Differtateur qui eft fi habile & fi fçauant ayant fait tous fes effors pour trouuer des erreurs en faint Auguftin n'a pû iamais en trouuer qu'vne, mais fauffe, chimerique imaginaire ; puis qu'elle luy eft commune auec vn grand Pape qui l'auroit iamais efcrite & enfeignée agiffant Pape, & en refpondant aux Conciles Affriquains, fi elle eftoit vne veritable erreur au fens qu'il l'a efcrite, & qu'il l'a enfeignée apres faint Auguftin. Il eft vray que mon Cenfeur, au mefme lieu où il veut monftrer qu'il fe peut bien faire que faint Auguftin ait erré, quoy que le cinquiefme Concile l'ait approuué generallement touchant la foy ; aduance ^c hardiment que l'Eglife vniuerfelle où tous les Theologiens ou plufieurs Theologiens des plus eminens, ont reprouué beaucoup de dogmes importans de faint Auguftin : mais ce que vous dites de l'Eglife vniuerfelle, mon Cenfeur, eft faux, car elle n'a iamais condamnent d'erreur à faint Auguftin, & ce que vous dites de tous les Theologiens eft faux encore pour la mefme raifon : & enfin quant à ce que vous dites de plufieurs Theologiens qui condamnent quelques dogmes de faint Auguftin, ie vous declare hardiment que ie les condamne

en

en cela mesme qu'ils le condamnent parce que l'Eglise qui est ma regle de iuger ne le condamna iamais. Ce sont ces erreurs que vous vous figurez en saint Augustin qui vous ont fait faire artificieusement & scandaleusement les obseruations suiuantes.

CHAPITRE XII.

La comparaison absurde que fait le Censeur entre l'approbation donnée subrepticement à Marcel d'Ancyre par le Concile de Sardique, auec l'approbation donnée à S. Augustin par l'Eglise Catholique, & l'abus estrange que fait ce Censeur d'une maxime de Sainct Augustin, l'employant temerairement & ridiculement contre sainct Augustin mesme.

VOvs dites que le Concile de Sardique ayant approuué Marcel d'Ancyre & son Liure, on trouua depuis que l'vn & l'autre estoit Heretique, & vous voulez qu'on infere de là que le Concile de Trente pourroit bien auoir corrigé les liures de saint Augustin, quoy que l'Eglise autrefois les eut approuuez. Ce raisonnement est Sophistique, & iniurieux non seulement à saint Augustin, mais encore aux Papes, aux Conciles, aux Peres, aux Docteurs, qui ont approuué les liures de saint Augustin auec tant d'Eloge & auec tant d'admiration. Quant à Marcel d'Ancyre qu'a-t'il de commun auec saint Augustin ? Marcel d'Ancyre fit approuuer son liure au Concile de Sardique en donnant des explications saines & Orthodoxes aux lieux ambigus de son liure, dans lesquels ils auoit caché le venin de son erreur : de cette sorte il est bien facile de surprendre vn Concile mesme œcumenique. C'est ainsi que Celestius surprit le Pape Sozime & les Clercs de l'Eglise Romaine, & leur fit approuuer son liure, ou il

N

auoit couuert foubs des termes équiuoques la pefte de fon
Herefie, & c'eft ainfi qu'Eutychez furprit le Pape fainct
Leon ª en fe feruant du mefme artifice: mais cette Hiftoire
de Marcellus & de Celeftius, peut-elle eftre appliquée fans
vne hardieffe, ou fans vne mefprife intolerable à fainct.
Auguftin, & à fes liures, & particulierement à ceux qu'il
a compofez pour la deffenfe de la grace? Marcellus eftant
accufé d'erreur fe couurit pour vn temps auec les artifices
dont les criminels ont accouftumé d'vfer comme fit Celeftius à Rome, & Pelagius à Diofpolis; & S. Auguftin
ne fut iamais taché ny foupçonné de la moindre erreur,.
comme dit le pape Celeftin. Le liure de Marcellus ayant
efté dechiffré incontinent apres, & la fourberie de fes
equiuoques ayant efté connuë, il fut auffi toft flétry &
condamné comme vn liure heretique; & les liures de S.
Auguftin, & fur tout ceux qu'il a efcrits contre l'herefie
pelagienne ont efté leus, eftudiez, examinez par tous les
papes, par tous les Conciles, par tous les peres, par tous
les Docteurs deuant le Còncile de Trente durant l'efpace
de plus d'onze fiecles, non feulement fans plainte, fans
Cenfure, fans y trouuer aucune erreur, mais encore auec
la loüange, auec l'approbation, auec l'admiration de toùs
les Papes, de tous les Conciles, de tous les peres, de tous
les Docteurs, qui les ont leus, eftudiez, examinez durant
tant des fiecles; & apres cela on ofera dire qu'il fe pourroit faire que le Concile de Trente, les euft corrigez ou
mefmes condamnez: comme on n'a pas feulement corrigé, mais condamné le liure de Marcellus, & celuy de Celeftius qui ne parurent Catholiques qu'vn moment de
temps, à l'ombre de leurs fourbes & de leurs equiuoca-
tions?

Par cette nouuelle regle & par ce nouueau principe du
Differtateur, on ne feroit pas affeuré s'il n'y a point d'erreur dans les Epiftres de fainct Cyrille, bien que le Concile d'Ephefe les ait approuuées, parce que le liure de Marcel a efté condamné, bien que le Concile de Sardique
l'eut approuué auparauant. Par la mefme regle on ne feroit pas affeuré s'il n'y a point d'erreur dans l'Epiftre du

Pape Leon , bien que le Concile de Chalcedoine l'ait ſi
fort loüée & admirée : car ſelon les maximes du Diſſertateur , le pape Leon auroit pû errer en eſcriuant au Concile
de Chalcedoine ; comme auſſi ſelon les principes du Diſſertateur le pape Innocent eſcriuant aux Conciles Affriquains auoit erré , diſant que l'Euchariſtie eſtoit neceſſaire aux enfans : mais nous auons monſtré cy-deſſus
qu'il l'auoit dit en vn bon ſens. Par la meſme regle on ne
ſeroit pas aſſeuré qu'il n'y eut point d'erreur dans l'Epiſtre
du pape Agathon , bien que le ſixieſme Concile l'ait com-
blée de tant d'approbations, parce que le liure de Marcellus a eſté condamné , bien que le Concile de Sardique
l'eut approuué auparauant. Par la meſme regle , on ne ſeroit pas aſſeuré que les liures Canoniques fuſſent liures
Canoniques , bien que l'Egliſe Vniuerſelle les ait declarez tels , parce que le liure de Marcellus a eſté condamné,
bien que le Concile de Sardique l'eut approuué auparauant : ce que ie ne dis pas pour egaler, à Dieu ne plaiſe, l'authorité de ſainct Auguſtin à celle des liures Canoniques;
mais ie fais voir par ces exemples où nous meinent les ſail-
lies de voſtre grand eſprit , & à quel precipice nous con-
duiſent les agreables fleurs de voſtre ſçauoir en l'hiſtoire
Eccleſiaſtique. Par la meſme regle , vn Concile pourroit
condamner ſainct Auguſtin touchant les meſmes points
de la predeſtination & de la grace , dans leſquels les Papes
& les Conciles precedens l'ont approuué , comme l'E-
gliſe a condamné & anathematiſé Marcel d'Ancyre en
la matiere meſme de la Trinité, dans laquelle auparauant
le Concile de Sardique l'auoit approuué ; & par la meſme
regle vn Concile pourroit condamner ou les Epiſtres de
ſaict Cyrille à Neſtorius , & aux Orientaux , ou celles de
de ſainct Athanaſe à Epictete dans la matiere meſme de
l'Incarnation , dans laquelle le Concile d'Epheſe & celuy
de Chalcedoine les auoient receuës & authoriſées comme
Marcel fut condamné dans la matiere meſme de la Trinité , dans laquelle le Concile de Sardique l'auoit auparauant iugé Catholique. Et ainſi mon Cenſeur par voſtre bel
exemple, il ne faudroit pas trouuer eſtrange qu'vn Syno-

de Oecumenique condamnaſt ſainct Auguſtin dans les meſmes points touchant la grace, dans leſquels les Papes & les Conciles l'ont tant de fois loüé & authoriſé, comme Marcel d'Ancyre a eſté foudroyé par l'Egliſe Catholique dans le meſme point de la Trinité, dans lequel le Concile de Sardique, mal-heureuſement ſurpris par les artifices de cét heretique, l'auoit approuué.

Or le defaut eſtrange de la comparaiſon dont vous vous ſeruez icy, paroiſt ouuertement en ce qu'il y a grande difference entre vn liure approuué pour vn temps, à la faueur de quelques fraudes qui ſe manifeſtent incontinent apres, & tels eſtoient le liure de Marcellus, celuy de Celeſtius, & celuy d'Euṭychés, [a] approuuez par S. Leon : & des liures approuuez generalement & couſtumment par tous les Papes & par tous les Conciles, par tous les Peres, par tous les Docteurs, par tous les Siecles, s'entrereſpondant & s'entr'appuyant, s'il faut dire ainſi, vnahimement les vns les autres ; & tels ſont les liures de ſainct Auguſtin, & particulierement ceux qu'il a compoſez contre les erreurs des Pelagiens. Cela eſtant nous direz vous peut eſtre que comme il y auoit des equiuoques dans le liure de Marcellus, & dans celuy de Celeſtius, il ſe peut faire qu'il y en ait auſſi dans ceux de ſainct Auguſtin, mais que cét equiuoque des liures Auguſtiniens, ayant eſchappé à tous les yeux de prez d'onze ſiecles, il a fallu que Catarin, & aprez luy Molina, qui fait voir à Dieu par la ſcience moyenne, ce que Dieu ne voit point, les viſſent enfin, les decouuriſſent, & les reuelaſſent au grand opprobre de toute l'Egliſe qui n'auoit pû les voir auant que ces nouueaux maiſtres fuſſent nez.

C'eſt donc mal à propos mon Cenſeur, & tres mal à propos que vous alleguez cette maxime de ſainct Auguſtin, de laquelle vous dites que vous ne ſçauez point ſi elle n'a pas lieu au regard de ſainct Auguſtin meſme, que les Conciles generaux ſont ſouuent corrigez par ceux qui viennent aprez eux ; Cette maxime de ſainct Auguſtin eſt tres veritable au ſens qu'il l'a eſcrite, mais il eſt faux qu'elle ait lieu, comme vous penſez, au regard de ſainct Augu-

[a] Sup. Voyez la 5. ſeſſ. du 5. Concile.

Art. 60. ac neſcio num propriè locum hic habere debeat Auguſtini ſanè difficilis, & cautè temperanda ratio, quam expoſuimus ſuprà, &c.

ftin mesme : Car les Conciles generaux qui l'ont approuué n'ont iamais esté pour ce suiet corrigez par les nouueaux. Mais en alleguant cette maxime de sainct Auguftin, contre sainct Augustin, il est aisé de voir que vous le
percez, ou que vous essayez de le percer doublement par
ses propres armes? Premierement en ce que vous pretendez que cette sentence de ce Pere se verifie dans luy mesme, comme si les anciens Conciles qui l'ont approuué a-
uoiét en cela esté corrigez ou reformez par les nouueaux?
Secondement en ce que vous rendez autant que vous
pouuez suspecte ou d'erreur ou d'imprudence cette méme
maxime, en disant qu'à la verité elle est difficile, & qu'il
faut la temperer discretement ; [a] mais si cette maxime est
si difficile, & s'il est si necessaire de la temperer discretement, pourquoy auparauant auiez vous dit que ces paroles qui la suiuent immediatement, *quand par quelque ex-*
perience des choses, ce qui estoit fermé vient à s'ouurir ; demon-
strent & font connoistre assez que sainct Augustin ne parle pas des choses de la foy qui sont immuables, mais des
faits particuliers qui sont suiets au changement? Et ainsi
vous dites en vn lieu qu'il est aisé d'expliquer cette maxime, & en vn autre lieu, vous dites qu'elle est difficile, &
qu'il faut la temperer discretement.

a Le Dissertateur en
la pag. 61.

Mais la voicy toute entiere pour ce qui regarde les Conciles, [a] *qui est-ce qui ne sçait que les Conciles qui se font dans les*
Regions & dans les Prouinces, cedent sans difficulté à l'authorité
des Conciles pleniers & assemblez de tout l'Vniuers? & que mesme
les Conciles pleniers qui sont plus anciens, sont souuent corrigez par
les posterieurs, lorsque par quelque experience des choses ce qui
estoit fermé vient à s'ouurir? En premier lieu donc sainct
Augustin ne parle pas icy des choses de la foy : Le Dissertateur auoüe qu'on le voit assez clairement par ces paroles, *lorsque par quelque experience des choses ce qui estoit fermé*
s'ouure : Car en effet les choses de la foy ne tombent par
sous l'experience & sous la cognoissance de nos sens. En
second lieu l'on voit au chapitre suiuant que sainct Augustin suppose que les Conciles vniuersels peuuent errer
de la mesme sorte que S. Pierre auoit erré [b] quand il fut

a Au liu. 2. du Bapt.
contre les donat. ch. 3.
Quis autem nesciat
&c. Ipsa Concilia
quæ per singulas re-
giones vel prouin-
cias fiunt, plenario-
rum Conciliorum
authoritati, quæ
fiunt ex vniuerso or-
be Christiano, sine
vllis ambagibus ce-
dere : ipsaque ple-
naria sæpe priora
posterioribus emen-
dari, cum aliquo
experimento rerum
aperitur quod clau-
sum erat & cogno-
scitur quod latebat,
b Le mesme chap. 4.
Si enim Petrú lau-

N iij

dat & prædicat ab vno posteriore Collega patienter concorditerque correctum, quantò citius ipse, cum Concilio prouinciæ suæ vniuersi orbis authoritati patefactâ veritate cessisset, &c.

repris par sainct Paul : Or sainct Austustin à t'il iamais pensé ou iamais enseigné que sainct Pierre pût errer aux choses de la foy; Il n'a donc pas crû que les Conciles generaux pussent errer aux choses de la foy ; puisque il a crû seulement qu'ils pouuoient errer de la mesme sorte que sainct Pierre auoit erré. En troisiesme lieu, sainct Augustin suppose en ce mesme Chapitre que l'authorité de l'Eglise Vniuerselle estoit enfermée dans le Concile Vniuersel : or a t'il iamais crû que l'Eglise vniuerselle peut errer aux choses de la foy ; il n'a donc pas cru que les Conciles generaux qui representent l'Eglise vniuerselle pussent errer aux choses de la Foy. Et de vray mon Censeur dites moy quels Conciles generaux auoient esté tenus deuant sainct Augustin ? le Concile de Nicée, le Concile de Sardique & le Concile de Constantinople. Mais ces trois Conciles se sont ils corrigez ou reformez les vns les autres aux choses de la foy ? où plustost ne se sont ils pas appuyez & confirmez les vns les autres aux choses de la foy ? Quand donc sainct Augustin escrit que les plus anciens Conciles generaux sont corrigez souuent par les posterieurs, il n'a pas entendu qu'ils se corrigent quant aux choses de la foy, dans lesquelles ils ne peuuent errer comme estans conduits de l'Esprit de Dieu : mais quant aux choses de fait & d'experience dans lesquelles ils peuuent se tromper, ou estre trompez comme nous en demeurons tous d'accord. Concluons donc que l'on ne prouue point par l'exemple scandaleux de Marcellus d'Ancyre, que le Concile de Trente ait pû corriger sainct Augustin aux choses, dans lesquelles les anciens Conciles l'ont approuué ; & qu'on ne peut appliquer ny à sa personne ny à ses liures, ce qu'il a dit luy mesme si iudicieusement que les anciens Conciles Vniuersels estoient souuent corrigez par les posterieurs.

CHAPITRE XIII.

Où l'on fait voir la legereté du Differtateur, qui pour combatre la liaifon de la doctrine de fainct Auguftin, ofe reprocher à l'Autheur de la lettre d'auoir dit que la predeftination gratuite eftoit vn poinct de foy.

C'Eft là tout ce qu'a dit, & tout ce qu'a pû dire le Differtateur iufques à maintenant, pour combatre, ou la clarté du ftile de faint Auguftin, ou fon authorité, ou fa pureté dans la foy. Voyons à cette heure ce qu'il dit pour deftruire la liaifon que i'ay reprefentée entre les poincts de la doctrine de ce Sainct touchant la grace. Il dit que i'ay douté fi le Concile de Trente auoit approuué fainct Auguftin en toutes les chefs de fa doctrine dans la grace: mais il fe refute incontinent & fe reprend luy-mefme, en reconnoiffant que ie n'en ay pas douté, & que i'ay dit feulement que tous les Theologiens demeuroient d'accord, que le Concile de Trente auoit fuiuy faint Auguftin, au moins en quelques poincts de fa doctrine touchant la grace. Mais mon Cenfeur, fi ce que vous auiez dit eft raifonnable, pourquoy le refutez-vous? & s'il n'eft pas raifonnable pourquoy l'efcriuiez-vous? I'ay donc dit, non pas timidement, comme mon Cenfeur veut faire croire, mais hardiment & hautement, comme ie fais encore, que du confentement de tous les Theologiens le Côcile deTrente auoit fuiuy S. Auguftin, au moins en quelque poinct de fa doctrine, bien qu'en mon particulier ie ne doutaffe point qu'il ne l'eut fuiuie en tous: & ce fondement eftant pofé que tous les Theologiens demeuroient d'accord que le Concile de Trente auoit fuiuy la doctrine de S. Auguftin au moins en quelques chofes; i'ay dit qu'il falloit inferer de là qu'il l'auoit approuuée en tous, puis qu'il n'ignoroit pas la liaifon eftroite qui attache tous les poincts de la Theologie de ce Pere fi indiffolublement; que fi nous en admettons vn feul, nous deuons admettre tous les autres.

a S.almeron sur le ch. 8. de l'Epist. au Rom. tertius erat modus dicendi quod à præuisione meritorum penderet prædestinatio, qui quidem fallus est, & vt Pelagianum dogma, ab Augustino confutatus, & vt dogma Caluini confutandum, qui Deum malorum causam esse prædicat.

b Infertur ergo prædestinationis certitudinem, non ab operum bonorum præsentia, sed à benigna Dei prouidentia proficisci

c *Disp.* 10. quidam id circòvellent, quæstionem de prædestinatione perpetuo silētio sepeliri, quod instar labyrinthi cuiusdam &c. sed cum hæc illorum sententia cum scripturis apertè repugnet, quæ nos ad perscrutandas litteras hortantur &c. eorum sanè opinioni acquiescere non possumus.

d *De la grace & du franc arb. liu. 2. ch. 11.* Itaque sedes Apostolica non tantnm semel, sed etiam secundo & tertio, aduersus Pelegianorū reliquias pro defensoribus gratiæ aut prædestinationis, sententiam tulit; vt iam hæc sententia non quorumuis doctorum opinio, sed fides Ecclesiæ Catholicæ dici debeat.

Il reste à voir ce que vous dites, mon Censeur, contre cette chaisne des sentimens Augustiniens, non fabuleuse & imaginaire cóme celle d'Homere qui vous plaist si fort, mais reelle, solide & inuincible à toutes les subtilitez de vos Dissertations. Vous me reprochez de n'auoir pas eu honte de presupposer dans cet enchaisnement de la doctrine de S. Augustin, que la predestination de Dieu deuant la preuision de nos merites estoit vn poinct de foy. O l'estrange impieté! mais il faut que Salmeron & Bellarmin Iesuites l'vn & l'autre rougissent auec moy, d'auoir osé la proferer. Car Salmeron qui a assisté au Concile de Trente, & de qui vous dites qu'il auoit beu sa science dans le sein du Pape, n'a pas eu honte d'escrire ces paroles, a *La troisiesme façon de dire estoit que la predestination dependoit de la preuision des merites, laquelle maniere est fausse, & a esté refutée par sainct Augustin comme vn dogme Pelagien; & il faut la refuter comme le dogme de Caluin, qui asseure que Dieu est la cause des maux;* Et vn peu plus bas Salmeron b *dit, on infere donc, que la certitude de la predestination ne procede pas de la prescience des bonnes œuures, mais de la benigne prouidence de Dieu.* Et auparauant il auoit c *dit, que ceux-là s'opposent à l'Escriture saincte, qui murmurent contre la predestination, & qui seroient d'aduis qu'au lieu de la prescher, on l'enseuelit dans vn perpetuel silence.* Souuenez-vous donc, mon Censeur, que ce Docteur vostre Confrere est d'aduis qu'on vous refute comme Caluin mesme; si vous osez dire que la predestination diuine suiue la preuision de nos merites.

Et quant à Bellarmin il ne rougit pas aussi, & n'a pas de honte d'escrire ces paroles. d *Et partant le Siege Apostolique n'a pas seulemeut prononcé vne seule fois, mais pour la deuxiesme, & pour la troisiesme fois contre les restes des Pelagiens pour les defenseurs de la grace & de la predestination; en telle sorte que cette doctrine ne doit pas estre dite vne opinion de quelques Docteurs vulgaires:* MAIS LA FOY DE L'EGLISE CATHOLIQVE. Et ce grand Cardinal auoit allegué pour l'establissement de cette verité; e en premier lieu S. Augustin qui ne rougit pas de dire. *Ie sçay que personne n'a pû*

disputer

disputer sans erreur contre cette predestination que nous defendons suiuant les Escritures sainctes, & en vn autre lieu, l'Eglise de Iesus-Christ a tousiours eu la foy de la predestination, qui est defenduë auec vn nouueau soin contre les nouueaux Heretiques. Ce grand Cardinal auoit allegué en second lieu sainct Prosper qui n'a pas honte & ne rougit pas de dire. *Il n'y a point de Catholique qui nie la predestination*, & en vn autre lieu. *Il n'est pas moins impie de nier la predestination que de contreuenir à la grace.* Ce grand Cardinal auoit allegué en troisiesme lieu sainct Pierre Diacre qui n'a pas honte de dire encore, *Nous Anathematisons Pelagius, Celestius auec Iulien d'Edane, & ceux qui croyent la mesme chose qu'eux, & principalement les liures de Fauste Euesque des Gaules, qu'il a certainement escrits contre l'opinion de la predestination.* Ce grand Cardinal auoit allegué en quatriesme lieu saint Fulgence qui a bien le front de dire, *si quelqu'vn refuse de croire auec la credulité du cœur, ou de proferer auec la confession de bouche la verité de la predestination, selon laquelle l'Apostre tesmoigne que nous auons esté predestinez en Christ deuant la constitution du monde, si deuant le dernier iour de la vie presente il ne renonce à l'obstination de son impieté, par laquelle il resiste comme rebelle au viuant & veritable Dieu, il n'appartient point au nombre de ceux que Dieu a choisis gratuitement en Christ deuant la constitution du monde, & qu'il a predestinez au Royaume.*

En fin ce grand Cardinal qui n'a pas plus de honte que tous ces saincts Peres ne rougit pas de dire, *après ces temps de Celestin, cette faction des Gaulois n'estant pas encore appaisée, sainct Leon Pape enuoya au Concile d'Orange certains chapitres touchant la Grace & le franc-Arbitre, tirez mot à mot des liures de S. Augustin, qu'il voulut estre receus & souscrits par ces Euesques, comme il fut fait aussi. Au reste tous les fondemens de l'opinion de la predestination gratuite sont contenus dans ces Chapitres, en sorte que personne ne peut nier la predestination, s'il ne veut contredire à ces Chapitres.* Qui est-ce donc qui n'auroit pitié de vous, mon Censeur, quand vous obseruez que le Concile d'Orange n'a pas voulu parler de la predestination, pour nous monstrer qu'il ne la regardoit pas comme vn poinct de foy, au lieu que Bellarmin vostre

Là mesme.

O

tres-eminent Confrere, pour monstrer que la predestination est vn poinct de foy, obserue iudicieusement que le Concile d'Orange en auoit ietté tous les fondemens dans ses Canons. Et en effet, puisque la predestination n'est autre chose que la volonté de Dieu, par laquelle il a voulu de toute eternité nous donner la grace, peut-on nier la predestination sans nier la grace, qui n'a point d'autre principe, ny d'autre fondement que la predestination? d'où vient que saint Augustin a tousiours estimé que par les mesmes preuues, par lesquelles il prouuoit la grace, il prouuoit en mesme temps la predestination, comme en posant l'effet on pose aussi la cause qui doit le produire: *L'Eglise prie*, dit-il, *que* [a] *les incredules croyent, Dieu donc les conuertit à la foy; elle prie que ceux qui croyent perseuerent, Dieu donc leur donne la perseuerance iusques à la fin; Dieu a preueu qu'il feroit ces choses, c'est la predestination des Saints.*

Et icy, mon Censeur, pour vous espargner en quelque maniere, car il ne faut pas vous pousser tousiours à l'extremité; ie ne veux pas vous alleguer que le Pape Adrian premier, escriuant aux Euesques d'Espagne, osa bien asseurer apres saint Fulgence, que celuy-là n'auroit point de part à la predestination qui auroit nié la predestination: & ie ne veux pas vous faire souuenir aussi que non seulement l'opinion contraire a esté condamnée depuis quelques siecles par la faculté de Paris; [b] mais encore qu'elle estoit si odieuse à tous les Theologiens du Concile de Trente, qu'il n'y en auoit pas vn seul qui voulut l'admettre, [c] comme l'histoire le rapporte. On ne peut donc dire comme vous faites que les questions profondes & interuenantes, que le Pape Celestin ne veut pas definir en sa lettre aux Gaulois, se doiuent entendre de l'opinion de la predestination, car autrement saint Prosper qui a obtenu; cette epistre de ce Pape, & qui l'a faite vray-semblablement luy-mesme, & apres luy, saint Pierre Diacre & saint Fulgence, auroient-ils enseigné que la predestination est vn poinct necessaire de la foy Chrestienne, si le Pape Celestin eut voulu qu'il fut libre parmy les fideles de la croire, ou de ne la croire point? & ne voyez-vous pas que ces

---

a Au liu. du don de la Perseu. chap. 7. Orat (Ecclesia) vt increduli credant, Deus ergo conuertit eos ad fidem, orat vt credentes perseuerent, Deus ergo donat perseuerantiã vsque in finem; hęc Deus facturum esse praesciuit, ipsa est praedestinatio Sanctorum.

b Parmy les erreurs de Ich. de Mercuria, cēsurées l'année 1347. & prohibées sous pe-n· de priuation de tous les honneurs de la Faculté, se trouuent ces deux cy. Item quod propter opera alicuius futura bona, Deus praeordinauit aliquem ab aeterno, Item quod aliquis praedestinatus est ab aeterno propter bonum vsũ liberi-arbitrij, quem Deus praeuisit Deum habiturum.

e L'histoire du Concile sous l'année 546

queſtions profondes & interuenantes , que Celeſtin ne
veut pas definir, ſont principalement celles qui regardent
l'origine de l'ame , laquelle ſainct Auguſtin appelle ordinairement *la tres obſcure & la tres profonde queſtion de l'ame,*
& de laquelle ayant diſputé long-temps auec ſainct Hieroſme , Celeſtin ne iugea pas qu'il fut à propos de la decider, comme eſtant vne matiere peu intelligible d'elle-
meſme , & conteſtée depuis long-temps entre les Catholiques?

I'ay donc eu raiſon de dire que l'opinion de la predeſtination gratuite eſtoit vn point de Foy, puis que l'Egliſe
nous enſeigne qu'elle eſt vn point de Foy ; & vous auez
eu raiſon de dire qu'on la combat impunement, parce que
l'Egliſe ne punit pas ceux qui la combattent: mais vous
auez tres-mal prouué qu'elle n'eſtoit pas vn point de foy
parce que l'Egliſe ne punit pas, on n'excommunie pas
ceux qui la combattent: & vous m'auez impoſé quand
vous m'auez imputé de dire que l'on eſt obligé de ſuiure
cette opinion auſſi eſtroittement qu'aucune autre touchant la grace ; Car il eſt vray que l'on eſt obligé abſolument de la receuoir pour eſtre conforme au ſentiment de
l'Egliſe, qui enſeigne qu'elle eſt de la foy: mais on n'eſt
pas obligé de la receuoir pour euiter les Cenſures de l'E-
gliſe qui ſupporte pour vn temps beaucoup d'erreurs qui
ſont contraires à la Foy. Car l'Egliſe condamne bien toutes les erreurs, mais elle ne les punit pas toutes en tout
temps , puis qu'elle les tolere quelquefois pour le bien de
la paix ou de la charité qui veut que l'on condamne toutes les erreurs: mais qui ne permet pas qu'on les puniſſe
toutes indifferemment, en tout temps & en tous lieux; Or
l'Egliſe ſupporte nos erreurs, ou en s'abſtenant de prononcer pour les condamner , ou en ſuſpendant l'execution de
ſes ſentences, comme fit le Pape Eſtienne au regard de S.
Cyprien qu'il ne voulut pas excommunier ; ou en ne pu-
bliant pas ſes ſentences apres les auoir conſertées & com-
poſées, comme Paul cinquieſme a fait au regard de Molina dont il a condamné cinquante propoſitions ſans en
publier la Cenſure, pour les conſiderations qu'il eſt faci-

le de iuger. Et s'il arriue que les enfans de l'Eglise disputent du sens de ses sentences, elle en differe souuent l'e-
xecution, iusques à tant qu'elle en ait donné publiquement l'interpretation & l'intelligence: Et ainsi elle assem-
ble ses Conciles, ou pour definir premierement les points
de foy qui sont controuersez, ou pour rechercher ce
qu'autrefois elle en a definy: mais soit qu'elle soit indul-
gente en soufrant nos erreurs, soit qu'elle soit seuere en les
punissant, elle est tousiours fidele & veritable en les reprouuant tousiours, & en soustenant la verité seule comme estant conduitte par l'esprit de verité, qui la rend
exempte & ennemie de toutes les erreurs.

CHAPITRE XIV.

*Où est refutée la fantaisie du Dissertateur, qui veut
que l'on s'imagine que toutes les fois que sainct Augustin parle de la Grace qui a tousiours son effet,
il parle seulement de la Grace des Eleus.*

IL faut donc que mõ Censeur combatte bien plus rude-
ment le nœud sacré de la doctrine Augustinienne qu'en
disant qu'il s'ensuiuroit que la predestination des Saints
deuant leur merite, seroit vn point de foy. Aussi le fait-il
à son aduis, car il me reproche, comme vn crime & comme vne heresie toute pure d'auoir mis pour fondement de
cette enchaîneure que la grace du Sauueur n'est iamais
sans effet, mais qu'elle a tousiours l'effet prochain pour
lequel elle est donnée. Or pour ruiner ce fondement, le
Dissertateur allegue vn principe remarquable, qui est
que lors que sainct Augustin dit que la grace du Sauueur a
tousiours son effet, il entend parler de la grace qui est particuliere aux predestinez & aux eleus. Mon cher Lecteur
obseruez donc bien icy cette grande maxime que vous deuez sçauoir pour n'estre pas nouice dans l'intelligence de
sainct Augustin; mais il faudroit que mon Censeur obser-
uast luy mesme que sainct Augustin distingue deux sortes

a *Pag. 95.*

d'Eleus, dont les vns font éleus felon Dieu, & les autres
font éleus felon nous ; dont les vns font éleus pour vn
temps, & les autres pour toufiours dont les vns font éleus
quant à certains effects de l'election, & les autres font éleus
quant à tous les effects de l'election, *a quand ceux-cy, dit
il, viuent pieufement, ils font appellez enfans de Dieu : mais parce
qu'ils doiuent viure d'ans l'impieté & y mourir, la prefcience de
Dieu ne les appelle pas enfans des Dieu ; car il y a des enfans de
Dieu qui ne le font pas encore à noftre égard, mais qui le font au
regard de Dieu &c. & de plus il y en a que nous appellons enfans
de Dieu à caufe de la grace qu'ils ont receüe au moins pour vn
temps, & ils ne le font pas neantmoins au regard de Dieu, & plus
bas, b parce donc qu'ils n'ont pas eu la perfeuerance, comme ils
n'ont pas efté vrayement difciples de Chrift, ils n'ont pas efté auffi
vrayement enfans de Dieu, mefmes quand ils paroiffoient l'eftre,
& qu'on les appelloit ainfi. Nous les appellons donc difciples Eleus
de Iefus-Chrift, & enfans de Dieu, parceque nous deuons appeller
ainfi* (efcoutez mon Cenfeur) *ceux que nous voyons viure
pieufement apres leur regeneration.*

Il y a donc felon fainct Auguftin, deux fortes d'Eleus,
bien que tres-differens & tres-inegaux entr'eux; les vns
felon Dieu, & les autres felon nous ; les vns pour vn temps
& les autres pour toufiours ; les vns pour quelques fruits
& pour quelque gouft de la grace du Sauueur & les autres,
pour le fruict entier & pour la fatieté parfaite de la grace
& de la gloire du Sauueur : Ainfi fainct Auguftin a de cou-
ftume de nommer Eleus ceux qui ont la grace en tant
qu'ils ont la grace, & de nommer Appellez ceux qui n'ont
pas la grace en tant qu'ils ne l'ont point. D'où il s'enfuit
que felon ce Pere, il y en a qui font fimplement éleus ;
il y en a qui font fimplement appellez : & il y en a qui
font en partie éleus & en partie appellez, ceux qui font
fimplement éleus font ceux qui ont la grace pour toufiours, foit qu'ils ne la perdent iamais, foit qu'ils la re-
couurent apres l'auoir perduë ; ceux qui font fimplement
appellez font ceux qui n'ont iamais la grace, & ceux qui
font en partie éleus & en partie appellez font ceux qui
ont la grace pour vn temps : mais non pas pour toufiours,

a *Au liu. de la Carr.
& de la grace ch. 9.* Nam ifti cum piè
viuunt, dicuntur
filij dei ; fed quo-
niam victuri funt
impiè, in eadem
impietate morituri,
non eos dicit filios
prefcientia dei; funt
enim filij dei qui
nundum funt nobis
& funt iam Deo ; &
funt rurfus quidam
qui filij Dei pro-
pter fufceptam vel
temporaliter gra-
tiam dicuntur a no-
bis, nec funt tamen
Deo.

b Quia ergo non
habuerunt perfeue-
rantiam, ficut non
verè difcipuli Chri-
fti, ita nec verè filij
Dei fuerunt ; etiam
quando videban
tur, & ita vocaban-
tur, appellamus er-
go eos & electos
Chrifti difcipulos,
& Dei filios, quia
fic appellandi funt
quos regeneratos
piè viuere cerni-
mus.

& sainct Augustin met ceux-cy quelque fois au rang des Eleus, & quelquefois au rang des appellez : A sçauoir au rang des Eleus en tant qu'ils ont la grace pour vn temps, & au rang des appellez en tant qu'ils n'ont pas la grace pour tousiours : & nous deuons les appeller Eleus bien que Dieu ne les appelle pas ainsi. Car dit sainct Augustin *a qui est-ce qui nie qu'ils ne soient Eleus, lors qu'ils croyent, qu'ils sont baptisez & qu'ils viuent selon Dieu? certainement ils sont appellez Eleus par ceux qui ne sçauent pas ce qu'ils doiuent estre, & non par celuy qui sçait qu'ils n'ont pas la perseuerance, qui meine les Eleus à la bien heureuse vie; & il sçait qu'ils sont debout en telle sorte qu'il a preueu qu'ils tomberoient.* b Cela estant quand sainct Augustin dit, *il depend du franc-arbitre de nostre volonté de croire, ou de ne croire pas : mais que dans les Eleus la volonté est preparée du Seigneur :* par le mot d'Eleus, il entend generalement ceux qui sont Eleus, ou selon Dieu, ou selon nous ; selon Dieu, comme sont ceux qui perseuerent à croire, & à bien viure, & selon nous, comme sont ceux qui ne perseuerent point. Car oseroit-on dire que sainct Augustin ne parle point là d'vne preparation de la volonté qui soit commune à tous ceux qui croyent, soit qu'ils croyent pour vn temps, soit qu'ils croyent pour tousiours, puisque sainct Augustin n'oppose pas là ceux qui croyent pour tousiours à ceux qui croyent pour vn temps; mais oppose à ceux qui ne croyent point, tous ceux qui croyent, soit pour vn temps, soit pour tousiours, selon que leur volonté est preparée du Seigneur? Quand donc il dit là que dans les Eleus la volonté est preparée du Seigneur, par le mot d'Eleus il a entendu generalement tous ceux qui croyent, soit pour vn temps, soit pour tousiours. Cela est certain, cela est manifeste, cela est conuainquant, & il n'y a que l'ignorance mesme ou l'opiniastreté de se defendre qui le puisse contester. De la mesme sorte sainct Augustin en disputant contre les Donatistes distingue deux Eglises, dont il appelle l'vne l'Eglise des Eleus & l'autre l'Eglise des appellez; Et il dit que l'Eglise des appellez est celle qui est coniointe par le seul lien des Sacremens, & que l'Eglise des Eleus est celle qui est con-

a *Au mesme liu. ch. 7. à la fin.* Et tamen quis neget eos electos, cum credunt, & baptisantur, & secundum Deum viuunt ? planè dicuntur electi à nescientibus quid futuri sint, non ab illo qui eos nouit non habere perseuerantiam, quæ ad beatam vitam perducit electos, scitque illos ita stare, vt præsciret esse casuros;
b *Au liu. de la pred des Saincts ch. 5.*

iointe par le lien de la Charité: Il rapporte donc ceux qui n'ont la Charité que pour vn temps à l Eglise des Eleus & à l'Eglise des appellez: A sçauoir à l Eglise des Eleus quant au temps pendant lequel ils ont la Charité, & à l'Eglise des appellez, quant au temps pendant lequel ils n'ont pas la Charité. Et cette distinction tres-solide d'Eleus selon le temps & d'Eleus selon l'Eternité, nous sert de fondement contre les Heretiques de ce siecle, qui veulent inferer de quelques lieux de sainct Augustin que la grace n'est donnée qu'aux Eleus, parce que ce Pere appelle Eleus ceux ausquels elle est donnée.

Et ainsi le Dissertateur ne s'apperçoit pas par vne passion demesurée d'embroüiller sainct Augustin, & de le tordre malgré luy contre les aduersaires de son aduersaire Molina; qu'il ouure le flanc sans y peser aux aduersaires de l'Eglise. Mais il faut enfin, mon cher Censeur, vous guerir de la blessure de vostre imagination en ce suiet, & vous faire voir ouuertement qu'il n'est pas vray que la seule grace des vrais Eleus ait toûjours son effet, mais qu'il est vray generalement, que toute grace du Sauueur, qui est donnée à ceux qui sont Eleus ou selon Dieu ou selon nous, a tousiours son effet, puisqu'elle à tousiours l'effet prochain pour lequel nous la receuons. En premier lieu donc ie vous demande si ceux qui croyent pour vn temps, ont appris selon la grace & selon l'Esprit, ou s'ils ont appris seulement selon la lettre & selon la Loy: S'ils n'auoient appris que selon la lettre & selon la Loy, ils n'auroient pas crû, puisque la Loy sans la Grace, & la lettre sans l'Esprit, n'operent pas la Foy, mais l'incredulité selon ces paroles de l'Apostre, *la Loy opere l'Ire*, & *la Lettre tuë, c'est l'Esprit qui viuifie*, d'où vient que S. Augustin suppose [a] vniuersellement que tous ceux qui apprennent selon l'esprit & selon la grace font, & que tous ceux qui n'apprennent que selon la loy, & selon la lettre ne font point: si ceux qui croyent pour vn temps ont appris selon la grace & selon l'esprit, ils croyent par vne vocation infaillible & inuincible, puis qu'ils ont oüy du Pere, & qu'ayant oüy du Pere, ils ont deu venir inuinciblement & infail-

a *Au liu. de la gr. de Christ. ch. 13. & 14.*

liblement au fils, car il eſt inoüy dans la doctrine, & dans les maximes de ſainct Auguſtin, que ceux qui ont appris & qui ont oüy du Pere ne ſoient pas venus au fils: [b] *Car le Seigneur n'a pas dit*, obſerue ſainct Auguſtin; *quiconque a oüy & appris du pere peut venir à moy, mais a dit, quiconque a oüy & appris du Pere vient à moy*. En ſecond lieu ie vous demande ſi ceux qui croyent pour vn temps, ont receu l'accroiſſement d'en haut où s'ils ne l'ont pas receu: s'ils n'auoient pas receu l'accroiſſement d'en haut, ils n'auroient pas crû, puiſque celuy qui plante & celuy qui arroſe ne ſont rien, mais celuy qui donne l'accroiſſement; s'ils ont receu l'accroiſſement d'en haut, ils ont crû par vne vocation infallible & inuincible, & qui ne pouuoit eſtre ſans effet: *Car dit ſainct Auguſtin, lorſque vn Docteur plante & arroſe, nous pouuons dire peut-eſtre que celuy qui entend croyra, mais lors que Dieu donne l'accroiſſement, ſans doute il croit & il profite. Voila qu'elle difference il y a entre la Loy & la promeſſe, entre la lettre & l'Eſprit.*

En troiſieſme lieu, ie vous demande ſi tous les argumens de ſainct Auguſtin, qui prouuent que la grace des Eleus qui perſeuerent à croire a touſiours ſon effet, ne prouuent pas auſſi que la grace des appellez qui croyent pour vn temps n'eſt iamais ſans effet: Pourquoy faut-il que Dieu donne à ceux qui perſeuerent vne grace inuincible de perſeuerer? afin qu'ils ne ſe diſcernent pas eux meſmes d'auec ceux qui ne perſeuerēt point: Il faut donc dire que Dieu donne à tous ceux qui croyent vne grace inuincible de croire, afin qu'ils ne ſe diſcernent pas d'auec ceux qui ne croyent point. Pourquoy faut-il que Dieu donne à ceux qui perſeuerent vne graces inuincible de perſeuerer? afin que l'Egliſe rende grace à Dieu de ce qu'il ne leur a pas ſeulement donné de pouuoir perſeuerer, mais auſſi de perſeuerer en effect: Il faut donc que Dieu donne à tous ceux qui croyent vne grace inuincible, de croire, afin que l'Egliſe rendre graces à Dieu, de ce qu'il ne leur a pas ſeulement donné de pouuoir croire, mais auſſi de croire en effect. Pourquoy faut il que Dieu donne à ceux qui perſeuerent vne grace inuincible de

perſe.

perſeuerer? afin que l'Egliſe prie Dieu qu'il donne aux fideles non ſeulement de pouuoir perſeuerer, mais de perſeuerer auſſi : il faut donc que Dieu donne à tous ceux qui croyent vne grace inuincible de croire, afin que l'Egliſe prie Dieu qu'il donne aux infideles, non ſeulement de pouuoir croire, mais de croire auſſi. *Et que la regle de la Foy,* comme dit le Pape a Celeſtin, *s'accorde auec la regle de l'Oraiſon;* C'eſt à dire afin que l'on demande à Dieu qu'il faſſe tout le bien que nous faiſons non par noſtre franc arbitre, mais par la grace qui fait faire indeclinablement, & inſuperablement à noſtre franc arbitre tout le bien que nous faiſons ; & ce que ie vous ay dit de la foy de ceux qui croyent pour vn temps, ie le dis également de toutes les bonnes œuures des fideles que Dieu opere dans leur cœur par la meſme force de la grace, par laquelle il les fait croire & perſeuerer à croire iuſqu'à la fin. Il eſt donc faux, que toute grace du Sauueur comme vous pretendez n'ait pas touſiours l'effet pour lequel elle eſt prochainement donnée, & il eſt faux pareillement que lors que ſainct Auguſtin dit que la grace du Sauueur a touſiours ſon effet, il ne parle que de la grace des parfaits Eleus, & de ceux qui ſont vrayement enfans de la promeſſe, vrayement diſciples de Chriſt, vrayement appellez ſelon le propos, & vrayement vaiſſeaux de miſericorde, parce que ils ne le ſont pas ſeulement aux yeux des hommes & pour vn temps, mais encore aux yeux de Dieu & pour l'eternité.

Le fondement de cette doctrine eſt qu'il y a deux ſortes de liberté & deux ſortes d'immortalité. La premiere liberté eſt de pouuoir ne pecher pas ; & la premiere immortalité c'eſt de pouuoir ne mourir pas ; la ſeconde liberté eſt de ne pouuoir pecher, & la ſeconde immortalité eſt de ne pouuoir mourir ; la premiere liberté & la premiere immortalité reſidoient dans le premier homme, parce qu'il pouuoit ne pecher pas & pouuoit ne mourir pas ; la ſeconde liberté & la ſeconde immortalité reſident dans le ſecond homme, parce qu'eſtant parfait il ne peut pecher ny ne peut mourir. Or l'immortalité depend touſiours de la liberté comme en eſtant l'effet, le prix & la

---

a *Dans les articles attachez, à la lettre de Celeſtin aux Eueſques de la Gaule, Chap.* 8. vt legem credendi lex ſtatuat ſuplicandi.

couronne, car par la liberté l'homme est iuste, & par l'immortalité l'homme est puissant ; Or il faut que l'homme soit iuste deuant qu'il soit puissant ; Il faut donc que son immortalité depende de sa liberté, & que par le bon vsage de sa liberté qui le rend iuste, il acquiere ou conserue son immortalité qui le rend puissant.

Ainsi le premier homme par le bon vsage de sa liberté qui estoit de pouuoir ne pecher pas, conseruoit son immortalité qui estoit de pouuoir ne mourir pas, & il n'a pas peché parce qu'il est mort, mais il est mort parce qu'il a peché : & aussi ne luy a t'on pas dit, si tu meurs tu pecheras, mais si tu peches tu mourras ; Il faut donc que le second homme en bien vsant de sa liberté qui est de ne pouuoir pecher, acquiere ou conserue son immortalité qui est de ne pouuoir mourir : Car il ne faut pas dire qu'il doit estre impeccable parce qu'il doit estre immortel, mais qu'il doit estre immortel, parce qu'il doit estre impeccable & immuable dans la Sainteté : mais le second homme deuoit expier la faute du premier homme, & satisfaire entierement à la Iustice de Dieu qui auoit esté blessée par l'iniquité du premier homme ; Il a donc fallu que le second homme ioignist l'impeccabilité de Dieu auec la mortalité de l'homme, qu'il fut impeccable comme Dieu, & qu'il fut mortel cóme l'homme pour recócilier l'homme auec Dieu par la mort d'vn homme-Dieu. Mais cet homme-Dieu s'estant abbaissé iusque à la mort, & iusqu'à la derniere humilité de l'homme, il falloit que pour le prix de son humiliation, il fut exaucé à vn si haut estat de gloire, & de puissance qu'il ne fut pas seulement impeccable & immortel en soy, mais qu'il pût aussi éleuer les hommes à son impeccabilité, & par son impeccabilité à son immortalité mesme. C'est en ce sens que l'Apostre dit [a] de luy qu'il s'est aneanty & qu'il s'est humilié iusqu'à la mort, & la mort de la Croix, & que pour cela Dieu luy a donné vn nom pas dessus tout nom, c'est à dire vne puissance par dessus toute puissance, afin qu'au nom de Iesus tout genoüil flechisse au Ciel, en Terre & aux Enfers, & que toute langue confesse que le Christ, le Seigneur Iesus est en la gloire de son Pere. Voila son immortalité coniointe à son impeccabilité. Mais ailleurs a il dit de luy mesme. a En S. Iean. Quand ie seray exalté i'attireray toutes choses à moy. Voila l'effusion & l'épanchement de son impeccabilité & de son immortalité sur les hommes, & principalement sur ceux qui estant ses vrais membres, doiuent accomplir Aux Ephes. ch 1. comme dit sainct Paul, la stature de son corps.

C'est là le regne du Sauueur qui s'auance d'heure en heure, & qui s'acheuera dans l'eternité. Or il exerce, & exercera ce Regne perpetuellement par la vertu de son esprit, qui estant tout puissant se communique à ceux qu'il veut, autant qu'il veut, ainsi qu'il veut. *Car l'esprit souffle où il veut,* comme dit l'Escriture, mais en faisant tousiours tout ce qu'il veut, d'autant que le Sauueur ayant vne fois esté vaincu dans la foiblesse de sa chair, ne doit plus estre vaincu, mais tousiours vaincre par la vertu de son esprit en faisāt part de sa Iustice à ceux qu'il luy plaist, en tel degré en telle mesure qu'il luy plaist, & en faisant tousiours tout ce qu'il luy plaist. C'est pour cette cause, mon Censeur, qu'il n'y a point de grace du Sauueur qui n'ait son effet parce qu'elle est comme vn rayon ou comme vn astre de ce diuin Ciel, dans lequel s'est assis le Seigneur Iesus, non pour estre vaincu, mais pour tousiours vaincre en accomplissant tout ce qu'il veut dans la terre & dans le Ciel : & de là vient que sainct Augustin ne rapporte pas à la premiere liberté qui estoit de pouuoir ne pecher pas, mais à la seconde liberté qui est de ne pouuoir pecher, la grace du Sauueur quelle qu'elle soit; parce qu'elle ne nous donne pas seulement de pouuoir ne pecher pas, comme le premier homme, mais aussi de ne pouuoir pecher, comme le second, selon la mesure dans laquelle il plaist à Dieu nous la distribuer, afin que où le peché a abondé, la grace abondast encore dauantage, & qu'au lieu que la conuoitise qui est la source du peché auoit seulement regné en l'absence de la grace ; la grace regnast en presence mesme de la conuoitise, & la vainquit tousiours iusqu'au poinct qui luy plairoit. Et bien que la conuoitise puisse croistre pour re-

gner en quelque maniere sur la grace, la grace la retient
toufiours dans les bornes qu'elle veut, & peut toufiours
croiftre dauantage, & fe fortifier, non feulement pour
l'affuiettir, mais pour la deftruire tout à fait.

Et de là nous apprenons, que comme il y a deux eftats
de l'homme directement contraires, dont l'vn eft le fup-
plice du peché de l'homme, & c'eft l'impuiffance de bien
faire, & l'autre euft efté le prix du merite de l'homme, &
c'eft l'impuiffance de pecher ; L'eftat où nous viuons eft
vn eftat moyen entre ces deux extremitez, puis qu'il eft
côpofé & comme meflé de l'impuiffance de bien faire, &
de l'impuiffance de pether, felô que Dieu nous laiffe à noftre franc-Arbitre, par lequel nous ne pouuons bien-faire,
ou qu'il fouftient noftre franc-Arbitre par l'ayde de fa
grace auec laquelle nous ne pouuons pecher, & ne pas
operer le bien qu'elle nous perfuade d'operer : veut-elle
qu'on prie ; on prie, veut-elle qu'on prie feruemment, on
prie feruemment, veut-elle que l'on faffe le bien, que l'on
demande en la priere, on le fait certainement, afin que les
hommes, foit qu'ils prient, foit qu'ils faffent, ne fe glorifient pas en leurs propres forces, mais en la force de celuy
qui leur fait faire par fon inuincible grace, tout le bien
qu'ils font.

Or de mefme que fainct Auguftin rapporte à la liberté
des bien-heureux, qui eft de ne pouuoir pecher, la liberté
des iuftes, qui viuent encore dans ce fiecle, parce que la
liberté des iuftes eft comme vn éclat & vn échantillon de
la liberté des bien-heureux : Ainfi le mefme fainct rapporte à la grace des Eleus, qui croyent pour toufiours, la
grace des appellez, qui croyent pour vn temps, parce que
la grace des appellez eft comme vn reialliffement, & vne
dependance de la grace des Eleus, pour l'eternelle vtilité defquels Dieu ordonne tous les biens qu'il opere pour
vn temps dans les appellez : & comme par la feconde liberté, qui eft de ne pouuoir pecher, ce Pere entend directement & principalement la liberté des bien-heureux,
& indirectement, & confequemment la liberté des iuftes,
entant qu'ils participent à la liberté des bien-heureux : de

mesme par la grace des Esleus, il entend directement &
principalement la grace des parfaits Esleus, qui regne-
ront au Ciel auec le Sauueur ; & il entend consequem-
ment & indirectement la grace des appellez, qui participent pour vn temps à la saincteté & à la grace des
Esleus.

De cette sorte sainct Augustin ayant dit generalement
de la grace du Sauueur qu'il n'y a point a de cœur dur qui
la reiette, parce qu'elle est donnée premierement pour
oster la dureté du cœur; n'estend-t'il pas cette mesme
grace generalement à ceux qui croyent, soit pour vn
temps, soit pour tousiours, lors qu'il dit en suite, *quand
donc l'Euangile est presché, quelques-vns croyent, & quelques-
vns ne croyent pas, mais ceux qui croyent le Predicateur criant
au dehors entendent & apprennent du Pere au dedans, mais ceux
qui ne croyent pas entendent au dehors, & n'entendent, ny n'apprennent au dedans?* Qu'est-ce à dire ceux qui croyent?
C'est à dire indefiniment tous ceux qui croyent soit pour
vn temps, soit pour tousiours : car sainct Augustin n'oppose pas ceux qui croyēt pour tousiours à ceux qui croyēt
pour vn temps, mais oppose ceux qui croyent, soit pour vn
temps, soit pour tousiours à ceux qui ne croyent point du
tout. Et qu'est-ce à dire que ceux qui croyent, ou pour vn
temps ou pour tousiours entēdent & apprennent interieurement du Pere? C'est à dire qu'ils sont touchez de cette
puissante grace, qui flechit & qui amollit inuinciblement
le cœur; mais S. Augustin ne venoit-il pas de dire que
cette grace qui flechit, & qui amollit le cœur est la grace
des Esleus? il suppose donc que ceux qui croyent pour vn
temps, participent pour vn temps à la grace des Eleus,
puis qu'il suppose qu'ils sont touchez de cette grace que
nul cœur ne reiette, parce qu'elle est donnée pour ployer
pour dompter la rebellion du cœur.

Vous auez donc bonne grace, mon Censeur, de vous
seruir de cet endroit de saint Augustin, pour nous faire
croire que toutes les fois qu'il parle d'vne grace inuincible, & tousiours accompagnée de son propre effet, il
parle seulement de la grace des Eleus, qui est tousiours

coniointe auec le don de perseuerer. A vostre aduis, mon Censeur, saint Augustin ayant posé cette These generale touchant la victorieuse & inuincible grace du Saueur, *que nul cœur dur ne la reiette, parce qu'elle est donnée pour oster premierement la dureté du cœur,* & adioustant cette hypothese, ou cet exemple pour prouuer sa These generale: c'est à dire, pour monstrer qu'il n'y a point de cœur dur, qui repousse, ou qui reiette la grace du Saueur, *la foy donc soit commencée, soit parfaite, est vn don de Dieu,* ne veut-il pas dire que la foy soit parfaite, comme en ceux qui perseuerent ; soit commencée comme en ceux qui ne perseuerent pas, est vn fruict de cette grace, que nul cœur ne reiette, mais qui brise fortement, & inuinciblement la dureté du cœur pour nous donner vne foy parfaite, ou vne foy naissante, selon l'estenduë & la proportion de son actiuité ? Il n'est donc pas vray ce que vous dites, que la grace iointe auec le don de perseuerer est la seule grace de laquelle on puisse dire que nul cœur ne l'à reietté & ne la priue de son effet. Que si vous ne vous rendez à des raisons si fortes & si inuincibles, c'est vn signe manifeste que vous n'auez pas vous mesme cette grace forte & inuincible qui dissipe fortement & inuinciblement les tenebres de nos cœurs.

Ce n'est pas que S. Augustin, ne parle quelque fois de la seule grace des Eleus; côme quand il dit à leur égard qu'aucun ne perit de ceux qui ont oüy & appris du Pere[2] Car ayant oüy & appris du Pere, pour ne perir pas, aucun d'eux ne perit : mais viennent tous parfaitement au fils, pour ioüir de luy dans l'Eternité.

Toutefois mon Censeur, il ne faut pas vous abandonner facilement, peut-estre que vostre maladie n'est pas tout à fait desesperée, respondez moy donc, quand sainct Augustin dit de la grace du Saueur, que nul cœur dur ne la reiette, oppose-t'il cette grace à vne autre grace que le cœur endurcy reiette ? rien moins que cela, il l'oppose simplement à la vocation externe de la predication : il n'y à donc point de milieu selon sainct Augustin entre la grace que nul cœur ne reiette, & la vocation externe de la predication: mais selon vous il y auroit vn milieu entre ces deux extremitez, sçauoir la grace que le cœur reiette, l'empeschant d'auoir l'effect pour lequel elle est directement donnée. Et que sainct Augustin oppose la grace que nul cœur ne reiette à la parole seule de la predication, on le voit au lieu mesme que vous alleguez de luy, & que ie viens maintenant de citer, où il dit, *Quand donc l'Euangile est presché les vns croyent les autres ne croyent point: mais ceux qui croyent le Predicateur faisant bruit au dehors, entendent & apprennent du Pere au dedans, & quant à ceux qui ne croyent pas, ils entendent au dehors, Ils n'entendent pas au dedans:* qu'est-ce à dire, *ils n'entendent pas au dedans ?* c'est à dire comme nous auons monstré, qu'ils n'ont pas la grace que nul cœur ne reiette, & qu'ils n'entendent pas du Pere: mais quelle grace ont ils donc, & qu'entendent ils? Ils n'ont point d'autre grace que la parole externe de la predication, & ils n'entendent que la voix de celuy qui frappe leurs oreilles inutilement, parce que Dieu ne leur touche pas interieurement le cœur. Sainct Augustin donc, ne distingue pas la grace que nul cœur ne reiette, d'auec vne autre grace que le cœur reiette, mais la distingue seulement d'auec le son externe de la predication que tout cœur reiette, s'il n'a point la grace que nul cœur ne reiette. Et la mesme verité s'obserue au mesme lieu du liure de la grace de Christ, que vous alleguez pour nous faire croire que la grace que nul cœur ne repousse, est la seule grace des predestinez. Là sainct Augustin dit, *Si cette grace doit estre appellée doctrine, qu'on l'appelle ainsi, en sorte que l'on croye que Dieu l'espanche interieurement & profondement auec vne indicible suauité, non seulement par ceux qui plantent & qui arrosent exterieurement: mais aussi par luy mesme qui donne en secret son accroissement, en ne monstrant pas seulement la verité, mais en donnant aussi la charité.*

Or cette doctrine que Dieu verse en nostre cœur auec tant de suauité, à quelle doctrine sainct Augustin l'a-t'il opposée? à la doctrine de celuy qui presche, qui plante & qui arrose vainement, si Dieu ne donne l'accroissement en amollissant & en adoucissant le cœur. Et cette doctrine qui nous touche si doucement le cœur, n'est-ce pas la gra-

a *Au liu. de la grace de chr.* ch. 13. Hæc gratia si doctrina dicenda est, certè sic dicatur vt altius & interius eam Deus cum ineffabili suauitate credatur infundere, non solum per eos qui plantant & rigant extrinsecus, sed etiã per se ipsum, qui incrementum suũ ministrat occultus, ita vt non ostendat tantũ modo veritatem, verum etiam impertiat Charitatem.

ce que nul cœur ne reiette? Sainct Augustin oppose donc
à la predication, la grace que nul cœur ne reiette, puis que
cette grace n'est autre chose que la douce persuasion du
cœur, que sainct Augustin oppose au ministere externe de
la predication: où est donc vostre grace que le cœur reiette mon Censeur? où la placerez vous? Il n'y a point d'es-
pace à la loger entre la grace que nul cœur ne reiette & la
parole simple de la predication; Mais elle est assez bien
placée, puis qu'elle est plantée où elle est née dans les
grands espaces, & dans les champs fertiles de vostre imagination.

Mais voyons comment vous employez le liure de la pre-
destinatiõ des saints, pour appuyer vostre opiniõ rare, que
la grace que nul cœur ne reiette, est la grace seule des predestinez? Parce dites vous, que sainct Augustin dit là, que
c'est par cette grace que Dieu fait les vases de misericorde qu'il a preparez pour la gloire. Ie le veux mon Censeur,
Mais sainct Augustin dit il là, que ce n'est pas aussi par la
mesme grace que Dieu fait les vases de sa misericorde
temporelle, dans lesquels il verse pour vn temps quelque
goust leger de la Beatitude des eleus; n'ont-ils pas au
moins vne foy naissante & commencée? & cette foy bien
que foible encore, n'est elle pas vn don de Dieu? & ce
don de Dieu, n'est ce pas la grace que nul cœur ne reiette
comme nous venons de le iustifier? C'est donc par cette
grace, ou par la plenitude de cette grace que Dieu fait les
vases de misericorde qu'il a preparez pour la gloire; mais
c'est aussi par cette grace, ou par vn esclat, & par vne participation de cette grace que Dieu fait les vases & les enfans de sa misericorde passagere, en leur distribuant quelque partie de la richesse des eleus.

Et pour donner encore plus de iour à cette doctrine, ne
trouuez pas mauuais que ie vous propose icy quelques de-
mandes pour mon instruction. Ie vous demande en premier lieu, si la grace qui persuade ceux qui ne perseuerent
pas, n'est pas la mesme grace qui persuade ceux qui perseuerent? Si vous dites qu'elle est differente, ou en sa nature, ou en sa façon d'agir, vous direz vne chose tout à fait

inoüye

inotie en la doctrine de sainct Augustin, qui enseigne ouuertement que la mesme grace qui fait croire ceux qui perseuerent, fait croire aussi ceux qui ne perseuerent pas; Si vous auoüez que c'est vrayement vne mesme grace qui persuade les vns & les autres, comme il faut l'auoüer, ie vous demande si c'est vne grace que l'on ne reiette iamais, ou vne grace que l'on reiette quelque fois? Si vous dites que c'est vne grace que l'on ne reiette iamais: il s'ensuit que ceux qui croyent bien qu'ils ne perseuerent pas, ont vne grace que l'on ne reiette iamais; si vous dites que c'est vne grace que l'on reiette quelquefois, il s'ensuit de là qu'en ceux qui perseuerent, la grace de la foy est vne grace que l'on reiette quelquefois, & que par consequent en ceux qui perseuerent la seule grace deperseuerer, est celle qu'on ne reiette iamais.

Mais auez vous veu dans sainct Augustin que la grace de perseuerer ait plus de force pour nous faire perseuerer, que la grace de croire ou de commencer, pour nous faire croire & pour nous faire commencer? ou plutost ne sçauez vous pas que sainct Augustin nous apprend par tout que Dieu deploye principalement le bras victorieux & inuincible de sa grace dans la conuersion & dans le brisement du cœur; c'est à dire dans la grace, qui nous fait entrer en la voye du Seigneur, & qui nous fait dire, *voicy i'ay commencé, cette œuure est de la droitte du tres-haut?* Et en effet est ce dans le moment de la perseuerance au bien, ou dans le moment de la conuersion, & du commencement du bien que Dieu demonstre cette operation, & cette energie inuincible de la grace, dont sainct Augustin dit, *lors que les hommes par la voye de la correction, viennent ou retournent dans la voye de la Iustice, qui est ce qui opere le salut en leurs cœurs, sinon celuy qui en mesme temps que l'on plante, ou que l'on arrose, & que l'on cultiue les champs & les arbres, qui que l'on puisse estre, donne l'accroissement? C'est à dire Dieu, auquel nul franc-arbitre de l'homme ne resiste quand il veut nous sauuer? Car le vouloir & le non vouloir sont tellement en la puissance de celuy qui veut & ne veut pas qu'il n'empesche pas & ne surmonte pas la volonté & la puissance de Dieu.* S. Augustin ne parle t'il point icy d'vne tou-

a *Au liu. de la corr. & de la gr. ch* 14. Cùm autem homines per correptionem, in viam iustitiæ, seu veniunt, seu reuertuntur, quis operatur in cordibus eorum salutem, nisi ille qui quolibet plantante atque rigante, & quolibet in agris atque arbustulis plantante, dat incrementũ Deus, Cui volenti saluum facere, nullum humanũ resistit arbitriũ, sic enim velle & nolle in volentis aut nolentis est potestate, vt diuinam voluntatem non impediat, nec suã peret potestatem.

Q

te puiſſante & inſuperable vertu de Dieu : Et ne parle t'il point de la conuerſion, ou de la premiere repentance du pecheur? Il ſuppoſe donc que ce n'eſt pas dans le moment ſeul de la perſeuerance, mais auſſi dans le moment de la conuerſion que Dieu exerce la Toute-puiſſance, & inſuperable force de ſa grace ſur nos cœurs.

Dauantage, ie vous demande ſi ce que le Concile de Trente definit que l'on peut diſſentir à la grace ſi l'on veut, ne ſe doit pas entendre de la grace de perſeuerer auſſi bien que de la grace de commencer ? & ſi on ne peut pas dire de ceux qui perſeuerent qu'ils peuuent diſſentir s'ils veulent à la grace de perſeuerer, comme on peut dire? de ceux qui commencent, ou de ceux qui ſont iuſtifiez, qu'ils peuuent diſſentir s'ils veulent à la grace de commencer, à la grace de croire, à la grace de ſe conuertir à Dieu? Que ſi vous dites, ce qui ne ſe peut dire qu'auec vne eſtrange abſurdité, que cette definition du Concile de Trente, n'a pas lieu au regard de ceux qui perſeuerent à croire, mais ſeulement au regard de ceux qui ſe conuer-tiſſent & qui commencent à croire, comme ſi on ne pou-uoit dire auec verité, que ceux qui perſeuerent diſſenti-roient s'ils vouloient à la grace de perſeuerer : repreſen-tez-vous que Dieu conuertiſſe vn homme en la derniere minute de ſa vie, en ſorte que le don de la conuerſion, & le don de la perſeuerance ſoient en cét homme vn meſme don : ſans doute il diſſentiroit à cette grace s'il vouloit, puis que ce ſeroit la grace de la conuerſiõ à laquelle le Cõ-cile de Trente enſeigne que nous diſſentons ſi nous vou-lons ; & cette grace neantmoins ſeroit vne grace à laquel-le nous ne diſſentons iamais, puis que ce ſeroit la grace de perſeuerer que nul cœur ne reiette, & qui n'eſt iamais ſans ſon effect. Mon Cenſeur voila donc vne grace à la-quelle on peut diſſentir ſi on veut, puis que c'eſt la grace de la conuerſion, & à laquelle neantmoins on ne diſſent iamais, puis que c'eſt la grace de la perſeuerance à laquelle on ne diſſent iamais. Et comment donc mon Reuerend Cenſeur, de ce que le Concile de Trente dit que l'on peut diſſentir à la grace ſi l'on veut, inferez-vous qu'il y a des graces auxquelles on diſſent, & on reſiſte en effet, puis que vous voyez par l'exemple manifeſte que ie viens de vous donner, que nous pouuons bien dire d'vne grace que l'on peut y diſſentir ſi l'on veut, bien qu'on n'y diſſente iamais actuellement, & qu'elle ait touſiours l'effet pour lequel nous l'auons receuë, *parce*, dit ſainct Auguſtin *que nul cœur dur ne la reiette*, & que *nul franc-arbitre ne reſiſte à celuy* qui nous la donne, ou pour commencer le ſalut en nous, ou pour l'acheuer.

Ie vous demande encore, & comme ie ne me laſſe point d'apprendre ne vous laſſez point de m'enſeigner, cette grace de perſeuerer que vous dites eſtre infallible & n'eſtre iamais ſans ſon effet, ou elle eſt infallible, en tant que par ſa force & par ſa vertu propre, elle determine inuinciblement la volonté; ou parce que Dieu qui preuoit tout, auoit deſia preueu que la volonté y conſentiroit, bien qu'elle pût immediatement, ne pas y conſentir; Si vous dites qu'elle eſt infallible en ce que par ſa force & par ſon energie propre, elle flechit inuinciblement la volonté, elle contraint la volonté ſelon vos nouueaux principes, & ſelon ceux de Molina, ſi elle eſt infaillible ſeulement, parce que Dieu auoit preueu que la volonté y conſentiroit bien qu'elle pût directement ne pas y conſentir: il s'enſuit de là que toute grace à laquelle nous conſentons eſt infaillible de la meſme ſorte; puiſque Dieu a touſiours preueu que noſtre volonté y conſentiroit s'il nous la donnoit. En quoy donc conſiſte, ie vous prie, cette infaillibilité particuliere que vous attribuez à la ſeule grace des Eleus, ou à la grace qui eſt coniointe à celle de la perſeuerance; puiſque toute grace qui a ſon effet, quand nous y conſentons eſt infaillible de la meſme ſorte que la grace qui eſt coniointe auec le don de perſeuerer?

CHAPITRE XV.

Où est examinée la pretenduë grace congruë, establie & supposée par le Dissertateur.

MAis vous dites que la grace à laquelle l'on consent est vne grace que vous appellez congruë, & vous l'appellez congruë, parce qu'elle est propre, a nous conuertir, en telle sorte qu'elle nous conuertit tousiours. ie vous entends mon Censeur, vous voulez dire que ceux qui consentent à la grace ont vne puissance congruë d'y consentir, & vne puissance incongruë de ne pas y consentir, & qu'ils peuuent congruëment y consentir, & peuuent incongruëment ne pas y consentir: & c'est là mon Censeur ce que definit le Concile de Trente quand il dit, que *l'on peut dissentir à la grace si l'on veut*; Voila sans doute vne explication bien claire & bien coulante qu'il vous plaist donner à ce Canon du sainct Concile; vous qui publiez si pompeusement qu'il faut l'interpreter de la façon la plus naïfue, & selon la signification la plus naturelle de ses termes: & en effet qu'y a t'il de plus clair, de plus coulant & de plus naïf que de dire que tous ceux qui consentent à la grace, peuuent congruëment la receuoir & incongruëment la reietter, & que ceux qui ne luy consentent pas peuuent congruëment la reietter & incongruëment la receuoir: & comme vous dites que le Fils de Dieu est le Sauueur de quelques appellez, parce qu'il leur donne vne grace incongruë pour se conuertir & pour se sauuer; il faudra dire selon vostre noble intelligence, que le Fils de Dieu est le Sauueur incongru de ces miserables appellez, & qu'il est le Sauueur congru des bien heureux Eleus: & comme vous appellez la grace qui n'est pas congruë vne grace suffisante, il faudra dire qu'elle est suffisante incongruëment de la mesme sorte qu'elle est incongruë suffisamment, & c'est à dire en vn mot qu'elle est suf-

Pag. 128.

fiſante à nous ſauuer, en telle ſorte qu’elle n’eſt pas propre à y ſuffire.

Ie vous demande en ſecond lieu ſi cette grace que vous
nommez congruë, n’eſt donnée qu’aux eleus, ou ſi les
appelle l’ont auſſi quelquesfois ? Si vous dites qu’elle
n’eſt donnée qu’aux Eleus, parce que c’eſt d’eux ſeuls que
ſainct Auguſtin dit ; *Mais dans les Eleus la volonté eſt preparée du Seigneur*, il s’enſuit que ceux qui ſe conuertiſſent
pour vn temps, ſe conuertiſſent par vne grace qui n’eſt
pas congruë, c’eſt à dire qui n’eſt pas propre à les conuertir. Que ſi vous dites qu’elle eſt donnée quelquesfois aux
appellez, il s’enſuit que les appellez ont quelquefois la
grace qui a touſiours ſon effet, puiſqu’ils ont quelquefois
vne grace congruë, laquelle ſelon vous, a touſiours ſon
effet : & vous dites neantmoins que ſelon ſainct Auguſtin
cette ayde ou cette grace qui a touſiours ſon effet eſt reſeruée aux ſeuls Eleus; puiſque toutes les fois que ce Saint
a parlé d’vne grace inuincible tres-efficace inſuperable,
il a voulu parler de la ſeule grace des Eleus, ſelon voſtre
rare imagination.

En troiſieſme lieu, ie vous demande quelle eſt la nature de cette grace que vous appellez congruë, & en
quoy proprement vous eſtabliſſez ſa congruité : eſt-elle
congruë au regard du temps & du lieu dans leſquels elle
eſt donnée ? mais le temps & le lieu ſont des circonſtances exterieures qui n’agiſſent pas immediatement ſur noſtre volonté, & qui par conſequent ne peuuent immediatement la diſpoſer à ſe mouuoir ou à ne ſe mouuoir pas
vers quelque obiect ; eſt-elle congruë au regard des diſpoſitions, & des affections corporelles de ceux qui la reçoiuent ? Mais les diſpoſitions & les habitudes corporelles ne pouuant agir immediatement ſur noſtre volonté,
elles ne peuuent l’incliner immediatement à la pourſuite,
ou à la fuite de quelque obiet, elle eſt donc congruë au
regard des paſſions de noſtre volonté meſme ; puiſque les
paſſions de noſtre volonté ſont les ſeules cauſes & les ſeules impreſſions, qui peuuent immediatement la porter à
quelque obiet ou l’en éloigner : mais les paſſions de la vo-

lonté se reduisant toutes à quelque amour dont elles prennent leur naissance; elles n'agissent sur la volonté qu'en vertu de l'amour qui est leur origine & leur principe: C'est dõc au regard de quelque amour, que la grace est propre à conuertir nostre volonté. Mais, ou cét amour est bon ou il est mauuais; s'il est bon il ayde la grace; s'il est mauuais il luy resiste: la grace donc est propre à nous conuertir entant que le bon amour qui la fauorise est propre à surmonter le mauuais amour qui la combat. Que si ces deux amours sont égaux entr'eux, il ne se peuuent vaincre ny l'vn ny l'autre; si le bon amour est plus foible que le mauuais il ne peut vaincre le mauuais; & au contraire si le bon amour est plus fort que le mauuais il le surmonte infalliblement & inuinciblement, comme dit sainct Augustin: La grace donc est propre à nous conuertir entant que le bon amour qu'elle nous inspire est plus puissant que le mauuais, qui luy resiste & qui la combat.

Voila donc enfin vostre opinion reduite malgré vous à l'opinion de sainct Augustin & de ses Disciples; puisque par cette grace que vous appellez congruë, parce que elle est propre à nous conuertir; vous ne pouuez entendre que la grace que sainct Augustin & ses Disciples appellent efficace, parce qu'elle meut & fait agir energiquement la volonté, & qu'ils establissent dans la superiorité du bon amour sur le mauuais amour, c'est à dire de la charité qui est le bon amour, sur la cupidité qui est le mauuais. Or la volonté se trouuant pressée de ces deux amours contraires qui la sollicitent de luy consentir; auquel doit-elle se liurer? ou ne faut il pas qu'elle deuienne inéclinablement & insuperablement la proye du plus fort? Voila comment mon Censeur en suiuant la verité; on y reuient mesmes en la fuyant, & comment le mensonge quelquefois, parce qu'il est iniuste, la combat, & parce qu'il est aueugle, la soustient sans y penser, au mesme temps qu'il la combat.

Mais quoy qu'il en soit, ie vous demande en quatriesme lieu. Puis que la grace & la volonté doiuent concourir immediatement & indiuisiblement à vne mesme action;

de ces deux causes prochaines & inseparables d'vne mesme action, quelle est la maistresse ? est-ce la grace, ou est-
ce la volonté ? est-ce la volonté qui domine sur la grace,
ou est ce la grace qui domine sur la volonté? Car il ne faut
pas se figurer comme font quelques-vns, que la grace &
la volonté concourent à vne mesme action, comme deux
tygres, par exemple, s'entr'-aydent à tirer vn char de
triomphe : car encore que le char ne suiue que lors que les
deux tygres font ensemble leur effort, ils peuuent neantmoins agir separement, & l'vn sans l'autre, l'vn s'efforçant de tirer le char au mesme temps que l'autre se repose:
& lors qu'ils agissent ensemble, & qu'ils font en mesme
temps deux differens efforts, on voit bien suiure de leur
commun effort vn commun effet, qui est le mouuement
du char de triomphe ; mais l'on ne peut dire que l'vn fait
agir l'autre, ou que l'vn agit, parce que l'autre agit, comme si l'vn aidoit l'autre à faire son effort, puis qu'au contraire l'vn agit d'autant plus que l'autre agit moins ; moins
l'vn s'efforce, & plus l'autre s'efforce ; & pour cela mesme que l'vn s'efforce foiblement, l'autre s'efforce puissamment pour suppléer à la lascheté de celuy qui traisne
auec luy vne mesme machine : Mais il n'est pas de mesme
de la grace & de la volonté ; car elles concourent tellement ensemble à vne mesme action, qu'il faut que l'vne
necessairement gouuerne l'autre ; à sçauoir que la volonté
gouuerne la grace, ou que la grace gouuerne la volonté
en telle sorte que l'on puisse dire que la volonté fait agir
la grace, ou que la grace fait agir la volonté : ce qu'on ne
peut dire des deux tygres qui tirent ensemble vne mesme
machine ; Car il n'est pas besoin que l'vn des deux applique l'autre à son action, puis qu'il suffit que chacun d'eux
s'applique de sa part à sa propre action, & à son propre
effort.

Vous me direz peut-estre que c'est la grace qui fait agir
la volonté en la determinant à son action, non pas Physiquement & naturellement, mais comme l'on dit moralement. Que veut dire moralement, mon Censeur ? est-ce
à dire que la grace determine nostre volonté au iugement

des hommes, parce que les hommes suiuant pour l'ordinaire, ou toussiours mesme cette grace, ils la considerent comme si elle determinoit nostre volonté, bien qu'en effect elle ne la determine point? En effect donc en verité & au iugement de Dieu, c'est la volonté qui fait agir la grace & qui la determine à son action: en effect donc, en verité & au iugement de Dieu nous faisons qu'il fasse, au lieu qu'il dit qu'il fait, que nous fassions: *Ie feray*, dit-il, *que vous marchiez en mes iustifications, & que vous obseruiez mes commandemens, & que vous les fassiez:* En effect donc en verité & au iugement de Dieu, la volonté se discerne elle-mesme contre ce qui est escrit, *qui est ce qui te discerne?* En effect donc en verité au iugement de Dieu, ce n'est pas de Dieu faisant misericorde, mais de l'homme, voulant & courant, contre ce qui est escrit, *ce n'est point du voulant ny du courant, mais de Dieu, faisant misericorde:* En effect donc, en verité, & au iugement de Dieu, la volonté choisit le Fils de Dieu, au lieu qu'il dit luy-mesme: *Vous ne m'auez pas choisis, mais c'est moy qui vous ay choisis:* En effect donc, en verité, & au iugement de Dieu, la volonté peut se glorifier en elle-mesme, puis qu'elle se determine elle-mesme au bien pouuant directement, en mesme temps & en presence de la grace se determiner au mal, contre ce que l'Apostre dit, *afin que quiconque se glorifie, se glorifie au Seigneur;* En effect donc en verité & au iugement de Dieu, nos merites ne seront pas ses dons, parce qu'il fait que nous les operions, mais seulement parce qu'il fait que nous puissions les operer, contre ce que dit saint Augustin, que lors que Dieu couronne nos merites, il ne couronne pas nos merites mais ses dons, ou qu'il ne les couronne pas comme estans nos merites, mais comme estans ses dons.

Et aprés tout, ie vous demande en cinquiesme lieu, mon Censeur, d'où peut venir que nous suiuons toussiours la grace que vous appellez congruë, sinon de ce que nous la suyuons, & luy consentons auec vne tres-grande facilité? car lors que les hommes font toussiours vne mesme chose, ils la font toussiours, parce qu'ils la font facilement,

ſi donc ils ſuiuent touſiours, & reçoiuent touſiours vne
certaine grace en ſe determinant eux-meſmes à la ſuiure,
& à la receuoir, cela ne peut venir ſinon de ce qu'ils la
ſuiuent & la reçoiuent auec vne tres-grande facilité: mais
pourquoy n'arriuera - t'il iamais qu'ils ſuiuent d'autres
graces que celle-cy qu'ils ſuiuent touſiours, parce qu'ils
la ſuiuent tres-facilement? Suppoſé que la volonté puiſſe d'elle-meſme s'appliquer à faire quelques actions, ne
s'applique-t'elle iamais qu'à faire celles qu'elle fait auec
tres-grande facilité? Comme donc il y a des graces auſquelles on conſent & on obeït touſiours, parce qu'on leur
conſent, & on leur obeït tres-facilement, pourquoy n'y
en aura-t'il point d'autres auſquelles on conſente & on
obeïſſe quelquesfois, bien qu'auec beaucoup moins de
facilité? Pourquoy faut-il que toutes les graces que vous
reconnoiſſez ou ſoient ſi puiſſantes que nous les ſuiuions
touſiours, ou ſoient ſi foibles que nous ne les ſuiuions iamais? Et pourquoy n'y en aura-t'il point qui tiennĕt le milieu entre ces deux extremitez, & qui ſoient d'vne force
mediocre & temperée, en telle ſorte qu'on les ſuiue quelquefois, & qu'auſſi quelquefois on ne les ſuiue point, s'il
depend de noſtre volonté de les ſuiure, ou de ne les ſuiure
pas? Ne voyez-vous point par là, mon Cenſeur, que tout
ce myſtere de grace congruë, ou de grace non congruë
en la maniere que vous l'entendez, eſt vn phantoſme, ou
vne meditation qui n'eſt appuyée d'aucune apparence de
raiſon?

Mais quant à l'inuincible & tres puiſſante grace du
Sauueur, elle fait touſiours tres-facilement tout ce qu'elle
fait, en domtant touſiours tres-facilement la conuoitiſe
iuſqu'au point qu'elle doit la domter: mais parce que bien
ſouuent elle ne ſurmonte ſeulement que certains degrez
de la conuoitiſe, ceux qu'elle ne ſurmonte pas ſont cőme
vn poids ou vn fardeau qui poiſe, non pas à la grace, mais
à la volonté qui veut le vaincre, & qui gemit, parce qu'elle ne le peut, iuſqu'à ce que Dieu par de nouuelles forces,
luy ait-donné de le pouuoir.

En ſixieſme lieu, quand les Pelagiens diſoient que l'eſ-

R

ficace de la grace, qui estoit enseignée par les Catholiques
posoit le destin ; les Catholiques respondoient-ils qu'elle ne posoit point le regne du destin , parce que la volonté estoit la maistresse de la grace quelque efficace
qu'elle fut, & la faisoit agir en l'appliquant à sa propre operation physiquement & naturellement parlant ? non certainement , mon R. Censeur : mais ils respondoient[a] que
l'efficace de la grace quelque victorieuse , & quelque inuincible quelle fut, n'introduisoit point la destinée , parce que la destinée est vne impression d'vne cause estrange-
re qui ne doit point auoir d'empire sur nostre volonté ; au
lieu que la vertu ou l'energie de la grace vient de Dieu,
qui meut doucement & fortement les agens libres , en les
preuenant par l'operation de son esprit.

[a] L.2; à Bonif. ch. 6.

En septiesme lieu , les Catholiques enseignoient &
establissoient vne efficace de la grace que les Pelagiens
condamnoient absolument, comme estant contraire essentiellement à la liberté , mais on ne voit pas que les Pelagiens ayent iamais nié que la volonté put estre preue-
nuë de tant de lumieres & de graces , qu'elle ne pût leur
resister, moralement parlant, comme en la personne de
la Vierge Mere des Apostres, & des autres Saincts les plus
celebres dans les Escritures sainctes. L'efficace donc que
vous appellez morale , n'est pas celle que lest Catholiques attribuoient à la grace , puis que les Pelagiens admettoient l'vne quelquesfois , & reiettoient l'autre entierement.

En huictiesme lieu, ne dites-vous pas , ou ne presupposez vous pas que la grace congruë , & la grace non congruë nous donnent directement & immediatement de
pouuoir croire, de pouuoir bien viure, de pouuoir venir
à Christ ; tellement que celuy qui a receu vne grace congruë, & celuy qui a receu vne grace non congruë pour
venir à Christ, ont vne puissance prochaine & immediate de venir à luy , bien que l'vn vienne , & que l'autre ne
vienne pas? Physiquement donc & reellement parlant, en
ce qui regarde la puissance de venir à Christ , entre celuy
qui a receu vne grace cõgruë, & celuy qui a receu vne gra-

ce non congruë pour venir à Chriſt, il n'y a point d'autre
difference ſi ce n'eſt que l'vn peut venir plus facilement
que l'autre : car abſolument parlant, puis qu'il eſt vray de
dire que l'vn & l'autre peut; quelle autre difference peut
il y auoir entr'eux ſinon que l'vn peut plus aiſément que
l'autre ? & que par conſequent la grace congruë n'adiouſte pas à la grace non congruë la puiſſance mais la facilité , puis que la grace non congruë donnant de pouuoir;
ce que la grace congruë peut apporter de plus, eſt de donner la facilité & l'aiſance du pouuoir: mais les Peres ne reconnoiſſoient pas qu'il y eut ſeulement cette difference
entre celuy qui venoit à Chriſt, & celuy qui ne venoit
pas ; que celuy qui venoit pût venir plus facilement que
celuy qui ne venoit pas ; mais ils enſeignoient ſimplement
qu'il y auoit entr'eux cette difference que l'vn pouuoit
venir, & que l'autre ne le pouuoit pas. Ainſi le Fils de Dieu
ayant preſché aux Capharnaïtes dont les vns crurent en
luy , & les autres ne crurent pas , les vns ayant eſté tirez, & les autres n'ayant pas eſté tirez du Pere pour venir
au Fils ; & voulant nous enſeigner quelle difference il y
auoit entre ceux qui auoient cru , & ceux qui n'auoient
pas cru ; entre ceux qui eſtoient venus, & ceux qui n'e-
ſtoient pas venus à luy , prononce abſolument & ſans exception aucune de tous ceux qui n'auoient pas cru en
luy , & qui n'eſtoient pas venus à luy, *perſonne ne peut ve-*
nir à moy: Si mon Pere qui m'a enuoyé ne le tire. Il ne dit pas
tous ceux qui ont oüy ma voix ont eſté tirez du Pere, &
ont tous pû venir à moy ; & ceux qui ſont venus à moy,
ont pû venir plus facilement que ceux qui ne ſont pas venus; il ne dit pas cela, mon Cenſeur, mais il dit, *perſon-*
ne ne peut venir à moy ſi mon Pere ne le tire : Comme s'il eut
dit, il y a cette grande & terrible difference entre ceux
qui ſont venus à moy & ceux qui ne ſont pas venus ; que
ceux qui ſont venus l'ont pû , parce que mon Pere les a
tirez, & en les tirant leur a donné de le pouuoir ; & que
ceux qui ne ſont pas venus ne l'ont pû , parce que mon
Pere ne les a pas tirez, & ne leur a pas donné de pouuoir
venir, en cela meſme qu'il ne les a pas tirez. *Car perſonne*

non pas quelqu'vn, dit le Concile d'Orange, *mais perfonne,* non pas ne vient point à moy, mais ne peut venir à moy, *ſi mon Pere ne le tire.*

Que s'il eſt vray comme il eſt, que le fils de Dieu a ren-fermé toute l'eſtenduë de ſa grace en ces paroles, *ſi mon Pere ne le tire*; & ſi ces paroles, *ſi mon Pere le tire* contien-nent vne grace qui n'eſt pas donnée à tous, comme Ieſus-Chriſt meſme le teſmoigne, ne s'éſuit-il pas de là que tous n'ont pas la grace de Ieſus-Chriſt; & que ne l'ayant pas, non ſeulement ils ne viennent point à luy, mais ne peu-uent venir à luy; comme n'eſtans pas tirez du Pere pour venir à luy ? En ce ſens le meſme fils de Dieu dit en vn au-tre lieu, *ſans moy vous ne pouuez rien faire.* En ce meſme ſens ſainct Iean eſcrit, *pour cela ils ne pouuoient croire, parce que Iſaie a dit encore, il a aueuglé leurs yeux & endurcy leur cœur, afin qu'ils ne voyent point des yeux, & qu'ils n'entendent point du cœur.* Que ſi vous dites que ceux qui viennent au fils, ſont tirez du Pere d'vne façon congruë, c'eſt à dire propre & conuenable pour les faire venir au fils; & que ceux qui ne viennent pas au fils ne laiſſent pas d'eſtre tirez du Pere, mais d'vne maniere qui n'eſt pas congruë, c'eſt à dire qui n'eſt pas propre pour les faire venir au fils; en telle ſorte que les vns & les autres peuuent y venir, mais les vns ſuf-fiſamment, & les autres efficacement; car ce ſont les mots myſtiques de voſtre Theologie; vous alleguez vne penſée tout à fait eſtrange & directement contraire à ce que dit le fils de Dieu: Car il dit ſimplement que ceux qui ne viennent pas à luy ne ſont pas tirez du Pere, & vous dites qu'ils ſont tirez du Pere incongruement à la verité; mais ſuffiſamment pour venir au fils. Il dit ſimplement que ceux qui ne viennent pas à luy, ne peuuent venir à luy comme n'eſtans pas tirez du Pere, & vous ſouſtenez contre luy qu'ils peuuent venir à luy, comme eſtans tirez du Pere d'vne maniere ſuffiſante, bien qu'impopre & non con-gruë. Et en effet, quand les Peres diſent que ceux qui ne viennent pas au fils ne ſont pas tirez du Pere, ils n'oppo-ſent pas cette traction du Pere à vne autre traction du Pe-re, comme ſi ceux qui viennent au fils eſtoient tirez d'vne

maniere par le Pere, & ceux qui ne viennent pas au fils
eſtoient tirez d'vne autre : mais ils opposent directement
la traction du Pere à la predication du fils, comme voulant
dire que ceux qui ne ſont pas tirez interieuremẽt du Pere,
n'entendẽt qu'exterieurement la predication du fils, ou la
predicatiõ de ceux qui nous enſeignent & qui nous appellent exterieurement au nom du fils : & de là vient que S.
Auguſtin, cõme nous venons deſia de le fairevoir, met cette difference directe & immediate entre ceux qui croyent
& ceux qui ne croyent pas, que ceux qui croyent apprennent du Pere, ſont tirez du Pere & entendent au dedans, &
que ceux qui ne croyent pas n'apprennent point du Pere,
ne ſont pas tirez du Pere, & n'entendent qu'au dehors.

Voyons mon Cenſeur, ſi en ces paroles de ſainct Auguſtin, vous pourrez nous faire voir voſtre grace peu congruë, & cõmune à ceux qui croiẽt & à ceux qui ne croyent
point. [a] *Ceux qui croyent*, dit il, *le Predicateur faiſant bruit au*
dehors, entendent & apprennent du Pere au dedans ; mais ceux
qui ne croyent pas, entendent au dehors ; mais entendent ils au
dedans auſſi ; en quelque maniere peu congruë ? Eſcoutez
mõ Conſeur, [a] *ils n'entendent pas, & n'apprennẽt pas au dedans,*
c'eſt à dire, il eſt donné aux vns de croire, & il n'eſt pas donné aux
autres, parce, dit-il, que perſonne ne vient à moy, ſi mon Pere ne le
tire, Ce qui eſt dit en ſuitte plus ouuertement, Car vn peu apres cõme
le Seigneur leur parloit de manger ſa chair & de boire ſon ſang,
& comme quelques-vns de ſes diſciples meſmes diſoient, cette pa-
role eſt dure qui peut l'entendre ? Ieſus ſçachant en luy meſme que ſes
diſciples murmuroient de cela leur dit : Cecy vous ſcandaliſe-t'il,
& vn peu apres, les paroles, dit-il, que ie vous ay dites, ſont eſprit &
vie : mais parmy vous, il y en a qui ne croyent point. Puis [b] *l'E-*
uangeliſte dit. Car Ieſus ſçauoit dés le commencement quels eſtoient
les croyans & qui deuoit le trahir, & diſoit pour cela, ie vous ay
dit que perſonne ne peut venir à moy, s'il ne luy a eſté donné de mon
Pere : donc eſtre tiré du Pere à Chriſt, & ouyr & entendre du Pere pour venir à Chriſt, ce n'eſt autre choſe que receuoir le don du
Pere par lequel on croit en Chriſt. Car celuy là ne diſcernoit point
ceux qui entendent l'Euangile d'auec ceux qui ne l'entendent pas,
mais bien ceux qui croyent, d'auec ceux qui ne croyent pas, quidi-

R iij

a *Au liu. de la Pred.*
des Saincts ch.ap. 8.
qui credunt , præ-
dicatore forinſe-
cus inſonante, intus
à Patre audiunt at-
que diſcunt; qui au-
tem nos credunt
foris audiunt , intus
non audiunt, neque
diſcunt; hoc eſt illis
datur vt credant ,
illis non datur, quia
nemo inquit venit
ad me niſi pater qui
miſit me traxerit
eum, quod apertius
poſtea dicitur. Nam
poſt aliquantum ,
cum de carne ſua
manducanda & bi-
bendo ſanguine ſuo
loqueretur, & dice-
rent etiam quidam
diſcipulorum eius,
durus eſt hic ſermo,
quis poteſt eum
audire ? ſciens Ieſus
apud ſemetipſum,
quia murmurarent
de hac diſcipuli
eius, dixit eis, hoc
vos ſcandaliſat ? &
paulò poſt, verba,
inquit, quę ego lo-
cutus ſum vobis;
ſpiritus & vita ſunt;
ſed ſunt quidam ex
vobis, qui non cre-
dunt, & mox Euan-
geliſta, ſciebat enim
inquit, ab initio Ie-
ſus, qui eſſent cre-
dentes, & quis tra-
diturus eſſet eum,
& dicebat propte-
rea dixi vobis, quia
nemo poteſt venire
ad me, niſi fuerit ei
datum à Patre ,
ergo trahi à Patre
ad Chriſtum, & au-

soit personne ne vient à moy, s'il ne luy a esté donné de mon Pere.

Ne voyez vous donc pas mon Censeur, & n'entendez vous pas, si vous auez des yeux pour voir, & vn cœur pour entendre, que sainct Augustin ne reconnoit icy que deux sortes de vocations par lesquelles Dieu nous conuie de venir à son Fils ; dont l'vne est d'oüir interieurement le Pere, & l'autre est d'oüir exterieurement le Fils ; & que il n'y a que ceux qui croyent qui entendent le Pere interieurement, au mesme temps qu'ils entendent exterieurement le Fils? & comment donc osez vous dire que l'Euangile estant presché aux hommes par le Fils ; le Pere parle d'vne maniere congruë à ceux qui croyent, & d'vne maniere peu congruë à ceux qui ne croyent pas ; puisqu'il ne parle point du tout selon sainct Augustin, à ceux qui ne croyent point, & ne leur donne point l'esprit qui oste le cœur dur à ceux qui l'endurcissent encore dauantage, quand ils n'oyent au dehors que la predication du Fils? Direz vous peut-estre que ces paroles, *personne ne peut venir à moy, si mon Pere ne le tire,* & celles-cy, *sans moy vous ne pouuez rien faire*, se doiuent entendre seulement d'vne puissance qu'on appelle morale, & non d'vne puissance reelle & naturelle : mais puisque vne puissance morale, ou vne impuissance morale, n'est autre chose qu'vne facilité grande ou vne grande difficulté, ne s'ensuiuroit-il pas de là reellement parlant, que la grace du Sauueur ne nous seroit pas donnée pour pouuoir absolument, mais pour pouuoir facilement; comme si sans elle, on pouuoit encore, bien que difficilement croire en Iesus-Christ, & operer le bien ce qui est vn blaspheme, contraire à l'Escriture, aux Conciles & aux Saincts Peres, & vrayement digne de tous les Anathemes de l'Eglise? Car le Fils de Dieu, ne dit pas a sans moy vous pouuez difficilement faire quelque bien, mais dit absolument sans moy *vous ne pouuez rien faire.*

Vous estes agreable donc & magnanime mon Censeur, quand vous b prononcez hautement, que l'impossibilité d'operer le bien sans l'ayde de la grace, n'est pas vne propre & vne vraye impoſſibilité, mais ſeulement vne difficulté pareille à celle dont Hylaire dit. *Il eſt difficile de delier les choſes qui ont eſté long-temps liées, ou il eſt plus facile d'arracher les plantes nouuelles & tendres que les anciennes & robuſtes.* Et vous oſez meſme comparer cette impoſſibilité de faire le bien ſans le ſecours de Dieu, à l'impoſſibilité, ou à la difficulté des choſes qui n'arriuent que tres-rarement ; de maniere que ſi voſtre ſimilitude eſt iuſte, il ſe pourra faire, bien que tres-rarement, que les hommes ſoient ſauuez ſans le ſecours de Dieu, & ſans la grace du Sauueur ; puiſque n'eſtant pas ſecourus de Dieu & de la grace du Sauueur, la bonne vie, ou le ſalut leur ſont impoſſibles ſeulement, comme les choſes qui arriuent rarement, ou tres-raremēt, ſont eſtimées impoſſibles. Ce ſont les lumieres, mon Cenſeur, & les enrichiſſemens de voſtre elegante Theologie : car ie laiſſe à part le bel exemple que vous auez tiré d'vne Poëſie bouffonne & prophane : vous deuiez penſer qu'il pourroit bleſſer la chaſteté des yeux Chreſtiens ; & vous euſſiez mieux fait de le ſupprimer auec la modeſtie d'vn Religieux, que de l'alleguer auec l'oſtentation d'vn Philoſophe.

Mais pour vous monſtrer que l'impoſſibilité ou de ſe ſauuer, ou de bien viure ſans la grace, eſt vne vraye impoſſibilité, & non ſeulement vne difficulté ſemblable à celles que vous auez repreſentées ; ie vous donne aduis, mon Cenſeur, que vous deuiez vous ſouuenir de ce que ſainct Auguſtin ſuppoſe tant a de fois ; que comme il eſt impoſſible vrayment & proprement à vn aueugle de voir, à vn boiteux de marcher droit, & à vn malade de faire les actions de ceux qui ſont ſains ; de meſme il eſt impoſſible à l'homme tombé de ſe releuer, d'operer de bonnes œuures, & de viure ſelon Dieu. Vous deuiez auſſi vous ſouuenir que comme la grace du Sauueur doit produire en nous deux principaux effets ; dont l'vn eſt de ne conſentir pas à la conuoitiſe, & l'autre eſt de ne la pas ſentir, il nous eſt impoſſible de ne luy conſentir pas, ſi Dieu ne nous donne de la vaincre par les premices de ſon Eſprit, de la meſme ſorte qu'il nous eſt impoſſible de ne la ſentir

tiis rerum, temporū, ac perſonarum, difficile eſt non fieri, immò fit ſemper ; *& plus bas*, & ſi poteſt quidem aliter vſu venire, ſed perratò accidit, *& plus bas*, arque vt ait Hylarius Arelat. difficilè diu illigata ſoluuntur ; facilius eſt vetera euellere quam robuſta ſuccidere : hæc igitur neceſſario ſic habere dicuntur ; vnde & illud Comici quid ais ? Cum Virgine vna Adoleſcēs cubuerit pius potus, illa ſe abſtinere vt potuerit, non veriſimile dicis, nec verum arbitror.

a *Voyez entr'autres liures celuy de la perfection de la Iuſtice.*

pas, iufques à tant que Dieu l'ait éteinte par la plenitude de fon Efprit, en la refurrection des morts. Que fi fainct Auguftin dit quelquefois qu'il nous eft difficile d'accomplir la Loy fans l'aide de la grace, au lieu de dire qu'il eft impoffible, cela vient de ce qu'il parle dans le ftile des Autheurs Affricains qui ont accouftumé de fe feruir des negations diminuantes, au lieu des negations fimples & abfoluës : comme quand ce Pere dit, [a] *pouuoir peu* pour dire ne pouuoir point de tout, & quand il dit *trouuer auec* [b] *peine*, pour dire ne trouuer nullemét : outre que bien fouuent par le mot difficile, il entend les actions qui caufent du trauail, de la douleur & de l'angoiffe à ceux qui s'efforcent de les faire & ne le peuuent : comme quand il dit [c] *la douleur du lien charnel nous refiftant, & nous affligeant, ne pouuoir s'abftenir des œuures de la conuoitife, ce n'eft point la nature de l'homme créé, mais la peine de l'homme condamné :* d'où vient auffi que S. Auguftin appelle cette forte d'actions des offices laborieux, parce qu'elles nous caufent de la peine lors que nous voulons les faire, & que nous ne pouuons les faire, ou les faire comme il faut ; & en ce fens le mefme Sainct [d] dit, qu'il nous eft difficile & impoffible tout enfemble d'operer le bien, fi noftre volonté n'eft preparée par le Seigneur. Que fi on oppofe difficile à impoffible, il ne veut pas qu'il nous foit difficile fimplemét, mais encore impoffible d'operer le bien fans le fecours de Dieu ; & pour cette caufe, il parle ainfi contre l'erreur de Pelagius, qui vouloit feulement qu'il fut difficile & non pas impoffible de viure fainctement fans la grace du Sauueur, [e] *mais le Seigneur pour refpondre à Pelagius qui deuoit venir, ne dit pas fans moy difficilement vous pouuez faire quelque chofe, mais dit, fans moy vous ne pouuez rien faire.*

Il eft vray qu'il n'eft pas impoffible, abfolumét parlant, aux hommes aueuglez & corrompus par le peché, d'operer le bien, puifque Dieu peut les guerir de l'infirmité qui les empefche de l'operer : comme abfolument parlant il n'eft pas impoffible à vn aueugle de voir, à vn boiteux d'aller droit, & à vn infirme de faire des actions faines & parfaites ; puifque leur maladie peut eftre guerie par la

force

a *Au liu. de la perf. de la Iuft. chap.* 10. *& ailleurs.*

b *Le* 27. *ch. du liu. de l'Efp. & de la lettr.*

c *Au liu.* 3. *du fr. arb. ch.* 18. Sed approbare falfa pro veris, vt errei inuitus, & refiftente atque torquente dolore carnalis vinculi, non poffe à libidinofis operibus temperare, non eft natura inftituti hominis, fed pœna damnati.

d *Au liu.* 1. *des retr. ch.* 22. Quæ cum fortis & potens præparatur à Domino, facile eft opus pictaiis, etiam quod difficile atque impoffibile fuit.

e *L.* 2. *à Bonif. ch.* 8 *voyez le latin cy-deffus.*

force des remedes : mais ie dis, que comme il eſt vrayement & proprement impoſſible à vn aueugle de voir, à vn
boiteux de marcher droit, & à vn infirme de faire des
actions ſaines deuant qu'on les gueriſſe ; de meſme il eſt
vrayement & proprement impoſſible à l'homme tombé,
& corrompu, de viure purement iuſqu'à tant qu'il ſoit releué, & qu'il ſoit deliuré de ſa corruption par la miſericorde de ſon Redempteur. Ie conclus donc que tous ceux
qui ne croyent pas & tous ceux qui viuent mal, n'ont aucune grace ny congruë ny incongruë pour croire, ou
pour bien viure, & qu'en cet eſtat ils ſont vrayement dans
l'impoſſibilité de croire ou de bien viure ; puiſqu'ils n'apprennent nullement, & ne ſont nullement tirez du Pere
ſans la diſcipline & ſans l'attraction duquel non ſeulement on ne vient pas au Fils, mais encore on ne peut y
venir. Adiouſtez que S. Auguſtin prenant le mot difficile
pour le mot impoſſible, vrayſemblablement fait alluſion
au lieu de l'Euangile où le Sauueur ayant dit, [a] qu'il eſtoit
difficile, & auſſi difficile qu'vn riche fut ſauué, qu'il eſt
difficile qu'vn Chameau paſſe par le trou d'vne aiguille,
appelle en ſuite ſimplement impoſſible, ce qu'auparauant
il auoit appellé ſeulement difficile, *Cela*, dit-il, *eſt impoſ-*
ſible aux hommes, mais auprez de Dieu toutes choſes ſont poſſi-
bles, & de là vient que les Vniuerſitez de Louuain & de
Doüé, ont cenſuré tres raiſonnablement cette propoſition [b] autrefois ſouſtenuë en vos Eſcolles, *tous les lieux de*
l'Eſcriture Sainte qui ſignifient qu'il eſt impoſſible que quelques-
vns ſe côuertiſſent doiuent eſtre entêdus, de ſorte que l'impoſſible ſoit
pris pour ce qui eſt grandement difficile : mais la Cenſure [c] reprouue iuſtement cette Theſe ſcandaleuſe, en obſeruant
que ſi lors que l'Eſcriture dit, ils ne pouuoient croire, ou, ſans moy
vous ne pouuez rien faire, ou, ce qu'il y auoit d'impoſſible à la Loy,
&c. *le mot impoſſible ne ſignifie autre choſe que ce qui eſt difficile, il*
s'enſuit que la Iuſtice a bien pû eſtre par la Loy ſans Ieſus-Chriſt,
& que la facilité de l'obtenir, nous ait eſté acquiſe par la grace de
Ieſus-Chriſt, comme Pelagius auoit de couſtume d'eluder cette
ſorte d'Eſcritures.

En dixiéme lieu, ſi la grace que vous appellez congruë n'a

[a] *S. Math. ch. 19. V.* 2;. *& ſuiu.*

[b] *Propoſition 15. parmy les Cenſurées par les facultez de Louuain & Doüé*, Omnia loca ſcripturæ ſacræ, quę ſignificant eſſe impoſſibile quoſdam conuerti, intelligenda ſunt vt impoſſibile accipiatur, pro eo quod eſt valde difficile.

[c] *La Cenſure.* Certum eſt locis quibuſdam non difficultatem, ſed impoſſibilitatem ſignificari, ſed reſpiciendo ad ſolas naturæ vires; vt, ſi poteſt Æthyops mutare pellem ſuam, ſic vos poteritis benè facere, cùm didiceritis malum : & non poterat mutari naturalis malicia eorum ; & nemo po-

test corrigere quem deus despexerit, & non poterant credere, &, sine me nihil potestis facere : & quod impossibile erat legi, &c. Vbi si impossibile, Idem est quod difficile, sequitur quod ex lege quidem potuerit esse iustitia, & sine Christo. sed eius obtinendæ facilitas per Christum ex gratia, quomodo olim scripturas eius modi, eludere Pelagius solebat.

Pag. 46.

pas vne liaison physique & naturelle, mais seulement morale auec son effet, elle n'est pas indeclinable & insuperable par sa propre force : mais entant qu'elle est l'obiet de la prescience de Dieu, qui preuoit certainement qu'elle aura son effet & que nous y consentirõs. Et c'est la science de Dieu appellée communement moyenne sur laquelle Molina a fondé & éleué le nouueau mystere de sa concorde du franc-arbitre, auec la predestination diuine. Or selon les principes de sainct Augustin, & de l'Escriture saincte, la grace du Sauueur ne prend pas son efficace de la preuision de Dieu, mais l'enferme en elle-mesme, & dans sa propre actiuité. Et en effet, puis que Dieu preuoyant en nous les effets de sa grace, ne preuoit pas des œuures que nous luy ferons faire par la fragilité de nostre franc-arbitre, mais des œuures qu'il nous fera faire par la toute-puissance de son Esprit : Il s'ensuit de là manifestement que la prescience diuine ne rend pas la grace certaine & infaillible, mais suppose qu'elle l'est desia par sa propre vertu. Et voicy ce que i'auois desia dit sur ce suiet en la seconde partie de ma Lettre. *Et dans ces Eloges magnifiques de l'efficace de la grace, où sainct Augustin enseigne qu'elle opere son effet par vne tres-douce mais tres-forte necessité, de dire qu'il ne parle pas d'vne necessité, qu'on appelle antecedente, selon laquelle les agens par leurs propres forces, operent infailliblement ce qu'ils operent : mais d'vne necessité seulement, qu'on appelle consequente, selon laquelle vne cause agit necessairement, supposé que Dieu, dont la prescience ne peut estre trompée, ait preueu qu'elle agiroit. C'est à mon aduis en ce suiet vne distinction qui n'est appuyée d'aucune vraysemblance : car outre que sainct Augustin n'establit pas l'efficace de la grace sur vne preuision de Dieu, qui ne peut estre trompée, mais sur vne puissante vertu de Dieu qui ne peut estre surmontée, & sur vne force interieure & essentielle de la grace qui entraine nostre franc-arbitre, d'où vient que sainct Augustin la nomme vne energie tres-occulte & tres-efficacieuse, vne ardeur de charité, vne inflammation du sainct Esprit si grande, qu'elle meut pousse & remuë indeclinablement & insuparablement nostre volonté : Ne pourroit-on pas dire aussi de la grace des saincts Anges dont ils disposoient comme ils vouloient,* qu'elle agiſſoit neceſſairement comme la noſtre, puis qu'elle ne pouuoit n'operer pas, ſuppoſé que Dieu preuit qu'elle opereroit? Et dans le premier homme encore, la grace toute dependante qu'elle eſtoit de ſa volonté, n'eut-elle pas agi neceſſairement auſſi bien que dans ſes deſcendans, puis que dans le premier homme auſſi bien que dans ſes deſcendans, elle ne pouuoit ne pas agir, ſuppoſé que Dieu tout preuoyant, eut preueu qu'elle agiroit? & qui ne ſçait neantmoins que ſainct Auguſtin ne poſe pas, ou dans les Anges, ou dans le premier homme, l'efficace de la grace qu'il poſe dans la race & dans les deſcendans du premier homme? Puis donc que ce Pere a reconnu & dans les Anges & dans le premier homme, vne efficace de la grace, qui depend de la preuiſion de Dieu, qui ne comprend & qui ne voit par là que l'efficace de la grace qu'il ne reconnoiſt ny dans les Anges, ny dans le premier homme, mais ſeulement dans les deſcendans du premier homme, eſt vne efficace qui depend de la propre force de la grace, & de l'operation de Dieu, agiſſant dans nos cœurs par la toute-puiſſante vertu de ſon Eſprit? & enfin s'il eſt certain que les Pelagiens, ou les aduerſaires de la grace n'ignoroient point cette Theologie, mais la connoiſſoient tres-veritable, que la grace agit neceſſairement, ſuppoſé que Dieu preuoye qu'elle doit agir; qu'auoyent-ils à dire pour ce regard contre ſainct Auguſtin, & S. Auguſtin contr'eux, ſi S. Auguſtin en eſtabliſſant l'indeclinable & l'inſuperable efficace de la grace, n'eſtabliſſoit que cette eſpece de neceſſité conditionnée & ſubſequente, que les Pelagiens n'ignoroient point, & qu'ils embraſſoient de tout leur cœur? & Dieu ayant promis de donner à Ieſus-Chriſt toutes les nations du monde, en les faiſant croire en Ieſus-Chriſt, auroit-il dit ſi ſouuent qu'il dit, que la certitude de cette promeſſe n'eſtoit point fondée ſur vne preuiſion de Dieu, qui ne pouuoit eſtre abuſée, mais ſur vne vertu de Dieu, qui ne pouuoit eſtre empeſchée? d'où vient que l'Apoſtre, dit [a] ce Pere, n'eſcrit pas que Dieu ſçauoit qu'il eſtoit ſage pour preuoir ſans faute ce qu'il auoit promis, mais qu'il eſtoit puiſſant pour faire ſans obſtacle ce qu'il auoit promis, à ſçauoir l'entrée & l'aſſemblage de toutes les nations dans le Royaume de ſon Fils.

Oüy mais repliquerez-vous, ſainct Auguſtin ne reconnoit-il pas cette diſtinction de grace congruë ou non congruë? ouy certainement, mais il la reconnoiſt d'vne ma-

a Liu. de la Pred. des Sainčts ch 10. & 17. liu.du Don de la Perſ. ch.13.liu.1.de l'Oeuu. Imparf.ch. 91.liu.2. ch.156. en l'Epiſt. à Sixte.

niere bien differente de la voftre: car il entend par les graces qu'il appelle congruës les vocations, ou les graces exterieures qui font propres à nous toucher, & à nous perfuader, felon la fecrete difpofition de noftre cœur, Or
c'eft la grace interieure feule qui difpofe noftre cœur,
pour le rendre obeïffant aux vocations & aux graces exterieures, & partant les vocations & les graces exterieures
font congrües, ou ne le font pas, felon que la grace nous
incline au dedans, ou ne nous incline pas à leur obeïr au
mefme temps qu'elles nous excitent au dehors. Ainfi vne
grace eft congrüe en tant qu'elle conuient aux affections
de noftre cœur, & les fuppofe par confequent pour leur
eftre conuenable. Or la grace interieure ne fuppofe pas,
mais forme les affections de noftre cœur; elle n'eft donc
point la grace congrüe, qui ne les forme pas, mais les
fuppofe defia formées en noftre cœur.

Et lors mefme que nous auons defia quelque commencement, quelque teinture, ou quelque degré de la grace
interieure, il fe peut faire encore que toutes les graces exterieures ne nous conuiennent pas, & ne foient pas congrües: c'eft à dire propres pour nous faire faire quelque
bien, parce que nous n'auons pas encore vne grace interieure affez ferme & affez puiffante pour operer le bien
auquel la vocation ou la grace exterieure nous conuie: Et
ainfi la vocation ou la grace exterieure; ou peut n'eftre
nullement congrüe; comme quand nous n'auons point
du tout de grace interieure; ou peut eftre congrüe en partie, & en partie ne l'eftre pas, comme quand nous auons
bien affez de grace interieure: pour faire vne partie du
bien fpirituel que la grace exterieure nous inuite de faire,
mais que nous n'en auons pas affez pour le faire tout entier; ou elle peut eftre pleinement & parfaitement congrüe lors que nous auons interieurement toute la grace
qui nous eft neceffaire pour faire tout le bien que la grace exterieure peut exiger de nous. Et ainfi quand les iuftes prient Dieu de ne les pas induire en tentation, ils le
prient, ou d'augmenter la grace qu'il leur a defia donnée,
ou de les conduire d'vne maniere, s'il faut dire ainfi, congrüe, & conuenable à les garantir de la tentation; en tel-

lesorte qu'ils ne rencontrent pas les obiets externes qui
pourroient aigrir leur conuoitise, & surmonter les forces
de leur charité, en allumant leur cupidité.

Et de là vient que sainct Augustin a tousiours mis la grace qu'il appelloit **congruë**, ou dans les signes exterieurs
qui se presentent à nos sens, ou dans les visions interieures, qu'il referoit tousiours aux signes exterieurs, parce
qu'elles agissent à la maniere des signes exterieurs, qui
n'ont point d'empire sur nostre volonté, mais la laissent
libre à se tourner & à se ployer du costé qu'il luy plaist.
En ce sens sainct Augustin dit de la vision mentale, qui
changea sainct Paul, & le guerit de son infidelité, [a] *Saül*
que vouloit-il, si ce n'est enuahir, trainer, vaincre, & faire mou-
rir les Chrestiens? que sa volonté estoit enragee: quelle estoit fu-
rieuse: qu'elle estoit aueugle: & neantmoins estant mis par ter-
re par vne seule voix d'enhaut, vne telle vision luy ayant paru
(c'est la grace congrüe) *par laquelle cet esprit & cette volon-*
té, la cruauté en estant brisee, fussent corrigez & ramenez à la foy,
il fut fait tout d'vn coup d'vn merueilleux persecuteur, vn plus
merueilleux Predicateur de l'Euangile. Mais fut-ce cette vision congrüe qui le conuertit? estant éclairé de cette
vision dependoit-il absolument de luy de la suiure, ou de
ne la suiure pas? non certainement: car il ne pouuoit la
suiure sans la gouster, & sans en estre delecté: & il ne pouuoit en estre delecté, sans vn don particulier de Dieu,
qui luy en inspiroit la delectation, en luy touchant la volonté. Et c'est pourquoy sainct Augustin auoit dit vn peu
auparauant, [b] *qui a dans sa puissance que son esprit soit touché*
d'vne telle vision par laquelle sa volonté soit emeuë à croire? mais
qui embrasse dans son esprit ce qui ne le delecte point? ou qui a
dans sa puissance que ce qui peut le delecter se presente à luy, ou
qu'il le delecte quand il s'est presenté? Il faut donc que la vision
de l'esprit soit accōpagnée de la preparation de la volonté, afin que la vision de l'esprit delecte la volonté: c'est à
dire, afin qu'elle soit congrüe, ou qu'elle soit propre à delecter la volōté. C'est donc la vision de l'esprit qui est congrüe quand elle est conuenable à la disposition de la volonté, & non pas la disposition de la volonté, quand elle

[a] *Liu. 1. à Simplic.*
qu. 2. à la fin. Quid
volebat Saülus, nisi
vt inuaderet & tra-
heret, vinceret &
necaret Christia-
nos? quam rabida
voluntas! quam fu-
riosa! quam cæca!
qui tamen vna de
super voce prostra-
tus, occurrente vti-
que tali viso, quo
mens illa & volun-
tas, refracta sæuitia
retorqueretur, &
corrigeretur ad fidē,
repente ex Euange-
lij mirabili persecu-
tore, mirabilior Prę-
dicator effectus est.

[b] Quis habet in po-
testate tali viso at-
tingi mētem suam,
quo eius voluntas
moueatur ad fidem?
quis autem animo
amplectitur aliquid,
quod eum non de-
lectet? aut quis ha-
bet in potestate, vt
vel occurrat quod
eum delectare pos-
sit, vel delectet cum
occurrent

est conuenable à la veuë de l'esprit.

Cela estant toute vocation, soit exterieure soit interieure, quand elle ne passe point les bornes de l'esprit, est vne vocation congruë, ou ne l'est pas selon que la grace vrayement interieure prepare nostre cœur, ou ne le prepare pas, à suiure l'exterieure, à luy consentir, & à luy obeïr. Et c'est là proprement ce que sainct Augustin entend par la grace congruë, ou par la grace non congruë, & ce qui luy fait dire que les vns sont appellez d'vne façon congruë, parce que leur vocation s'accorde auec la disposition secrette de leur cœur, & que les autres sont appellez d'vne façon qui n'est pas congruë, parce que leur vocation ne s'accorde pas auec l'affection occulte de leur cœur ; c'est à dire, parce que les vns ont la grace interieure qui leur amollit le cœur pour obeïr à l'exterieure, & les autres n'ont point cette grace interieure ; ce qui fait que leur cœur demeure endurcy & ne peut obeïr à la semonce externe de la vocation, ᵃ *dautant*, dit sainct Augustin, *que tous ne sont pas disposez d'vne mesme maniere, ceux la seuls suiuent la vocation qui sont trouuez propres à la receuoir : & partant cette parole n'est pas moins veritable, ce n'est donc pas du voulant ny du courant ; mais de Dieu faisant misericorde qui a appellé ceux qui ont suiuy la vocation en la maniere qui leur estoit propre : & quant aux autres la vocation est bien paruenuë iusques à eux : mais parce qu'elle n'a pas esté telle qu'ils pussent en estre emeus pour estre propres à la receuoir ; on peut bien dire qu'ils ont esté appellez, mais non pas eleus,* Qu'est-ce à dire donc que la vocation a esté congruë & propre pour les vns & ne l'a pas esté pour les autres ? d'où vient que les vns ont crû & les autres n'ont pas crû & que les vns appartiennent aux éleus, & les autres aux appellez ? c'est à dire que dans le mesme temps qu'ils estoient appellez la volonté a esté preparée dans les vns, & n'a pas esté preparée dans les autres pour les rendre propres à suiure leur vocation : car ainsi que dit ce diuin homme, *Il dépend du franc-arbitre de la volonté, de croire ou de ne croire pas ; mais dans les éleus la volonté est preparée du Seigneur :* c'est à dire que dans le mesme temps, qu'on les appelle & qu'on les presche exterieurement par la parole de

---

a *Là mesme plus haut*, tamen quia non omnes vno modo affecti sunt, illi soli sequantur vocationem qui ei capiendæ reperiantur idonei, & |illud non minus verum sit, igitur non volentis, neque currétis sed miserentis est ! Dei, qui hoc modo vocauit, quomodo aptum erat eis qui secuti sunt vocationem, ad alios autem vocatio quidem peruenit, sed quia talis fuit, qua moueri non possent, vt eam capere apti essent vocati quidem diei potuerunt, sed non electi.

b *Au lieu. de la pred. des Saincts ch. 5.*

l'Euangile, Dieu les edifie interieurement par l'operation de son esprit, *alors* dit le Grand-Maistre, *nostre parole
sera congruë* (c'est à dire propre & conuenable) *si elle a
quelque chose d'esication en elle mesme, qui serue à l'vtilité de vos
ames,* & comment grand Sainct? *Dieu vous edifiant interieurement.*

Et de là mon Censeur, pouuez vous inferer qu'il y ait
deux secretes & vrayement interieures graces du Saüueur
dont l'vne ait son prochain effet & l'autre ne l'ait pas, puis
que les seuls croyans ont cette occulte & vrayement interieure grace, & que les incredules ne l'ont pas, mais
estant appellez entendent seulement la voix de l'Euangile
qui resonne à leurs oreilles, & ne leur touche point le
cœur? Comment donc pourre-zvous renuerser cette vnion
puissante de tous les sentimens de S. Augustin, puis que
vous n'auez pû l'attaquer & la combattre qu'en essayant
de detruire ce principe; qui en est le soustien & le sera tousiours, parce qu'il est inuincible, & le sera tousiours à la
legereté de vos raisons captieuses & friuoles; que la grace
du Saüueur a tousiours l'effet prochain pour lequel elle est
donnée.

CHAPITRE XVI.

*Où l'on fait voir comment le Dissertateur abuse grossie-
rement du decret du Concile, où il est definy de quelle
sorte Iesus-Christ est mort pour tous.*

Toutesfois en cét enchainement, & en ce lien Sacré
de la Theologie de ce Pere, vous voyez encore vne
maxime qui ne vous plaist pas, quoy qu'autrefois elle ne
vous ait pas de plû; que Iesus-Christ est mort pour tous,
parce qu'il est mort pour toute sorte de nations & de conditions; ou parce que tous ceux qui viuent ne viuent que
par luy, comme tous ceux qui meurent meurent en Adam,
& apres auoir traité ces explications [2] *de forcées de captieu-*

a *pag.* 101. *hæc sole
ipso lucidiora, quæd.*

frustrari attinet, captiosis & arcessitis è lõginquo interpretationum calumniis.

b 1 *part. qu.* 19. *art.* 6. *& dans son comm.*

c *Le Dissertateur to.* 1. *de ses Dogmes liu.* 9. *ch.* 7. *sect.* 9. illud autem Apostoli testimonium, diuersis modis explicat (Augustinus) *& en ce mesme lieu le discoureur appelle la volonté de Dieu antecedente, vne volonté ie ne sçay quelle,* nescio quam, *& la nomme vne velleité que Dieu exprimeroit ainsi,* vellem, istos saluare nisi cos primi culpa parentis odiosos & excecrabiles fecisset, *Or les disciples de S. Augustin reçoiuent volentiers apres S. Iean Damascene, & S. Thomas, cette volonté antecedente.*

d *Pag.* 42. ne de alter utra opinione præiudicium faceret.

ses, *& de calomnieuses*, bien que sainct Augustin & sainct [b] Thomas, & vous mémes apres [c] eux les ayez approuuées, vous nous enseignez qu'à proprement parler, Iesus-Christ est mort pour tous les hommes, parce que de sa part il a esté prest de souffrir la mort, & de l'offrir generalement pour tous les hommes sans en excepter aucun: & vous pretendez magistralement que le Concile de Trente a definy que c'estoit en ce sens, que Iesus-Christ estoit mort pour tous, autrement, dites vous, ce sainct Synode n'auroit pas reglé le different qui regnoit alors parmy les Catholiques, dont les vns vouloient que Iesus-Christ fut mort pour le salut des seuls éleus, & les autres vouloient, qu'autant qu'il dépendoit de luy, il fut mort indefiniment pour tous les hommes, soit éleus, soit reprouuez.

Mais en premier lieu, qui vous a dit que le Concile ait eu dessein de terminer ce different des Catholiques: au contraire, ne sçauez vous pas qu'en cette matiere de la iustification principalement, le Concile a euité autant qu'il a pû de condamner les Catholiques, & de leur oster la liberté de leurs sentimens? & n'auoüez vous pas vous mesme [d] que le S. Synode en definissant que la grace du Sauueur estoit necessaire pour les bonnes œuures, n'a pas voulu prescrire qu'elle estoit necessaire absolument pour toutes sortes de bonnes œuures, laissant indecis sur ce suiet le different des Catholiques?

En second lieu, quel Decret, quel Canon, quelles paroles voyez vous dans ce sacré Synode, qui portent & qui expriment que le Fils de Dieu, pour ce qui estoit de luy, auoit souffert la mort & l'auoit offerte à Dieu son Pere indefiniment pour tous les hommes? ou plustost sur ce suiet de la mort de Iesus-Christ pour tous; que dit le sainct Concile, que sainct Augustin, sainct Prosper, & sainct Fulgence, qu'il s'est proposé de suiure, n'eussent dit deuant luy, enseigné, presché & soustenu contre les Pelagiens, & leurs reliques qui vous sont si cheres & si precieuses, parce qu'ils [d] obiectoient aussi bien que vous aux Catholiques qu'il s'ensuyuoit de leur opinion, que le Fils de Dieu ne seroit pas mort où n'auroit pas esté crucifié

d S. *Prosper obi.* 9. *des Gaulois*, quod non pro totius mõdi redemptione sal-

pour

pour tous les hommes. Mais comme vous ne dites que ce que diſoient ces demy-Pelagiens, que dit le Concile, que ce que diſoient les Catholiques en refutant les Semipelagiens, à ſçauoir,[b] que bien que Ieſus-Chriſt ſoit mort & ait ſouffert pour tous, tous neátmoins ne ſont pas gueris par le remede de ſa mort, mais ſeulemḗt ceux auſquels ce remede eſt appliqué? Voicy les paroles du Cōcile que vous rapportez vne ſeconde fois, pour nous faire voir que le Fils de Dieu eſtoit preſt de ſa part à ſouffrir la mort pour le ſalut de tous les hōmes, *encore qu'il ſoit mort pour tous, tous neantmoins ne reçoiuent pas le benefice de ſa mort, mais ſeulement ceux auſquels le merite de ſa Paſſion eſt communiqué.*

Icy, mon Cenſeur, vous bronchez d'abort en ce qui regarde le deſſein du ſacré Concile dans l'eſtabliſſement de ce Decret. Car vous ſuppoſez que cette definition a eſté faite pour eſtendre le ſens de ces paroles, *Ieſus-Chriſt eſt mort pour tous*, au lieu qu'elle a eſté faite pour le l'imiter, pour le reſſerrer, & pour nous enſeigner que bien qu'en vn ſens on puiſſe dire que Ieſus-Chriſt eſt mort generalement pour tous; il ne faut pas neantmoins entendre qu'il ſoit mort pour tous generalement, comme ſi le merite & le fruit de ſa mort eſtoient communiquez indefiniment à tous. Le Concile donc en ce Decret ne veut pas étendre & amplifier, mais reſtraindre & borner la ſignification de cette maxime, *Ieſus-Chriſt eſt mort pour tous.* Par où l'on voit que ceux-là ſans doute ſont dignes de pitié qui alleguent ce Decret du diuin Synode; pour prouuer tout le contraire de ce qu'il declare en ce Decret, & pour eſtablir par ce Decret, ce que ce Decret a condamné. Car à quel deſſein l'alleguent t'ils ? pour monſtrer que tous les hommes ont vne ayde ſuffiſante, & par conſequent vn fruit de la mort de Ieſus-Chriſt ; au regard duquel la mort de Ieſus-Chriſt eſt appliquée à tous : mais en ce Decret meſme, le Concile ſe propoſe d'eſtablir tout le contraire, qui eſt, que bien que Ieſus-Chriſt ait ſouffert pour tous, il ne faut pas neantmoins entendre qu'il a ſouffert pour tous, comme ſi ſa Paſſion eſtoit communiquée ou appliquée à tous, ſoit par vne grace ſuffiſante ou par

T

uator ſit crucifixus : *ẽ dans la* 1. *obſ.* de vinc. quod Dominus noſter Ieſus-Chriſtus non pro omnium hominum ſalute & redemptione ſit paſſus.
b *Seſſ.* 6. *ch.* 3. Verũ, & ſi ille pro omnibus mortuus eſt, non omnes tamen mortis eius beneficium recipiunt, ſed ii duntaxat quibus meritum Paſſionis communicatur.

quelque autre ayde que ce puiſſe eſtre qui ſoit conferée & diſtribuée à chacun des hommes en particulier par le merite de ſa mort. Et en cét endroit mon cher Cenſeur, vous trouuerez bon que ie vous die que vous eſtes tout à fait inintelligible, parce que vous eſtes tout côtraire vous meſmes, à vous meſme, & il y a plaiſir de voir le combat de deux ſi grands hommes, qui n'en font qu'vn, où dont l'vn eſt vous & l'autre vous meſmes : car en premier lieu, l'vn de vous, c'eſt à dire vous, dit que Ieſus-Chriſt n'eſt pas mort pour tous, quant a à l'application generale de ſa grace & de ſa mort ; & l'autre qui n'eſt autre que vous meſme dit que Ieſus-Chriſt b ne ſeroit point mort pour tous, ſi tous les hommes, ſans en excepter les reprouuez, n'auoient vne grace ſuffiſante pour ſe ſauuer ; parce, dites-vous, que la diſtribution de ſa grace medicinale eſt le fruit, & le teſmoignage de ſa Paſſion ; d'où il s'enſuit que vous voulez dire qu'il n'eſt mort pour tous, qu'entant que ſa Paſſion ou ſa grace medicinale eſt communiquée à tous. Vous dites donc que la Paſſion ou la grace medicinale du Sauueur eſt communiquée à tous, parce que ſelon le Concile, le Sauueur eſt mort pour tous, & le Concile vous dit là meſme, que bien que le Sauueur ſoit mort pour tous, il ne s'enſuit pas de là, que le merite de ſa mort ſoit appliqué à tous, comme s'il diſoit qu'il ne s'enſuit pas de là que ſa grace medicinale qui nous applique ſeule le merite de ſa mort ſoit donnée à tous ; Mais comment ſeriez vous d'accord auec le Concile à l'heure meſme que vous l'alleguez pour vous, puiſque en meſme temps vous n'eſtes pas vous meſme d'accord auec vous meſme.

Mais pour entendre plus clairement quelle a eſté la vraye intention du Concile de Trente en ſon Decret touchant la mort de Ieſus-Chriſt pour tous : il faut obſeruer mon cher Lecteur, que le ſainct Concile en ſes precedens Chapitres, auoit diſtingué trois differents eſtats du genre humain : dont le premier eſt celuy de la nature : le ſecond celuy de la Loy, & le troiſieſme celuy de la Grace ; Or bien que ces trois diuers eſtats ſoient meſlez enſemble, ils n'ont pas neantmoins la meſme eſtenduë, ou les meſ-

---

a Pag. 101. non applicari ad omnes mortem Chriſti, quod adnotat Epiſtola, manifeſta res eſt.

b Pag 106. & 107. Quippe ſi nulla niſi efficiens eſt operis gratia, cuiuſmodi conſtat non omnibus eſſe conceſſam, maximè reprobis : ſequitur ex eo neque gratiæ authorē Deum, omnes velle ſaluos eſſe, neque pro illis paſſum eſſe Chriſtum, cum ſit Paſſionis eius fructus & argumentum medicinalis gratiæ largitio.

mes l'imites, ny les mesmes perfections ; celuy de la grace
estant plus ample que celuy de la Loy, & celuy de la nature estant plus vaste que les autres deux ensemble; côme
aussi celuy de la nature est moins parfait que celuy de la
Loy, & celuy de la Loy est moins accomply que celuy de
la grace. Dans le plus ancien de ces estats, Dieu nous é-
clairoit par la lumiere de la nature ; dans le second, il
nous éclairoit par la lumiere de la Loy, & dans le troisiesme, il nous éclaire par la lumiere de la Foy, qui est le fondement de l'ordre de la grace. Ces principes estant posez,
il s'ensuit euidemment que tous ceux qui ont vescu sous
la Loy de la nature, n'ont pas eu la grace de la Foy : autrement l'estat de la nature n'auroit pas esté plus estendu
que l'estat de la grace, si tous ceux qui ont vescu sous l'e-
stat de la nature auoient eu la grace de la Foy, qui est comme la base de l'ordre de la grace. Il s'ensuit pareillement
que tous ceux qui ont vescu sous l'estat de la Loy, n'ont
pas eu la grace de la Foy: autrement l'estat de la grace
ne seroit pas plus accomply que l'estat de la Loy, si tous
ceux qui ont vescu sous l'estat de la Loy auoient eu la grace de la Foy, qui est le germe & la racine de toutes les vertus qui sont de l'estat & de l'ordre de la grace.

Et cette verité constante & fondamentale en la Religion, est enseignée tres-distinctement par sainct Augustin, & apres saint Augustin par le Concile d'Orange, qui
emprunte mot à mot cette sentence de ce Pere & en fait
vn Canon, dont voicy les termes. [a] *Comme à ceux qui voulant estre iustifiez en la Loy, sont decheus de la grace, il dit tres-
veritablement, si la Iustice est par la Loy, c'est donc en vain que
Christ est mort: de mesme à ceux qui pensent que la nature est la
grace, que la Foy de Christ recommande & reçoit ; on dit tres-veritablement, si la Iustice est par la nature c'est en vain que Iesus-
Christ est mort; Car la nature estoit là desia, & ne iustifioit pas,
& la Loy aussi estoit là desia, & ne iustifioit pas ; & c'est pour cela que Iesus-Christ n'est pas mort en vain afin que la Loy fut
accomplie, par celuy qui a dit, ie ne suis pas venu delier la Loy
mais l'accomplir ; & que la nature perduë par Adam, fut repa-
rée par celuy qui a dit qu'il estoit venu chercher & sauuer ce qui*

---

[a] *Can.* 21. sicut eis
qui volentes in lege
iustificari, & à gra-
tia excierunt, ve-
rissimè dicit Apo-
stolus, si in lege iu-
stitia est, ergo Chri-
stus gratis mortuus
est; sic eis qui gra-
tiam quam com-
mendat & percipit
fides Christi, putant
esse naturam, veris-
simè dicitur, si per
naturam iustitia est,
ergo Christus gratis
mortuus est, iam

hic enim erat lex, & non iustificabat, imm hic erat & natura & non iustificabat, ideò Christus nõ gratis mortuus est, vt lex per illũ impleretur qui dixit : non veni legem soluere, sed implere : vt natura per Adam perdita, per illum repararetur : qui dixit, veniisse se quęrere, & saluare;quod perierat.

a *Au liu. de la Grace & du franc arb.c.14.*

auoit pery. Qui est ce qui ne voit qu'en ces paroles sainct Augustin & apres luy le Concile d'Orange, presupposent que ces trois estats de la nature, de la Loy & de la grace sont distincts & separez entr'eux; qu'ils sont enfermez chacun dans son orbe & dans sa sphere, qu'ordinairement parlant, la lumiere de la nature & la lumiere de la Loy ont esté separées de la lumiere la grace, & que la lumiere de la nature & la lumiere de la Loy, ne iustifioient point les hommes pour cela mesme, qu'elles estoient denuées de la lumiere de la grace qui peut seule les iustifier, *la nature estoit desia là*, disent sainct Augustin & le Concile d'Orange & *ne iustifioit pas*, la nature donc estoit sans la grace; puisque si elle eut esté accompagnée de la grace elle eut iustifié, non par elle mesme mais auec l'ayde de la grace. *La Loy* disent-ils, *pareillement estoit desia là, & elle ne iustifioit pas*, la Loy estoit donc elle mesme sans la grace puisque si elle eut esté reuestuë de la grace elle eut iustifié non par ses forces, mais par celles de la grace.

Certes mon Censeur, ie cherche icy vostre grace suffisante, & generalement donnée à tous les hommes : mais ie ne la vois pas : Car il n'est pas dit, la nature estoit desia là auec la grace suffisante mais *la nature estoit desia là & ne iustifioit pas.* Semblablemẽt il n'est pas dit, la loy estoit desia là auec la grace suffisante & ne iustifioit pas : mais il est dit *la loy estoit desia là & ne iustifioit pas.* Et mesme si la grace suffisante eust tousiours esté plantée, ou dans la nature ou dans la loy : de ce que les hommes estoient pecheurs, ou n'estoient pas iustes, il n'eust pas fallu conclurre seulement que la nature, ou la loy ne les iustifioit pas, & ne pouuoit les iustifier ; mais il eut fallu conclure aussi que la grace suffisante qui n'abandonnoit iamais, ny la nature, ny la loy, ne le iustifioit pas, ny ne pouuoit les iustifier. Mais sainct Augustin n'oppose pas icy vne grace suffisante qui n'ait pû nous iustifier, à vne autre grace qui l'ait pû ; mais oppose vniquement & immediatement à la loy & à la nature, qui ne pouuoient nous iustifier, la grace du Sauueur qui est suruenuë pour nous donner la Iustice spirituelle que ny la nature, ny la loy ne pouuoient nous donner ;

Et aussi sainct Augustin pour nous faire voir qu'il ne parloit pas icy d'vne grace vniuerselle & commune à tous les hommes, auoit dit immediatement auparauant, a *Celle-cy n'est pas la grace que l'Apostre recommande par la foy de Iesus-Christ, car il est certain que cette nature nous est commune auec les impies & auec les infideles, mais la grace qui est par la foy de Iesus-Christ, est seulement de ceux desquels est la foy mesme, car la foy n'est point de tous. Enfin comme à ceux qui veulent estre iustifiez en la loy,* & le reste que nous auons cité & interpreté assez soigneusement. Et vn peu apres le Concile d'Orange apres auoir coppié en forme de Canon, vn assez long texte de S. Augustin, adiouste, b *& ainsi selon les sentences sus-alleguées des Escritures Saintes, ou les definitions des anciens Peres, Dieu aydant, nous deuons prescher & croire que par le peché du premier homme, le franc-arbitre a esté tellement incliné & attenüé, que personne depuis ne peut aimer Dieu comme il faut, ou croire en Dieu, ou operer ce qui est bon, pour l'amour de Dieu, si la grace de la misericorde diuine ne l'a preuenu;* qu'est-ce à dire le franc-arbitre tellement incliné & attenüé? c'est à dire le franc arbitre seul, & priué de la grace n'a pû aimer Dieu côme Il falloit l'aimer, c'est à dire n'a pû l'aimer pour l'amour de luy mesme, iusques à tant que la grace qu'il auoit perdüe par le peché du premier homme luy ait esté rédüe par la Iustice du second. Or c'est sur ces deux lieux de sainct Augustin & du Concile d'Orange qui suit sainct Augustin, & le coppie mot pour mot, que le Concile de Trente a fondé ses decrets de la iustification, dont voicy le premier c *que par le peché du premier homme suiuant qu'il a esté desia definy, les hommes estant faits immondes & enfans d'Ire, ont tellement esté esclaues du peché & sous la puissance du Diable, & de la mort; que ny les Gentils par la force de la nature, ny les Iuifs par la lettre mesme de la loy de Moyse, ne pouuoient s'en deliurer & se releuer:* qu'est-ce à dire ne pouuoient se releuer,

nam probè & sincerè intelligendam, oportere vt vnusquisque agnoscat & fateatur; homines in præuaricatione Adę, innocentiam perdidissent, facti immundi, & vt naturâ filij iræ, quemadmodum in decretò de peccato originali exposuit, vsque cati, & sub potestate diaboli, ac mortis; vt non modo gentes per vim naturę, sed per ipsam etiam literam legis Moysi, inde liberari aut surgere possent, tametsi in zium minimè extinctum esset, viribus licet attenuatum & inclinatum.

---

a *S. Augustin.* Là *mesme,* sed non hæc est gratia quam cómendat Apostolus per fidem Iesu Ch. hanc enim naturã etiam cum impiis & infidelibus, certũ est nobis esse communem; gratia verò per fidem Iesu Christi eorum tautummodo est, quorum est ipsa fides; denique sicut eis, &c. *que le Concile d'Orange emprunte pour en faire son Canon.*

b *Can.* 25. ac sic secundum supra scriptas sanctarũ scripturarum sententias, vel antiquorũ Patrum definitiones, hoc deo propitiante, & prædicare; debemus & credere, quod per peccatum primi hominis, ita inclinatum, & attenuatum fuerit liberum arbitrium, vt nullus postea aut diligere deum, sicut oportuit, aut credere in deum, aut operari propter deũ, quod bonum est, possit, nisi eum gratia misericordiæ diuinæ preuenerit.

c *Sess. 6. ch.* 1. Primum declarat sancta Synodus ad iustificationis doctrinam probè & sincerè intelligendam, quod cum omnes Apostolus, inquit, adeo serui erãt peccati, nec Iudæi quidem in eis liberum arbi-

où se deliurer de la seruitude du Diable & du Peché ? c'est ce que sainct Augustin [a] & apres luy le Concile d'Orange auoient dit auparauant , *la nature estoit desia là : mais elle ne iustifioit pas* , & pourquoy ? Parce que la Grace n'y estoit pas encore pour aider la nature : Qu'est-ce à dire ne pouuoiët se releuer, ou se degager de l'esclauage du Diable & du peché , par la lettre mesme de la loy de Moyse ? c'est à dire, ce que S. Augustin , & apres luy le Concile d'Orange auoient dit auparauant, *la loy estoit desia là : mais elle ne iustifioit pas* , & pourquoy ? Parce que la force de la Grace n'estoit pas encore iointe à la doctrine de la Loy. Le Concile adiouste en suite , *bien que le franc-arbitre ne fut pas esteint en eux , quoy que dans ses forces, il fut attenuë.* Voila les propres termes du Concile d'Orange: Qu'est-ce à dire donc quoy que dans ses forces il fut attenuë & incliné ? C'est à dire que le franc-arbitre estant sans la grace ne pouuoit aimer Dieu, ny croire en Dieu comme il falloit, ny faire aucune bonne oeuure pour l'amour de Dieu, estant incliné vers son propre amour, & vers l'amour des creatures, & n'ayant pas la force de s'éleuer à l'amour du Createur, iusques à tant que sa foiblesse eut esté guerie par la Grace medecinale de son Liberateur. Et c'est pourquoy le Concile adiouste aux suiuans Chapitres , *d'où il est arriué que le celeste Pere [b] des misericordes & le Dieu de toute consolation, lors que la bien-heureuse plenitude des temps est auenuë, a enuoyé Iesus-Christ son Fils, declaré & promis deuant la loy, & au temps de la loy à plusieurs saincts Peres, afin qu'il rachetast les Iuifs qui estoient sous la loy, & que les Gentils qui ne poursuiuoient pas la iustice apprehendassent la iustice, & que tous receussent l'adoption des enfans :* Qu'est-ce à dire , *afin qu'il rachetast les Iuifs qui estoient sous la loy ?* c'est à dire, ce que sainct Augustin, & aprés luy le Concile d'Orange viennent de prononcer, *C'est pourquoy Iesus-Christ n'est pas mort en vain afin que la loy fut accomplie par celuy qui a dit, ie ne suis pas venu abolir la loy, mais l'accomplir :* Qu'est-ce à dire , *afin que les Gentils qui ne poursuyuoient pas la iustice apprehendassent la iustice ?* C'est à dire, ce que sainct Augustin & aprés luy le Concile d'Orange viennent de nous appren-

[a] *S. Augustin au lieu desia cité, & en l'Ep. 95. au Pape Innocét soubs le nom d'Aurelius , Alipius , Augustinus , Euodius , & Possidius,* Si ergo ad faciendam perficiëdamque iustitiam, iam erat naturæ possibilitas per liberum arbitrium, iam erat legis Dei sanctum & iustum, bonumque mandatum, ; iam erat promissum præmiü sempiternum, ergo Christus gratis mortuus est? ergo neque per legem iustitia, neque per naturæ possibilitatem , sed ex fide , & dono Dei, per Iesum Christum dominum nostrum.

[b] *Là mesme ch* 2. quo factum est , vt celestis Pater misericordiarum, & Deus totius côsolationis, Christum Iesum Filium suum, ante legem & legis tempore, multis sanctis patribus declaratû ac promissum. cum venit beata illa plenitudo temporis, ad homines miserit, vt & Iudæos qui sub lege erant redimeret , & gentes quæ non sectabantur iustitiam, iustitiam apprehenderent, atque omnesadoptio-

dre en difant, *afin que la nature qui eftoit perduë par Adam, fut* nem filiorum reci-
reparee par celuy qui a dit qu'il eftoit venu chercher & fauuer ce perent.
qui auoit pery? Et quels font tous ceux dont le Concile dit,
afin que tous receuffent l'adoption des enfans? Ce font les Iuifs
& les Gentils defquels le Concile venoit de parler, aufquels Iefus-Chrift aura efté prefché, & qui ayant crû en
luy, auront obtenu le don de fa Iuftice, par le merite de
leur foy.

Quand donc le Concile dit, afin que tous receuffent l'a-
doption des enfans, il ne parle pas generalement de tous
les hommes fans en excepter aucun en particulier: mais
par tous les hommes, il entend des hommes de toute forte, & de toutes nations, qui ayant ouy la Predication de
l'Euangile l'auront embraffée, & feront paruenus à l'adoption filiale par leur foy en Iefus-Chrift. Pour cette raifon
le Concile dit en fuite, ª *lequel* (Iefus-Chrift) *Dieu a efta-* a' Hunc propofuit
bly propitiateur par la foy en fon fang pour nos pechez, & non feu- Deus propitiatorē
lement pour les noftres, mais auffi pour ceux de tout le monde, per fidem , in fan-
Qu'eft-ce à dire, *non feulement pour nos pechez, mais auffi pour* guine ipfius , pro
ceux de tout le monde? C'eft à dire pour les pechez, non feu- peccatis noftris, nō
lement de nous qui croyons defia, mais auffi pour ceux de folum autem pro
tous les peuples de tout l'vniuers aufquels l'Euangile doit noftris , fed etiam
eftre prefché deuant la confommation du fiecle, felon ces pro totius mundi.
paroles du Sauueur: *Il faut que cet Euangile foit prefché à tout*
le monde, & lors viendra la fin. Quel eft donc tout le monde
dont le Concile dit, *mais auffi pour ceux de tout le monde?*
C'eft le monde qui confifte en ceux defquels il auoit defia
dit, afin que tous receuffent l'adoption des enfans; &
nous auons veu que par ce mot de tous, le Concile entendoit tous ceux qui en tous les peuples auront ouy la predication de l'Euangile, & qui ayant crû en Iefus-Chrift, auront eu part à fa iuftice par l'entremife de leur foy; excepté peu d'éleus à qui Dieu deuoit donner la foy par vne
autre voye que par celle de la predication. Le Concile donc par le mot de tout le monde, entend le monde
des fideles, qui doit eftre meflé auec le monde des infideles, en tous les lieux du monde. Et c'eft ainfi que fainct
Auguftin & fainct Profper entendent ces paroles, que le

a Chap. 2.
b 1 Serm. sur l'Ep. de S. Iean. Inuenimus Ecclesiam in omnibus gentibus, Ecce Christus propitiatio est peccatorum nostrorum ; non tantum nostrorum, sed & totiusmúdí; Ecce habes Ecclesiam per totum mundú, noli sequi falsos iustificatores, & veros præcipitatores ; in illo fonte esto, qui impleuit orbem terrarum, quia Christus propitiatio est peccatorum nostrorú, non tátum nosttorum sed & totius mundi, quem suo sanguine comparauit, *& dans l'Ep 48. à Vincent Rogatiste,* Itaque & totus múdus in maligno positus est, propter zizania quæ sunt per totum mundum, & Christus propitiator est peccatorum nostrorum, non tantum nostrorum, sed totius mundi, propter triticum quod est per totum mundum.
c L. 2. de la vocat. des Gent. ch. 2. Apparuit ergo, vt Apostolus ait, gratia salutaris Dei, omnibus hominibus, & tamen ministri gratiæ odio erant om-

sainct Concile a prises de *a* sainct Iean. *Nous trouuons l'Eglise en toutes les nations,* b *dit* sainct Augustin, *Voicy Iesus-Christ est la propitiation de nos pechez, & non seulement des nostres, mais aussi de tout le monde. Voicy tu as l'Eglise par tout le monde ; ne vueilles point suyure de faux iustificateurs, & de veritables precipitateurs, sois en cette montagne qui a remply le cercle de la terre, parce que Iesus-Christ est la propitiation de nos pechez ; & non seulement des nostres, mais aussi de tout le monde qu'il s'est acquis auec son sang,* Et sainct Prosper dit, *c que la grace salutaire de Dieu, comme dit l'Apostre, a apparu à tous les hommes ; & neantmoins les ministres de la grace estoient en haine à tous les hommes : & comme les vns estoient ceux qui haïssoient & les autres estoient ceux qui souffroient la haine de leurs persecuteurs, toutesfois ny l'vn ny l'autre party n'estoit priué de l'appellation de tous les hommes; la portion des rebelles perdant son salut, mais la dignité des fideles conseruant le nombre de sa plenitude : Car sainct Iean l'Apostre dit, & si quelqu'vn peche, nous auons vn Aduocat vers le Pere, Iesus-Christ iuste, & il est la propitiation pour nos pechez, & non seulement pour les nostres, mais aussi pour ceux de tout le monde.*

Le Concile donc par le mot de tout le monde, a entendu premieremét toutes les nations & toutes les códitions du móde, eu égard à l'application de la mort de Iesus-Christ : Mais secondemét, par le mot de tout le monde, le Concile a peu entendre tous les hómes en general, eu égard à la valeur, & à la suffisance de la mort de Iesus-Christ. Toutefois, de peur qu'on n'entédit les mesmes paroles de la mesme sorte, quant à l'application de la mort de Iesus-Christ ; comme si la mort de Iesus-Christ estoit appliquée à chacun des hommes en particulier, de mesme qu'elle est suffisante pour les racheter, & pour les sauuer tous, sans en excepter vn seul : le Concile pour bannir cette mauuaise

nibus hominibus ; & cum alij essent, qui oderant alij odiis persequentium, premebantur, neutra tamen pars nuncupatione omnium hominum priuabatur, habente quidem salutis suæ damnum, rebellium portione ; sed obtinente plenitudinis censum fidelium dignitate; Dicit enim Ioannes Apostolus, sed & si quis peccauerit Aduocatum habemus apud Patrem, Iesum Christum iustum, & ipse est propitiatio pro peccatis nostris, non pro nostris autem tantum, sed etiam pro totius mundi. *d Ep la resp. à la premiere Obs. des Genois. e S. Thom 1. part. art. 2. dans le corps.* Et ideo passio Christi non solum sufficiens, sed etiam superabundans satisfactio fuit pro peccatis humani generis, secundum illud Ioannis, ipse est propitiatio pro peccatis nostris &c.

expli-

explication, & pour restreindre à cet égard la signification de ce mot *de tout le monde*, adiouste sagement le decret qui suit immediatement aprés : *[a] mais encare qu'il soit*
mort pour tous, tous neantmoins ne reçoiuent pas le benefice de sa
mort, mais seulement ceux ausquels le merite de sa Passion est
communiqué : cela signifie que bien que l'on puisse dire
tres-veritablement que Iesus-Christ est mort pour tous,
& quant à la suffisance, & quant à l'application actuelle
de sa mort, il ne faut pas croire neantmoins qu'il soit mort
pour tous quant à la suffisance de sa mort, au mesme sens
qu'il est mort pour tous, quant à l'application reelle de sa
mort ; car au regard de la valeur & de la suffisance de sa
mort, il est mort pour tous les hommes sans en excepter
aucun : mais au regard de l'application, & de la communication effectiue de sa mort, il est mort seulement pour
tous en tant qu'il a souffert pour ceux de tout peuple, &
de toute condition qui croiront en luy, pour auoir part au
benefice de sa mort.

Que si vous demandiez à ce sainct Concile ce que l'A-
postre veut dire quand il dit, [b] que comme tous les hommes sont condamnez par vn seul ; de mesme ils seront iustifiez par vn seul, il vous respondroit que cette comparaison ne se doit pas entendre affirmatiuement, mais negatiuement ; en sorte que l'Apostre a voulu dire lors ; que
de mesme que ceux qui meurent, meurent par le premier
homme ; ainsi tous ceux qui auront la vie, ne l'auront que
par le second homme, qui est Iesus-Christ : & c'est proprement ce que le Concile exprime en ces paroles qu'il
adiouste immediatement. [c] *Car en effet, ainsi que les hommes*
s'ils ne naissoient pas estant prouignez de la semence d'Adam, ne
naistroient pas iniustes, &c. *De mesme s'ils ne renaissoient en Ie-*
sus-Christ, ils ne seroient iamais faits iustes. Mais le Concile
qui s'est proposé de suiure exactement en cette matiere la
tradition des Peres, en quelle source de l'antiquité a-t'il
puisé ce iuste parallele des deux principaux hommes,
dans lesquels est enfermée, côme dit sainct Augustin, toute la cause du genre humain ? Il a pris ce iuste parallele
particulierement dans vne Epistre de sainct Augustin, [d] où

[a] *Ch. 3.* Verùm & si ille pro omnibus mortuus est , non omnes tamen mortis eius beneficium recipiunt , sed ij duntaxat quibus meritum passionis eius communicatur.

[b] *Aux Rom. chap 5.*

[c] Nam sicut re vera homines nisi ex semine Adæ propagati nascerentur, nó nascerentur iniusti &c. Ita nisi in Christo renascerentur, nunquam iustificarentur.

[d] *En l'Ep. 8. à Hylaire*, itaque sicut per vnius delictum in omnes homines ad condemnatio-

V

ce Pere dit, *& partant comme par le delict d'vn seul, la condamnation, (a passé) sur tous les hommes, de laquelle condamnation les enfans doiuent estre deliurez par le Sacrement du Baptesme: ainsi par la iustification d'vn seul, la iustification de vie a passé sur tous les hommes, & icy & là, il a dit tous, non comme si tous les hommes deuoient venir à la grace de la iustification de Christ, puis qu'il y en a vn si grand nombre qui en estant priuez meurent eternellement: Mais parce que tous ceux qui renaissent pour la iustification ne renaissent que par Christ, comme tous ceux qui naissent pour la condamnation, ne naissent que par Adam. Car il n'y a personne dans cette generation sans Adam, & il n'y a personne dans cette regeneration sans Christ: c'est pourquoy il a dit tous & tous.*

Voila donc comment sainct Augustin, & apres luy le sainct Concile, ont reconnu deux vniuersalitez d'hommes, & comme deux orbes ou deux mondes dont l'vn enferme l'autre, & dont l'vn est pris de l'autre : le monde de ceux qui naissent coulpables par Adam, estant plus vaste & comprenant en soy le monde de ceux qui renaissent iustes en Iesus-Christ, & le monde rené de Iesus-Christ estant tiré du monde né d'Adam. En ce sens sainct Augustin dit, b *par vn homme, le monde a esté fait ennemy de Dieu, & par vn homme le monde, choisi du monde a esté reconcilié à Dieu,* c & sainct Prosper apres sainct Augustin *tout le monde, dit-il, est choisi de tout le monde, Et tous les hommes sont adoptez d'entre tous les hommes.*

Or il faut se souuenir icy que ce monde des impies, ou des infideles, est le monde qui appartient à l'estat de la nature, ou à l'estat de la loy, & qui estant éclairé de la lumiere de la nature, ou mesme de la lumiere de la loy, mais n'estant pas secouru des forces de la grace, ne peut aimer Dieu, comme il faut l'aimer, ny croire en Dieu, ny faire aucun bien pour l'amour de Dieu, selon le Concile d'Orange, & qui ne peut se releuer ou se dégager de la seruitude du diable, du peché, & de la mort, selon le Concile de Trente ; & par consequent ne peut estre sauué, ou euiter d'estre damné. D'où il s'ensuit que lors que Dieu par sa bonté gratuite veut transferer les hommes de l'vn

nèm, de qua condemnatione paruuli per Sacramentum Baptismi liberandi sunt ; ita per vnius iustificationem in omnes homines ad iustificationem vitæ, & híc omnes dixit, & ibi, non quia omnes homines venirent ad gratiam iustificationis Christi, cùm tam multi alienati ab illa, in æternum moriantur; sed quia omnes qui renascuntur in iustificationem, nó nisi per Christum rerascantur, sicut omnes qui nascantur in condemnationem, non nisi per Adam nascuntur, nemo quippe est in illa generatione præter Adam, nemo in ista regeneratione præter Christum, Ideo omnes & omnes, &c.

b *Cant Iul. liu. 6. c. 4* Per illum est mundus inimicus factus Deo, per illum mundus reconciliatus Deo, electus ex mundo.

c *En li resp. aux Gaul obi. 15. art. 8.* Ex toto enim mundo totus mundus eligitur, & ex omnibus hominibus, omnes homines adoptantur.

de ces deux mondes à l'autre : c'est à dire du monde des rebelles au monde des croyans, il ne les transfere pas seulement à vn estat où ils puissent se sauuer auec plus de facilité que dans celuy où ils estoient auparauant : mais les transfere à vn estat où ils peuuent se sauuer, au lieu que dans celuy où ils estoient auparauant, ils ne pouuoient se sauuer : c'est à dire, que lors que Dieu les tire du monde des impies, pour les faire entrer dans le mõde des croyans, il ne les fait point passer d'vn bien à vn plus grand bien, mais du mal au bien, ny d'vne lumiere à vne plus grande lumiere, mais des tenebres à la lumiere, ny d'vne vertu à vne autre vertu meilleure, mais du vice à la vertu, ny d'vne grace suffisante pour pouuoir se sauuer, à vne grace efficace pour estre sauuez, ny de la difficulté à la facilité de se sauuer, mais d'vne vraye impossibilité à vne vraye possibilité de se sauuer.

Et c'est là le fondement de nostre reconnoissance, & de nos actions de graces enuers Dieu par Iesus-Christ son Fils ; de ce qu'en nous retirant du monde maudit des infideles, pour nous faire entrer au monde choisy des predestinez ou des croyans, il ne nous élargit pas, ou ne nous facilite pas seulement la voye du salut, comme si auparauant elle nous estoit suffisamment ouuerte, mais commence à nous l'ouurir, au lieu qu'elle nous estoit auparauant fermée & inaccessible ; & enfin de ce qu'il ne nous donne pas de nous pouuoir plus facilement sauuer, mais de le pouuoir absolument. Et de là vient que le Concile ayant dit b *de mesme s'ils ne renaissoient en Christ, ils ne seroient iamais faits iustes ; puisque cette renaissance leur est donnée par le merite de sa passion, dans la grace par laquelle ils sont faits iustes,* adiouste incontinent ; *pour ce bien fait, l'Apostre nous exhorte à rendre graces perpetuellement au Pere, qui nous a faits dignes d'auoir part au sort des Saints en la lumiere, & nous a tirez de la puissance des tenebres, & nous à transferez au Royaume du fils de sa dilection, du quel nous auons la redemption & la remission des pechez.*

Que si vous desirez sçauoir de ce sainct Concile par où Dieu commence à nous communiquer les graces de son

b *Sess. 6. ch* 3. Ita nisi in Christo renascerentur, nunquam iustificarentur: cum ea renascentia per meritum passionis eius, gratia qua iusti fiunt, illis tribuitur, pro hoc beneficio Apostolus gratias nos semper agere hortatur patri, qui dignos nos fecit in partê sortis Sanctorum in lumine, & eripuit de potestate tenebrarum, transtulitque in regnum filij dilectionis suæ, in quo habemus redemptionem & remissionem peccatorum.

Fils, ou les merites de la mort de son Fils, au regard desquels on peut tres-bien dire qu'il est mort pour tous: ce
sainct Synode vous apprendra que Dieu le fait ordinairement en nous appellant par la Predication de l'Euangile à la repentance de nos pechez, si nous sommes adultes,
& si nous auons desia l'vsage de la raison a *Le sainct Synode
declare*, dit-il, *que le commencement de la iustification dans les
adultes doit se prendre de la grace preuenãte de Dieu, c'est à dire de
sa vocation, par laquelle n'ayant aucun merite, ils sont appellez en
sorte que ceux qui par leurs pechez estoient detournez de Dieu,
soient disposez par sa grace excitante & secourante à se conuertir à
leur iustification, en consentant & en cooperant librement à la mesme grace*; mais par où commence ordinairement la vocation des adultes? par la Predication. A quoy les cõuie t'on
par la Predication? à se repentir de leurs pechez: ordinairement donc, la Predication ou la vocation suppose des
pechez en ceux qui sont appellez, puisque par la Predication, ou par la vocation on les conuie à se repentir de leurs
pechez. Mais ordinairement par où Dieu commence t'il
à leur donner la grace de son Fils pour se repentir de leurs
pechez? par la grace de la Foy, dont le premier acte est
d'humilier & de briser le cœur des pecheurs. Et par où
cõmence ordinairement la grace de la Foy? par la Predication cõme il est escrit, b *La Foy est de l'oüye & l'oüye est par
la parole de Dieu*; ordinairement donc au regard des adultes, la premiere grace presuppose le premier peché; puisque ordinairement la premiere grace presuppose la Predication, & que la Predication suppose le premier peché;
la Predication estant de sa nature vne exhortation que
l'on fait aux adultes de se repentir de leurs pechez.

Ainsi selon le cours ordinaire des choses les hommes
pechent premierement; & aprés auoir peché il sont appellez pour se repentir de leur peché, & estant appellez
si Dieu toutes fois leur fait misericorde, il commence
a leur donner la grace de son Fils pour se repentir de leur
pechez: *Car les adultes sont appellez*, dit le Concile, *afin
que ceux qui estoient detournez de Dieu par leurs pechez, soient
disposez à leur conuertion par sa grace excitante & secourante.*
N'est ce pas icy la premiere grace que Dieu donne aux

---

a *Là mesme chap.* 5.
Declarat præterea
ipsius iustificatio-
nis exordium in
adultis, à Dei per
Christum Iesum,
præueniente gratiâ
sumendum esse,
hoc est ab eius vo-
catione, qua nullis
eorum existentibus
meritis vocantur,
vt qui per peccata à
Deo auersi erant,
per eius excitantem
atque adiuuantem
gratiam, ad con-
uertendum se, ad
suam ipsorum iusti-
ficationem eidem
gratiæ liberè assen-
tiendo & cooperan-
do, disponantur.

b *Epist. aux Rom.
cap.* 10.

adultes par le merite du Sauueur ; puiſque le Concile ſe
propoſe icy de nous enſeigner quelle eſt la grace, par laquelle Dieu commence à nous appliquer les merites du
Sauueur ? abſolument donc & ſimplement parlant cette
grace excitante dont parle le Concile, eſt la premiere grace que nous receuons par les merites du Sauueur : Car ſi
deuant celle-cy nous en auions receu quelque autre, ou
non ſuffiſante, ou ſuffiſante, pour quelle cauſe le Concile
n'en parleroit-il point ? & pourquoy nous tairoit-il vn fruit
ſi remarquable de la mort de Ieſus-Chriſt, en vn lieu où
il ſe propoſe de nous deſcrire tous les fruits de la mort de
Ieſus-Chriſt, au regard deſquels nous pouuons dire qu'il
eſt mort pour tous ? Ou le Concile n'a donc point connû
cette pretenduë grace ſuffiſante & generale, ou s'il l'a
connüe, il en a fait ſi peu d'eſtat qu'il n'a pas daigné de la
nommer. Et quelques-vns neantmoins l'eſtiment & l'e-
xaltét à vn ſi haut point malgré le Concile, qu'ils oſent en
faire vn point de foy, & traiter d'Heretiques & de rebelles du Concile, ceux qui ne la reconnoiſſent pas.

Ie reuiens donc & dis que ſelon le ſentiment veritable
du Concile, & conforme aux anciens Peres, qu'il a voulu
ſuiure ſi religieuſement en ce ſuiet ; la grace excitante,
dont il parle au regard des adultes, eſt la premiere grace
qui nous eſt donnée par les merites du Sauueur : Or il
eſt euident que cette premiere grace preſuppoſe le premier peché dans les adultes ; puiſque elle les conuie à s'en
repentir : comment donc diſent quelques-vns qu'on ne
pecheroit point, ſi on n'auoit pas vne grace ſuffiſante pour
ne point pecher ? Car s'il eſtoit ainſi le premier peché
ſuppoſeroit la premiere grace qui ſeroit donnée pour l'e-
uiter, au lieu que nous venons de voir que la premiere
grace ſuppoſe le premier peché ; puiſque Dieu nous la
donne pour nous exiter en nous repétir de nos pechez. Ce
qui eſtant ainſi, à quoy penſent, ie vous prie, ceux qui ne
rougiſſent pas de dire, que ſelon le Concile de Trente
Ieſus-Chriſt eſt mort pour tous, au regard d'vne certaine
grace ſuffiſante & generale diſét-ils, qu'il a meritée, & qu'il
applique à chacun des hommes en particulier, par le benefice de ſa mort ;

Voyez donc mon Censeur combien de fortes preuues on tire du Concile pour detruire cette grace suffisante, & vniuerselle au regard de laquelle il faut dire, selon vous, que Iesus-Christ est mort pour tous. La premiere preuue est que ce sainct Synode ne reconnoit ordinairement aucune grace en ceux qui ont vescu sous l'estat de la nature, ou sous l'estat de la Loy : où est dont la grace suffisante qu'ils auoient tous pour se sauuer ? La seconde est que le Concile enseigne que le franc-arbitre estoit si attenüé, & si incliné dans les Gentils & dans les Iuifs, qu'ils ne pouuoient aymer Dieu comme il falloit, ou croire en Dieu, ou faire aucun bien pour l'amour de Dieu, ou se deliurer de la captiuité du Diable, du peché & de la mort : où est donc la grace suffisante qui leur estoit donnée pour pouuoir toutes ces choses ? La troisiesme est que le Concile reduit le premier fruit de la mort de Iesus-Christ à la grace de la Foy : où est donc la grace suffisante en ceux qui n'ont pas eu la grace de la Foy ? La quatriesme est que le Concile enseigne que le merite de la mort & de la passion de Iesus-Christ, n'est pas communiqué generalement à tous : où est donc la grace suffisante par laquelle ce merite seroit appliqué generalement à tous ? La cinquiesme est que le Concile enseigne, ou presuppose manifestement que lorsque Dieu nous rend fideles & nous introduit dans le Royaume de son Fils, nous ne deuons pas seulement luy rendre grace, de ce qu'il nous donne de pouuoir nous sauuer plus facilement que les infideles, mais de ce qu'il nous donne de pouuoir nous sauuer, au lieu que les infideles ne le peuuent point. La sixiesme est que le Concile enseigne qu'ordinairement parlant la premiere grace des adultes presuppose en eux la vocation, & la vocation qui se commence par la Predication presuppose en eux le premier peché : où est donc la grace suffisante, en ceux qui n'ont iamais oüy la Predication pour receuoir la grace de se repentir de leurs pechez ? d'où vient qu'Estius le sçauant Docteur adit tres-sagemét sur cette parole de l'Apostre a *Comment oyront-ils si on ne les presche ? cela veut dire* dit Estius, *comment oyront-ils parler de celuy auquel ils doiuent croi-*

re, s'il n'y a personne qui le leur annonce? comme s'il disoit que mesme cela ne se pouuoit faire. Ces deux interrogations de l'Apostre, comme aussi ces deux propositions qui suiuent vn peu apres & qui leur correspondent, la foy est de l'oüye, mais l'oüye est par la parole de Dieu, monstrent assez que Dicu ne donne pas à tous les hommes vne ayde suffisante pour se sauuer, comme pensent quelques-vns. Car il est certain quils y en a plusieurs & qu'il y en a eu beaucoup plus encore, principalement deuant la venuë de Iesus-Christ, ausquels on n'a rien presché touchant la foy qui est necessaire au salut : Et partant on ne peut dire que ceux-là ayent eu vne ayde suffisante pour estre sauuez : puisque selon l'Apostre les hommes ne peuuent croire s'ils n'ont oüy quelqu'vn qui leur ait presché les choses qui doiuent estre cruës. Et de là vient que sainct Augustin, dit, tous ceux qui parle dõt de la grace Diuine, ont esté tirez de cette damnation originelle, il n'y a point de doute que l'on fait en sorte que l'Euangile leur soit presché, ce qui fait que saint Gregoire dit, il les a enuoyez en tous lieux, où il deuoit venir luy mesme, le Seigneur suit ses Predicateurs parce que la predication preuient & le Seigneur vient en l'habitation de nostre Esprit, lorsque les paroles de l'exhortation precedent, & c'est par là que la verité est receuë dans l'esprit.

Quoy donc me direz-vous, le Concile a-t'il condamné cette grace suffisante, & donnée à tous les hommes par les merites du Sauueur? Ie respons qu'il ne l'a pas condamnée en termes tous expres : mais que dans le dessein qu'il s'estoit proposé, de suiure exactement les sentimens des Peres, il a tissu de sorte le fil de sa doctrine qu'il a reietté necessairement cette espece de grace, par la connexion estroite dont il a conioint, lié, & enlacé ses definitions auec la tradition des Peres. Ce qui estant ainsi, il est aisé de voir qu'on ne peut dire qu'en deux sens simples & absolus que Iesus-Christ est mort pour tous, à sçauoir pour tous les hommes sans exception quant à la suffisance de sa mort, & pour des hommes de toutes sortes, & de toutes nations, quant à l'application reelle de sa mort, bien qu'en vn sens conditionné, il soit vray de dire que Iesus-Christ est mort indefiniment pour tous les hommes, parce qu'en effet il les sauueroit tous, s'ils croyoient en luy

nibus hominibus à Deo dari sufficiens auxiliũ ad salutem, vt quidam putant. constat enim plurimos esse atque etiã multò plures olim fuisse, præsertim ante Christi aduẽtum, quibus de fide ad salutem necessaria, nihil esset prędicatũ, quos proinde sufficiens auxilium habuisse quo salui fierent, dici non potest, cum teste Apostolo credere non possint homines, nisi prędicantem ea quę credenda sunt audiuerint, hinc Augustinus lib de corr. & gr. cap. 7. quicunque inquit ab illa originali dãnatione diuinæ gratiæ largitate discreti sunt, non est dubiũ, quod & procuratur eis audiendum Euãgelium, vnde & Gregor. in hom. 17. super Euangel. allegoricè tranctans illud Lucæ 10. misit illos in omnem locum, quo erat ipse venturus, prędicatores, inquit Dominus, sequitur, quia prędicatio pręuenit, & tunc ad mentis nostræ habitaculum Dominus venit, quando verba exhortarionis precurrunt atque per hoc veritas in mente suscipitur.

a *Epist. aux Rom. c.10.*
b *Du Symb. aux Ca-
rechum. liu.2.ch 8.*sed
vt conuincens eos
veritas dicat, ecce
hominem quem
Crucifixistis, ecce
deum & hominem
in quém credere
noluistis; videtis
vulnera quæ infli-
xistis, agnoscitis la-
tus quod impugi-
stis,quoniam,& per
vos & propter vos
apertum est, nec
tamen intrate vo-
luistis: qui non estis
redempti pretio
mei sanguinis, non
estis mei, discedite
à me, &c.
c *Au premier serm
de la passion,* vna est
enim patris & filii
voluntas, vt est vna
diuinitas, de cuius
Dei dispositionis
effectu, nihil vobis
gratiæ, Iudæi, ni-
hil tibi Iuda, debe-
mus, saluationi
quidem nostræ non
hoc vobis volenti-
bus impietas vestra
seruiuit, & per vos
factum est quid
quid manus Dei &
Concilium decre-
nerant fieri; mors,
igitur Christi nos
liberat vos accusat:
meritò soli non ha-
betis, quod omni-
bus perire voluistis,
& tamen tanta est
bonitas nostri re-
demptoris vt etiam
vos possitis conse-
qui veniam,si Chri-
stum Dei filium
frustra orauit dicetis
ad eum pœnitentiâ

comme il est escrit, a *quiconque croit en luy ne sera pas confondu, car il n'y a pas de distinction de Iuif & de Grec, puisqu'il est le
Seigneur de tous, enrichissant tous ceux qui l'inuoquent: parce que
quiconque aura inuoqué le nom du Sauueur sera sauué.* Et ainsi
nous disons tres-veritablement à chacun des hommes en
particulier, si tu crois tu seras sauué, & en ce sens sainct
Augustin, dit que le fils de Dieu au iour du Iugement doit
faire ce reproche aux Iuifs qui l'ont crucifié & qui ont re-
fusé de croire en luy: b *voicy l'homme,* leur dira t'il selon
sainct Augustin, *que vons auez crucifié: voicy le Dieu homme
auquel vous n'auez pas voulu croire: voyez les playes que vous
m'auez faites, conoissez vous ce flanc que vous auez percé,parce que
il a esté ouuert, & par vous, & pour vous, & neantmoins vous
n'y auez pas voulu entrer.* C'est à dire, on vous a presché de
la part de Dieu mon Pere, que si vous croyez en moy,vous
seriez sauuez par moy & par le merite de mon sang : mais
bien que l'on vous ait manifesté vne si merueilleuse, & si
extraordinaire bonté de Dieu, vous l'auez mesprisée,vous
estes demeurez aueugles & endurcis, & n'auez pû me voir
& me connoistre pour venir à moy.

Et apres S. Augustin, S. Leon escrit en la mesme maniere en s'addressant aux Iuifs qui ont crucifié Christ,c *Il n'y a
qu'vne volonté du Pere & du fils, cóme il n'y a qu'vne diuinité, &
nous ne vous auons aucune obligation ô Iuifs ny à toy Iudas, de
l'effet de sa disposition; vostre impieté à seruy à nostre salut contre vostre volonté., & tout ce que la main de Dieu & son Conseil
auoient resolu qui fut fait, a esté fait par vous : donc la mort de Iesus-Christ nous deliure & vous accuse. Et c'est iustement que vous
estes les seuls qui n'auez pas ce que vous auez voulu rauir à tous, &
la bonté neantmoins de nostre Redempteur est telle que vous pouuez
encore obtenir le pardon si vous abandonnez cette malice parricide
en confessant Christ le Fils de Dieu: Car ce n'est pas en vain que
le Seigneur en Croix à prié disant, Pere pardónez leur, parce qu'ils
ne sçauent ce qu'ils font. Et toy mesme Iudas, tu ne serois pas priué de ce remede, si tu auois eurecours à vne penitence qui t'eut fait*

confitendum illam parricidalem malitiâ relinquatis, non enim Dominus in cruce
pater, dimitte illis quia nesciunt quid faciunt,quod remediû nec te Iuda trâsiret, si
confugisset, quæ te reuocaret ad Christum, nonquæ instigaret ad laqueum.

reuenir à Christ, & non qui t'eut porté à te pendre & à t'etrangler, & en vn autre lieu, ᵃ *le Fils de l'homme*, dit-il, *est venu chercher & sauuer ce qui auoit pery:* & ainsi il vsoit de la malice de ses persecuteurs pour la redemption de tous, afin que dans le Sacrement de sa mort & de sa resurrection, ses homicides mesmes s'ils croyoient pussent estre sauuez, & en vn autre lieu, ᵇ *l'effusion,* dit-il, *d'vn iuste sang pour des iniustes a esté si puissante quant à son priuilege, & si riche quant à son prix, que si l'vniuersalité des Captifs croyoit en son Redempteur, aucun ne demeureroit lié des chaines du Tyran, parce que comme l'Apostre dit, où le peché a abondé, la grace a abondé encore dauantage, & puis que ceux qui estoient nez soubs la condamnation du peché, ont receu la puissance de renaistre à la Iustice, le don de la franchise a esté plus puissant que la debte de la seruitude:* & en vn autre lieu, ᶜ *la victoire de la Croix,* dit-il *n'a esté deniée à aucun infirme:* C'est à dire qu'il n'y a point d'infirme que la croix ne secoure s'il croit en la croix, suiuant ce que dit le mesme sainct en vn autre lieu, *Il n'y a point de croyans à qui les dons de la grace doiuent estre deniez* ᵈ Il adiouste aux passages sus-alleguez, *& il n'y a personne à qui l'Oraison de Iesus-Christ ne serue:* C'est à dire qu'il n'y a point de pecheurs pour endurcis qu'ils soiét, qui ne se puissent conuertir, & qui en effet ne se conuertissent, si Iesus-Christ a prié pour eux, & a demandé leur conuersion. ᵉ *Et si son Oraison* poursuit S. Leon *a profité à plusieurs de ceux qui l'ont fait mourir, combien plus à-telle aydé ceux qui se conuertissent à luy?* C'est à dire que si l'Oraison de Iesus-Christ a aydé à certains pecheurs, quelques grands qu'ils fussent, pour les rendre penitens, combien plus doit elle en suite ayder les penitens pour les rendre iustes? Car en ces lieux que sainct Leon n'ait pas enseigné que tous les hommes receuoient de Dieu vne ayde suffisante par les merites du Sauueur, cela se voit premierement en ce qu'au mesme endroit que nous venons de citer de luy, il dit formellment que les infideles n'ót aucune part à la misericorde du Redempteur, ᶠ *cette Assomption* (dit-il) *de nostre substance en la diuinité, par laquelle le Verbe s'est fait Chair & a habité parmy nous, quel homme a-t'elle priué de sa misericorde si ce n'est l'infidele?* Et l'Eglise de Lion s'est seruie autrefois de ces

ᵃ *Au 3. serm. de la Passion,* venit enim filius hominis quærere & saluare quod perierat, & sic ad omnium redemptionem vtebatur. malitia persequentium, vt in mortis eius resurrectionisque sacramento, etiam interfectores sui possent salui esse, si crederent.

ᵇ *Serm. 12. de la pass.* Effusio enim sanguinis iusti pro iniustis, tam potens fuit ad priuilegium, tam dives ad pretium, vt si vniuersitas captiuorum in redemptorem suú crederet, nullum tyrannica vincula retinerent, quoniá sicut Apostolus ait, vbi abundauit peccatum, superabundauit & gratia, & cum sub peccati præiudicio nati, potestatem acceperint ad iustitiam renascendi, validius donum factum est libertatis, quam debitum seruitutis.

ᶜ *Serm. 13.* Nulli infirmorum crucis est negata victoria.

ᵈ Nec quisquam est cui non Christi auxilietur oratio.

ᵉ Quæ si multis in ipsum sæuientibus profuit, quanto magis eos qui ad ipsum conuertuntur adiuuit.

ᶠ *Là mesme,* ipsa illa substantiæ nostræ in veritate susceptio, quem hominum

misericordiæ suæ nisi infidelem reliquit exhortem?

paroles de sainct Leon dans le mesme dessein que ie m'en sers icy.

Il paroist secondement, en ce qu'il ne dit pas que l'Oraison de Iesus-Christ ait esté vtile à tous ses meurtriers: mais seulement à quelques vns d'entr'eux; Il n'est donc pas vray qu'il ait supposé que l'Oraison de Iesus-Christ ait esté vtile à tous les hommes, comme si en effet il auoit prié pour tous les hommes: mais il veut dire seulement que l'Oraison de Iesus-Christ a esté vtile à tous les hommes pour lesquels il a prié. Et il en rend la raison en vn autre lieu disant que le Seigneur ne pouuoit prier vainement en croix; d'où il sensuit qu'il a obtenu tout ce qu'il a demandé pour ceux pour lesquels il a prié. Troisiémement, en parlant de ceux qui ont crucifié Christ, il dit d'eux formellement, *mais les tenebres n'ont pas compris la lumiere, & l'aueuglement trompeur n'a pû voir la sagesse de la verité.* Ceuxcy donc selon S. Leon, n'auoient pas alors, & par consequent n'ont pas eu depuis vne aide suffisante pour connoistre Christ, si ils ont perseueré dans le mesme aueuglemét, & n'en ont pas esté gueris pour se conuertir à Christ.

b *Serm .18. de la pass.* Sed lucem tenebræ non comprehenderunt, nec mendax cæcitas sapientiam potuit veritatis inspicere.

Mais bien que Iesus-Christ soit mort generalement pour tous les hommes non pas absolument, mais soubs vne certaine condition en tant qu'il a souffert pour sauuer tous ceux qui auront crû en luy: Il n'est pas mort neantmoins pour impetrer à tous la grace de la foy, & le don de croire en luy. Escoutons sainct Augustin qui nous enseigne si clairement cette verité en respondant à cette obiection des Semipelagiens, b *Quand on dit si tu crois tu seras sauué, l'vne de ces choses est exigée, & l'autre offerte: celle qui est exigée est au pouuoir de l'homme; & celle qui est offerte au pouuoir de Dieu, & pourquoy* replique sainct Augustin, *l'vn & l'autre ne sera-t'il pas au pouuoir de Dieu, & ce qui est commandé, & ce qui est offert? Car on le prie afin qu'il donne ce qu'il commande, Ceux qui croyent priét que la foy leur soit augmentée, & prient pour ceux qui ne croyent pas, que la foy leur soit donnée afin que la foy soit vn don de Dieu, & dans ses commencemens, & dans ses accroissemens,* & il auoit dit auparauant qu'on ne pouuoit nier que ce don fust donné aux vns, & ne fut pas donné

b *Au liu. de la pred. des Saincts* ch. 11. Sed eùm dicitur, inquiunt, si credideris saluus eris, vnum horum exigitur, alterû offertur, quod exigitur in hominis, quod offertur in deest potestate, cur non vtrumque in Dei est, & quod iubetur, & quod offertur, rogatur enim vt det quod iubet, rogant credentes, vt sibi augeatur fides, rogant pro non credentibus, vt eis donetur fides, vt & in suis incrementis, & in suis initiis Dei donum sit, fides.

aux autres sans contrevenir à de tres manifestes escritures saintes. Suiuãt ces principes sainct Augustin asseure que le fils de Dieu a seulement prié pour le salut des predestinez & pour le monde des sauuez, & non pour le monde des damnez [a] *adioustant incontinent*, dit sainct Augustin, *afin qu'ils soient tous vne mesme chose, mais qu'est-ce que ces tous, sinon le monde, non pas ennemy mais fidele? car voicy que celuy qui auoit dit, ie ne prie pas pour le monde, prie pour le monde afin qu'il croye, parce qu'il y a vn monde duquel il est escrit, afin que nous ne soyons pas damnez auec le monde, il ne prie pas pour ce monde là: car il n'ignore pas à quoy il est predestiné, & il y a vn monde duquel il est escrit: car le fils de l'homme n'est pas venu pour iuger le monde, mais afin que le monde soit sauué par luy: d'où vient aussi que l'Apostre dit, Dieu se reconcilioit le monde en Christ: c'est pour ce monde qu'il prie quand il dit, afin que le monde croye que tu m'as enuoyé.*

Et quant à ceux qui ont crucifié le Fils de Dieu, voicy comment sainct Augustin nous a enseigné, que le Fils de Dieu n'auoit pas prié pour eux tous, mais seulement pour quelques vns d'entr'eux qui luy auoient esté donnez du Pere, [b] *Ceux-là ne deuoient pas desesperer, dit-il, pour qui le Seigneur pendant en Croix a daigné de prier: car il auoit dit: Pere pardonne leur, parce qu'ils ne sçauent ce qu'ils font, il voyoit quelques-vns des siens parmy plusieurs estrangers, il demandoit le pardon pour eux, lors qu'il estoit encore outragé par eux: car il ne consideroit pas qu'il mouroit par eux, mais qu'il mouroit pour eux.* Et de là vient que sainct Leon aprés sainct Augustin, a rapporté cette oraison de Iesus-Christ à ceux qui en effet deuoient croire en luy, & former le corps de son Eglise. *Eleuant ses yeux au Ciel*, dit ce grand Pape, [c] *& suppliant son Pere pour toute l'Eglise, afin que tous ceux que le Pere auoit donnez, & deuoit donner au Fils deuinssent vne mesme chose, & demeurassent inseparables dans la gloire de leur Redempteur.*

Et aprés sainct Augustin & sainct Leon, sainct Thomas [d]

[a] *Traité* 110. *sur S. Iean.* Continuò subiungens, vt omnes vnum sint, isti autẽ omnes quid est nisi mundus, non hostilis vtique sed fidelis, nam ecce qui dixerat, non pro mundo rogo, pro mundo rogat vt credat, quoniam est mundus de quo scriptum est, ne cum hoc mundo damnemur, pro isto mundo non rogat, neque enim quò sit predestinatus, ignorat. Et est mundus de quo scriptũ est, non enim venit filius hominis, vt iudicet mundum, sed vt saluetur mundus, per ipsum, vnde & Apostolus, Deus, inquit, erat in Christo, mundum reconcilians sibi, pro isto mũdo rogat dicens, vt mũdus credat, quia tu me misisti.

[b] *Traité* 31. *sur S. Iean.* Sed non debebãt desperare pro quibus in cruce pẽdens Dominus est dignatus orare, dixerat enim, Pater ignosce illis, quia nesciũt quid faciũt, videbat quosdã suos inter multos alienos, illis iã petebat veniã à quibus adhuc accipiebat iniuriã, non enim attendebat quod ab ipsis moriebatur, sed quia pro ipsis moriebatur. [c] *Serm* 7. *de la Pass.* Eleuans ad cœlum oculos, & pro vniuersa Ecclesia supplicans Patri, vt omnes quos dedisset, daturusque esset Filio, Pater vnum fierent, & in gloria Redemptoris indiuidui permanerent. [d] 3. *Part. qu.* 21, *art.* 4. *en la resp. au* 2. Ad secundum dicendum, quod Dominus non orauit pro omnibus crucifixoribus. neque etiam pro omnibus qui erant credituri in eum, sed pro hiis solum qui erant prædestinari, vt per ipsum vitam consecuturi æternam.

en vn chapitre où il veut prouuer que les Oraisons du Fils
de Dieu ont toûsiours esté exaucées de son Pere, dit pre-
cisement que *le Fils de Dieu a prié pour les seuls predestinez
afin qu'ils acquissent le salut eternel.* Et il ne faut pas s'imaginer que sainct Thomas ait voulu dire que le Fils de Dieu
auoit prié efficacement pour les seuls éleus & suffisamment pour les reprouuez : car il n'oppose pas vne priere
efficace à vne priere suffisante ou inefficace, mais vne priere que Iesus-Christ a faite selon la raison pour les seuls
éleus à vne priere qu'il a faite selon le sentiment de l'hu-
manité pour tout le genre humain, comme quand il a dit
mon Pere s'il est possible que ce Calice passe de moy, Et il n'y a
personne qui nie que le Fils de Dieu n'ait prié de cette
sorte generalement pour tous les hommes.

Qu'est-ce donc que vous voulez dire, mon Censeur,
quand vous dites que Iesus-Christ est mort generalement
pour tous les hommes, parce que de sa part il est prest à
les sauuer tous s'ils croyent en luy ? Et qui en doute, qui le
nie, mon Censeur, où est icy le mystere que vous auez
voulu nous reueler, que prouuez-vous par le Concile contre S. Augustin & contre ses disciples ? Qu'alleguez-vous
pour nous persuader ce redoutable oracle de vostre sa-
crosaincte bouche, qu'en ce qui regarde la passion & la
mort de Iesus-Christ pour tous, le S. Concile a adiousté
des choses necessaires à la doctrine de sainct Augustin en
l'interpretant pour la rendre Catholique ? Apprenez à
vous taire en des suiets où vous tesmoignez auoir si peu de
lumiere, & où vous auancez neantmoins auec tant de hardiesse le peu que vous sçauez en le meslant auec ce que
vous ne sçauez pas : Apprenez encore vne fois, qu'il vaut
mieux souffrir la honte de se taire, que la honte de mal-
dire & de se prostituer à la derision de toutes les personnes iudicieuses, & touchées de l'amour de la verité.

Quant à ce que vous produisez le texte de l'Apostre,
où il dit, que *Dieu est le Sauueur de tous les hommes, & principalement des fideles:* a Qu'est-ce qui ne sçait comment sainct
Prosper & sainct Chrysostome, & beaucoup d'autres Pe-

res l'ont expliqué? & ne vous souuenez-vous pas qu'ils
nous enseignent que dans ces paroles, sainct Paul a voulu
dire que Dieu est le Sauueur de tous les hommes, quant à
la vie temporelle, mais qu'il l'est des fideles quant à la
temporelle, & quant à l'eternelle.

CHAPITRE XVII.

Où est rapportée la liaison des sentimens de sainct Augu-
stin, expliquée par la Lettre.

ET icy, mon Censeur, ne pensez pas en estre quitte, ne
vous imaginez pas que i'aye oublié la cause qui m'a
obligé de faire voir plus particulierement que vous n'auriez voulu. Premierement que c'est à tort que vous me reprochez d'auoir dit que l'opinion de la predestination
gratuite estoit vn poinct de foy. Secondement que c'est
à tort que vous soustenez que la grace du Sauueur n'a pas
tousiours le prochain effet pour lequel elle est donnée.
Troisiesmement que c'est à tort que vous pretendez qu'en
ce qui regarde la mort de Iesus-Christ pour tous, le Concile de Trente a reformé necessairement la doctrine de
sainct Augustin, bien que le S. Synode ait pris de ce S. Docteur sa definition touchant ce haut mystere. Et i'ay traité ces trois suiets assez copieusement, parce que c'est le
fonds d'où vous auez tiré les raisons puissantes que vous
auez produites pour destruire la liaison de tous les sentimens de sainct Augustin touchant la grace. Maintenant
donc que reste-t'il, si ce n'est d'estaller vne seconde fois
cette sainte enchaineure de la Theologie Augustinienne,
qui vous est si desagreable, & dont vos yeux malades ne
peuuent soustenir l'éclat? Ayez la patience de l'écouter, &
vous n'entreprendrez plus de la combattre.

Et ce lien, ce nœud, cette boucle qui attache tous les chefs de la ᵃ La Lettre pag. 9.
doctrine de ce Sainct, est cette verité fondamentale en la pieté
Chrestienne, que l'homme n'ayant aucun suiet de se glorifier de-
uant son Dieu, il a besoin de la grace de son Dieu, pour pouuoir

X iij

faire, & pour se determiner à faire tout le bien qu'il fait, de crainte qu'il ne se glorifie de pouuoir faire de luy-mesme ce qu'il est obligé de faire, ou de s'appliquer luy-mesme à faire ce qu'il eust pû ne faire pas, bien qu'il eut de Dieu la puissance de le faire. Cecy nous enseigne que la grace du Sauueur possede deux proprietez inseparables, dont l'vne est d'estre necessaire, & l'autre est d'estre efficace; entant qu'elle est necessaire, si on ne l'a pas, non seulement on ne fait point, mais mesmes on ne peut faire, & entant qu'elle est efficace, quand on l'a, non seulement on peut faire, mais on fait auec infaillibilité: la necessité de la grace est exprimee en ces mots du Fils de Dieu, ^a personne ne peut venir à moy si mon Pere ne le tire, où il n'est pas dit seulement que celuy qui n'est point tiré du Pere, ne vient point au Fils : mais aussi qu'il ne peut venir au Fils, & l'efficace de la grace est contenuë en ces paroles du Sauueur, ^b quiconque a oüy & appris de mon Pere vient à moy, où il n'est pas dit seulement, dit ^c sainct Augustin, que celuy qui a oüy & appris du Pere, peut venir au Fils : mais qu'il y vient. Aussi ainsi en ce suiet, on argumente negatiuement de l'acte à la puissance, en disant, il ne fait pas, doncques il ne peut faire, & on conclut affirmatiuement de la puissance à l'acte, en disant, il peut faire, donc il fait. Et ces deux consequences se iustifient reciproquement l'vne par l'autre, en disant, il ne fait pas, doncques il ne peut faire, pource que la puissance estant tousiours coiointe à l'acte, il feroit, s'il pouuoit faire, & au contraire en disant il peut faire donc il fait, pource que l'acte & le pouuoir estant inseparables l'vn de l'autre, s'il ne faisoit il ne pourroit faire.

Mais parce que tout ce discours, à ce que vous dites, estant tissu de termes ^d ambigus & entortillez, est si fort ennuyeux; il faut vous donner le loisir de vous remettre vn peu, & de respirer pour vn moment, & vous demander en termes clairs & deueloppez; Si vous ne vous souuenez pas combien peu heureusement, vous auez reüssi à impugner cette verité de l'infaillible & perpetuelle efficace de la grace quant à son prochain effet. Toutesfois vous vous plaignez de ce que ie dis qu'elle opere son effet, non seulement infailliblement, mais encore necessairement. Mais outre que vous sçauez tres-bien que par ce mot necessairement, i'entends seulement vne certitude

a En S. Iean chap. 6. v. 44.

b Là mesme v. 45.

c L. de la Grace de Christ ch. 14.

d Le Dissertateur pag. 78. Hoc scripturæ totius fundamentũ, ambiguis & obscuris ac contortuplicatis verbis &c. & en la pag. 104. atque vt hûc Epistolæ sermonem morosum & fastidij plenum de Augustinianæ doctrinæ consectariis absolvam.

& vne infaillibilité naiſſante de la force de la grace & compatible auec l'action de la volonté, vous ne vous apperceuez pas qu'en vous plaignant de moy, vous vous plaignez vous meſme de vous meſme ; puiſque vous auez vſé du mot de neceſſité auſſi bien que moy, lorſque vous auez dit. [a] *Cette grace des Eleus eſt telle que ceux qui entendent, apprennent & ne peuuent pas ſeulement conſentir, mais conſentent en effet, c'eſt à dire qu'elle opere le vouloir en eux, & ce que dit l'Epiſtre, iamais l'action de vouloir n'eſt ſeparée du pouuoir, tellement qu'il y a vne connexion ou liaiſon neceſſaire de l'vn auec l'autre.*

Et ainſi mon Cenſeur, ie vous auoüe que ie ne comprends plus rien dans le myſtere de voſtre doctrine : vous me loüez & vous me blaſmez d'vne meſme choſe ; vous m'imitez dans les meſmes fautes dont vous me reprenez : prenez party, declarez vous ie vous prie, & faites moy ſçauoir vne bonne fois ſi vous eſtes mon deffenſeur ou mon aduerſaire, ou ſi ie dois vous approuuer ou vous refuter. *Et de la liaiſon indiſſoluble de ces deux principales conſequences,* pourſuit la lettre, *en la doctrine de la grace, s'enſuit demonſtratiuement, comme voyent ceux qui voyent tant ſoit peu, tout ce qu'a dit ſainct Auguſtin de toutes les autres dependances de la meſme doctrine : tout ce qu'il a dit touchant la maniere dont* [a] *Ieſus-Chriſt eſt mort pour tous ; dont Dieu veut nous ſauuer tous, dont ſes commandemens ſont poſſibles à tous ; Car diſoit on contre ce Sainct, ſi de ce que tous ne font pas, il s'enſuit en* [b] *vn certain ſens que tous ne peuuent faire,* [c] *comment Ieſus-Chriſt eſt il mort pour tous ? comment Dieu veut-il nous ſauuer tous, & comment rend il à tous ſes commandemens poſſibles ? A quoy ce Pere reſpondoit aux termes que le Concile de Trente* [d] *prend de luy dans le Decret qu'il a fait de la mort de Ieſus-Chriſt pour tous, quant au ſens auquel ſa mort eſt appliquée à tous : que Ieſus-Chriſt eſt* [e] *mort pour tous, pource que tous ceux qui ſont iuſtes ne ſont iuſtes que par luy, comme tous ceux qui ſont pecheurs, ne ſont pecheurs que*

[a] *Pag.* 96. *&* 97. hæc enim eſt eiuſmodi, vt qui audiunt diſcant, nec tantum conſentire poſſint, ſed re ipſa conſentiant, hoc eſt vt in eis velle ipſum operetur, & quod Epiſtola dicit, nunquam orlendi actio à poteſtate diuellatur ; Ita vt vnius cum altero neceſſaria ſit connexio.

[b] *Obſeruez que ie ne parle pas icy de la ſuffiſance generale de la mort de Chriſt : car il eſt certain qu'elle eſt ſuffiſante à racheter vne infinité de mondes, mais que ie parle ſeulement de l'application generale de la mort de Chriſt, & il eſt certain que le Concile de Trente a ſuppoſé qu'elle n'eſt pas appliquée à tous comme Monſieur le Moine perſonnage que i'honnore me le confeſſa dans vne conference que i'eus le bien d'auoir auec luy en preſence de Monſieur Olier.*

[b] *Ie dis en vn certain ſens, puiſque ie parle d'vne puiſſance qui n'a pas beſoin de l'ayde d'vne autre pour produire ſon effet, ce que i'obſerue pour monſtrer que ie ne condamne pas la grace ſuffiſante, que les Thomiſtes enſeignent & qui ne fait iamais rien ſi elle n'eſt accompagnée d'vne autre qui nous determine à faire.* [c] *Dans les reſp. de ſainct Proſp. aux Gaul. à Vincent. & aux Genois.* [d] *Seſſ.* 6. *chap.* 3. [e] *Ep.* 89. *a Hil. au liu.* 1. *des mer. des peth. chap.* 28 *& au liu.* 1. *chap.* 23. *& en pluſieurs autres lieux cottez en la lettre.*

par Adam, ou bien pour ce que il n'y a point de iuftes que ceux qui renaiſſent ſpirituellemeut de Ieſus-Chriſt, comme il n'y a point de pecheurs que ceux qui naiſſent corporellement d'Adam, & c'eſt ainſi que ſainct Thomas [a] compare Adam auec Ieſus-Chriſt, en regardant l'vn comme Autheur de la perte vniuerſelle & l'autre comme Autheur du ſalut vniuerſel. Comme, dit il, le peché d'Adam ne paruient qu'à ceux qui ſont iſſus charnellement de luy par vne voie naturelle : Ainſi la grace de Ieſus-Chriſt ne paruient qu'à ceux qui ſont faits ſes membres par vne regeneration ſpirituelle, ce qui ne conuient point aux enfans qui meurent auec le peché originel. Et ailleurs le meſme Ange des Docteurs. Il ſemble dit [b] il que cecy ſoit faux, ce que ſainct Paul enſeigne (que tous ſont iuſtifiez en Ieſus-Chriſt comme tous ſont condamnez en Adam :) Car tous ne ſont pas iuſtifiez par Ieſus-Chriſt comme tous meurent par Adam; Mais il faut dire que cela ſe doit entendre, que comme tous les hommes qui naiſſent charnellement en Adam, encourent la condamnation par ſon peché, ainſi tous ceux qui renaiſſent ſpirituellement par Ieſus-Chriſt, acquierent la iuſtification de vie par le meſme Ieſus-Chriſt. Et ſainct [c] Auguſtin reſpondoit que Dieu veut nous ſauuer tous, ou parce qu'il n'y a de ſauuez que ceux qu'il veut, ou par ce qu'il en ſauue de toute âge, de tout ſexe, de toute nation, de toute condition; ou parce qu'il le veut en faiſant que nous le vueillions. Et ces trois ſens ſont alleguez & approuuez en diuers endroits par ſaint Thomas. [d] Saint Auguſtin reſpondoit enfin que Dieu rend ſes commandemens poſſibles à ceux qui ont la foy, par laquelle nous impetrons [e] l'Eſprit qui nous fait accomplir la Loy comme le teſmoigne ſainct Thomas, [f] & par laquelle nous faiſons ce que nous pouuons deſia, & demandons ce que nous ne pouuons encore qui ſont les propres mots que le Concile [g] de Trente emprunte de ſainct [h] Auguſtin en ce ſuiet de la poſſibilité des commandemens Diuins.

Que dites vous de ces reſponſes mon Cenſeur, à des difficultez ſi conſiderables? Apres les auoir approuuées en vos dogmes [i] comme eſtant iuſtes & raiſonnables, vous n'auez point fait difficulté de les traiter icy [l] d'exorquées de violentes, de captieuſes & de calomnieuſes par cette grande volubilité de voſtre liberté indifferente, qui vous fait touſiours demeurer libre à croire ou à ne croire pas,

à eſcrire

a En la 3. part. qu. 52. art. 7. en la reſp. au 2.

b En ſon comment. ſur le 15. ch. de la 1. aux Cor.

c Au liu. de la Corr & de la gr. ch. 14. en l'Epiſt. à vitalis & au liure 4. cont. Iul. chap. 8.

d En la 1. part. qu. 19. art. 6. & en ſon comment. ſur ces mots de ſainct Paul.

e Ainſi ſainct Aug. dit en mille endroits quod lex imperat, fides impetrat.

f en ſes comment. ſur le ch. 4. & 8. de l'Ep. aux Rom. & ſur le ch. 4. de l'Epiſtre aux Gal. où il reduit touſiours à la foy le commencemens de noſtre iuſtification.

g En la ſeſſ. 6. ch. 11.

h Liu. de la nat. & de la gr. ch. 43.

i Tom. 1. de ſes dogmes liu. 4. ch. 7 ſect. 9.

l Pag. 101.

à escrire ou à n'escrire pas, à poser ou à détruire tout ce qui vous plaist selon la condition des temps. Mais d'où vient, ou d'où peut venir que sainct Augustin ne respondit iamais à ces celebres obiections, ce que vous ou vos semblables y auriez sans doute respondu, sans vous arrester à tant d'explications forcées, captieuses & calomnieuses: Car il est infaillible que vous auriez dit bien plus coulamment & plus naturellement, que Iesus-Christ est mort pour tous, que Dieu veut nous sauuer tous, que ses commandemens sont possibles à tous, parce qu'il donne à tous vne ayde suffisante pour les obseruer, & pour ceuer en les accomplissant parfaictement.

Mais cét aueuglement estrange, & cette stupidité profonde de sainct Augustin qui n'a pû comprendre cette ayde suffisante & vniuerselle, peuuēt-ils venir d'autres principes, si ce n'est de ce qu'en disputāt contre les Pelagiens, il estoit enuironné d'vne nuée épaisse, cōme l'a remarqué si iudicieusement vostre Confrere & vostre Maistre Molina & sans doute les anciens Peres, & tant d'autres grands hommes ont esté couuerts & aueuglez de la mesme nuée; puisque ils n'ont pû la voir deuant Molina, qui nous a fait le bien de nous la reueler? *C'est de cette mesme verité, poursuit la lettre, qu'auec la grace on peut faire & on fait aussi, & que sans la grace, ny on ne fait, ny on ne peut faire, que s'enfuit demonstratiuement tout ce que sainct Augustin a dit, touchant l'vtilité que nous receuons de la correction, de la predication, de l'exhortation, nonobstant la necessité & l'efficace de la grace en ceux que nous preschons, que nous exhortons, que nous corrigeons: Car disoit-on contre ce Sainct, si ceux qui ont la grace font, & si ceux qui ne l'ont pas ne peuuent faire, soit que nous l'ayons ou que nous ne l'ayons pas, dequoy sert de nous corriger, puisque si nous auons la grace nous ferons sans qu'on nous corrige, & si nous ne l'auons pas nous ne ferons point, quelque correction qu'on nous puisse faire? à quoy ce Pere respondoit[a] que quelque necessaire, & quelque efficace que la grace soit, ce n'est pas en vain qu'on nous corrige, puisque la grace nous dirige par la voye de la correction, & qu'elle n'exclud pas la voye dont elle vse pour produire son effet, (& il repondoit encore) que la crainte & la douleur que la*

a Voyez le liu. de la
Corr. & de la grace

Y

correction excite naturellement en nous, nous seruent à nous amen-
der, pourueu que le Medecin d'enhaut nous les rende salutaires, en
les animant de sa charité, ce qu'il fait quand il luy plaist, mais ce
qu'il fait neantmoins pour l'ordinaire par la voye de la correction.
^a *outre que dans l'incertitude où nous viuons si Dieu donnera sa*
grace, ou s'il ne la donnera pas à ceux que nous corrigeons, nous
deuons tousiours faire ce qui dépend de nous, ^b *& planter & ar-*
roser, afin qu'il donne quand il luy plaira l'accroissement. Et enfin,
(il respondoit) que la correction profite, mais à ceux qui sont les
enfans de la paix & de la promesse, & ausquels seuls, Dieu don-
ne la grace d'obeir à la correction, en quoy sainct Thomas ^c *suit si*
exactement sainct Augustin qu'il se sert icy des propres termes de
ce Pere. Et obseruez que l'on a cotté à la marge de ce tex-
te que par les enfans de la paix & de la promesse, l'enten-
dois les fideles, soit qu'ils perseuerent, ou qu'ils ne perse-
uerent point.

Mais où estoit donc ce bel esprit de sainct Augustin, mon
Censeur, que l'on pouuoit au moins comparer au vostre,
sans vous faire iniure? D'où vient qu'il ne s'auisa iamais
de dire que Dieu donnant à tous vne aide suffisante, quand
on les corrige : les vns profitent de la correction, & les autres n'en profitent pas, parce que les vns se seruent de cette ayde suffisante, & les autres ne s'en seruent pas? Mais
vous reuenez à vostre ancienne imagination que vous re-
battez icy vne infinité de fois auec tant de confusion & de
desordre, comme vn esprit malade reuient tousiours à sa
foiblesse, & vous dites que sainct Augustin parle seulement de la grace qui est donnée aux predestinez pour les
rendre obeissans à la correction. N'y a t'il pas moyen de
vous guerir d'vne si bizarre phantaisie? Et ne voyez vous
pas que sainct Augustin parle d'vne grace qui est donnée
à tous ceux qui se corrigent, soit pour vn temps, soit pour
tousiours, & qui distingue generalement ceux qui se
corrigent d'auec ceux qui ne se corrigent point? ^d *Que cette*
origine damnable, dit-il, soit corrigée afin que la volonté de la
regeneration naisse de la douleur de la correction, si toutefois celuy
que l'on corrige est enfant de la promesse, afin que le bruit de la cor-
rection resonnant & frappant au dehors, Dieu opere au dedans,
le vouloir en luy par vne occulte inspiration.

a Liu de la corr. & de la gr. ch. 5.

b là mesme chap. 14. & 15.

c 1. 2. qu. 109. art. 8. en la resp. au 2.

d L. de la corr. & de la gr. ch. 6. vt ex dolore correptionis, voluntas regenerationis oriatur, si tamen qui corripitur

Mais celuy-cy en qui Dieu opere le vouloir intérieure-
ment pendant qu'on l'exhorte exterieurement, ne peut
il estre qu'vn veritable éleu, qu'vn veritable predestiné &
vn veritable enfant de la promesse ? Escoutez sainct Augustin qui dit immediatement en suite que celuy-là mesme
en qui Dieu opere ce vouloir, peut estre du nõbre de ceux
qui dechoient, & qui ne perseuerent pas, a *Que si celuy qui
est regeneré & iustifié, c'est à dire celuy en qui Dieu à desia o-
peré le vouloir, retombe par sa volõté dans sa mauuaise vie, certes il ne peut dire, ie n'ay pas receu, puisqu'il à perdu par son franc-
arbitre libre pour le mal, la grace de Dieu qu'il auoit receüe.* Quelle est cette grace mon Censeur ? la grace qui auoit operé
le vouloir en luy, & qui luy auoit rendu la correction vtile. Il est donc certain que sainct Augustin ne parle pas icy
d'vne grace qui soit donnée aux seuls predestinez, puis
qu'il enseigne qu'elle peut estre donnée à vn iustifié qui ne
perseuere pas, & qui par consequent est reprouué, puis
qu'il ne perseuere pas. Ainsi S. Thomas s'estant fait cette
obiectiõ, b l'homme est corrigé, afin qu'il ne peche point ;
si donc l'hõme estant en peché mortel ne peut ne pecher
pas, il semble que ce soit en vain qu'on luy applique la
correction, respond de cette sorte auec les propres termes de sainct Augustin, *Il faut dire au second que la correction est vtile, afin que la volonté de la regeneration prouienne
de la douleur de la correction, si toutefois celuy qui est corrigé est
enfant de la promesse, afin que le bruit de la correction resonnant
& frappant au dehors, Dieu au dedans opere en luy le vouloir par
vne occulte inspiration, comme dit sainct Augustin au liure de la
correction & de la grace: la correction est donc necessaire, parce
que la volonté de l'homme est requise afin qu'il s'abstienne du peché ; mais toutesfois la correction n'est pas suffisante sans le secours de Dieu, d'où vient qu'il est dit, Considerez les œuures de Dieu,
en ce que personne ne peut corriger celuy qu'il aura mesprisé ;* cét
Ange des Docteurs ne parle-t'il pas icy de tout secours
diuin qui rend la correction vtile à tous ceux que l'on corrige, soit qu'ils soient predestinez, ou qu'ils ne le soient
pas? & partant, mon cher Censeur, il ne me sert de rien de
vous corriger si vous n'estes enfant de la promesse, & si

Marginal notes:

filius est promissio-
nis, vt strepitu cor-
reptionis forinsecus
insonante atque fla-
gellãte, Deus in illo
intrinsecus occultã
inspiratione opere-
tur & velle.

a *Là mesme*, si au-
tem, iam regenera-
tus & iustificatus in
malam vitam sua
voluntate relabitur,
certè iste non po-
test dicere, non ac-
cepi, quia acceptam
gratiam Dei, suo in
malũ libero amit-
tit arbitrio.

b *t.2.qu.109.art.8.en
la resp. au 2.*

Dieu ne rameine interieurement voſtre volonté de ſon opiniaſtreté peruerſe, au meſme temps que le ſon de més paroles éclatte, & frappe la fierté de vos oreilles.

La lettre pourſuit & dit; c'eſt de cette meſme verité qu'auec la grace on peut faire & on fait auſſi, & que ſans la grace ny on ne fait, ny on ne peut faire; que s'enſuit demonſtratiuement tout ce que ſainct Auguſtin a dit touchant le franc-arbitre, le deſtin, la loüange, le merite, la priere, le trauail, la cooperation; Car diſoit-on contre ce ſainct, ſi la grace ne nous donne pas ſeulement de pouuoir faire: mais auſſi de faire, où eſt noſtre liberté, qui conſiſte, diſoit-on, à pouuoir faire, où ne faire pas, ce que nous deuons faire? n'eſt-ce pas introduire le deſtin? où eſt la loüange, & le merite de nos bonnes œuures? qu'auons nous beſoin de veiller, de prier de trauailler, puis que ſi nous auons la grace, nous ferons en quelque eſtat que nous ſoyons, & que ſi nous ne l'auons pas, nous ne ferons point de quelque trauail que nous vſions? à quoy ce [a] Pere reſpondoit que le deſtin vient des aſtres, & non de Dieu, comme ſainct Thomas dit apres ſainct Auguſtin, [b] que Dieu, [c] Ieſus-Chriſt, les bien-heureux ayment le bien auec liberté, quoy qu'ils l'aiment auec neceſſité, ne gemiſſans pas, mais triomphans dans vne neceſſité qui accomplit leur liberté, comme ſainct Thomas dit apres ce Pere, que Ieſus-Chriſt a merité par cette liberté fixe & inflexible dans le bien, en quoy [d] ſainct Thomas ſuit ce Pere encore, qu'il a par tout deſſein de ſuiure (& il reſpondoit enfin) que la grace eſt vn aiguillon de ſollicitude & de trauail & non vn pretexte d'oiſiueté; mais repoſez-vous vn moment mon cher Cenſeur, car il n'eſt pas poſſible que tant de veritez, qui n'ont rien de commũ auec voſtre doctrine ne vous faſſent mal au cœur. Trouuez bon cependant que ie vous demande quel iugement vous faites de ce ſaint? d'où vient qu'il n'a pû, ou n'a pas voulu reſoudre ces difficultez en recourant au ſacré myſtere de voſtre grace ſuffiſante, qui les eut reſolues auec tant de facilité? qui eut éloigné de l'opinion de l'Egliſe Catholique toute apparence de Manicheiſme, de contrainte, de deſtin, & qui eut eſtably ſi abſolument la loüange & le merite de nos bonnes œuures, auec l'vtilité de l'exhortation & du trauail; qu'il eut fallu eſtre inſenſé pour apprehender qu'elles ne receuſſent la moindre bleſseure ou la moindre atteinte, de la doctrine Catholique.

La lettre continuë & dit, c'est de cette mesme verité qu'auec la grace on peut faire, & on fait aussi, & que sans la grace ny on ne fait, ny on ne peut faire, que s'ensuit demonstratiuement tout ce que sainct Augustin a dit touchant les peines, & les suites du peché originel, dont il nous reste encore vne infirmité qui nous fait pecher ineuitablement [a], si elle n'est soustenuë continuellement par la grace du Sauueur. Car disoit-on contre ce sainct, si la foiblesse qui nous reste du peché originel nous force de pecher, lors que nous n'auons point la grace de luy resister, comment Dieu n'agit-il point contre sa bonté & contre sa Iustice, en condamnant ceux qui n'ont pas fait, ce qu'ils n'ont pû faire, n'ayant point la grace de le faire? à quoy ce Pere respondoit, [b] que bien que dans eux mesmes ils ne l'ayent pû faire, ils l'ont pû faire neantmoins dans leur premier Pere dont ils ont herité la seruitude du peché, c'est à dire la coulpe originelle en consideration de laquelle seule, sainct Thomas alleguant sainct Augustin, dit que Dieu refuse à quelques-vns la grace de pouuoir garder les Commandemens, mais c'est à dire de pouuoir les garder quant à leur fin, & non quant à leur substance: car bien que nous ne puissionstousiours les faire par vn motif surnaturel, nous pouuons [c] tousiours les faire par vn motif humain & naturel, auquel cas, quoy qu'en faisant le bien exterieurement, nous soyons moins coulpables que si nous ne le faisons point du tout, nous ne laissons pas de l'estre encore, pource que nous ne le faisons pas interieurement, & pour la veritable fin pour laquelle nous deuons le faire. D'où il paroist combien est ridicule la subtilité de quelques railleurs des choses sainctes, desquels vous me parlastes il y a quelque temps. Il a commis, disent-ils, cette trahison, ou cette debauche pour ce qu'il n'a pas eu la grace de s'en empescher, & cette raillerie est friuole & extrauagante, car il n'est pas besoin de grace pour s'abstenir d'vne trahison, & de tout autre crime par vne consideration humaine, mais pour s'en abstenir par vne consideration diuine, dans l'esprit des enfans de Dieu, [d] & à la veuë de l'eternité. Et si on reprochoit à sainct Augustin encore qu'il establissoit le Manicheisme en enseignant que nous naissons tous dans le peché: il respondoit que le mal originel est vne nature selon les Manichéens, & vn vice de la nature selon l'Eglise Catholique. C'est de cette mesme verité qu'auec la grace

Y iij

Marginal notes:

[a] Le Pape Innocent en sa lettre au Conc. de Cartage, necesse est enim, dit il, vt quo auxiliante vincimus, eo iterum non adiuuante vincamur.

[b] Liu. de la perf. de la iust. ch 4. Secuta est peccante, peccatum habendi, dura necessitas.

[c] Voyez. liu. 1. contre Iul ch. 3. liu. 5. ch. 8. le Manuel. ch. 121. liu de la Corr. & de la Gr. ch. 2. liu. 1. de l'Oeuu. Imp. & sur le Psea. 138. S. Augustin appelle cela, faire le bien comme il faut.

[d] Liu. 2. à Bonif. ch. 2. & liu. 4. ch. 4.

on peut faire, & on fait aussi, & que sans la grace, ny on ne fait ny on ne peut faire, que s'ensuit demonstratiuement tout ce que saint Augustin a dit touchant la bonté des nopces & du mariage, qui en l'est at où sont les hommes font naistre des esclaues de Sathan, & du peché : car, disoit-on contre ce Sainct, si les hommes naissent dans le peché & dans la necessité de le commettre, lors qu'ils n'ont point la grace de s'en preseruer, à quoy les nopces seruent-elles bien souuent sinon à produire le peché, & à le faire dominer en ceux qui n'ont point la grace de s'en deliurer? à quoy ce Pere respondoit [a] que la malignité de l'homme ne doit pas empescher le cours de la bonté de Dieu, par laquelle il a creé l'homme, & a institué le bien des nopces pour la propagation de l'homme. Et au regard de ceux qui n'ont point la grace d'accomplir la loy si on luy obiectoit encore, qu'il s'ensuyroit de là que Dieu les auroit creez pour les damner : Il respondoit [b] que tous les hommes ayant merité d'estre damnez par la preuarication de leur premier Pere, Dieu rend aux vns ce qu'il leur doit en les reprouuant, & donne aux autres ce qu'il ne leur doit pas en les sauuant, faisant seruir au salut des vns, la reprobation des autres, & vsant de tous pour le parfait ornement de ses ouurages. C'est de cette mesme verité qu'auec la grace on peut faire, & on fait aussi, & que sans la grace ny on ne fait ny on ne peut faire, que s'ensuit demonstratiuement tout ce que sainct Augustin a dit, touchant l'election & la predestination des Saincts, sans la preuision de leurs merites : Car, puis que c'est Dieu qui leur donne le pouuoir & l'action mesme de bien faire, ne faut-il pas que de toute eternité il ait resolu de les leur donner par le regne de sa grace sur leur volonté, & de les donner à ceux qu'il veut, faisant misericorde aux vns, comme dit sainct Paul, & endurcissant les autres selon la hauteur de ses iugemens? & c'est la predestination des Saincts sans la preuision de leurs merites, puis que leurs merites sont la suite & non la cause de leur predestination, comme l'enseigne saint Thomas par article exprez, & ailleurs par occasion. Arrestons nous, mon Censeur, vous vous souuenez bien, que c'est icy que vous m'auez reproché si violemment & si legerement d'auoir osé dire que l'opinion de la predestination gratuite estoit vn point de foy : mais vous vous souuenez bien aussi qu'on vous a fait voir, que dans vostre Censure si precipitée, & si peu digerée, vous auez enueloppé auec vos confreres Salmeron & Bellarmin, la Faculté cele-bre de Paris, & qui plus est sainct Augustin, sainct Pro-sper, sainct Pierre Diacre, sainct Fulgence, le grand Pa-pe Adrian, & auec eux toute la plus saine antiquité qui les a suiuis en ce suiet.

Mais afin de vous découurir vn autre fondement de cette predestination aussi gratuite, qu'elle est immobile, escoutons la suite de la Lettre, *C'est de cette mesme vertu qu'auec la grace on peut faire, & on fait aussi, & que sans la grace, ny on ne fait, ny on ne peut faire, que s'ensuit demonstratiue-ment tout ce que sainct Augustin a dit de l'obiet & de l'effet des Oraisons & des actions de graces de l'Eglise, en ce qu'elle ne de-mande pas seulement à Dieu, de nous donner de pouuoir faire, mais aussi de nous donner de faire, & que lors que nous auons fait, elle ne luy rend pas graces seulement de ce que nous auons pû faire, mais aussi de ce que nous auons fait.* Et que ces prie-res, & ces actions de graces de l'Eglise soient vn tesmoi-gnage manifeste de la predestination gratuite, & que par consequent vous ne la puissiez combattre sans chocquer le fondement des oraisons & des actions de graces de l'E-glise, sainct Augustin peut vous l'enseigner, si toutesfois il peut estre vostre maistre, quand il dit. *Ces choses donc que l'Eglise demande à Dieu, & qu'elle luy a demandées tous-jours dés son commencement, Dieu a preueu qu'il les donneroit à ses appellez, en telle sorte qu'il les a desia données dans la prede-stination, ce que l'Apostre declare ouuertement, car escriuant à Thimotée il dit; Trauailles à l'Euangile selon la vertu de Dieu, qui nous sauue & qui nous appelle par sa vocation saincte, non pas selon nos œuures, mais selon son propos, & selon la grace qui nous a esté donnée en Iesus-Christ deuant les temps eternels, & qui a esté maintenant manifestée par l'auenement de Iesus-Christ nostre Saueur. Que celuy-là donc die, que l'Eglise n'a pas eu tousiours en sa foy, la verité de cette predestination & de cette grace qui est defenduë maintenant auec vn soin plus particulier contre les nouueaux Heretiques. Que celuy-là le die, qui ose dire qu'il a esté vn temps qu'elle n'a pas prié, ou qu'elle n'a pas prié veritablement, soit afin que les Infideles crussent, soit afin que*

a *Du don de la Persf.* ch. 23. hæc igitur quæ poscit à Domi-no, & semper ex quò esse cœpit, pos-cit Ecclesia, ista De° vocatis suis daturũ se esse præsciuit, vt in' ipsa prædestina-tione iam dederit, quod Apostolus si-ne ambiguitate de-clarat, scribēs quip-pe ad Timotheum, collabora, inquit, Euangelio secundũ virtutem Dei, sal-uos nos facientis & vocantis vocatione sua sancta, non se-cundum opera no-stra, sed secundum suum propositum:

*& gratiam quæ da-
ta est nobis in Chri-
sto Iesu ante tem-
pora æterna ; mani-
festata autem nunc
per Aduentum Sal-
uatoris nostri Iesu
Christi ; ille itaque
dicat Ecclesiam ali-
quando in fide sua
non habuisse veri-
tatem prædestina-
tionis, huius & gra-
tiæ, quæ nunc con-
tra nouos hæreticos
cura diligentiori de-
fenditur ; ille inquã
hoc dicat , qui di-
cere audet, aliquan-
do eam non orasse,
vel non veraciter o-
rasse , siue vt crede-
rent infideles , siue
vt perseuerarent fi-
deles , quæ bona si
semper orauit, sem-
per ea Dei dona es-
se vtique credidit,
nec ab illo esse præ-
cognita, vnquam ei
negare fas fuit , ac
per hoc prædesti-
nationis huius fidé,
quæ contra nouos
hæreticos noua sol-
licitudine nunc de-
fenditur, nunquam
Ecclesia Christi non
habuit.*

*les fideles perseuerassent à croire : & si elle a tousiours demandé
ces biens , elle a tousiours crû qu'ils estoient des dons de Dieu , & il
ne luy a iamais esté permis de nier qu'il les eust preueus. Et
partant il n'y a iamais eu de temps, auquel l'Eglise n'ait passeu la
foy de cette predestination , qui est soustenuë maintenant auec vne
nouuelle diligence, contre les Heretiques.* Disputez donc contre ce Sainct, mon Censeur, & non pas contre moy, &
demandez luy, s'il n'a pas de honte de nous enseigner que
la doctrine de la predestination gratuite est vn poinct de
foy, que l'Eglise Catholique n'a iamais ignoré. Toutesfois il est dommage que les oraisons & les actions de graces de l'Eglise, ayent tousiours esté mutilées & defectueu-
ses. Il est dõmage qu'elle ait negligé de demander à Dieu,
au moins vne grace suffisante pour les miserables reprouuez, ausquels il ne veut pas en donner vne efficace. Et il est
dommage qu'elle ait negligé, & qu'elle neglige encore de
luy rendre graces de ce qu'il a donné à ceux qui meurent
dans l'infidelité, ou dans le peché, vne ayde suffisante
pour n'y pas mourir ; & de ce qu'il n'a tenu qu'aux forces de leur franc-arbitre, qu'ils n'ayent esté du nombre
des predestinez.

La Lettre conclud tout ce discours sur la liaison des
dogmes de sainct Augustin. *Voyez donc, voyez Monseigneur,
comment toute la machine de cette doctrine, roule comme autour
d'vn centre, autour de ce principe, que la grace donne en mesme
temps & le faire, & le pouuoir faire, en sorte qu'auec elle, & l'on
peut faire, & l'on fait tout à la fois, & que sans elle ny l'on ne
fait, ny l'on ne peut faire. Et elle nous donne l'vn & l'autre, afin
que l'homme ne se glorifie, ny de pouuoir faire par luy-mesme, ny
de s'appliquer luy-mesme à faire ce qui luy est commandé pour estre
iuste deuant Dieu. Ny ie ne dois pas obmettre icy que ça esté la mesme vnion de ces deux conditions , & de ces deux prerogatiues de la
grace, qui a seruy tousiours de regle à sainct Augustin pour l'explication des Escritures sainctes, ou qu'il employoit pour defendre sa doctrine , ou que ses aduersaires luy obiectoient pour la combattre. Par exemple , lors qu'ils luy opposoient, que si dans vne
certaine maniere tous ne pouuoient faire , il s'ensuiuroit que Iesus-
Christ ne profiteroit pas à tous ceux ausquels Adam a nuit, &*

qu'il

qu'il ne leur profiteroit pas plus qu'Adam ne leur a nuit, contre ce que sainct Paul enseigne, disoient-ils, si manifestement en l'Epistre aux Romains. Il[a] respondoit ce que Bellarmin avouë estre le vray sens de cet Apostre, du consentement mesme de tous les Catholiques, que S. Paul entend que comme tous ceux qui sont damnez le sont par le premier homme, ainsi tous ceux qui sont iustifiez ne le sont que par le second homme, qui est Iesus-Christ. Ce qu'il adiouste, dit[b] Bellarmin, parlant de Catarin, qui abusoit de ce passage, qu'il est escrit par la iustice d'vn seul sur tous les hommes, en iustification de vie, est aussi tres-veritable : mais selon le sens & le consentement commun des Catholiques, on n'entend pas sur tous les hommes simplement, mais sur tous ceux qui renaissent en Iesus-Christ par le Baptesme : car ainsi que tous ceux qui naissent en Adam sont condamnez, de mesme tous ceux qui renaissent en Iesus-Christ sont iustifiez : c'est pourquoy ce tesmoignage ne fait rien pour les enfans qui meurent sans baptesme ; & quant à ce qui est dit, que Iesus-Christ doit nous seruir plus qu'Adam ne nous a nuit, sainct[c] Augustin respondoit que cela regarde les eleus qui n'ont herité qu'vn peché d'Adam, mais qui ne leur est pas remis seul par Iesus-Christ, mais encore tous les autres qu'ils ont commis eux-mesmes ; & qu'au lieu qu'Adam n'a pû leur nuire que temporellement, Iesus-Christ doit leur seruir eternellement en les ressuscitant à l'immortalité. Et il est ainsi des autres lieux de l'Escriture saincte, qu'il seroit trop long de rapporter, & que sainct Augustin expliquoit tousiours, en sorte qu'il se blessassent point ce fond, & ce leuain de toute sa doctrine, que la grace donne en mesme temps, & de faire, & de pouuoir faire, de maniere que ceux qui ne l'ont pas, ny ne font, ny ne peuuent faire, comme ceux qui l'ont ne peuuent pas faire seulement, mais aussi font auec infaillibilité. Que si tout le corps, & tout l'esprit des opinions de ce Docteur sont renfermez dans l'abregé que ie viens d'en faire, ceux-là pourroient-ils se glorifier de suiure les pensees de cet excellent maistre, qui dans l'abregé & dans l'enchainement que i'en ay fait, ne verroient peut-estre, que bien peu de sentimens qui s'accordassent auec les leurs.

Z

CHAPITRE XIX.

*Où sont refutées les imaginations du Dissertateur, tou-
chant la quatriesme consideration de la Lettre : qui
est que si aux choses de la grace, on abandonnoit saint
Augustin, les Heretiques de ce temps en tireroient
vn auantage extréme contre l'Eglise Catholique.*

OR aprés auoir brisé vos forces contre la chaine dure
& impenetrable de la Theologie Augustiniéne, que
vous auez taché vainement de rompre ; il ne faut pas s'é-
tonner si vos efforts paroissent desormais si languissans &
si imbecilles: de là vient que vous combattez ᵃ d'vne façon
si foible & si enfantine, la quatriesme des considerations
que la lettre allegue pour nous obliger à interpreter le
Concile de Trente par S. Augustin, aux choses de la grace,
& de la Predestination : de peur qu'en explicant ce sacré
Synode suiuant des principes opposez à ceux de ce Pere,
les Heretiques de ce téps n'en prennent aduantage, & ne
reprochent à l'Eglise d'auoir abandonné le fil de la tradition, qui en cette matiere ne paroit proprement que dans
les ouurages de ce sainct Docteur & de ses anciens Disciples. A la verité vous auoüez qu'au suiet dont il s'agit on
ne peut abandonner cet excellent Maistre qui vous fauorise, dites vous, & non pas nous, c'est à dire, la secte de
l'Euesque d'Ypre qui sera tousiours ainsi nommée par la
secte de Molina. Mais que deuiendra donc ce que vous
auez dit, qu'on ne pouuoit suiure seurement le grand Augustin en la doctrine de la grace & de la Predestination ?
& que deuiendra ce que vous auez dit, & ce que vous auez
entrepris de faire voir par vn libelle exprez, que ce diuin
homme estant vn autheur obscur & embarassé, il n'estoit
pas propre à terminer nos differens ? Renuoyerons nous
les Heretiques, à vn Autheur obscur, embroüillé, & peu
asseuré pour sçauoir de luy quelle est la tradition de l'E-

ᵃ *Voyez le Disserta-
teur depuis la pag.
115. où il dit* quar-
ta & postrema con-
sideratio reliqua est.

glife Catholique, touchant les myfteres de la grace & de la Predeftination? Pour ce que vous dites, car vous ofez tout dire, que bien que ce Saint homme foit le depofitaire de la tradition Ecclefiaftique en cette matiere, & qu'il foit l'organe & la voix de l'ancienne Eglife pour ce regard, comme dit du Perron, il ne s'enfuit pas qu'il doiue eftre l'interprete du Concile de Trente en la mefme matiere : c'eft de mefme que fi vous difiez, qu'il ne faut pas expliquer aux Heretiques le Concile de Trente fuiuant les fentimens de l'ancienne Eglife; ou que s'il faut confulter l'ancienne Eglife, il ne faut pas ouyr celuy qui eft le truchement, l'organe & la voix de l'ancienne Eglife.

Mais prenez courage mon Cenfeur, vous allez touſiours de mieux en mieux, & vous vous furmontez vous mefme dans les derniers efforts de voftre bel efprit. Voulant faire voir en ma lettre que les Marfeillois ou les Semipelagiens, n'ont iamais nié la grace fuffifante qui eft l'Idole de quelque modernes. I'ay dit que fi les Marfeillois n'euffent pas auoüé cette grace fuffifante, on eut pû facilement trouuer vne opinion moyenne entre leur opinion & celle de l'Eglife: ce qui ne fut iamais, & cette opinion moyenne eut efté celle qui eut reconnu vne ayde fuffifante, reiettée également par les Marfeillois & par les Catholiques, & voicy comment i'ay reprefenté la force de cet argument, [a] *Et en effet Monfeigneur, regardons encore de plus prez, & poifons encore s'il vous plaift, auec plus de maturité le raifonnement que ie viens de faire. Si on eut conceu, ou fi on eut pû conceuoir quelque milieu entre l'opinion de fainct Auguftin & celle de fes aduerfaires, ne fe fut-il pas auffi trouué des Autheurs comme mitoyens entre fes aduerfaires & luy, c'eft à dire entre fainct Auguftin, fainct Profper, & fainct Fulgence d'vne part, & Gennadius Faufte & Caffian de l'autre? mais qui a iamais oüy parler en l'antiquité de tels Docteurs qui ayent fait vn entre-deux, & comme vne bande mitoyenne entre les deux ordres, & les deux rangs d'Efcriuains que i'ay defignez? En bonne foy Monfeigneur, eft il croyable que cette Antiquité fçauante & exercée durant tant d'années dans les difputes, de la grace & de la Predeftination diuine n'ait pû voir la voye du milieu que quel-*

a *La lettre pag.* 23.

Z ij

ques-vns penssent auoir trouuée, & que les esprits les plus mediocres peuuent aisement imaginer? Et voulez-vous le voir bien clairement, les Semipelagiens à ce que pretendent quelques-vns, vouloient que l'on put croire sans la grace. Sainct Augustin veut que pour croire nous ayons vne grace qui nous determine à croire, & le milieu de ces extremitez est, que pour croire nous auons vne grace qui ne nous determine point à croire, mais auec laquelle nous pouuons croire ou ne croire pas comme bon nous semble. Pour Dieu, Monseigneur, iugez en, auec la candeur & auec la sincerité d'vn Pere de l'Eglise: i'appelle icy voftre conscience & voftre pieté qui ne me seront iamais suspectes. ce temperament est-il si subtil si profond, si releué que la plus éclairée Antiquité n'ait pû iamais s'en auiser? O Dieu, ô Pere des lumieres, empliffez, embrafez nos cœurs de l'amour de la verité qui est le Charactere & l'esprit de vos enfans, & le fondement de voftre Eglise. Et à cela mon Censeur, comment respondez vous? à voftre accouftumé & d'vne maniere deplorable. *Deuant que ie decouure*, dites vous [a] *le calomnie & la fraude artificieuse de la lettre ie veux, poiser en paffant ce qu'elle auance à la derobée, que les Semipelagiens comme pretendent quelques-vns, ont eftimé que l'on ne peut croire sans la grace: Car il eft bien aisé de voir ce qu'il a voulu dire par cette precaution, comme pretendent quelques-vns: car i l infinuë par là, qu'il n'eft pas vn de ces quelques-vns, & qu'il ne penfe pas que ce soit là l'erreur des Semipelagiens.*

Mais il eft eftrange mon Censeur, que sur ces mots comme pretendent quelques-vns; vous vueilliez faire le subtil, & que vous difiez au reuelateur de grands myfteres, qu'en ces paroles ie tefmoigne affez que ie fuis dans vn fentimēt contraire à ces quelques-vns. Que cét artifice eft peu ferieux, & peu digne d'vn homme de voftre aage & de voftre vocation, comme fi par la fubtilité de voftre iugement incomparable, vous decouuriez icy quelque fentimēt que ie tinffe bien caché, au lieu que vous voyez, que i'en fais profeffion ouuerte, & que ie l'eftablis en cette lettre par des preuues fi puiffantes que vous n'auez ofé entreprendre d'y refpondre: Et en effet qu'auriez vous repliqué à toutes ces raifons alleguées par la lettre, *fi S. Auguftin*, dit elle, [b] *eut trouué & approuué ce temperamment*

[a] 2 *Le Differtateur pag.* 129 Antequam Epiftolæ veteratoriam artem calomniamque palam facio; volo illud obiter expendere, quod furtim iniicit , Semipelagianos, vt nonnulli contendunt exiftimaffe, fine gratiâ poffe nos credere, quid enim cautione iftâ fibi velit, vt nonnulli contendunt, non valdè eft obfcurū, hoc enim innuit non fe vnum effe ex nōnullis iftis, neque Semipelagianorum talem errorem fuiffe putare.

[b] *La lettre pag.* 24.

(*de la grace suffisante & dependente de la cooperation
de nostre volonté*) *qu'il est si facile de trouuer toutes les obiections, toutes les plaintes & toutes les declamations tragiques de ses
aduersaires, n'eussent elles pas cessé d'abord?* Ce sont les vo-
stres mon Censeur, & ie me doute bien que si Dieu n'a
pitié de vous, elles ne cesseront iamais) *s'il eut enseigné ou
s'il eut approuué que l'on enseignast que nous auons tousiours
vne aide, ou vne grace à laquelle il depend de nous simplement
de consentir, ou de ne consentir pas, ainsi que bon nous semble, ne
luy eust-on pas obiecté ridiculement qu'il s'ensuiuroit de là que
Iesus-Christ ne seroit point mort pour tous; que Dieu ne voudroit point nous sauuer tous; que la loy ne seroit point possible à
tous; qu'il seroit inutile de nous corriger, de nous prescher, & de
nous exhorter; qu'il n'y auroit point de liberté, qu'on establiroit
la destinée, qu'on osteroit la loüange & le merite de nos bonnes
œuures; qu'il seroit superflu de prier, & de trauailler; que Dieu
nous créeroit pour nous damner,* & que le Baptesme n'efface-
roit pas entierement le peché originel, & plus bas, *& quand
ils disoient que nous croyons, ou par la nature, ou par le
franc-arbitre, i'estime qu'ils entendoient par là, que nous pouuons
croire en nous y determinant, par nostre franc-arbitre, entant
qu'il vse de la grace, ou qu'il n'en vse pas, comme il luy plaist: comme quand sainct Augustin dit des* a *Anges & du premier homme,
qu'ils faisoient le bien par leur franc-arbitre, & par leur volonté; il entend par là qu'ils faisoient le bien en s'y determinant eux-
mesmes par leur volonté, & par leur franc-arbitre en ce qu'ils
vsoient comme ils vouloient d'vne grace dependante de leur franc-
arbitre, & de leur volonté: & puis que les aduersaires de ce Saint,
comme on voit dans Fauste* b *& dans Cassian,* c *disoient & sup-
posoient par tout comme vne verité constante & indubitable, qu'il
est necessaire que nous agissions, ou par le franc-arbitre, ou par
vne grace qui le force & le violente; car ils parloient ainsi de
la grace qui nous determine auec vne tres-douce, bien qu'in-*

a *Au liu. de la Corr. & de la gr. chap. 10. vers la fin, & en beaucoup d'autres lieux.*

b *Cela paroist par le titre seul des liures de Fauste qui est tel se-lon le R Pere Sir-mond.* Professio fidei contra eos qui dum per solam Dei vo-luntatem, alios di-

cunt ad vitam trahi, alios in mortem deprimi', Hinc fatum qui cum gentibus asserunt, inde liberum arbitrium cum Manichæis negant, *qui ne voit que Fauste suppose là, que nous ne pouuons que par l'vn de ces principes, à sçauoir, ou par le franc-arbitre, ou par vne grace qui le determine, & qu'il appelle destinée, & c'est aussi ce que suppose le Predestinatus, quand il dit,* videamus vtrum vos dicitis confessiones peccatorum ab homine exigantur inuito, an à voluntario flagitentur obsequio. c *Voyez aussi la collation de Cassian refutée par Prosper.*

suparable suauité, il s'enfuit infailliblement de là, que dans le mot de franc-arbitre, ils ont enueloppé la grace, qui depend du franc-arbitre, & dont il vse ainfi qu'il veut : car autrement ils n'auroient pas crû, ou suppofé qu'il eft neceffaire que nous agiffions par l'vne de ces deux voyes feules ; ou par le franc-arbitre, ou par la grace qui le determine : mais il eft manifefte qu'ils auroient deu dire ou suppofer que nous ne pouuons agir que par l'vn de ces trois principes, & par l'vne de ces trois voyes ; à fçauoir, ou par le franc-arbitre, ou par la grace qui le determine, ou par la grace qui ne le determine point, ce qu'ils n'ont iamais dit, ny crû, ny cnfeigné, ny suppofé ; que fi nous demeurons d'accord comme il eft veritable auffi, que par le mot de franc-arbitre ils n'excluoient point la grace, qui ne le determine point, en ce cas il eft euidt qu'ils auoient raifon de croire, d'enfeigner, & de fuppofer comme ils faifoient par tout, que nous ne pouuons agir que par l'vne de ces deux voyes, ou par le franc-arbitre, ou par la grace qui le determine, car c'eft ainfi que s'ils euffent dit, que nous ne pouuons agir que par le franc-arbitre appliquant la grace, ou par la grace appliquant le franc-arbitre, &c. Et de là vient que par le mot de grace, à le prendre au fens des Catholiques, ils entendoient toufiours vne impreffion, ou vne motion diuine qui violentoit la volonté pour me feruir de leurs paroles, ou qui la contraignoit d'agir : c'eft à dire qui l'y determinoit. Et lors qu'ils obiectoient [a] à fainct Auguftin & à fes Difciples, pour monftrer qu'il depend de nous abfolument de receuoir la grace, ou de luy refifter, ces mots de S. Eftienne dans les Actes des Apoftres ; vous auez toufiours refifté au fainct Efprit ; qui doute que là, par le mot de fainct Efprit ils n'entendiffent toutes les manieres, foit externes foit internes, dont le fainct Efprit nous follicite, pourueu qu'il ne nous determine point, & qu'il nous laiffe la difpofition entiere de noftre volonté. Et plus bas, fainct Auguftin dans le grand liure qu'il a compofé de la correction & de la grace, ayant enfeigné & expliqué cette efpece de grace interne qu'il attribuë au premier homme ; fes aduerfaires [b] auoüerent qu'ils n'auoient rien à dire ou à obiecter contre vne grace de cette qualité, & que puifqu'il dependoit de nous de la receuoir ou de la repouffer, elle n'empefchoit point l'vtilité de la correction, ou de l'exhortation, ny par confequent la fubfiftance ou l'exercice de noftre liberté : d'où il paroift à vn efprit non preoccu-

[a] Epift. liu. 2. de la gr. & du fr. arb. ch. 5.

[b] En l'Epift. d'Hyl. à fainct Aug.

pas que celle-là n'estoit point la grace qu'ils fuyoient auec tant d'horreur, contre laquelle ils disputoient auec tant d'aigreur, & qu'ils refusoient si opiniastrement contre l'Eglise mesme, d'approuuer & d'embrasser. Et vous croyez qu'il doit nous suffire mon Censeur, que vous opposiez à des raisons si claires vne negation absoluë & magistrale, & que l'authorité de vostre nom doit nous tenir lieu de decision, & de sentence Synodale dans toutes nos questions.

C'est ainsi que vous repliqueriez à quelques autres preuues, de la mesme verité qui sont rapportées dans vn escrit [a] latin, dont l'Autheur s'accorde bien auec celuy de la lettre, comme vous ne l'ignorez pas. Il falloit donc vous éstendre en ce suiet vn peu plus amplement, & n'estime pas que nous deussions nous contenter du maiestüeux oracle que vous auez compris en la briefueté de ces paroles, [b] *Si les Semipelagiens ne sont autres que les Marseillois, desquels Hylaire escrit à sainct Augustin, & contre lesquels S. Augustin a fait les deux liures de la Predestination & du don de la perseuerance, sans doute celuy qui a des yeux corporels, n'en a point de spirituels, s'il ne voit que la veritable erreur des Semipelagiens est celle de laquelle cette glose tesmoigne douter.* Mais retournons à nostre dessein, vous faites tres-bien mon R. Censeur : Car il est sans doute que vous reuenez d'vn grand égarement. [c] *Ie ne sçaurois loüer l'Autheur de l'Epistre qui a descrit finement & malicieusement comme il luy a plu, ces deux opinions directement contraires l'vne à l'autre, car elles ne sont pas ainsi : mais voicy plustost quelles elles estoient. Les Marseillois, qui enfin ont esté bien tard nommez Semipelagiens, disoient que sans aucun secours de la grace de Christ, les hommes pouuoient croire & desirer de faire leur salut, pource que chacun peut, par son franc-arbitre, desirer la santé :* Mais vous ne dites pas, qu'ils entendoient seulement par là qu'on pouuoit s'appliquer ou se determiner par son franc-arbitre à desirer la santé, ou à ne la desirer pas en receuant la grace qui estoit offerte a chacun, ou en la reiettant ainsi que l'on vouloit, ([d] *bien qu'on ait besoin de grace pour accomplir cette volonté,*) mais vous ne dites pas que les Catholiques, & les Marseillois quant aux bonnes œuures, enseignoient que cette grace estoit la maistresse & l'appli-

a Propositiones de gratia.

b Pag. 120. Atqui si Semipelagiani non alij sint quam Massilienses illi de quibus ad Augustinum scripsit Hylarius, & aduersus quos duos libros de prædestinatione ac de perseuerantiæ dono edidit Augustinus, &c.

c Pag. 121. Qui malistiosè ostutèque &c. descripsit quomodo voluit, &c.

d Là mesme.

catrice de nostre volonté; ce que Molina ne reconnoist point, & en quoy par consequent il erre bien plus griefuement que les Marsellois, & conuient absolument auec les Pelagiens, *à cette opinion estoit opposée, adioustez vous mon Censeur, celle de sainct Augustin qui est aussi la Catholique, & celle du Concile de Trente; que la grace de Iesus-Christ est necessaire non seulement pour faire, mais aussi pour vouloir toute bonne œuure, qui en quelque maniere appartient au Salut, & pareillement à tout desir de croire,* [a] *mais en sorte neantmoins qu'elle fit absolument ce qui conuient à la grace, & ne tirast point le franc-arbitre de l'homme par aucune necessité mais le conuiast, en l'allechant, & en le flattant: depuis l'heresie des Predestinez s'est éleuée entre les deux, ou plutost elle a tenu l'vne des extremitez, estant opposée à la Pelagienne, & en partie à la Marseilloise: & l'Augustinienne & Catholique, est demeurée entre l'vne & l'autre.* Vous reüssissez admirablement mon Censeur à ranger ces opinions dans vn ordre toutsemblable, à celuy des parties de vostre excellent liure.

En premier lieu, vous escriuez que l'heresie Predestinatienne tenoit le milieu entre l'opinion des Semipelagiens & l'opinion des Catholiques; puis incontinent vous vous reprenez vous mesme, & confessez que vous auez mal dit, puis que c'est plutost l'opinion des Catholiques, dites vous, qui a tenu le milieu entre l'opinion des Pelagiens, ou des Semipelagiens & l'heresie Predestinatienne; mais en cette vacillation d'esprit qui est si ordinaire à ceux qui soustiennẽt le mensonge, vous ne touchez nullement le point de la question. Car on vous demande s'il pouuoit y auoir, & si en effet il y a iamais eu vne opinion moyenne entre l'opinion des Semipelagiens & l'opinion des Catholiques, & vous aymez mieux vous égarer pour vous ramener, ou pour vous corriger vous mesme, que de respondre nettement & formellement au point de la question: on voit neantmoins à trauers des ombres dont vous auez couuert la sainteté de vos oracles, qu'il pouuoit y auoir vne opinion qui tint le milieu entre celle des Catholiques, & celle des Semipelagiens: car vous dites que les Semipelagiens ne reconnoissoient aucune grace

pour

a Sed ita tamen vt quod gratiæ conuenit efficeret penitus, ac liberum hominis arbitrium non necessitate vllâ traheret, sed mulcendo ac blandiendo pelliceret. media inter ambas postea est exorta Predestinatorum hæresis, immo extrema ista facta est, Pelagianæ &pro parte Massiliensi ex aduerso posita, inter vtramque intermedia constitit illa Augustiniana & Catholica.

pour la foy , & que les Catholiques ne reconnoissoient pas vne grace telle quelle: mais vne grace congruë pour la foy. On peut donc conceuoir vne opinion moyenne & interposée entre les deux, à sçauoir celle qui eust estably vne grace indifferente comme celle de Molina, qui n'estant de soy, ny congruë ny incongruë, dépend absolument de la cooperation libre de nostre volonté.

a Pag. 118.

Et cõment les Marseillois n'eussent-ils pas connu cette grace moyenne & Molinienne, qui se presente incontinent aux esprits les plus grossiers, & semble dire *me voicy,* à ceux là mesme qui ne la cherchent point, & l'ayant connuë, pourquoy ne l'auroient-ils point receuë & embrassée, puis qu'elle ne blessoit aucuns de leurs principes, comme le remarque iudicieusement l'Escole de sainct Thomas, puis que par la propre confession des Semipelagiens, elle n'introduisoit ny Manicheisme, ny destinée, ny violence, ny impossibilité d'accomplir la loy, & qu'elle n'empeschoit, ny la correction, ny l'exhortation, ny le merite, ny le trauail, ny l'Oraison ; & pourquoy Gennadius b n'auroit il pas entendu cette grace interieure toute obeissante à nostre volonté, quand il dit qu'il dépend de nous de consentir , ou de ne consentir pas *à l'inspiration de Dieu*, si ce n'est que par le mot d'inspiration de Dieu vous entendiez ridiculement, comme a fait vn c Autheur d'vn libelle infame & seditieux, vne grace exterieure comme est celle de la predication ? pourquoy Fauste n'auroit-il pas entendu cette grace interieure & assuiettie à nostre volonté, quand il escrit d *la grace precedãt, & l'effort de l'homme s'éleuant en suite* ? Et pourquoy le mesme Fauste auec ses collegues , n'auroit il pas entendu cette grace interieure & tousiours ployante du costé que nous voulons, quand ils nous obiectoient aussi bien que vous, ces paroles de sainct Estienne, e *vous resistez tousiours au sainct Esprit* ?

b Liu. des dogmes Eccl s. c. 2.

c Les sentimens de S. Augustin.

d En l'Espristre ad lucidum.

Enfin les Marseillois ou les Semipelagiens estoient ils heretiques , ou materiellemẽt ou formellemẽt pour ne vouloir pas admettre vne espece de grace, que les Catholiques ne leur ont iamais reproché de reietter. E t en effect voyez vous iamais que sainct Augustin & ses disciples leur

e Liu. 2. *de de gr. & du fr. arb. ch.* 5.

ayent obiecté, de ne vouloir pas admettre vne grace indifferente à laquelle il dependit absolument de nous, de resister ou d'obeïr? ou plutost ne voyez-vous pas que sainct Augustin & ses disciples ont tousiours reproché à cette race Marseilloise, de ne reconnoistre pas vne grace de croire qu'ils presupposoient n'estre pas donnée à tous, puis que tous ne croyent pas? Or s'il eust esté question entre les Catholiques & les Marseillois, d'vne grace de croire, soit exterieure, soit interieure que nous eussions quelque fois receuë & reiettée quelque fois, les Catholiques n'eussent-ils pas conclu ridiculement, qu'il paroissoit que ce don de croire n'estoit pas donné à tous, puis que l'on voyoit que tous ne croyoient pas? Et les Semipelagiens qui ne manquoient pas non plus que vous, ny d'esprit ny de finesse, n'auroient-ils pas respondu aux Catholiques, que de ce que tous ne croyent point, il ne s'ensuit pas que tous n'ayent pas le don de croire, ou de pouuoir croire: mais qu'il s'ensuit seulement que tous l'ayant receu tres suffisamment les vns en vsent bien, & les autres mal.

Escoutez sainct Prosper, deffendant sainct Augustin aussi glorieusement & aussi fortement que vous le combattez honteusement & foiblement, escoutez-le qui pretend necessairement conclure, que les hommes n'ont pas le don de croire, puis que tous les hommes ne croyent pas; Les Genois s'estant estonnez que sainct Augustin eut dit dans le liure de la Predestination des Saints, *la foy donc soit commencée, soit parfaite, est vn don de Dieu, & que ce don soit donné aux vns, & ne soit pas donné aux autres, que l'on n'en doute point, si on ne veut s'opposer à de tres manifestes escritures Saintes* sainct Prosper [a] deffend ainsi cette sentence de son Maistre. *Celuy qui ne recoit point cecy, de quelle opinion paroist-il estre, sinon de l'opinion de celuy qui dit, la foy par laquelle ie suis iustifié vient de moy, & ce bien par lequel le iuste vit, ie ne l'ay pas receu par la grace, mais ie l'ay par la nature: si donc la foy n'est pas vn don de Dieu, c'est en vain que l'Eglise prie pour les non croyans afin qu'ils croyent, & il suffit d'appliquer aux impies le Magistere de la loy, de laquelle il est dit: si la Iustice est de*

a S. Prosper en la resp. aux Gen. doute, 5. Hoc, qui non recipit, cuius videtur esse sententiæ, nisi dicentis fides per quã iustificor ex me est, & hoc bonum ex quo iustus viuit, non accepi per gratiam, sed habeo per naturam : si ergo fi-

la loy, Iesus-Christ donc est mort en vain, ce que l'on peut dire aussi de la nature.

Voyez donc comment sainct Prosper rapporte, ou à la nature, ou à la loy toute sorte d'aide qui ne fait point croire ceux qui l'ont, & de laquelle on ne peut dire que tous les hommes ne l'ont pas, si tous les hommes ne croyent point. Mais peut on dire de vostre aide, ou de vostre grace suffisante, que si on ne s'en sert pas, c'est vn signe qu'on ne l'a pas, & que puis que tous les hommes ne sont pas fideles, c'est vn tesmoignage manifeste que tous les hommes ne l'ont pas receuë pour estre fideles? Qui seroit le fol & l'insensé, qui raisonneroit de cette sorte? cette grace donc quelle quelle puisse estre, selon sainct Prosper, appartient à la nature, au franc-arbitre ou à la loy, puis qu'il ne parle point de cette grace, & qu'il oppose immediatement la grace dont il parle, à la nature, au franc-arbitre & à la loy: sainct Prosper continuë & dit, a *c'est en vain que l'Apostre rend graces à Dieu, pour ceux qui ont receu l'Euangile, puis que selon les Pelagiens, cela ne leur est pas donné par vn don de Dieu: mais leur est acquis par la seule volonté des hommes,* C'est à dire par la volonté des hommes, s'appliquant elle mesme, & par ses propres forces à receuoir la predication de l'Euangile, car il est évident que par la nature ou par la volonté de l'homme, sainct Prosper exclud seulement la grace qui fait obeïr infailliblement la volonté de l'homme, & qui par consequent ne peut estre donnée ou departie à ceux dont la volonté n'obeit point: sainct Prosper adiouste b vn peu apres, *par ces tesmoignages & beaucoup d'autres des diuines escritures, on reconnoist indubitablement qu'ainsi que cèt homme a definy, la foy soit commencée, soit parfaite, est vn don Dieu, & que si on ne veut s'opposer à de tres manifestes Escritures Saintes, on ne doute point que ce mesme don soit donné aux vns, & ne soit pas donné aux autres, n'estimons point que cela soit dit veritablement, si tous les hommes sont fideles, mais puis que les vns croyent, & que les autres ne croyent pas, & que l'Apostre dit, car la foy n'est point de tous, qui est ce qui ne voit que cette foy qui a esté receuë de ceux qui l'ont, n'a pas esté receuë de ceux qui ne l'ont pas?* Or mon Censeur quelque

---

Notes marginales:

des donum Dei non est frustra & Ecclesia pro non credentibus orat. vt credant, & sufficit impiis magisterium legis adhiberi, de qua dictum est, si ex lege est iustitia, ergo Christus gratis mortuus est, quod dici potest etiam de naturâ.

a Frustra etiam Apostolus gratias agit Deo pro his qui Euangelium receperunt, cùm hoc secundú Pelagianos, non Dei sit præstitum munere, sed ex sola habeatur hominum voluntate.

b Quibus & plurimis aliis testimonis diuinarum scripturarum, indubitanter agnoscitur, quoniam sicut ab hoc viro definitum est, fides & inchoata & perfecta donú est Dei, & hoc donum inquit quibusdam dari, quibusdam non dari omninò non dubitat, qui non vult manifestissimis sacris litteris repugnare; non putemus hoc veraciter dictum, si omnes hominés fideles sunt, sed cùm alij credant, alij verò non credat dicatque Apostolus, non enim omnium est fides, quis non videat fidem quam

charitable & quelque patient homme que vous ſoyez, pourriez vous ſouffrir le miſerable qui diroit ; tous les hommes ne croyent pas, donc tous les hommes ne reçoiuent pas vne grace ſuffiſante, auec laquelle ils puiſſent croire, & ſainct Proſper neantmoins raiſonne tres-bien en cette ſorte, tous les hommes ne croyent pas, tous les hommes donc ne reçoiuent pas le don de croire.

Vous direz peut-eſtre, que ſainct Proſper ne parle pas icy de la grace ſuffiſante auec laquelle l'on peut croire, mais de la grace efficace qui nous fait touſiours croire. Il eſt veritable mon Cenſeur. Il ne parle point de la grace ſuffiſante, parce qu'il ne la reconnoiſſoit point , d'où vient auſſi qu'il n'oppoſe pas la grace efficace dont il parle à vne autre grace ſuffiſante, ou inefficace, mais l'oppoſe pleinement à la nature , à la Loy, à la volonté, preſuppoſant que toute autre grace qui ne nous fait pas croire, n'a pas plus de forces pour nos faire croire que la nature, que la Loy, que la volonté. Mais vous eſtez admirable quand il vous échappe d'auancer dans la confuſion de vos meditations, que i'oſe dire que les Marſeillois reconnoiſſoient la grace que le Concile de Trente a eſtablie contre les Lutheriens : Mais quelle grace les Marſeillois ont ils reconnuë ſelon mon ſentiment ? la grace de Molina, de laquelle l'efficace depend abſolument de noſtre volonté , & de laquelle Bellarmin eſcrit qu'elle eſt contraire à l'opinion de ſainct Auguſtin , & meſmes à l'opinon des Eſcritures Saintes . Vous-dites dont icy que le Concile de Trente à eſtably contre les Lutheriens vne grace de laquelle Bellarmin a dit qu'elle repugnoit à ſainct Auguſtin & aux Eſcritures Sainctes ; puiſque vous aſſeurez que le Concile de Trente a definy la grace que i'attribuë aux Marſeillois, & que Bellarmin dit eſtre oppoſée à ſainct Auguſtin & aux Eſcritures Sainctes. Mais ce qui ſurpaſſe toute croyance , & toute imagination vous auoüez que cette grace qui prend ſon efficace de la volonté, n'eſt point la grace des Catholiques ; puiſqu'elle n'eſt pas congruë comme celle des Catholiques , & ainſi ſelon voſtre compte, ou pluſtoſt ſelon le deſordre eſtrange de vos rai-

sonnemens ; le Concile a estably contre les Lutheriens
vne espece de grace qui n'est point la grace des Catholiques ; puisqu'il a estably la grace que les Marseillois n'i-
gnoroient point selon ma pensée, & que vous auoüez
vous mesme n'estre point la grace qui est enseignée par
les Catholiques.

Respondez moy donc comme vous pourrez mon Censeur, car il n'importe que vous disiez mal, pourueu que
vous ne vous taisiez point ; si la grace qui prend son effet
de la volonté, & que ie dis auoir esté receuë par les Semipelagiens, a esté establie par le Concile de Trente ;
Pourquoy dites vous que ce n'est point la grace qui est
soustenuë par les Catholiques ? & si ce nest point la grace
qui est approuuée par les Catholiques ; pourquoy dites
vous qu'elle est definie par le Concile de Trente, comme
si la grace qui est definie par le Concile de Trente, n'e-
stoit pas la mesme grace qui est enseignée par les Catholiques ? Mais vous allez d'abysme en abysme, & ce que ie
dis, vous le côfessez au mesme lieu où vous le combattez,
& ce qui est encore plus estrange, vous l'establissez pour
le détruire & pour le renuerser. Car ne dites vous pas
qu'au temps des Marseillois & des anciens Semipelagiens,
les Catholiques combattoient vn grand nombre d'aduersaires qui vouloient que la grace eut de sa part la mesme efficace en tous les hommes, & que si elle conuertissoit les vns, & ne conuertissoit pas les autres, cette difference prouenoit du franc-arbitre de leur volonté ? Vous
auoüez donc aussi bien que moy que les aduersaires de S.
Augustin & de ses Disciples, ne reiettroient point la grace pourueu qu'elle obeit, & qu'elle fut sousmise à nostre
volonté. Voicy vos paroles. *Nous inferons aussi de là ce qui ne
plaisoit pas aux aduersaires de la doctrine Augustinienne, surquoy
l'Epistre nous fait vn procez, car il n'approuuoient pas que sans
aucuns merites precedens vne telle grace fut arrestée & destinée
dans vn tel temps & dans vne telle congruité, que celuy qui en
est l'autheur & le dispensateur preuit qu'elle ne seroit pas sans son
effet, & qu'il ne respandit point la mesme grace.* (I'ay de la peine à bien tourner ce mot Ciceronien *Adspergeret*, & ie

Le Dissertateur pag
128. Nam plerique
eandem omnibus
efficacitatem gra-
tiæ, quantùm in ip-
sa est, præsto esse
volebant, ac si quid
esset discriminis, id
eorum qui sunt vo-
cati arbitrio, aut vt
pessimè sentirent,
merito tribuendum
esse dicebant,

A a iij

crains bien fort de ne pouuoir luy conseruer toute sa
beauté : car de bien-seance & de grauité il n'en a point)
sur les autres vne mesme grace quoy qu'ils ne fussent, ny plus cri-
minels, ny plus meschans, de là vinrent ces larmes. (hinc illæ la-
chrymæ, voicy Virgile apres Ciceron, en vn lieu où il
s'agit de la croix de Iesus-Christ.) *Car plusieurs vouloient*
qu'vne mesme efficacité de grace autant qu'il est en elle fut pre-
sente à tous, & que s'il y auoit quelque difference, ils disoient
qu'il falloit l'attribuer au franc-arbitre de ceux qui sont appellez,
ou tout au pis, à leurs merites.)

Or ie vous demande mon Censeur, ceux-cy qui establissoient vne grace non congruë & dependante absolument de nostre volonté estoient ce les disciples de S. Augustin ou les Semipelagiens ? Ce ne peut-estre les Disciples de sainct Augustin, puisqu'ils n'ont iamais esté partagez entreux en sorte que les vns soustissent vne grace
congruë, & les autres l'impugnassent & la combattissent.
C'estoiēt donc les Semipelagiens qui reconnoissoiēt cette grace non congruë & qui l'admettoient également,
soit qu'elle fut exterieure, ou interieure, puisque vous
confessez qu'elle ne les choquoit pas entant qu'interieure, mais entant que congruë, persuasiue & applicati-
ue de la volonté, & partant ce n'estoit pas la grace interieure à la regarder comme interieure qui leur deplaisoit,
pourveu que le franc-arbitre en fut tousiours le maistre,
quelque interieure qu'elle fut.

Ioignez à cecy ce que i'ay dit desia tant de fois,
mais vainement, car vous ne voulez croire que ce que
vous voulez, que lors que les Catholiques disputoient
contre les Semipelagiens, & qu'ils leur soustenoient que
la grace du Sauueur n'estoit pas donnée à tous les hommes, ils n'opposoient pas vne grace du Sauueur à vne autre grace du Sauueur, ny vne efficace à vne suffisante, ou
inefficace, mais ils opposoient immediatement la grace
du Sauueur à la nature, à la loy, à la volonté, qui sont des
graces & des dons du Createur. Tellement qu'à parler generalement de tous les hommes dans le sentiment des Catholiques, les vns ont la grace qui nous est donnée par le

Redempteur, & les autres ont seulement les graces qui
nous sont données par le Createur, comme sont la loy,
la raison, le franc-arbitre, & la Predication mesme de la
parole Euangelique qui nous est plustost preschée par le
Fils de Dieu, en qualité de legislateur, qu'en qualité de
liberateur, & qui n'est autre chose qu'vne lettre tuante
comme dit sainct Thomas, [*] Si elle n'est accompagnée de
l'Esprit viuifiant, qui a seul la vertu de nous guerir, par
où l'on voit manifestement qu'il est tres-faux ce que vous
supposez, que sainct Augustin & ses disciples ayent enseigné que la grace du Sauueur Medicinale & viuifiante
estoit donnée à tous les hommes, & qu'il y auoit seulement cette difference entre eux, qu'elle estoit congruë
dans les vns, & non congruë dans les autres.

Quand ce que vous dites, que les Semipelagiens ne
reconnoissoient pas comme vous faites, que la foy leur
fut donnée par Iesus-Christ. Vous n'entendez pas ce mystere, mon Censeur, ou vous feignez de ne le pas entendre: car alors ils vouloient dire en premier lieu, que c'e-
stoit par les forces de leur franc-arbitre, & non par celles de la grace, qu'ils se determinoient à croire: & ils vouloient dire en second lieu, que la Predication, ou l'inspiration diuine, qui ne fait pas agir la volonté, nous est bien
donnée par le Fils de Dieu, consideré comme legislateur,
& comme Docteur de tous les hommes, mais en mesme
temps ils confessoient que cette mesme inspiration qui
pouuoit estre sans effet, ne nous estoit pas donnée par le
Fils de Dieu consideré comme Sauueur; car ils sçauoient
tres-bien auec les Catholiques, que toute grace du Sauueur, entant que Sauueur, guerit la volonté, & l'ayant
guerie, la fait agir auec vne tres-douce suauité; & c'est la
grace Medicinale du Sauueur, qu'ils auouoient estre necessaire pour les bonnes œuures, ce que Molina n'a iamais
fait, mais qu'ils soustenoient n'estre pas necessaire pour
la foy, pour se conseruer selon leurs principes, quelque
reste de liberté dans l'indifference de leur volonté à croire, ou ne croire pas, bien qu'à l'égard mesme de la foy, ils
reconnussent aussi bien que Molina la necessité d'vne gra-

ce interieure qu'ils appelloient simplement du nom de
Grace, comme fait Fauste, & du nom d'Inspiration diuine comme fait Gennadius. Par où ie vous laisse à iuger,
mon cher Censeur, & à toutes les personnes raisonna-
bles, de quel rang doit estre Molina, ou de celuy des Marseillois que vous defendez ouuertement, ou de celuy des
Pelagiens parfaits, que vous defendez secretement, en
retenant toutes leurs maximes pour combattre aussi bien
qu'eux tous les fondemens de la doctrine Catholique.

FIN DE LA PREMIERE
PARTIE.

SECONDE PARTIE,
QVI REGARDE L'EXPLICATION
du Canon du Concile de Trente, où il est
définy que l'on peut dissentir à la
Grace si l'on veut.

CHAPITRE PREMIER,

Où l'on fait voir que le Dissertateur trauaille honteuse-
ment à se refuter luy-mesme, & traite ridiculement
d'absurde & de nouuelle, l'interpretation du Concile
establie par la Lettre.

VSQVES icy donc nous auons veu
des preuues tres-considerables de vostre puissant Genie dans la refutation
que vous auez faite de la premiere partie de la Lettre, où l'on fait voir qu'il
faut expliquer par S. Augustin les définitions du Concile de Trente, dont
le sens est contesté parmy les Catholiques ; maintenant
s'il faut iuger de vos derniers efforts par l'issuë des premiers, que ne deuons-nous pas attendre des nouueaux
apprests & des nouueaux combats dont vous nous menacez, pour renuerser la Section seconde de la mesme Lettre, qui contient l'explication du quatriesme Canon de la
sixiesme Session du mesme Concile, où il est dit, *que l'on*
peut dissentir à la Grace si l'on veut ? Certes, mon Censeur,
puis qu'il se trouue que vous auez interpreté ce fameux
Canon de la mesme sorte que ie l'interprete, si vous dé-
truisez l'explication que vous luy auez donnée aussi bien
que moy, on pourra dire iustement que dans cette ren-

Tom. 1. des Dogmes, li.
9. cha. 7. nomb. 6. pag.
602. Ita vt dissentire
possint, si velint, quod
Tridentina sciscit Sy-
nodus, quamuis vt non
dissentire velint, eodem
illo perseuerantiæ do-
no perficitur.

contre vous aurez esté plus grand que le plus grand des hommes, & que vous vous serez surmonté vous-mesme en vous refutant vous-mesme.

Mais auant que de reueler le merueilleux mystere de vos contradictions, & de vostre docilité ployante selon la qualité des temps, il faut que ie repousse vne calomnie dont vous noircissez vne interpretation qui n'est pas moins la vostre que la mienne, en la traitant d'absurde & de nouuelle : Car outre que vous voyez tres-bien qu'elle a esté puisée dans le fond de l'antiquité Chrestienne, & dans les liures de S. Augustin, où vous auoüez vous mesme que l'on doit la rechercher ; & qu'elle est aussi toute fondée sur la distinction celebre du sens composé, & du sens diuisé, communément receüe par les Disciples de S. Thomas; ce que vous dissimulez artificieusement, pour ne découurir pas la guerre secrete que vous faites en ce suiet à la sçauante Escole de cet Ange des Docteurs. Escoutez ce que dit Suarez, *vn des plus illustres & des plus profonds Theologiens dû precedent siecle.* Bannez, dit-il , *touchant la sixiesme & la septiesme conclusion , impugnant vne certaine opinion de Iauellus , ayant dit que Dieu opere en nous tout le bon vsage de nostre franc arbitre selon la predestination diuine , pour expliquer son sentiment adjouste ces paroles : Mais il y en a qui disent qu'ils ne peuuent entendre, comment vn acte humain est predeterminé & predefiny par la diuine Prouidence , cet acte suiuant necessairement vne telle cause par vne necessité de consequence, & non de consequent ; mais au contraire, cet acte suiuant vne telle cause qui est tres-efficace, & d'vne vertu infinie, reçoit vne liberté participée du franc arbitre diuin, mouuant le franc arbitre de la creature fortement & suauement, selon la maniere de sa nature. Et dans la solution du septiesme argument du mesme Iauellus, repetant la mesme doctrine il dit, Ny l'effect de la volonté Diuine ne peut estre empesché par nostre volonté : Voicy, ne peut , mais il est necessaire par vne necessité de consequence & de supposition , que nostre volonté suiue le concours & la direction efficace de Dieu. S'il y a donc vne necessité qui vienne d'vne telle supposition, il est impossible que cette hypothese estant posée, le consentement*

Au tiltre du chap. II. & *ailleurs.*

*Suarez. liu.*3. *de auxil. chap.*7. Vnde Magister Bannez 1.p.q.23.art.5. circa 6. & 7. conclus. impugnans quandam Iauelli opinionem, argumento quinto, cùm dixisset, Deum operari in nobis omnem bonû vsum liberi arbitrij, secundum prædestinationem diuinam, ad declarandum suum sensum in his verbis subdit; Sed dicunt aliqui se non posse intelligere, quomodo actus humanus sit prædeterminatus, & prædefinitus à diuina prouidentia, à qua necessariò sequitur ille actus ex tali causa necessitate consequentiæ, & non consequentis, quin potius ipse actus consequens ex tali causa efficacissima, & infinitæ virtutis, accipit libertatem participatam

3

de la volonté ne suiue pas. D'ou vient qu'vn peu apres interpretant le Concile de Trente, il dit ; Si le Concile parle d'vn
secours efficace, par lequel l'homme est iustifié, il faut dire que
le franc arbitre simplement, & en sens diuisé, peut dissentir s'il
veut, mais non pas en sens composé. De plus, il parle ainsi,
(en vn autre lieu) quelques vns pensent que le don du secours diuin qui est efficace, n'est pas la cause entiere de nostre
conuersion à Dieu, parce qu'il n'en est pas la seule cause, dautant que le franc arbitre concourt ensemblément auec le secours
de Dieu : & cette solution plaist grandement à quelques Theologiens ; mais pour nous, elle ne peut nous plaire, parce que dans
cette solution le franc arbitre est consideré par eux comme vne
cause partiale, qui estant iointe auec le concours diuin, produit
l'effet de nostre conuersion, quoy que toutesfois il en soit tout
autrement, parce que le concours mesme du franc arbitre est vn
effet qui suit necessairement par vne necessité de consequence,
l'efficace secours diuin ; & vn peu deuant la solution des argumens, il auoit dit que cette doctrine-là decline vers l'heresie
Pelagienne, qui dit que le franc arbitre determine le secours
diuin, qui de luy-mesme n'estoit point determiné, parce qu'autrement l'homme se discerneroit luy-mesme, & partant il faut
dire selon la doctrine catholique, que Dieu par son ayde efficace
determine le franc arbitre indifferent de soy-mesme ; & plus bas
exposant le Concile de Trente, il repete la doctrine cy-deuant
representée, & Medina, adiouste Suarez, & apres luy Zumer
en diuers lieux, & plusieurs autres Autheurs, parmy lesquels
ce Suarez auoüe que l'on cite communément Soto, ont
enseigné la mesme doctrine.

quidem, ex diuino libe-
ro arbitrio mouente li-
berum arbitrium crea-
turæ fortiter & suaui-
ter, iuxta modum suæ
naturæ ; In solutione
verò ad septimum eius-
dem Iauelli, candē do-
ctrinam repetens ait,
neque effectus diuinæ
voluntatis impediri po-
test à voluntate nostra,
ecce non potest, sic ne-
cesse est necessitate cō-
sequentiæ, & supposi-
tionis, quod voluntas
nostra sequatur efficacē
Dei directionē, & con-
cursum, si ergo est ne-
cessitas (dit Suarez)
ex tali suppositione, im-
possibile est, vt illà posi-
tà, non sequatur volun-
tatis consensus, vnde
paulò inferiùs inter-
pretans Conciliū Tri-
dentinum ait ; Si Con-
cilium loquitur de au-
xilio efficaci quo homo
iustificatur, dicendum
est quod liberum arbi-
trium simpliciter, & in
sensu diuiso potest dis-
sentire, si velit, non autem in sensu composi-
to. Rursus 1. p. adiouste
Suarez, art. 3. dub. 3. in
solut. ad 6. aliqui existi-
mant, collationem di-
uini auxilij efficacis non

esse causam adæquatam conuersionis in Deum, quia non est sola causa, eò quod simul concurrat liberum
arbitrium cum diuino auxilio, & hæc solutio quibusdam Theologis valdè placet, nobis autem placere non
potest, quia in eiusmodi solutione consideratur liberum arbitrium ab istis quasi causa partialis, quæ coniun-
cta cum diuino concursu, producit effectum conuersionis, cùm tamen aliter se habeat res, quia ipsamet
concurrentia liberi arbitrij, effectus est necessariò consequens necessitate consequentis, ex diuino auxilio
efficaci, & paulò ante solutiones argumentorum, adjouste Suarez, dixerat in Pelagianam hæresim declinare doctrinam dicentem, liberum arbitrium determinare auxilium diuinum, quod ex se non erat determinatum, quia aliàs homo se discerneret, & ideò iuxta doctrinam catholicam dicendum esse Deum suo auxilio efficaci determinare liberum arbitrium de se indifferens ; Et infrà exponens Concilium Tridentinum,
repetit superiorem doctrinā, eandem priùs, quamuis breuiùs, & compendiosiùs docuit Medina 1. 2. q 109.
art. 10. in fine, & postea Zumer variis in locis, 1. p. & 1. 2. alij authores, &c.

Voila donc, mon Cenſeur, la vieille nouueauté de mon interpretation, par où l'on void que quand il vous plaiſt, ce qui eſt nouueau deuient ancien, comme la doctrine de Molina ; & ce qui eſt ancien deuient nouueau, & ſemble ne faire que de naiſtre; comme la doctrine de S. Auguſtin, que vous oſez traiter ſcandaleuſement de nouueauté dans l'Egliſe Catholique : Mais eſcoutez encore vn excellent diſciple du grand S. Thomas, qui explique le Canon du Concile de Trente, en la meſme maniere que vous venez d'oüir, à ſçauoir ſuiuant la diſtinction ſolide du ſens compoſé & du ſens diuiſé, que la Dialectique de Molina & de ſes Diſciples ne pourra iamais deſtruire. *La troiſieſme ſolution, dit-il, & beaucoup meilleure; c'eſt que le Concile parle d'vn ſecours efficace, par lequel l'homme ſe conuertit en effet, dans laquelle conuerſion le franc arbitre meſme doit conſentir librement, & ne doit pas eſtre purement paſſif, comme dit le Concile, & alors le franc arbitre peut diſſentir s'il veut, & peut reietter cette motion diuine, parce qu'abſolument & ſimplement il peut diſſentir; & c'eſt ce que le Concile dit; la raiſon de cecy eſt que, comme nous dirons maintenant, la predetermination phyſique ſe fait ſelon la nature de la volonté meſme; & toutefois elle ne peut diſſentir en ſens compoſé, & le Concile ne parle pas ainſi : & que cette diſtinction du ſens diuiſé & du ſens compoſé doiue eſtre receüe, il eſt clair & manifeſte, comme il a eſté deſia dit, & les aduerſaires meſmes doiuent la receuoir en parlant de l'ayde efficace interieurement compriſe dans l'operation meſme : Car le franc arbitre n'eſtant pas determiné à la maniere d'vne cauſe naturelle, qui de ſa nature eſt determinée à vne ſeule choſe, & ainſi ne peut conſentir ny diſſentir; mais il eſt determiné ſelon ſa nature & ſelon la maniere d'vne volonté libre, & par vn acte libre, & ainſi la volonté peut abſolument diſſentir ſi elle veut, & peut abſolument rejetter la motion diuine; car elle n'eſt pas modifiée par cette predetermination, comme vne cauſe naturelle, puis que la motion diuine meut la volonté ſelon la nature de la volonté meſme, & ainſi cette motion efficace eſtant poſée, la volonté demeure libre, & non determinée naturellement; d'où vient qu'abſolument elle peut diſſentir ſi elle veut : & c'eſt à*

Ledeſma des ſecours de la Grace diuine, queſt. vnique, art. 10. §. 3. ſolut.

dire, mon Censeur, qu'elle peut dissentir en sens diuisé, bien qu'elle ne le puisse pas en sens composé. Ce Docteur adiouste, *On respond à la confirmation* (qui est que le Concile parle d'vn secours efficace) *que bien que le Concile parle d'vn secours efficace, il peut estre vray que ce secours estant posé, la volonté peut dissentir si elle veut, suiuant ce qui a esté desia dit en l'argument : Quant au second argument, on respond de la mesme sorte ; & il faut dire le mesme au troisiesme argument,* (il estoit pris de ces paroles du Concile, que l'homme receuant l'inspiration, peut aussi la reletter :) *Par ce que nous venons de dire sur cette difficulté, on resout tres-facilement le quinziesme argument,* (qui est pris de ces paroles du Concile, que l'on peut dissentir si on veut, contre la predetermination physique.) *C'est pourquoy ie m'estonne que* [a] *Suarez au second lieu cité, se tourmente fort sur cet argument, & sur cette determination du Concile, bien que le Concile mesme reçoiue vne solution claire & manifeste.* Et ce mesme Theologien auoit dit [b] desia en parlant de ce Suarez, que quelques autres Autheurs que luy, qui ne sont point de l'Escole de S. Thomas, s'imaginent qu'on peut inferer de cette definition du Concile de Trente, que la predetermination physique est contraire à la liberté. Ie n'allegue pas vn autre grand homme [c] de la mesme Escole, qui explique ce Canon du Concile de Trente en la mesme maniere, & ie m'abstiens de vous l'alleguer, de crainte que son nom ne vous blesse la veüe, parce qu'il vous fit à Rome vne si forte guerre lors qu'on y descouurit, & qu'on y censura dans vne Bulle seule, cinquante erreurs de Molina.

Mais comment donc ay-ie expliqué ce diuin Canon du Concile de Trente, que vous destournez de la teste des Lutheriens, contre celle des Saints Peres, & du plus sçauant de tous, qui est le grand S. Augustin ? Ie l'ay expliqué comme l'ont expliqué les doctes Scolastiques que ie viens de vous produire, & ce qui à vostre égard, est bien plus considerable, comme vous l'auez expliqué vous mesme, deuant que l'Euesque d'Ypre eût allumé la haine & l'indignation de ses aduersaires : Voicy mes paroles ;

[a] Vnde miror quòd Suarez in loco secundò citato excruciatur maximè isto argumento, & determinatione Cõcilij, cùm tamen ipsum Concilium habeat claram & apertam solutionem. *Voyez cet Autheur en ce lieu, où il soustient tres-fortement la predeterminatiô physique.*

[b] *Au mesme lieu,* §. In hac difficultate.

[c] *Monsieur le Bossu.*

a *Page. 46. de la Lettre.*

b 1. *tom. des Dogm. li. 9. ch. 7. nomb. 6. p. 602.* Itaut diſſentire poſſint ſi velint, quod Tridentina ſciſcit Synodus, quamuis vt non diſſentire velint, eodem illo perſeuerātiæ dono perficitur.

c *Là meſme.* Ex quibus (Auguſtini) verbis vtriuſque perſeuerantiæ doni differentia illa cōficitur, quod eiuſmodi Adamo tributum eſt, quo voluntas eius, ſiue poſſibilitas adjuuabatur, vt ſi vellet perſeuerare poſſet, vt autē vellet datum non eſt, hoc eſt actus ipſe conſtanter libereque volendi, libero eius arbitrio, quod valens & ſanum erat, permiſſus eſt, at illud quod per Chriſti merita tribuitur donū, non ſolùm dat poſſe, ſi velint; ſed etiam velle quod poſſint, & eſt tale, vt eo dato, non niſi perſeuerantes ſint, id eſt vt certò, & quod in Scholis vulgò dicitur, infallibiliter perſeuerent, tāetſi liberè gratiæ illi donoq; cōſentiant, non neceſſariò; ſed ita vt diſſentire poſſint, ſi velint, quod Tridentina ſciſcit Synodus, quāuis vt non diſſentire velint, eodem illo perſeuerantiæ dono perficitur.

d *Là meſme, chap.* 15. *nomb* 6. *p.* 650. Quòd ſi nihilominus in Electorum poteſtate ſitum eſſe ſalutis negotium acerrimè defendūt, quo-

a *Il eſt en noſtre pouuoir de reietter la Grace, puis que nous la reietterions ſi nous voulions; mais la Grace, qui eſt la Reyne de noſtre volonté, s'aſſujetrit noſtre volonté, & fait que nous ne le voulons pas.* Voicy vos termes, tous pareils aux miens; b *Ils peuuent diſſentir s'ils veulent, ce que le Concile de Trente definit, bien que ce meſme don de la perſeuerance faſſe qu'ils ne veüillent pas y diſſentir.* Et comment fait-il qu'ils ne le veüillent pas? ie dis en ma Lettre qu'il le fait certainement & infailliblement; & c'eſt ce que vous auiez deſia dit, long temps deuant moy, & auſſi clairement que moy : c *Deſquelles paroles de S. Auguſtin,* auiez-vous dit, *on recueille la difference de l'vn & l'autre don de la perſeuerance, en ce qu' Adam a receu vn don, par lequel ſa volonté ou ſa poſſibilité eſtoit aidée en telle ſorte, qu'il pût perſeuerer s'il vouloit, mais il ne luy a pas eſté donné de vouloir; c'eſt à dire, l'acte meſme de vouloir conſtamment & inuinciblement a eſté laiſſé à ſon franc arbitre, qui eſtoit ſain & puiſſant : Mais le don qui eſt donné par les merites de Ieſus-Chriſt, ne leur donne pas ſeulement de pouuoir s'ils veulent, mais auſſi de vouloir ce qu'ils peuuent; & il eſt tel qu'eſtant donné, ils ne ſont ſinon perſeuerans, c'eſt à dire, qu'ils perſeuerent certainement, & comme on dit communément dans les Eſcoles, infailliblement, bien qu'ils conſentent à ce don & à cette grace librement, & non neceſſairement; mais en telle ſorte qu'ils puiſſent diſſentir s'ils veulent, comme le definit le Concile de Trente, bien que ce meſme don de la perſeuerance faſſe qu'ils ne veüillent pas y diſſentir.*

Il eſt donc conſtant que vous dites icy, mon Cenſeur, que le don de la perſeuerance fait certainement & infailliblement que nous ne veüillions pas diſſentir à la Grace, quoy qu'abſolument parlant nous puiſſions y diſſentir : Mais bien qu'en vn ſens il ſoit vray de dire qu'on peut reſiſter à la Grace, y a-t'il ſelon vous quelqu'autre ſens, auquel on puiſſe dire qu'on ne peut luy reſiſter? Oüy ſans doute, vous nous l'enſeignez en termes tres-expres, d *Que s'ils ſouſtiennent,* dites-vous, *que l'affaire du ſalut n'eſt pas moins en la puiſſance des Eleus, parce que l'vſage & le ſuccez de ce decret diuin eſt lié auec noſtre liberté, & auec noſtre conſentement, que Dieu ne ſçait pas ſeulement deuoir arriuer tres-*

certainement, mais aussi dont il a preueu qu'il le tireroit de *nous, non malgré nous, mais de nostre bon gré par sa toute-puissante volonté & grace, à laquelle il sçait que la volonté humaine ne peut resister.* Voila que vous dites expressément aussi bien que moy, qu'en vn sens on peut resister à la grace de Dieu, & qu'en vn autre sens on ne le peut. Et pourquoy donc falloit-il declamer si tragiquement contre ces paroles de la Lettre : [a] *Cela estant selon S. Augustin, en vn sens on peut reietter la Grace, & en l'autre on ne le peut pas ; on le peut, puis qu'on le feroit si on le vouloit ; on ne le peut pas aussi, puis qu'on ne le peut vouloir : & la Grace fait infailliblement qu'on ne le veut pas, pource que, selon S. Thomas, elle nous meut specialement à vouloir determinément vn bien ; & que selon S. Augustin, elle a vne vertu tres-efficace, inuincible, indeclinable, insuperable, & toute-puissante sur nostre volonté.* Ie ne m'arreste pas à vous reprocher que vous n'alleguez mes paroles qu'à demy, & par lambeaux : & qu'au lieu que ie dis seulement que la volonté ne peut en vn sens, vous me faites dire absolument qu'elle ne peut. Mais enfin qu'ay-ie dit que vous n'ayez dit aussi expressément que moy ? I'ay dit, *la volonté ne peut vouloir resister ;* vous dites que *Dieu sçait que la volonté ne peut resister à sa grace.* Ie dis que *Dieu fait par son inuincible & toute-puissante grace que nous ne veüillions pas luy resister.* Vous dites que *Dieu sçait qu'il tirera de nous, nostre consentement, non malgré nous, mais de nostre bon gré, par sa toute-puissante volonté & grace, à laquelle il sçait que la volonté de l'homme ne peut resister ;* & pourquoy donc inuectiuez-vous si sanglamment contre ce langage de la Lettre, [b] *Il est impossible que la motion diuine de la Grace n'exprime nostre consentement ?* Ce qu'il y a dans ma Lettre de plus semblable à ces paroles, ce sont celles-cy ; [c] *Bien qu'il soit impossible que cette motion diuine ne le fasse consentir, & demeure sans effet.* Mais vous qui estes si subtil, si delicat, & si poly, quelle difference trouuez-vous entre ces paroles de vos Dogmes, Dieu a preueu *qu'il tireroit de nous nostre consentement par sa toute-puissante volonté & grace, à laquelle il sçait que la volonté de l'homme ne peut resi-*

niam decreti illius diuini vsus, atque exitus, libertati nostræ, & consentioni illigatus est ; quam non solùm certissimè nouit accessuram Deus, sed etiam omnipotentissimâ sua voluntate & gratiâ ; CVI SCIT HVMANAM VOLVNTATEM NON POSSE RESISTERE, se se illam non ab inuitis, sed volentibus expressurum esse præuidit.

[a] *Page 48.*

[b] *Le Dissert. pag. 146.*

[c] *La Lettre pag. 52.*

ſter ; & ces paroles de la Lettre, *Bien qu'il ſoit impoſſible que cette motion diuine ne le faſſe conſentir, & demeure ſans effet.* Vous dites, *que la volonté de Dieu & la grace à laquelle on ne peut reſiſter, tirent noſtre conſentement de nous* : & ſi on ne peut luy reſiſter, peut-on l'empeſcher de tirer de nous noſtre conſentement ? & ſi on ne peut l'empeſcher de le tirer, n'eſt-il pas impoſſible qu'elle ne le tire ?

Ne craignez-vous donc pas, mon cher Cenſeur, que la patience de Dieu n'éclate, & que ſa colere ne venge enfin la temerité & l'impieté qui vous portent à vous joüer de ſi grands myſteres, & à les embroüiller pour fauoriſer les calomnies dont vous déchirez ceux qui les expliquent auec candeur, auec reuerence, & auec ſimplicité ? Apres auoir dit auſſi bien que moy, qu'en vn ſens on ne peut reietter la Grace, comme en vn ſens auſſi on peut la reietter ; vous ſied-il bien de mettre la main aux foudres de l'Egliſe, pour en frapper ceux qui ne ſont coupables que des fautes que vous commettez, ſi on peut appeller faute vne franche & ſincere confeſſion de la verité ? Ouy, vous ſied-il bien de dire qu'on n'aduance pas aſſez prudemment, que ceux qui ont la Grace, ne la peuuent reietter, parce qu'ils ne peuuent le vouloir, & que la Grace fait infailliblement qu'ils ne le veüillent pas ? cela eſt faux, dites-vous, & puny d'anatheme par le Concile de Trente, que ceux qui reçoiuent la Grace, en luy conſentant librement, ne luy puiſſent diſſentir. Gardez-vous donc de cet anatheme auſſi bien que moy ſi i'en ſuis menacé, puis que vous auez dit auſſi bien que moy, que Dieu fait conſentir les hommes par vne toute puiſſante volonté & grace, *à laquelle il ſçait qu'ils ne peuuent reſiſter.*

Le Diſſert. pag. 144.
Non ſatis quoque prudenter vſurpatum iſtud eſt, non eos poſſe reſpuere gratiam, quibus hæc adſpirat, eò quod velle nequeunt, & hoc infallibiliter efficit gratia, vt non velint. Falſum eſt, & à Tridentino Concilio anathemate vindicatū, eos qui gratiam liberè aſſentiendo recipiūt, diſſentire non poſſe, nec idem eſt impoſſibile quod neceſſarium.

CHAPITRE

CHAPITRE II.

En quel sens l'Autheur de la Lettre s'est seruy du mot de necessaire, ou du mot de necessité; & comment le Dissertateur corrompt hardiment le texte de la Lettre.

TOVTEFOIS vous vous plaignez, comme ie l'ay dit en vn autre lieu, de ce que ie me sers du mot de *necessaire*, ou du mot de *necessité*, en disant que la Grace opere son effet par vne tres forte necessité: mais ie me plains de ce que vous vsez icy de vostre artifice accoustumé: Car ie n'ay pas dit simplement qu'elle opere son effet par vne tres-forte necessité, mais qu'elle opere son effet *par vne tres-douce, mais tres-forte necessité.* Pourquoy auez-vous obmis ce mot, *tres-douce,* & n'auez mis que celuy-cy, *tres-forte necessité?* Ne sçauez-vous pas que la force & la douceur forment ensemble le vray caractere de la liberté, puis que celuy-là est dit n'estre pas libre qui est infirme, ou qui souffre par la violence que l'on fait à sa volonté? D'où vient que S. Augustin appelle la grace de S. Pierre, *vne force insuperable, & vne delectable perpetuité;* & que le Concile d'Orenge, apres S. Augustin, nomme la Grace simplement vne suauité, définissant que Dieu donne à tous la suauité en consentant; pour dire, qu'il les fait consentir par vne suaue atteinte de sa Grace, & par vn doux attrait de son Esprit. Et quant au mot de *necessaire,* & de *necessité,* quelque fin que vous soyez, vous n'auez pû vous empescher de vous en seruir dans la Censure de ma Lettre; comme i'ay obserué desia en vn autre lieu: *La Grace particuliere aux Eleus,* dites-vous, *est telle, que ceux qui entendent apprennent, & ne peuuent pas seulement consentir, mais consentent en effet:* C'est à dire, qu'elle opere en eux le vouloir mesme. Et ce que dit l'Epistre, iamais l'action de vouloir n'est separée du pouuoir; tellement qu'il y a vne liaison ne-

De la Corr. & de la Grace, chap. 8. Delectabilem perpetuitaté, & insuperabilem fortitudinem.

Pag. 97. Nunquã volendi actio à potestate diuellatur, itavt vnius cum altero NECESSARIA sit connexio.

a Liu. 1. de l'ouur. imp. chap. 98. Et adjungis, voluntas quæ libera est in malis, libera in bonis non est, non minore planè stultitiæ professione, quàm profanitate, liberū vocas quod dicis nisi vnū velle non posse; *Augustinus respondit,* si liberum non est, nisi quod duo potest velle, id est bonum & malum, liber Deus non est qui malum non potest velle, de quo etiā ipse dixisti, verumque dixisti, Deus esse nisi iustus non potest, siccine Deum laudas, vt ei auferas libertatem? an potius intelligere debes esse quandam beatam necessitatem, qua Deus iniustus non potest esse?

b Chap. 99. Consentiamus voluntatem liberā dici posse, quæ bonum velle non potest; hanc autem volūtatē in baptismate asseris liberari, interrogo ad quem modum liberatur, vt bonū semper velle cogatur, & malū velle non possit? an vtrumque possit appetere? hic tu si respōderis, vt bonū semper velle cogatur, quàm sis Iouinianista etiā ipse cognoscis; si autem dixeris & quomodo potest esse volūtas libera, si bonum semper velle cogatur? responde & quomodo dicebatur antè voluntas libera, si malum velle tantummodò cogebatur; si er-

cessaire de l'vne auec l'autre. Qu'est-ce à dire vne liaison ou vne suite necessaire du pouuoir auec le vouloir? C'est à dire, que la Grace qui nous donne le pouuoir, ne peut estre sans son effet, qui est l'action mesme de vouloir. Que si la Grace ne peut estre sans produire son effet, ne le produit-elle pas necessairement; puis que dans le langage ordinaire des hommes, ce qui ne peut arriuer autrement qu'il arriue, est dit arriuer necessairement? Escoutez icy S. Augustin nostre commun Maistre: Iulien le Pelagien luy ayant fait ce reproche que vous nous faites à toute heure, *a Et tu adioustes, la volonté qui est libre dãs les maux, n'est point libre dans les biens; en te declarant aussi fol que profane, tu appelles libre, ce que tu dis ne pouuoir vouloir qu'vne seule chose. S. Augustin respōd, Si celuy-là seul est libre qui peut vouloir deux choses, à sçauoir le bien & le mal, Dieu n'est point libre qui ne peut vouloir le mal; duquel tu as dit toy-mesme, & l'as dit veritablement, Dieu ne peut estre sinon iuste. Est-ce ainsi que tu loües Dieu, en luy ostant la liberté, ou plustost ne dois-tu pas entendre qu'il y a vne heureuse necessité, par laquelle Dieu ne peut estre iniuste?*

C'est là, mon Censeur, cette espece de necessité que i'ay nommée tres-douce & tres-forte, parce qu'elle ne vient d'aucune violence, ny d'aucune foiblesse de nostre volonté: & par là ie l'ay distinguée de la necessité, que S. Anselme, & quelques autres Peres opposent d'ordinaire à la liberté, parce qu'elle consiste dans l'infirmité de nostre volonté. Et Iulien ayant adiousté; *b Posons qu'vne volonté puisse estre dite libre qui ne peut vouloir le bien, mais tu asseures que cette volonté est deliurée dans le baptesme: Ie te demande de quelle sorte elle est deliurée? est-ce afin qu'elle soit contrainte de vouloir tousiours le bien, & qu'elle ne puisse vouloir le mal, ou qu'elle puisse desirer l'vn ou l'autre? Si tu respons, que c'est afin qu'elle soit contrainte de vouloir tousiours le bien, tu verras bien toy mesme que tu es vn disciple de Iouinien. Et si tu dis, comment la volonté peut-elle estre libre, si elle est contrainte de vouloir tousiours le bien? Ie respons, Et comment la volonté estoit-elle auparauant appellée libre, si elle estoit contrainte de vouloir seulement le mal? Si tu respons donc que la* volonté est faite libre apres le baptesme, en telle sorte qu'elle puisse pecher & ne pecher pas, dés là mesme tu prononceras que le franc arbitre n'estoit pas libre, lors qu'il ne peuuoit faire l'vn & l'autre. Tu es enfermé de toutes parts dans les lassets de tes raisonnemens, le franc arbitre deuant le baptesme a esté libre; il a eu la puissance de faire le bien, comme il a eu la puissance de faire le mal, & toute la scene de ton Dogme, par lequel tu persuades vn mal naturel, tombe par terre. S. Augustin respond, [a] *Quant à Manicheus & à Iouinien, celuy qui aura lû cecy, verra que ie t'ay desia respondu cy-deuant, quant à ce que tu dis que celuy duquel la volonté, comme nous disons, est preparée du Seigneur, est fait tellement de bonne volonté, qu'il est contraint de vouloir le bien: (à Dieu ne plaise que nous disions cela.) Que ton bel esprit le considere; car s'il est contraint, il ne veut pas. Et qu'y a-t'il de plus absurde, que de dire qu'il veüille le bien en ne le voulant pas? Prens garde aussi à ce que tu penses de la nature de Dieu, toy qui dis que l'homme est contraint de vouloir le bien s'il ne peut vouloir le mal; Dieu est-il contraint de vouloir le bien, parce qu'il ne peut vouloir le mal, dautant qu'il est immuable?* Et vn peu plus bas Iulien ayant dit en suite, [b] *Que si* (le franc arbitre) *n'a pas esté libre deuant le bien, & s'il a esté fait libre apres le baptesme, en sorte qu'il ne peut faire le mal; certainement il n'a iamais esté libre, & on peut prouuer par là qu'il a auparauant peché innocemment, & qu'en suite il possede la gloire de la saincteté negligemment, & sans aucun soin* (pour la conseruer.) S. Augustin replique: *Il n'y a donc point de franc arbitre en Dieu, parce qu'il ne peut faire le mal, comme il ne se peut dénier soy-mesme, luy qui doit aussi nous departir cette souueraine recompense, qu'estans faits semblables, non pas à luy, mais à ses Anges, nous ne puissions plus pecher. Car il faut croire qu'apres la cheute du diable, selon le merite de la bonne volonté par laquelle ils ont perseueré dans la verité, Dieu leur a fait ce don, qu'il ne se fit plus par le franc arbitre de nouueau diable, ou de nouueau Sathan.* Et le mesme Iulien ayant poursuiuy de cette sorte, *Ce qui estant posé, tu es obligé de desauoüer tes propres dogmes, en ce que tu asseures, que tu ne nies pas le franc arbitre, que tu peruertis premierement par la necessité de faire le mal, & en suite par la necessité de faire le*

go responderis, sic fieri post baptisma liberam voluntatem, vt & peccare, & non peccare possit, hoc ipso pronūciabis liberum arbitrũ non fuisse, cùm vtrumque nonpoterat, clauderis vndique disputationis tuæ laqueis, arbitrium ante baptisma liberum fuit, facultatem habuit faciẽdi boni sicut facultatem habuit faciendi mali; & omnis dogmatis tui quo malũ naturale persuades, sccna conlabitur.

a Augustinus respondit de Manichæo & Iouiniano, *Iam me tibi superiùs inueniet respondisse qui legerit, quomodo autem dicas cum cuius voluntatem nos dicimus à Domino præparari, ita fieri bonæ voluntatis, vt bonũ velle cogatur, quod absit vt dicatur à nobis, viderit præclara intelligentia tua: si enim cogitur, non vult, & quid absurdius quàm vt dicatur nolés velle, quod bonum est, de natura Dei vide quid sentias homo, qui dicis cogi hominem vt bonum velit, si malum velle non possit; Nunquid enim Deus cogitur velle bonum, quia velle non potest malum, quoniã est omninò immutabilis.*

b Et *chap.* 100. *Sin autem liberum ante bonũ non fuit,* dit Iulien, *& factum est post baptisma liberum, vt malum facere non possit, nunquam quidem ei affuit*

arbitrij libertas,& pro-
batur sine reatu antea
peccasse, & postea sine
cura sanctitatis gloriã
possidere, *Augustinus
respondit*, Ergo nec in
Deo est arbitrij liber-
tas, quia malum facere
non potest, sicut seipsũ
negare non potest, qui
& nobis, summo illo
præmio largiturus, vt
non quidem ipsi Deo,
sed tamen Angelis eius
æquales, nec nos pec-
care possim⁹ : hoc enim
eis post lapsum diaboli
pro merito bonæ volũ-
tatis, qua in veritate
steterũt donasse creden-
dus est; vt postea nullus
per liberum arbitrium
nouus diabolus fieret;
quo collecto conuince-
ris inficiari prors⁹ dog-
mata tua, vt promittas
te liberum arbitrium,
non negare, quod ante
mali, postea boni ne-
cessitate subuertis. *Au-
gustinus respondit*, di-
cturus & vt video, Deũ
necessitate premi, vt
peccare non possit, qui
vtique nec potest velle,
nec vult posse peccare,
immò verò si necessitas
dicenda est, qua neces-
se est aliquid vel esse,
vel fieri, beatissima illa
omninò necessitas, quâ
necesse est feliciter vi-
uere, & in eadem vita
necesse est non mori,
necesse est in deterius
non mutari, hac neces-
sitate, si necessitas etiam
ipsa dicenda est, non
premuntur sancti An-
geli, sed fruuntur, no-
bis autem futura, non præsens.
Gent. chap. 138.

bien. Sainct Augustin repart à la vanité de cet heretique: *Tu diras, comme ie voy, que Dieu est opprimé par la necessité par laquelle il ne peut pecher, luy qui certainement ne peut vouloir, ny ne veut pouuoir pecher ; mais au contraire s'il faut appeller necessité celle par laquelle il est necessaire qu'vne chose soit, ou se fasse ; cette necessité-là est sans doute tres-heureuse, par laquelle il est necessaire de viure heureusement, & par laquelle dans vne mesme vie il est necessaire de ne mourir pas, il est necessaire de ne pas changer en pis: par cette necessité, s'il faut la nommer necessité ; les Anges ne sont pas opprimez, mais ils en iouyssent, & elle ne nous est pas presente, mais future.*

Ne me blasmez dõc pas, mon Censeur, de ce que j'ay dit que la grace de faire le bien nous engage dans vne necessité tres-douce & tres-forte de le faire, cette douce & forte necessité n'estant autre chose qu'vn essay, ou vn auant-goust de la necessité volontaire & bienheureuse, dont nous iouyrons dans l'Eternité ; & qui ayant esté commencée, & de iour en iour auancée par la grace, sera consommée dans la gloire & dans la paix de la felicité. C'est ainsi que sainct Thomas a dit [a], en respondant à cette objection tirée de sainct Augustin, *Que si vne chose est necessaire, elle n'est pas volontaire ; il faut dire que cette parole d'Augustin se doit entendre de ce qui est necessaire d'vne necessité de contrainte : car la necessité naturelle n'oste pas la liberté de la volonté, comme dit le mesme sainct Augustin dans le mesme liure.* Et ainsi ce Prince de l'Escole auoit dit [b] ailleurs, que la necessité d'inclination naturelle n'empesche pas la liberté, & que la vertu nous porte au bien d'autant plus librement, & plus meritoirement, qu'elle nous y porte puissamment, & comme il dit, par vne espece de necessité ; & c'est là proprement la necessité dont ie parle, quand ie dis que la Grace nous incline necessairement, mais doucement, quoy que tres-fortement, au bien; Ioignez à cecy, que ce qu'on appelle necessaire, estant opposé communément à ce qu'on appelle indifferent & in-

a 1. *p. q.* 82. *art.* 1. *en la Response au premier.*   b *Liu.* 3 *contre les*

determiné à l'vne ou l'autre de deux choſes, quand j'ay
dit que la grace nous faiſoit neceſſairement vouloir le
bien; j'ay voulu dire ſeulement qu'elle nous determinoit au bien, & ne nous laiſſoit pas comme ſuſpendus, &
irreſolus dans vne prochaine indifference à vouloir le
bien, ou à ne le vouloir pas; à le faire, ou à ne le faire pas.

Et quant à la neceſſité qui forme doucement & puiſſamment l'action de noſtre volonté, elle peut eſtre dite
antecedente & conſequente en diuers ſens; elle eſt conſequente, en tant qu'oppoſée à la neceſſité qui contraint
la volonté, ou qui empeſche ſon action; & elle ſe peut
dire antecedente, en tant qu'oppoſée à la neceſſité qui
ſuppoſe l'action meſme de noſtre volonté; comme quand
ie dis, Il eſt neceſſaire que j'agiſſe, ſuppoſé que j'agiſſe;
ou qu'il eſt neceſſaire que j'agiſſe, ſuppoſé que Dieu de
toute eternité ayt preueu que j'agirois. Mais ſelon vos
maximes, mon Cenſeur, quelle neceſſité repugne à la
liberté? ce n'eſt pas la neceſſité en partie antecedente, &
en partie conſequente, qui forme, & qui affermit l'action
de la volonté, mais la neceſſité purement antecedente, qui
contraint la volonté, qui la ſuffoque, qui l'opprime, ou
qui luy oſte ſon action. Et voicy commét il vous a pleû de
nous enſeigner cette verité: *La neceſſité antecedente, & con-*
traire à la liberté, eſt celle qui poſe ſon effect en telle maniere,
que la production ne dépende point de noſtre libre volonté, mais
exiſte en nous ſans nous. Or la deſtination diuine n'apporte pas
vne telle neceſſité qui ſtechiſſe le franc arbitre contre ſon gré, ou
ne contribuant rien de ſoy. Et icy, mon Cenſeur, il ne ſe
peut faire que vous ne vous ſouueniez d'vn petit argument que l'on a tiré de cette doctrine de voſtre Reuerence. Quất à ce qui regarde l'efficace de la Grace, diſoit-on,
le Concile de Trente ne condamne que la neceſſité qui
deſtruit la liberté: Or la ſeule neceſſité qui deſtruit la liberté, eſt celle qui contraint la volonté, ou qui ne luy permet pas d'agir; donc en ce qui regarde l'efficace de la
Grace, le Concile de Trente ne condamne que la neceſſité qui contraint la volonté, ou qui ne luy permet pas
d'agir. Quelle eſt donc noſtre diſpute, ou noſtre different

Liu. 1. *des Dogmes, cha.*
15. Neceſſitas antece-
dens, & libertati con-
traria, &c. eſt quæ ſic
effectum ponit, vt eius
productio ab libera no-
ſtra voluntate minimè
pendeat; ſed in nobis
ſine nobis exiſtat, at nõ
talis ex diuina deſtina-
tione neceſſitas oritur,
quæ vel inuitum, vel
nihil ex ſe ſe conferês,
liberum arbitrium ho-
minis inflectat.

B b iij

en ce fujet ? Vous dites qu'il y a deux efpeces de neceſſité, dont la premiere fait agir la volonté, & la feconde
l'en empefche ; ie le dis auec vous. Vous dites que la premiere de ces neceſſitez conuient à la Grace, & que la feconde ne luy conuient pas, ie le dis auffi ; quelle eft donc
la caufe de vos cris, & de vos plaintes contre moy ? *L'Autheur de la Lettre, dites-vous, auec vne pareille licence mefure
le mot de neceſſité à quelques fentences de S. Auguftin qu'il cite à
la marge, où l'on voit feulement cecy, que Dieu a vne puiſſance
tres-efficace à mouuoir nos cœurs, comme encore qu'il a efté donné
à Pierre vne volonté tres-forte, tres-inuincible, tres-perfeue-
rante, & autres femblables chofes, qui attribuent à Dieu vne
toute-puiſſante, inuincible, & infuperable puiſſance d'ayder fes
Eleus à perfeuerer, mais qui n'aſſeurent pas que la mefme Grace
qui a efté donnée de Dieu, opere fon effect par vne tres-forte
neceſſité.*

Ie viens maintenant de vous aduertir, mon Cenfeur,
que vous auez tronqué ce texte de ma Lettre, obmettant ces mots, *par vne tres-douce neceſſité*, mais voicy encore vn nouuel artifice, & vous faites voir de plus en plus
que vous ne vous fçauriez guerir de la mauuaife foy, &
de la fubtilité où vous a reduit le defefpoir de pouuoir
defendre par de iuftes voyes vne mauuaife caufe : car
vous voulez bien qu'on fçache que S. Auguftin dit que
Dieu a dans luy-mefme vne puiſſance infuperable de
mouuoir nos cœurs ; mais vous ne voulez pas qu'on fçache que S. Auguftin dit que Dieu exerce en nous cette
toute-puiſſance par l'entremife d'vne grace, qui eft inuincible auffi, & infuperable en elle-mefme, dans les cir-
conftances dans lefquelles elle nous eft donnée. Pour
cette raifon vous fupprimez vn texte allegué à la marge
de la Lettre, où S. Auguftin dit que Dieu donne des
forces tres-efficaces à noftre volonté ; car ces forces tres-
efficaces ne font autre chofe que la Grace, & cette mefme Grace ne peut eftre tres-energique & tres-efficace,
qu'en ce que dans vn fens elle ne peut eftre fans effect.
Pour cette raifon vous fupprimez vn texte cité à la marge
de la Lettre, où S. Auguftin dit que Dieu fait par vn don

ſpecial que ſes Eleus vueillent tres-inuinciblemět le bien;
car ce don peut-il nous rendre inuincibles, s'il n'eſt victorieux & inuincible de luy-meſme ? Pour cette raiſon vous
ſupprimez encore vn texte rapporté à la marge de la Lettre, où S. Auguſtin dit que l'on a ſecouru l'infirmité de la
volonté humaine, *en ſorte qu'elle fut pouſſée indeclinablement,
& inſuperablement par la Grace diuine.* Mais qu'eſt-ce à dire
que la Grace a des forces tres-efficaces, ſinon que l'on
ne peut l'empeſcher de produire ſon effect ? & qu'eſt-
ce à dire qu'on ne peut l'empeſcher de produire ſon effect,
ſinon qu'en vn ſens on ne peut luy reſiſter ? Qu'eſt-ce à
dire que la Grace eſt inuincible, ſi ce n'eſt qu'on ne peut
la vaincre ? Et qu'eſt-ce à dire qu'on ne peut la vaincre, ſi
ce n'eſt qu'en vn ſens on ne peut luy reſiſter ? Qu'eſt-ce à
dire que la Grace meut indeclinablement & inſuperablement la volonté ? C'eſt à dire, qu'elle eſt indeclinable
& inſuperable à la volonté : Et qu'eſt-ce à dire qu'elle eſt
inſuperable à la volonté, ſi ce n'eſt que la volonté ne peut
la ſurmonter ? & ſi elle ne peut la ſurmonter, il eſt vray
qu'au meſme ſens elle ne peut luy reſiſter.

Lit. de la corr. & de la Gr cap. 12. Vt diuina gratia inſuperabiliter, & indeclinabiliter ageretur.

CHAPITRE III.

Comment la Grace du Sauueur en vn ſens eſt inuincible, & en l'autre ne l'eſt pas.

MA ɪs il y a cette difference entre l'inuincibilité
de la vertu diuine, conſiderée dans Dieu meſme, & l'inuincibilité de la vertu diuine, conſiderée dans
la Grace ; que l'inuincibilité de la vertu diuine, conſiderée en Dieu, eſt ſimple, abſoluë & infinie ; & que l'inuincibilité de la vertu diuine, conſiderée dans la Grace, eſt
relatiue, ſucceſſiue, & limitée. Car ſi la Grace demeuroit
touſiours au meſme poinct de force dans lequel elle nous
eſt donnée, la cupidité qui la combat venant à croiſtre
peu à peu, l'affoibliroit ; & l'ayant affoiblie par de conti-
nuels aſſauts, la ſurmonteroit enfin, & la deſtruiroit en-

tierement: Mais si Dieu nous fait misericorde, & veut nous rendre victorieux par la grace de son Fils, à mesure que la conuoitise augmente pour surmonter la Grace; la Grace augmente de sa part pour surmonter la conuoitise; & dans le progrez & dans la suite de ce choc de la conuoitise & de la Grace, qui s'efforcent de se vaincre l'vne & l'autre; on peut dire que la Grace peut tousiours estre vaincuë, & ne peut iamais estre vaincuë par la conuoitise; qu'elle peut tousiours estre vaincuë, parce que les forces de la conuoitise peuuent tousiours croistre pour la vaincre; & qu'elle ne peut iamais estre vaincuë, parce qu'elle prend tousiours de nouuelles forces pour surmonter celles de son aduersaire. Entant qu'elle peut estre vaincuë par l'accroissement des forces de son aduersaire, on peut la reietter, ou ne luy consentir pas, comme dit le Concile de Trente, & entant qu'elle ne peut estre vaincuë dans la perpetuelle augmentation de ses propres forces, en ce sens, il est sans doute qu'on ne peut la reietter, & qu'on ne peut ne luy consentir pas; & de là viennent les differens effets de l'Esprit de Dieu dans la conuersion des hommes; car il y en a qu'il commence à conuertir, mais ne l'acheue pas, sa grace s'éteignant en eux presque au mesme temps qu'elle s'allume; & ce sont ceux que le Fils de Dieu compare à la semence, qui estant tombée sur la roche, germe incontinent, mais qui se fanne aussi & se flestrit incontinent. Il y en a que Dieu conuertit & change tout d'vn coup, en operant au fond de leur ame vn renouuellement parfait de leur volonté par vne soudaine & abondante effusion de son Esprit; & c'est ainsi qu'il conuertit S. Paul, en brisant en vn instant l'opiniastreté de son infidelité, comme par le foudre d'vne tres-redoutable, bien que tres-amoureuse vocation; Et il y en a que Dieu conuertit & change peu à peu, & par vn long combat de l'ancienne volonté auec la nouuelle, respandant sa grace dans leur ame insensiblement & goutte à goutte, & meslant sa iustice auec sa misericorde en les punissant de leur rebellion passée par la difficulté mesme de leur conuersion: Et c'est ainsi qu'il conuertit le grand S. Auguftin

guſtin au milieu de tant de peines & de tant de reſiſtances
de ſes vieilles habitudes, comme vn malade en qui la nature fait de longs efforts pour acheuer de le guerir.

Et la meſme conduite que Dieu obſerue dans les penitens, pour les preparer à leur iuſtification, il l'obſerue
dans les iuſtes, pour les conſeruer en la iuſtice qu'il leur
a donnée. Car il y en a qu'il y conſerue ſeulement pour
quelque temps, par vne continuelle ſubminiſtration de
ſon Eſprit; & puis ceſſant de les ſecourir, il les abandonne
à leur franc arbitre, ne leur donnant pas le don de la perſeuerance, par vn iugement ſecret & iuſte, comme dit
S. Auguſtin. Il y en a que Dieu inonde & remplit d'vn
ſi grand fleuue & d'vn ſi grand torrent de ſa charité, comme dit S. Proſper, qu'il n'eſt point de tentation qui la
puiſſe ſurmonter, & ce ſont ceux que l'on appelle confirmez en grace & en ſaincteté : Mais il y en a quelques-
vns, auſquels Dieu ayant donné vne charité mediocre, il
les y conſerue auſſi en les aſſiſtant par des ſecours mediocres, les laiſſant gemir ſous le fardeau de la conuoitiſe,
qu'ils ſurmontent à la verité, mais auec angoiſſe & auec
douleur, en telle ſorte qu'il les laiſſe vaincre quelquefois à cette ennemie, pour les humilier dauantage par
leur cheute, & pour faire contribuer leurs fautes à la
conſommation de leur ſaincteté, comme dit tant de fois
S. Auguſtin, ſuiuant cet Oracle de l'Apoſtre, *Que toutes
choſes cooperent en bien à ceux qui ayment Dieu;* ſi toutefois
ils doiuent l'aymer iuſques à la fin.

Mais pendant tout le temps que la Grace eſt en peril
d'eſtre ſurmontée par la conuoitiſe, bien qu'elle ne laiſſe
pas de la ſurmonter; à chaque inſtant & à chaque minute
de ce temps, la Grace eſt victorieuſe inuinciblement
de la conuoitiſe, par la ſuperiorité & par l'auantage de
ſes forces ſur les forces de ſon aduerſaire : Mais comme
Dieu nous tient cachée l'iſſuë du combat de ces deux
affections contraires, c'eſt l'incertitude de cet euene-
ment qui nous tient en crainte deuant Dieu, & qui nour-
rit en nous l'eſprit de l'oraiſon. Car comme les iuſtes n'i-
gnorent pas que la Grace peut touſiours eſtre ſurmontée

Cc

*Liu. de la Corr. & de la
Gr. chap.* 13. *à la fin.*
Deſerunt, & deſerun-
tur; dimiſſi enim ſunt
libero arbitrio, non ac-
cepto perſeuerantiæ
dono, iudicio Dei iu-
ſto, & occulto.

par la conuoitife, & qu'ils peuuent tomber à tout moment, ils prient à tout moment pour ne tomber pas : &
comme ils fçauent auffi que ce n'eft pas leur franc arbitre,
mais la Grace mefme qui les rend vainqueurs de la conuoitife, & qui les empefche de tomber, ils ne l'attribuent
iamais leur fermeté & leur perfeuerance dans le bien,
mais l'attribuent toufiours entierement à Dieu, par la
vertu duquel ils demeurent fermes, & perfeuerent dans
le bien. Il ne faut donc pas dire abfolument, comme
Caluin, qu'on ne peut iamais reietter la Grace, ou qu'on
ne peut iamais luy diffentir, de crainte que cette affeu-
rance, ou cette perfuafion de ne pouuoir iamais tomber,
ne relafche le trauail, & n'attiediffe l'oraifon, & qu'on ne
puiffe dire aux Sainéts, auec le grand Apoftre, *Que celuy
qui eft debout, prenne garde qu'il ne tombe.* C'eft pourquoy
S. Auguftin dit ; *Ce que l'on dit Ces chofes aux Sainéts mefmes qui perfeuereront, Tiens ce que tu as , de peur qu'vn autre
ne prenne ta couronne ; comme s'il eftoit incertain qu'ils deuffent
perfeuerer ; ceux-là ne doiuent pas l'entendre autrement , aufquels il eft vtile de ne fe glorifier pas , mais de craindre : car en
tout le nombre des fideles, pendant que l'on vit en cette mortalité , qui eft-ce qui prefume d'eftre du nombre des predeftinez ? Car
il eft neceffaire que cela foit caché en ce lieu , où l'orgueil eft tellement à fuir , que mefme vn fi grand Apoftre , de peur qu'il ne
s'enorgueilliſt, eftoit flagellé par l'Ange de Sathan.* Et il ne faut
pas dire abfolument auffi, comme Pelagius, qu'en tout
fens on peut reietter la Grace , ou ne pas luy confentir,
comme s'il dépendoit de noftre franc arbitre de luy confentir , ou de ne luy confentir pas ; de crainte que cette
confiance de nos propres forces ne nourriffe l'orgueil, &
n'efteigne par vne autre voye la follicitude, & la priere,
qui ne peuuent auoir autre fondement que la défiance
de nos forces, & le fentiment de l'humilité.

Declamez donc maintenant, mon Cenfeur , autant
qu'il vous plaira ; employez fi vous voulez toutes les fi-
gures de l'Orateur Romain, pour nous perfuader que
c'eft vn blafpheme foudroyé par le Concile de Trente,
de dire qu'en vn fens on peut reietter la Grace , & qu'en

vn autre sens on ne peut la reietter, en la maniere que j'ay desia representée; ne considerez pas que cette foudre dont vous me menacez, pend sur vostre teste aussi bien que sur la mienne, puis qu'en ce sujet ie n'ay rien dit que vous n'ayez dit aussi bien que moy; ne considerez pas qu'elle pend encore sur la teste des saincts Peres, & particulierement de S. Augustin, & de ses disciples; ou pluftost de tant de Conciles, & tant de Papes qui l'ont tant de fois authorisé; ne considerez pas qu'elle pend sur la teste du grand S. Thomas, qui a toufiours esté disciple si fidele de Sainct Augustin, selon le tesmoignage des souuerains Pontifes, & qui dit : [a] *Nous pouuons considerer la charité en trois manieres, (premierement) de la part du Sainct Esprit, qui meut l'ame à aymer Dieu, & de ce costé, la charité emporte l'impeccabilité par la vertu du S. Esprit, qui opere infailliblement tout ce qu'il veut; d'où vient qu'il est impossible que ces deux choses soient ensemble veritables : que le S. Esprit vueille mouuoir quelqu'vn à vn acte de charité, & qu'il perde la charité en pechant : car le don de la perseuerance est mis entre les bienfaits de Dieu, par lesquels tous ceux qui sont deliurez, sont deliurez tres-certainement, comme dit S. Augustin.* Et vous n'ignorez pas qu'vne [b] Vniuersité celebre s'est seruie de ce tesmoignage de Sainct Thomas, pour faire voir que la Grace diuine meut infailliblement, & indeclinablement nostre volonté, adjoustant ce texte de S. Augustin : *Celuy-là ne peut se glorifier, à qui Dieu descouure sa misericorde;* Qu'est-ce à dire donc, selon Sainct Thomas, que la vertu du Sainct Esprit nous rend impeccables, sinon que la Grace, qui est la vertu du S. Esprit, fait par sa force que nous ne pouuons pecher? Et qu'est-ce à dire ne pouuoir pecher, si ce n'est, ne pouuoir reietter la Grace, ou l'inspiration, qui fait que nous ne pouuons pecher? Ne considerez pas que cette foudre tombe sur la teste d'vn Docteur qui a esté present au Concile de Trente, & qui dit : [c] *Les secours du second genre sont des concours particuliers, par lesquels Dieu specialement, & immediatement conuertit à soy nos volontez rebelles, se ioignant, & s'vnissant à elles par vne certaine, intime, & tres-benigne maniere, &*

---

[a] *2. 2. quæst. 24 art. 11.* Vno modo ex parte Spiritus Sancti mouētis animam ad diligendum Deum, & ex hac parte charitas impeccabilitatem habet, ex virtute Spiritus Sancti, qui infallibiliter operatur quodcunque voluerit. Vnde impossibile est hæc duo simul esse vera, quòd Spiritus Sanctus velit aliquem mouere ad actum charitatis, & quòd ipse charitatem amittat peccādo; nam donum perseuerātiæ cōputatur inter beneficia Dei, quibus certissimè liberantur, quicunque liberantur, vt Augustinus dicit in lib. de præd. Sanct. *il faut lire*, lib. de dono perseuer. cap. 14.

[b] *La Faculté de Doüay en la Censure de la 13. proposit.*

[c] *Vega liu. 13. sur le Conc. de Trente, ch. 13.* § Posterioris. Postorioris autē generis auxilia sunt, Concursus quidam speciales, quib. Deus particulariter, & immediatè nostras rebelles ad se conuertit voluntates, coniungens se, & intimo quodā, & benignissimo modo vniens se ipsis, & potentiores eas ad operandū

*les rendant plus puissantes à operer, & les flechissant, afin qu'el-
les se repentent de leurs pechez , & qu'elle change leur mauuaise vie en vne bonne ; & ces aydes sont communément appellées
efficaces, & on peut les appeller simultanées, ou comitantes ; ou
coniointes aux operations mesmes, (c'est à dire comitantes, &
coniointes quant au temps) parce qu'elles accompagnent
l'acte de la penitence , & luy sont iointes inseparablement , &
sont ensemble auec luy, & ne sont iamais frustrées , ou ne peu-
nent iamais estre frustrées par nous ; & tous ceux qui se repentent de leurs pechez , les ont, & il n'y a qu'eux seuls qui les ayent.*
Et qu'est-ce à dire que ces Graces ne peuuent estre frustrées par nous de leur effect , si ce n'est que nous ne pouuons leur resister, ou ne pas leur consentir ? Ne considerez pas qu'elle tombe sur la teste d'vn des Peres qui a esté
present au mesme Concile, & qui dit: *Il y en a qui lors
qu'ils entendent que cette vocation est telle qu'on ne puisse luy
resister , & vne iustification telle , que ceux qui sont predestinez,
ne puissent en decheoir, pensent que le franc arbitre est osté par
là , au lieu qu'il est estably plustost, & qu'il deuient plus fort par
la certitude de la lumiere, & par la force qui est adioustée.* Ne
considerez pas qu'elle tombe sur la teste des deux Vniuersitez sçauantes de Doüay & de Louuain , & ou-
bliez , si vous pouuez , ce qu'elles nous enseignent en
leurs Censures , faites vingt-cinq ans apres le Concile de
Trente ; & il n'est pas besoin de vous dire contre qui, &
contre quelles nouueautez. En celle de Doüay il est escrit:
*Sainct Augustin , selon l'Escriture , attribue aux hommes releuez
de leur cheute, & recognoist dans les seuls Eleus vn tel don de
perseuerance , par lequel ils ne sont faits sinon perseuerans en
telle sorte , que puis qu'ils ne perseuereront s'ils ne le peuuent, &
ne le veulent ; la possibilité & la volonté de perseuerer leur sont
données par la largesse de la Grace diuine; & par lequel il dit que
l'on a tellement aydé l'infirmité de la volonté humaine, qu'elle fut
poussée indeclinablement, & insuperablement par la Grace diuine;
& que par ce moyen , quoy qu'elle fust infirme, elle ne defaillit pas
toutefois , & ne fut vaincuë par aucune aduersité.* Et celle
de Louuain escrit en termes tres-formels que cette mutabilité de nostre franc arbitre , estant comme meslée auec

la force de la Grace, fait que l'on peut dire auec verité, qu'il peut tousiours decheoir, & qu'il ne le peut iamais. *Bien que il n'arriuera iamais, dit-elle, que les predestinez dechoyent finalement, & qu'ils ne perseuerent pas, ils pourroient neantmoins tousiours decheoir, & ne perseuerer point par la mutabilité de la nature, & de la volonté qui ne leur est iamais ostée en la vie presente.* (Sainct Augustin dit donc que les predestinez) *sont rappellez par ces Escritures, à la consideration de leur instabilité; afin qu'ayant le peril deuant les yeux, ils veillent d'autant plus soigneusement ; & que se défiant de leurs forces, ils se conseruent d'autant plus estroitement sous la protection de Dieu, puis que l'effect de leur predestination s'accomplit en eux par la sollicitude mesme que leur donne cette crainte. Les Eleus mesmes peuuent donc tousiours tomber, & perdre la couronne, mais la tres-puissante main de Dieu leur est presente dans les tentations, en sorte que panchant à leur cheute, & estant quelquefois proches de tomber, ils sont releuez, & fortifiez à l'heure mesme ; & il arriue par vne certaine maniere merueilleuse, qu'ils peuuent tousiours & tomber, & decheoir, & que Dieu neantmoins les gouuernant, & les protegeant au milieu des dangers, ils ne tombent, ny ne dechoyent, mais perseuerent insurmontables, & tres-inuincibles.* Qu'est-ce à dire, insurmontables, & tres-inuincibles? c'est à dire, ne pouuant decheoir; & qu'est-ce à dire, ne pouuant decheoir? c'est à dire, ne pouuant surmonter la Grace qui les rend insurmontables en cela mesme qu'ils ne la peuuent surmonter.

Cadere ergo semper, & excidere à corona, etiã electi possunt; sed adest eis in tentationibus potentissima Dei manus, vt etiam in casum proni, lapsantesque interdum, & humana fragilitate iam ruituri, mox erigantur, & confirmentur, fiatque miro quodam modo, vt semper & labi, & excidere possint; Deo tamen inter media eos pericula, gubernante, ac protegente, nec labantur, nec excidant, sed inuictissimi, insuperabilesque perseuerent.

CHAPITRE IV,

Où sont refutez en particulier quelques menus Sophismes du Dissertateur contre la vraye explication du Canon du Concile, enseignée par la Lettre.

MA is ce n'est pas assez de vous refuter icy en termes generaux, il faut vous conuaincre en particulier & en détail, & dissiper en toutes ses parties le phantofme ridicule dont vous auez voulu furprendre la credulité des ames fimples. Voicy donc la premiere attaque dont vous combattez l'interpretation que j'ay donnée au Concile de Trente, où il eft dit que l'on peut diffentir à la Grace fi l'on veut; Vous alleguez que cette explication ne conferue pas au franc arbitre l'eftat d'indifference, à confentir, ou à ne confentir pas. Suiuant les principes de mon explication, le franc arbitre eft indifferent de foy à confentir, ou à ne confentir pas; mais c'eft la Grace qui le determine à confentir, felon ces paroles de S. Auguftin, que vous auez tronquées fi artificieufement en vn autre lieu : *Croire, ou ne croire pas, cela eft dans le franc arbitre de noftre volonté; mais dans les Eleus, la volonté eft preparée du Seigneur.* Et vn peu plus bas : *Plufieurs entendent la parole de la verité; mais les vns croyent, & les autres contredifent; Les vns donc veulent croire, & les autres ne le veulent pas, qui eft-ce qui ignore cela? & qui eft-ce qui le nie? mais la volonté eftant preparée dans les vns, & n'eftant pas preparée dans les autres par le Seigneur, il faut difcerner foigneufement ce qui vient de fa mifericorde, & ce qui vient de fon iugement.* Et ailleurs : *Qui eft-ce qui ne voit,* dit le mefme Pere, *que c'eft par le franc arbitre de la volonté que chacun vient, ou ne vient pas; mais ce franc arbitre peut eftre feul s'il ne vient pas, & il ne peut eftre finon fecouru s'il vient, & tellement fecouru, qu'il ne fçache pas feulement ce qu'il faut faire, mais qu'il faffe auffi ce qu'il fçait.* Voila donc comment le franc arbitre eft indifferent de foy à venir, ou à ne venir pas; mais en mefme temps voila comment la Grace en le fecourant ne luy donne pas feulement de pouuoir venir, mais le fait venir auffi ; fi ce n'eft peut-eftre que vous vueilliez ioindre voftre genie fatyrique à celuy de Luther, qui a traicté d'abfurde le Maiftre des Sentences, pour auoir efcrit que le franc arbitre eftoit vne puiffance de vouloir le bien, quand la Grace l'ayde ; & de vouloir le mal, quand la Grace ne l'ayde pas.

En fecond lieu, vous pretendez que ie prouue ineptement que la volonté agit en receuant la Grace, parce qu'elle peut la rejetter : il s'enfuit tres bien que la volonté

Pag. 133. Negat Epiftola in illo Canone liberi arbitrij, τὸ ἀδιάφορον exprimi, &c.

Au liu. de la Pred, des SS ch. 5.

Chap. 6.

Au liu. de la Grace de Chrift, ch. 14.

Dans le liu. De feruo arbitrio.

Le Differtateur, pag. 137.

agit en receuant la Grace, puis qu'elle a dans son pouuoir de la rejetter; car elle ne peut rejetter la Grace qu'en ne la voulant pas; & si elle la rejette, en ne la voulant pas, elle la reçoit en la voulant; & si elle veut, elle agit, puis que l'action de la volonté n'est autre que vouloir. Il est donc faux de dire ce que le Concile condamne dans Luther, que l'on reçoit la Grace, encore que l'on ne le vueille pas; car si on la reçoit en ne la voulant pas, il s'ensuit qu'on ne peut la rejetter, puis qu'on ne peut la rejetter qu'en ne la voulant pas, comme on la reçoit en la voulant. Adjoustez que la volonté receuant la Grace, combat la conuoitise qui la tente de rejetter la Grace; il est donc vray que la volonté combat en receuant la Grace; & si elle combat, elle s'efforce; & si elle s'efforce, elle agit sans doute, puis que l'effort n'est autre chose qu'vne action puissante de celuy qui s'efforce en agissant. Il est donc vray que la volonté agit en receuant la Grace, puis qu'en la receuant elle s'efforce de domter la conuoitise, par laquelle elle peut la rejetter; & de là vient que sainct Thomas dit, que la difficulté que nous ressentons en nos bonnes œuures, en augmente le merite, dautant qu'elle tesmoigne vne action plus puissante dans la volonté qui nous les fait faire, & qui surmonte les empeschemens qui luy resistent : *Il faut respondre au troisiesme*, dit-il, *que les choses qui repugnent à la foy, ou dans la consideration de l'homme, ou dans la persecution exterieure, augmentent le merite de la foy, entant qu'elles tesmoignent vne volonté plus prompte, & plus ferme dans la foy; & c'est pourquoy les Martyrs ont eu plus de merite dans la foy, en ne la quittant pas dans les persecutions.*

Certes, mon Censeur, il est indubitable que les raisonnemens absurdes que vous estallez icy auec si peu de grauité, nous auroient causé beaucoup d'ennuy, s'il ne vous auoit plû de les embellir par vne similitude iuste & ingenieuse, pour faire entendre à la simplicité mesme du vulgaire, que l'on prouue tres-mal, que l'homme agit en receuant la Grace, parce qu'il peut la rejetter : *Feignons*, dites-vous, *qu'vn homme accablé de sommeil tombe par terre, & qu'il y demeure assis ou couché pendant quelque temps, & qu'vn*

2. 2. qu. 2. ad 3. Dicendum quod ea quæ repugnant fidei, siue in consideratione hominis, siue in exteriori persecutione, in tantum augent meritum fidei, in quantum ostenditur voluntas magis prompta, & firma in fide, & ideo etiam Martyres maius fidei meritum habuerunt, non recedentes à fide propter persecutionem.

Le Dissertateur, pag. 137. Fingamus hominem, &c

peu apres eſtant éueillé , il ſe releue , & ſe tienne ſur ſes pieds librement & volontairement ; alors ſi quelqu'vn raiſonnoit en cette ſorte , & vouloit prouuer , que cet homme eſt tombé librement & volontairement par terre, parce qu'il s'eſt releué , & qu'il s'eſt remis librement ſur ſes pieds ; mettriez-vous celuy qui argumenteroit ainſi, au rang des hommes ou des beſtes? Que ie ſuis touché de pitié, mon Cenſeur, voyant vn homme de voſtre aage, & de voſtre profeſſion, embarraſſé dans des equiuoques que vous eſtallez auec la legereté & la vaine ioye d'vn ieune Eſtudiant! Car ne voyez-vous pas qu'il y a grande difference entre les actions qui peuuent arriuer ſelon l'inclination , & contre l'inclination de noſtre volonté ; & les actions qui ne peuuent arriuer que ſelon l'inclination de noſtre volonté? Par exemple, vn homme peut tomber de ſon bon gré , & peut tomber auſſi contre ſon gré par la violence du ſommeil, comme vous le dites ſi elegamment ; mais vn homme ne peut vouloir ou ne vouloir pas contre ſon gré. Ainſi, mon Cenſeur, il ſe peut bien faire qu'vn homme tombe inuolontairement & contre ſon gré , & qu'il ſe releue librement & de ſon bon gré ; mais il ne ſe peut faire que l'homme ne vueille pas de ſon bon gré, & qu'il vueille contre ſon gré. Or l'homme conſent ou diſſent ſelon qu'il veut, ou qu'il ne veut pas ; il ne ſe peut donc faire qu'il diſſente de ſon bon gré , & qu'il conſente contre ſon gré : comme il ne ſe peut faire que de ſon bon gré il ne vueille pas, & qu'il vueille malgré luy, & contre ſa propre volonté ; & partant de ce que l'on peut diſſentir de ſon bon gré , on conclud tres-bien que l'on conſent auſſi de ſon bon gré , puis que ſoit que l'on conſente ou que l'on diſſente, on veut touſiours, & en voulant on ſuit la pente, & l'inclination de ſa volonté.

Y a-t'il donc rien de ſi miſerable, mon Cenſeur, que voſtre miſerable comparaiſon de cet homme qui tombe par terre malgré luy, & puis ſe releue librement , & à qui l'on pourroit vous comparer iuſtement, puis que vous eſtes cheu auſſi bien que luy, ſi vous n'eſtiez cheu librement , & en telle ſorte que vous ne vous releuerez iamais. Et qu'il a-t'il encore de plus vain & de plus leger que ce

que

que vous dites, que Luther auroit pû respondre bien faci-
lement au Concile de Trente, si ce sainct Concile eust Le Dissertateur, pag. 138.
voulu prouuer que la volonté agit en receuant la Grace,
parce qu'elle peut la rejetter : Car la raison & l'experience
ne nous enseignent-elles pas que c'est par vne mesme volonté se mouuant & agissant d'vne mesme maniere, que
nous consentons ou dissentons à l'inspiration de Dieu, &
que par consequent, si nous pouuons agir en la rejettant,
nous agissons en la receuant?

Mais puis que les comparaisons vous plaisent, celle-cy
ne vous semblera-t'elle pas aussi iuste que la vostre? de ce
qu'vn homme infirme agit en faisant des actions de vie
malades & déreglées, ne peut-on pas en inferer qu'il agit
aussi quand il est sain en faisant des actions de vie saines &
parfaictes? mais rejetter la Grace n'est-ce pas vn effet
d'vne ame languissante, en tant que languissante? & receuoir la Grace, n'est-ce pas vn effet d'vne ame guerie entant que guerie? Et partant de ce que l'ame agit en rejettant les graces par son infirmité, on en peut tres-bien inferer qu'elle agit aussi en receuant les graces par les forces
qu'elle a recouurées dans sa guerison. Mais sur tout n'ou-
bliez pas ce que ie vous ay dit desia, & ce qu'il faut expliquer icy plus particulierement encore ; à sçauoir que dans
le mesme temps que nous consentons, la puissance de dif-
sentir, qui est la cupidité, n'estant pas oisiue en nous, mais
s'émouuant, & se rebellant contre la volonté pour l'empescher de consentir; & la volonté de sa part estant secou-
ruë de la Grace, subjugant & domtant son ennemie, qui
est la cupidité; il est impossible que ces deux puissances,
qui se contredisent, qui se choquent, & qui s'irritent l'vne
contre l'autre pour se vaincre, ne produisent vne action
mutuelle en produisant vn mutuel effort dans l'opiniastreté de leur combat. Il ne faut donc pas dire que dans
le temps que nous receuons la Grace, la Grace agit seule
pour domter la conuoitise, & que la volonté n'agit point
du tout : Car lors que nous disons que c'est par la Grace
que la volonté est victorieuse de la conuoitise, nous ne
voulons pas dire que la Grace agit au lieu de la volonté,

D d

comme si la Grace faisoit tout, & la volonté ne faisoit rien : Mais nous voulons dire que la Grace fortifiant la volonté, fait agir la volonté, & luy fait combattre & subjuguer la cupidité qui luy resiste, & qui veut la subjuguer. Et c'est pourquoy sainct Augustin dit que ceux qui sont poussez de l'Esprit de Dieu, sont poussez pour agir, & ne sont pas poussez pour ne rien faire, & pour ne pas agir; par où l'on peut voir combien est ridicule, & vrayement digne des anathemes du Concile de Tiente, ce langage de Luther, *que lors que la Grace nous conuertit, le franc arbitre luy resiste*, au lieu de dire que lors que la Grace fait agir le franc arbitre, la conuoitise luy resiste : Mais si l'on en croyoit Luther, on penseroit que dans la conuersion de nostre franc arbitre la Grace seule agit, & que le franc arbitre n'agit point; ou que s'il agit, il agit seulement pour repousser la Grace, & pour luy resister; ce qui est plus absurde & plus extrauagant qu'on ne sçauroit imaginer : Voicy les paroles de cet Heresiarque, a *Si le franc arbitre resiste à la Grace, comment pourroit-il retenir la Grace? Et en* vn autre lieu, b *Si le franc arbitre peche dans la Grace, & s'oppose furieusement à la Grace, comme nous sommes tous forcez de croire, & comme l'Apostre & tous les Saincts s'en plaignent, cela est sans doute contre toute sorte de sens, qu'il soit bon, sans la Grace, & qu'il se prepare à la receuoir quand elle est absente, puis que lors qu'elle est presente, il la hait, & la persecute.* Et pour cette raison vn Euesque Martyr fait ce iuste reproche à cet Heresiarque : c *Si le franc arbitre, comme tu dis, dans les iustes mesmes qui ont trauaillé contre leur propre chair pour operer le bien, leur eust resisté, quand ils s'efforçoient pour l'operer: ce n'auroit pas esté de leur bon gré, mais en dépit d'eux qu'ils auroient tasché d'operer le bien.* Et ainsi Luther par vne estrange erreur prenant la conuoitise qui resiste à la Grace pour le franc arbitre qui la reçoit, & luy obeïr, le mesme Euesque luy objecte cette impieté brutale & inouye, disant, d *Tu penses aussi que le franc arbitre n'est autre chose que la prudence de la chair, qui repugne tousiours à la Grace & à l'Esprit.*

Mais il vaut bien mieux croire auec Sainct Prosper, que dans vne mesme volonté, ou dans l'estat changeant

& muable d'vne mesme volonté , le vouloir & le non
vouloir combattent incessamment ensemble; le vouloir
qui vient de la Grace, & le non vouloir qui vient de la
conuoitise, & que par consequent la volonté dans ce
combat agit en receuant la Grace, puis qu'elle ne peut
receuoir la Grace qu'en surmontant la conuoitise, &
qu'elle ne peut surmonter la conuoitise que par vn exercice vigoureux de la vertu qui luy est inspirée par la Grace, & par l'illumination du Sainct Esprit. Mais comme
cette volonté guerie par la Grace diuine, conserue quelques restes de sa maladie, qui la laissent perpetuellement
dans le peril de retomber; de là vient qu'elle peut toujours reietter la Grace, & ne le peut neantmoins iamais,
si Dieu continuë de la secourir en la maniere que nous
auons expliquée cy-deuant. C'est vne verité que ce mesme disciple de Sainct Augustin enseigne admirablement en ces paroles : [a] *Ceux donc qui viennent, sont conduits
par amour; car ils ont esté aymez, & ils ont aymé; ils ont esté
cherchez, & ils ont cherché, & ils ont voulu ce que Dieu a voulu
qu'ils voulussent, luy qui donne en sorte le vouloir, afin qu'on
luy obeysse, luy qui n'oste pas mesmes à ceux qui perseuereront, la
mutabilité qui peut ne vouloir pas; autrement iamais fidele n'auroit quitté la foy, la conuoitise ne vaincroit personne, la tristesse
n'accableroit personne, la colere ne domteroit personne, la charité de personne ne se refroidiroit, la patience de personne ne seroit abbatuë, & personne ne negligeroit la grace qui luy auroit
esté donnée; mais parce que ces choses peuuent arriuer, & que la
descente n'est que trop penchante, & que trop facile, qui nous
porte à consentir à ces tentations; cette parole du Seigneur doit
resonner tousiours aux oreilles des fideles, quand il dit aux Apostres, Veillez, & priez, afin que vous n'entriez pas en tentation.
Que si alors il eut aduerty seulement ses Disciples de veiller, &
non pas de prier, il sembleroit qu'il eut exhorté les seules forces
de nostre franc arbitre; mais ayant adiousté , Et priez; il nous
a fait assez cognoistre que ce seroit vn fruict du secours diuin
que la tempeste de la tentation ne les surmontast pas, encore mesme qu'ils veillassent.*

    Voyez donc, mon Censeur, comment les Apostres

D d ij

estoient en danger de reietter la Grace, parce qu'ayant encore dans eux-mesmes vn appetit charnel qui les rendoit muables, ils pouuoient la reietter; mais voyez en mesme temps comment c'estoit la Grace qui arrestoit la mutabilité de leur franc arbitre, & qui les empeschoit de luy resister, en les empeschant de succomber à la tentation. Sainct Prosper continuë, & dit: *Tel est pareillement ce que dit le Fils de Dieu: Simon, Simon, Voicy Sathan qui a cherché de vous cribler comme le blé; mais i'ay prié pour toy, afin que ta foy ne defaillist point; & quand tu seras conuerty, confirmes tes freres, & priez, afin que vous n'entriez pas en tentation. Puis donc que la foy d'vn si grand Apostre eut defailly, si Iesus-Christ n'eut pas prié pour luy, il y auoit en luy certainement vne mutabilité, qui eut pû estre ébranlée dans la tentation; & il n'estoit pas encore si affermy par la vertu de la perseuerance, qu'il ne fust plus sujet à aucuns dangers, puis qu'vne si forte émotion, mesme apres cecy, luy troubla l'ame; que dans la maison de Caiphe estant estonné par l'interrogation d'vne seruante, il vint à nier, sa constance defaillant, Iesus-Christ par trois fois, auquel il auoit promis de mourir. Celuy donc qui enuisagea le cœur troublé de son Apostre, auec des yeux diuins, & non pas humains, & qui par vn puissant regard l'émeut à verser d'abondantes larmes de penitence, auoit la puissance de donner à son principal Disciple vne fermeté d'esprit si grande, que comme il n'y auoit rien qui pût destourner le Seigneur mesme du dessein d'accomplir sa passion; Ainsi nulle crainte ne surmonta lors le bienheureux Pierre: mais cette stabilité est particuliere à celuy, qui seul disoit vrayement, & puissamment, l'ay la puissance de mettre mon ame, & j'ay la puissance de la prendre derechef. Mais dans les autres hommes, pendant que la chair conuoite contre l'esprit, & l'esprit contre la chair; & pendant que l'esprit est prompt, mais la chair infirme, on ne peut trouuer vne force de courage qui soit immuable, parce que la felicité vrayement parfaite & asseurée n'appartient pas à cette vie, mais à la future:* [a] *Mais dans l'incertitude du present combat, où toute la vie est tentation, & où la victoire mesme n'est pas asseurée contre les embusches de l'orgueil; on n'est pas exempt du peril de changer; & bien que la protection diuine donne à vne infinité de Saincts la vertu de perseurer*

a *Là mesme.* In præsentis autem agonis incerto, vbi tota vita tentatio est, & ab insidianti superbia, nec ipsa est tuta victoria, mutabilitatis periculo non caretur; & licet innumeris sanctis suis donet virtutem perseuerandi vsque in finem, diuina protectio à nullis ta-

iufques à la fin, elle n'ofte neantmoins à pas vn d'eux ce qui leur repugne par eux-mefmes, en telle forte que dans tous leurs defirs & dans tous leurs efforts le vouloir & le non vouloir fe heurtent & fe combattent perpetuellement entr'eux.

Et comme S. Profper auoit emprunté cette doctrine de S. Auguftin, le Concile de Trente l'a empruntée immediatement de S. Profper : d'où vient que deux grands perfonnages l'ont cotté à la marge du Concile : C'eft en la fixiefme Seffion de ce fainct Synode, où il dit, *Afin que ceux qui par leurs pechez eftoient alienez de Dieu, par fa Grace excitante & fecourante, fe difpofent à fe conuertir à leur propre iuftification, en confentant à la mefme Grace, & en cooperant auec elle librement, en telle forte, que Dieu touchant le cœur de l'homme par l'illumination du Sainct Efprit, ny l'homme ne foit pas fans action en receuant cette infpiration, puis qu'il peut auffi la rejetter, & qu'il ne puiffe neantmoins fans la Grace de Dieu, fe mouuoir à la iuftice par fa libre volonté.* Et par cette doctrine du Concile manifeftement puifée dans le lieu de fainct Profper que nous venons de rapporter, il paroift en premier lieu, que dans le mefme temps que nous receuons la Grace, il eft vray de dire que nous pouuons la rejetter, & que dans le mefme temps que nous confentons, nous pouuons auffi ne confentir point, à caufe de la mutabilité qui vient de la conuoitife, par laquelle nous pouuons ne pas obeïr & ne pas confentir, la conuoitife à l'heure mefme combattant la Grace, & s'efforçant de la furmonter; mais alors cette puiffance de ne pas confentir eftant bridée par la Grace, eft feulement vne puiffance indirecte & efloignée, bien qu'en fuite elle puiffe deuenir vne puiffance prochaine & immediate, fi Dieu ne continuë de la reprimer, ou en détournant les objects qui peuuent l'irriter, ou en augmentant les graces qui la doiuent fubjuguer.

Il paroift en fecond lieu, que le Concile prouue que nous agiffons en receuant la Grace, parce qu'à l'heure mefme nous pouuons au moins indirectement la rejetter par vne puiffance qui n'eft pas oifiue, mais qui à l'inftant mefme fe remuë pour la rejetter. Et que cette preuue foit conforme à la lumiere naturelle, & à la tradition des Pe-

D d iij

men aufert, quod ipfis repugnat ex ipfis, vt in omnibus ftudiis eorum atque conatibus, femper inter fe velle & nolle decertet.

Chap. 5. Vt qui per peccata à Deo auerfi erant, per eius excitantem atque adiuuantem gratiam, ad conuertendum fe ad fuam ipforum iuftificationem eidem gratiæ liberè affentiendo, & cooperando difponantur : ita vt tangente Deo cor hominis, per Spiritus fancti illuminationem, neque homo ipfe nihil omnino agat, infpirationem illam recipiens, quippe qui illam & abiicere poteft, neque tamen fine gratia Dei mouere fe ad iuftitiam coram illo, libera fua voluntate poffit.

tes, nous venons de le monstrer si manifestement, qu'à mon aduis il n'est pas besoin d'y rien adjouster, si ce n'est peut estre que le Concile a pris ce raisonnement du mesme lieu de sainct Prosper que nous auons desia cité : *Le tres-heureux Pierre, dit ce Pere, a ressenty ce mutuel combat (de la chair & de l'esprit dont l'vn veut, & l'autre ne veut pas) dans la consommation mesme de toutes ses palmes, puis que le Seigneur la proteste, & dit, Ie te dis en verité, lors que tu estois ieune, tu te ceignois, & tu allois où tu voulois; mais quand tu seras vieil, tu estendras tes mains, & vn autre te ceindra, & te conduira où tu ne veux pas. Et il dit cela signifiant de quelle mort il deuoit glorifier Dieu. Qui est-ce donc qui peut douter, & qui est-ce qui peut ignorer que cette tres-forte Pierre qui a receu de cette principale Pierre la societé de sa vertu, & de son nom, ait tousiours en ce desir, que la constance de mourir pour Iesus Christ luy fust donnée ; & le combat neantmoins de la crainte luy estoit tellement ineuitable, que l'on predit bien à cet homme tres-auide du martyre, qu'il remporteroit la victoire de sa passion, mais non pas sans l'épreuue, ou sans la tentation de la frayeur. C'est donc auec raison que non seulement ceux qui commencent, mais aussi les Saincts les plus auancez, prient également le Seigneur, & disent, Ne nous induis pas en tentation, mais deliures nous du mal : Car c'est luy qui donne à tous ceux qui perseuerent dans la Foy & dans la Charité, de ne succomber pas à la tentation, afin que quiconque se glorifie, se glorifie au Seigneur. Et il attribue cette gloire mesme à ceux ausquels il la communique, afin que bien qu'ils soient demeurez fermes par le secours de Dieu, ils meritent neantmoins en demeurant fermes, parce qu'ils auoient en eux dequoy tomber :* C'est à dire, parce qu'ayant en eux le poids de l'amour propre, qui les inclinoit à leur cheute, ils n'ont pû demeurer fermes qu'en le combattant ; s'ils ont combattu, ils ont agy ; s'ils ont agy, ç'a esté sans doute par vne bonne volonté ; & s'ils ont agy par vne bonne volonté, ils ont merité, puis que toute bonne volonté est meritoire deuant Dieu.

Et ainsi, à proprement parler, la mauuaise volonté qu'ils ont combattuë, n'est pas la cause, mais le signe de leur merite, entant qu'elle est le signe de la bonne vo-

Là mesme. Quam compugnantiam, &c.

Vniuersis enim qui in fide & dilectione permanent, ab ipso donatur ne in tentatione superentur, vt qui gloriatur, in Domino glorietur, ipsamque gloriam iisdem quibus eam impertit, adscribit, vt quāuis auxilio Dei steterint, tamen quia in se habebant vnde caderent, ipsorum sit meritum quod steterunt.

lonté, par laquelle ils ont agy, combattu, vaincu, merité, & triomphé, selon la doctrine de Sainct Thomas, qui dit que la difficulté qui se rencontre dans nos bonnes œuures, n'en constituë le merite, qu'entant qu'elle tesmoigne la volonté ferme qui nous porte à les entreprendre, & à les accomplir; & partant bien que tout bon combat soit vn bon merite, il n'est pas necessaire que tout bon merite soit combat: car afin que celuy qui ne combat pas, merite, il suffit qu'il ayt la bonne volonté, qui fait le merite du combat. Ce qui a fait dire raisonnablement à vn Docteur celebre du precedent siecle : *Mais Iesus-Christ & le Sainct Esprit habitant en nous par la foy, par l'esperance, & par la charité, bien qu'ils fassent que la volonté de l'homme, qui est d'elle-mesme infirme, & imbecille, vueille efficacement, & soit poussée indeclinablement, & insuperablement; ils font neantmoins qu'elle vueille librement & volontairement, ny ne la confirment pas maintenant dans le bien, ny ne luy ostent pas la puissance de faire cesser son action, ou de se tourner aux vices; & pour cette cause l'homme estant aidé de Dieu, acquiert par elle du merite, lors que pouuant par elle faire le mal, il ne le fait pas; suiuant ce qu'il est dit à la loüange de l'homme iuste : Il a pû transgresser, & n'a pas transgressé; & nous ne disons pas neantmoins cecy, comme si l'estat de meriter exigeoit que celuy qui merite, pût pecher, & se tourner aux vices : car le contraire a paru en Iesus-Christ nostre Seigneur, qui a merité, & qui estant confirmé en grace, ne pouuoit pecher.*

Mais pour reuenir à Sainct Prosper : comme selon ce Pere il paroist que les Martyrs ont agy, & merité en demeurant fermes, parce qu'ils auoient en eux dequoy tomber, c'est à dire, parce qu'ils auoient en eux vne cupidité mauuaise, qu'ils ne pouuoient vaincre que par vne cupidité contraire, qui est la bonne volonté : de mesme suiuant la definition du Concile de Trente, il paroist que ceux qui se conuertissent, agissent en receuant la Grace, parce qu'ils peuuent la reietter, c'est à dire, parce qu'ils ont en eux vn mauuais desir qui les sollicite de la reietter, & qu'ils ne peuuent surmonter que par vn contraire, & loüable effort de leur volonté. Mais comme les Mar-

Driedo, en sa Concorde de la Gr. & du franc arb. fol. 62. Ipse autem Christus & Spiritus sāctus, sic per fidem, spem & charitatem inhabitans, quamuis voluntatem hominis ex se inualidam atque infirmam faciat efficaciter velle indeclinabiliter, atque insuperabiliter agi; hāc tamen facit liberè atque spontaneè velle & operari, neque firmat nunc eam in bonum, neque adimit illi potestatem cessandi ab opere, aut declinandi ad vitia, & idcircò per eam diuinitus adiutus homo, sibi facit meritum, cùm per illam potest facere mala, & non facit, quemadmodum in laudem viri iusti dicitur, Potuit transgredi, & non est transgressus; neque tamen hæc dicimus, quasi merendi status exigat, vt is qui meretur, possit peccare, & ad vitia declinare, nempe contrarium patuit in Christo Domino, qui meruit, & confirmatus gratiâ, peccare non potuit.

tyrs en souffrant la mort ne sont pas demeurez fermes par leurs propres forces, mais seulement par celles qu'ils auoient receües de la Grace qui les rendoit fermes, & les empeschoit de succomber: Pour cette raison le mesme Pere dit tres-religieusement, que les Martyrs en souffrant la mort, ne se sont pas attribuez leur victoire, mais à Dieu qui les faisoit vaincre; qu'ils ont recogneu que leur merite estoit vn don de sa misericorde, & luy ont referé entierement la gloire de leur triomphe; *Afin que quiconque se glorifie*, comme dit l'Apostre, *se glorifie au Seigneur:* de mesme le Concile de Trente ayant dit que l'homme agit en receuant la Grace, parce qu'il peut la reietter, adjouste incontinent, & *que neantmoins sans la Grace de Dieu, l'homme ne peut se tourner à la iustice par sa propre volonté:* pour nous faire voir que si l'homme agit en receuant la Grace, & en domtant la conuoitise qui le tente de la reietter, ce n'est point par sa vertu, ny par sa force qu'il agit, mais bien par la vertu, & par la force de la Grace qui le fait agir, & qui le porte au bien d'autant plus librement, qu'elle l'y porte indeclinablement, & insuperablement: la bonté de Dieu estant si grande, comme dit ce Concile apres le Pape Celestin, & le Pape Colestin apres Sainct Augustin, qu'il veut que ses bienfaits & ses dons soient nos merites.

Nous apprenons de cette doctrine, que l'on peut dire des Martyrs auec verité, que dans la bataille de leurs souffrances ils pouuoient estre vaincus, & ne pouuoient l'estre en mesme temps: qu'ils pouuoient estre vaincus à cause du foyer de la couoitise qui n'estoit pas esteinte entierement en eux, & qu'ils ne pouuoient estre vaincus, à cause de la Grace qui domtoit la conuoitise par vne insuperable force, & qui ne rendoit leur volonté inuincible à leurs tyrans, qu'entant qu'elle-mesme estoit inuincible à leur volonté; le principe & la racine de leur force insurmontable n'estant pas dans leur volonté, qui eut esté vaincuë, si la Grace ne l'eut fortifiée, mais dans la Grace qui regnoit inuinciblement sur leur volonté, afin que leur volonté regnast inuinciblement sur la cupidité.

CHAP. V.

CHAPITRE V.

*Comment l'Autheur de la Lettre est calomnié par le Dis-
sertateur, touchant le sens d'vn passage de S. Prosper.*

VOvs estes donc bien déplorable, mon Censeur,
quand vous osez produire ce raisonnement estrange & extrauagant, pour me conuaincre d'vne ignorance
crasse, par vne noire calomnie. *C'est auec vne pareille fraude,
dites vous, que la Lettre, lors qu'elle parle de la liberté, entre-
mesle certains mots qui excluent l'indifference ; comme si les
Escriuains qu'elle allegue, s'en estoient seruis ; En voicy vn exemple : Il dit que l'on peut recueillir de sainct Prosper, Disciple de
sainct Augustin, qu'il n'estoit pas en la puissance des Martyrs de
ne souffrir pas, parce que Dieu a fait qu'ils le voulussent par vne
tres-forte, inextinguible & inuincible ardeur de sa charité. Iamais sainct Prosper n'a dit cela, que les Martyrs n'eussent pas en
leur puissance de ceder aux tourmens ; mais il a dit seulement
qu'vne si grande constance leur auoit esté donnée, que ce feu de la
dilection, que le Sainct Esprit auoit allumé dans les cœurs des
fideles, ne pouuoit estre nullement esteint par ceux qui les oppri-
moient : mais ces choses sont bien dissemblables, que la foy des
Martyrs n'ait pû estre esteinte par les tyrans & par les bourreaux,
& que les Martyrs n'ayent pas eu en leur puissance de ceder aux
tourmens, & d'abandonner la profession de la Foy.*

Vous m'accusez icy de fraude, mon Censeur, par vne
fraude pareille à celle que vous auez commise desia tant
de fois, en m'imputant d'auoir dit absolument ce que ie
n'ay dit qu'à vn certain égard : Car ie n'ay pas dit simplement que les Martyrs ne pouuoient dechoir, mais i'ay dit
seulement qu'en vn sens ils le pouuoient, & qu'en vn autre ils ne le pouuoient pas. Escoutez mes paroles, afin que
l'on voye ouuertement la fraude auec laquelle vous auez
osé m'en accuser : *Et ainsi on peut dire en mesme temps, selon ce
Disciple de sainct Augustin, qu'il est en la puissance des Martyrs
de ne souffrir pas, parce qu'ils peuuent ne le vouloir pas, à cause*

E e

Le Dissertateur, pag.
143. Non dissimili frau-
de, &c. & en la marge
ridiculement, alia fraus
Epistolæ.

Nusquam hoc à Pro-
spero dictum est, &c.

La Lettre, pag. 47.

de leur infirmité, & qu'il n'est point en leur puissance de ne souffrir pas ; pource que Dieu fait qu'ils le veulent par vne tres-forte, inextinguible, & inuincible ardeur de sa charité. Ainsi suiuant sainct Augustin, bien que Iesus Christ eust prié, que la foy de Pierre ne defaillist pas, elle eust defailly neantmoins si Pierre l'eust voulu, mais Iesus Christ qui auoit prié pour luy, l'empeschoit de le vouloir par vne delectable perpetuité, & par vne force insuperable de sa Grace, comme dit le grand sainct Augustin. Et sainct Prosper en vn mesme lieu nous enseigne ces deux sens, en l'vn desquels les Martyrs pouuoient dechoir, & en l'autre ne le pouuoient pas : & premierement qu'il fut en leur puissance de ne souffrir pas ; ou de ne perseuerer pas, à cause de la mutabilité de leur franc arbitre, ce Sainct le declare quand il dit : *Comme (ceux qui croyent) sont en leur puissance de sortir, ainsi (ceux qui ne croyent pas encore) ont en leur puissance de ne venir pas.*

Liu. 2. de la voc. des Gent. ch. 9. Et quemadmodum illi, in sua habent potestate vt exeant, ita & isti in sua habent potestate ne veniant.

Mais en second lieu, que les mesmes Saincts en vn autre sens n'ayent pas en leur puissance de tomber, ou de ne perseuerer pas ; le mesme Pere vn peu plus bas nous le fait connoistre en ces paroles : *Bien qu'il y en ait plusieurs, qui aymant leurs tenebres, ne reçoiuent point l'éclat de la verité & qu'il y en ait plusieurs qui ayant esté illuminez, tombent dans les tenebres ; la parole de Dieu demeure neantmoins eternellement, & la verité de sa promesse ne decheoit en rien ; la plenitude des Gentils qui a esté proueüe & promise, entre tous les iours, & toute nation, toute tribu, toute langue est benie en la semence d'Abraham : Car ce que le Pere a donné au Fils, le Fils ne le perd point, & il n'y a personne qui puisse luy arracher des mains ce qu'il a receu.* Qu'est-ce à dire que personne ne peut luy arracher des mains ce qu'il a receu, sinon qu'il n'est en la puissance de personne de luy oster ce qu'il a receu ? & puisque personne ne peut rauir d'entre les mains du Fils ce que le Pere luy a donné ; pouuons-nous nous rauir nous-mesmes d'entre les mains du Fils, si le Pere nous a donnez à luy ? & cette main du Fils, de laquelle il nous est impossible de nous arracher, quelle est-elle sinon la Grace, de laquelle il est dit : *Que ta main soit faite sur l'homme de ta droicte, & sur le fils de l'homme que tu as affermy pour toy, & nous ne te quit-*

Quamuis autem multi amantes tenebras suas, splendorem non recipiant veritatis, & multi qui illuminati fuerant, tenebrescant ; verbum tamen Dei manet in æternum, & de promissionis veritate nihil excidit, intrat quotidie præscita, & promissa gentium plenitudo, & in Abrahæ semine omnis gens, omnis tribus, omnis lingua benedicitur : quod enim Pater Filio dedit, Filius non amittit, neque quisquam potest de manu eius eripere, quod accepit.

Du don de la Pers. ch. 7.

rons point. Et sur ces paroles Sainct Augustin dit, Celuy-
cy c'est n'est point le premier homme, dans lequel nous nous sommes esloignez de Dieu: mais le dernier homme sur lequel Dieu a
mis la main, afin que nous ne nous éloignions point de luy: Car
Iesus Christ tout entier auec ses membres est à cause de l'Eglise
qui est son corps & sa plenitude. Quand donc la main de Dieu se
repose sur luy, afin que nous ne quittions point Dieu, l'œuure de
Dieu sans doute paruient iusques à nous, dautant que c'est icy la
main de Dieu, que par l'œuure de Dieu nous soyons faits perseuerans en Iesus Christ auec Dieu, & que nous n'abandonnions pas
Dieu comme en Adam; car nous auons acquis le sort en Iesus
Christ estant predestinez selon le propos de celuy qui opere toutes
choses. C'est donc la main de Dieu & non pas la nostre, que nous ne
quittions point Dieu; c'est la main, dis-ie, de celuy qui a dit, Ie
mettray ma crainte dans leur cœur, afin qu'ils ne s'esloignent
point de moy. Si donc la grace de Dieu est la main de Dieu,
& la main de Iesus Christ à qui Dieu nous a donnez, n'est-
il pas vray de dire qu'il n'est pas en nostre puissance d'éua-
cuer la grace de Dieu, de la mesme sorte qu'il n'est pas en
nostre puissance de nous arracher de la main du Fils de
Dieu, si nous sommes du nombre des predestinez que le
Pere luy a donnez de toute eternité?

Voyez donc, mon Censeur, comment S. Prosper enseigne clairement ce que vous dites si vainement qu'il
n'enseigna iamais, à sçauoir qu'en vn certain sens, il n'a
pas esté en la puissance des Martyrs de ne souffrir pas;
comme en vn autre sens, il a esté en la puissance des Martyrs de ne pas souffrir. Et ces deux sens differens, selon
lesquels vne mesme chose en mesme temps est au pouuoir de l'homme, & ne l'est pas; ont leur principe dans
la subordination de la volonté de l'homme à la volonté
de Dieu, & de la vertu de l'homme à la vertu de Dieu;
dautant que la volonté de l'homme estant dépendante
essentiellement de la volonté de Dieu, l'homme ne peut
iamais vouloir que ce que Dieu veut que l'on vueille, la
volonté de l'homme ne pouuant iamais vaincre la volonté de Dieu, de la mesme sorte que la vertu de l'homme ne
peut iamais vaincre, ou surmonter la vertu de Dieu; d'où

E e ij

Cùm ergo sit super eã
manus Dei, vt non dif-
cedamus ab eo, ad nos
vtique peruenit opus
Dei, hoc est enim ma-
nus Dei, quoniam ope-
re Dei sit, vt simus
in Christo, permanen-
tes cum Deo, non sicut
in Adam discedentes à
Deo; in Christo enim
sortem cõsecuti sumus,
prædestinati secundum
propositum eius, qui
vniuersa operatur. Ma-
nus igitur Dei est ista,
non nostra, vt non dif-
cedamus à Deo; manus,
inquam, eius est ista, qui
dixit, Timorem meum
dabo in cor eorum, vt
à me non recedant, &c.

vient que S. Augustin dit si pieusement, & si profondement: [a] *Il n'y a point de franc arbitre qui resiste à Dieu, quand
il veut sauver: car le vouloir ou ne vouloir pas est tellement en
la puissance de celuy qui veut, ou de celuy qui ne veut pas, qu'il
n'empesche pas la volonté de Dieu, & ne surmonte pas la puissance de Dieu: car il fait ce qu'il veut de ceux qui veulent, & de ceux qui
ne veut pas;* Et c'est pourquoy ce Pere adjouste un peu
plus bas: [b] *Il est donc sans doute qu'à la volonté d'un Dieu qui
a fait tout ce qu'il a voulu dans le ciel & dans la terre, & qui a
fait mesme les choses qui seront, les volontez humaines ne peu-
vent resister, en sorte qu'il ne fasse pas ce qu'il veut, puis qu'il
fait mesme des volontez humaines ce qu'il veut, quand il veut.*
Et en effect, pour n'alleguer que peu d'exemples, que l'on peut
tirer d'un tres-grand nombre d'autres; Lors que Dieu voulut
donner le Royaume à Saül, estoit-il en la puissance des Israëlites
d'obeïr à cet homme, ou de ne luy obeïr pas? ce qui dependoit
sans doute de leur volonté tellement, qu'ils peussent resister à
Dieu; ce qu'il ne fit neantmoins que par les volontez des hommes, ayant sans doute un pouvoir tres-puissant d'incliner les
cœurs humains du costé qu'il eut voulu. Et comment Dieu in-
clinoit-il les volontez des Israëlites, en telle sorte qu'ils
ne peussent resister à sa volonté? en touchant leurs cœurs,
comme dit l'Escriture, & en operant au fond de leurs
cœurs par la vertu de son Esprit, comme dit S. Augustin.
[c] *Celuy-là, dit-il, eut-il pû s'opposer à la volonté de Dieu, ou plustost eut-il pû ne faire pas la volonté de celuy qui opera dans son
cœur par le S. Esprit, dont il fut reuestu, afin qu'il voulust, qu'il
dist, & qu'il fist ces choses?* Et plus bas: [d] *Le Seigneur tout-
puissant, dit-il, qui estoit auec Dauid, amena ces hommes, afin
qu'ils le prissent pour leur Roy; & comment les amena-t'il? les
attacha-t'il auec des chaisnes corporelles? il agit au dedans d'eux,
il tint leurs cœurs, il émeut leurs cœurs, & il les tira par leurs
volontez qu'il auoit operées en eux.* Si donc lars que Dieu veut
establir des Rois en terre, il a leurs volontez beaucoup plus en sa
puissance, qu'ils ne les ont eux-mesmes en la leur; quel autre que
luy fait que la correction soit salutaire, & que l'amendement
s'accomplisse dans le cœur de celuy que l'on corrige, afin qu'il soit
estably dans le Royaume des cieux? S'il est donc vray que les

---

Notes marginales :

[a] *Au liu. de la Corr. & de la Gr. ch. 14.* Cui volenti saluum facere, nullum hominis resistit arbitrium; sic enim velle & nolle in volentis aut nolentis est potestate, vt diuinam voluntatem non impediat, nec superet potestatem; de his enim qui faciunt quæ non vult, facit ipse quæ vult.

[b] *Là mesme.* Non est itaque dubitandum, voluntati Dei qui in cœlo & in terra omnia quæcunque voluit, fecit, humanas voluntates non posse resistere, quominus faciat ipse quod vult, quandoquidem etiam de ipsis hominum voluntatib', quod vult, cum vult, facit, &c.

[c] *Là mesme.* Nunquid ille posset aduersari voluntati Dei, & non potius eius facere voluntatem, qui in eius corde operatus est per Spiritum suum, quo indutus est, vt hoc vellet, diceret, & faceret?

[d] Ac per hoc Dominus omnipotens, qui erat cum illo, adduxit istos, vt eum regem constituerent; & quomodo adduxit? nunquid corporalibus vllis vinculis alligauit, intus egit, corda tenuit, corda mouit, eosque voluntatib' eorum quas ipse in illis operatus est, traxit, &c.

hommes en vn sens ne peuuent resister à la volonté de
Dieu, & s'ils ne peuuent resister à la volonté de Dieu,
entant qu'ils ne peuuent resister à la force de sa grace qui
opere dans leurs cœurs, qui est-ce qui ne voit que l'on
peut dire auec verité, qu'en vn sens tres-iuste il n'est pas
en la puissance, ou en la volonté des hommes d'empescher l'effect de la grace de Dieu, quand ils en sont touchez pour embrasser la foy, ou pour la consommer dans
l'espreuue du martyre, qui acheue seule de les conformer à la ressemblance de leur Redempteur?

Quant à ce qu'on dit que la volonté ne peut estre vaincuë que par elle-mesme, il faut entendre qu'elle ne peut
l'estre par les autres creatures, bien qu'elle puisse l'estre
par le commun Autheur de toutes les creatures : Car
estant sousmise immediatement à Dieu, & superieure à
toutes les autres creatures, ainsi que dit Sainct Augustin,
comme elle doit regner sur les autres creatures qui n'ont
esté faites que pour elle; ainsi Dieu, par lequel, & pour
lequel elle a esté faite, doit regner sur elle de la mesme
sorte que sur les autres creatures; & il peut toussiours la
surmonter, ou en la guerissant, ou en la punissant de sa
malice, soit qu'il la rende obeyssante de rebelle qu'elle
estoit à celuy qui l'a faite, soit qu'il luy fasse souffrir en
dépit d'elle, le iuste chastiment de sa rebellion. Il n'y a
donc point de volonté creée, comme dit le mesme Pere,
qui puisse resister à la volonté de celuy qui a fait tout ce
qu'il a voulu au ciel & en la terre; & quelque infirme
que puisse estre la volonté de ces Martyrs, s'il veut que
leur volonté demeure inesbranlable au milieu des souffrances, elle ne peut tomber. Et comme les tyrans qui la
persecutent, ne peuuent la vaincre, elle ne peut vaincre
elle-mesme la grace de son Dieu, qui la rend inuincible à ses persecuteurs, afin que Dieu combatte, & triomphe dans ses Saincts, & qu'il ne soit pas seulement le
Iuge, & le tesmoin; mais aussi la force, & la couronne de
ceux qui combattent pour sa gloire. Ce qui a fait dire
pieusement à vn Cardinal Illustre, qui a presidé au Concile de Trente : *Si nous estions seuls, & si la loy deuoit estre*

Ee iij

accomplie en nous par nos propres forces ; sçachant bien quelle est nostre foiblesse, nous pourrions peut-estre nous plaindre iustement de sa difficulté, & de son impossibilité : mais maintenant Iesus-Christ qui vit en nous, & qui par la foy habite dans nos cœurs, est celuy mesme qui opere toutes choses en tous; est celuy mesme qui opere en nous, & le vouloir, & le parfaire, est celuy mesme qui fait en nous ce qui est agreable deuant luy. C'est luy, comme escrit Sainct Pierre Chrysologue, que nous auons pour aide dans les biens, nous donnant de pouuoir ce qu'il nous commande, & faisant luy-mesme ce qu'il nous ordonne ; que Sainct Bernard appelle aussi vn tres-puissant athlete, qui combat, & qui vainc dans les siens, & couronne par là, ceux qui sont victorieux.

chap. 66. Quòd si soli nos essemus, si nostris ipsorum viribus lex nobis implenda foret, fortassè, nostræ nobis imbecillitatis conscij, de difficultate, atque adeò impossibilitate ipsius, non immeritò queri possemus; nunc autem qui viuit in nobis Christus, qui per fidem habitat in cordib' nostris, ipse est qui operatur omnia in omnibus; ipse est qui operatur in nobis & velle & perficere; ipse est qui facit in nobis quod placeat coram se; hunc, sicut scribit Petrus Chrysologus, habemus in bonis adiutorem, qui dat posse quod iubet, & quæ præcipit, facit ipse; quem etiam Bernardus vocat athletam fortissimum, in suis & pro suis pugnantem, & vincentem, & inde victores coronantem.

CHAPITRE VI.

Où sont destruites les objections ineptes du Dissertateur, touchant la distinction que la Lettre fait entre l'acte & l'habitude de la conuoitise.

QVANT à ce que la Lettre escrit, que la conuoitise pouuant estre regardée en deux manieres principales, nous pouuons dire qu'en vn sens elle peut surmonter la Grace, & qu'en vn autre sens elle ne le peut; qu'elle ne le peut par l'acte seul qu'elle produit actuellement, parce qu'il est plus foible que celuy que la Grace nous inspire, & qu'elle le peut neantmoins, eu esgard au fond de la malignité, d'où elle eut pû faire naistre vn mouuement plus fort que le mouuement que la Grace nous suggere : Ie ne sçay comment vous m'objectez qu'il s'ensuiuroit de cette doctrine, que les Saincts ne meriteroient pas pour auoir combattu ou vaincu leur aduersaire, mais seulement pour s'estre preparez à le combattre, & à le vaincre ; & vous ornez cette pensée à vostre accoustumé, d'vne comparaison qui luy conuient admirablement, parce qu'elle est sans doute aussi ridicule que la pensée qu'elle explique. Voicy vos paroles, *Au reste lors que la volonté de l'homme estant subjuguée par la puissance de la Grace, reçoit la Grace necessairement; & que la conuoitise estant domtée par la mesme necessité, ne se remuë point; se persuader que l'homme merite en consideration d'une victoire, non qu'il ait remportée en combattant, mais qu'il peut remporter, parce que son aduersaire peut combattre: cela est aussi ridicule & condamnable, que ce que S. Augustin reproune en escriuant contre les Pelagiens, qui est, que les enfans soient rendus coulpables, & dignes de peine, parce que Dieu a preueu qu'ils auroient fait, s'ils auoient vescu, à sçauoir (dit Sainct Augustin) que les ames des enfans qui doiuent mourir sans Baptesme, soient releguées, par vn iuste Dieu, dans vne chair pecheresse, & soient damnées, parce qu'il a preueu qu'elles auroient mal vescu, si elles fussent paruenuës à vn aage, dans laquelle elles eussent usé de leur franc arbitre: Car quelle difference y a-t'il entre cela, & ce que dit l'Epistre, Que quelqu'vn merite recompense, parce qu'il a pû vaincre, si son ennemy luy eust donné matiere de combattre?* (Resiouyssez-vous, mon Censeur, vous allez entrer maintenant dans la belle lice des ieux olympiques) *Certes suiuant l'opinion du sieur Abbé, aux ieux olympiques cet athlete-là eut pû meriter vne couronne, qui estant opposé à vn autre desia mort, ou lié deuant le combat, n'auroit point remué les bras; mais durant tout le temps des ieux seroit demeuré spectateur oisif: car il auroit pû combattre, & vaincre, dès là mesme que son aduersaire auroit pû l'attaquer.* Ah! quelle misere, mon Censeur, quelle déplorable comparaison! que ne pensez-vous serieusement à vostre profession, ou à vostre aage, auant que d'escrire, ou de parler?

Et afin que vous compreniez l'estrange vanité de vostre raisonnement, obseruez, mon Censeur, que ie ne dis pas que dans le temps que la Grace fait agir la volonté, la cupidité demeure entierement oisiue; mais qu'elle agit en partie, & en partie n'agit pas. Entant qu'elle agit, elle nous donne sujet de la combattre, parce que nous ne la combattrions pas, si elle n'agissoit point du tout; & entant qu'elle n'agit pas auec vn plus grand effort, elle nous donne matiere de la vaincre, parce que

Le Dissert. pag. 155.
Cæterum ob id vnum quòd cùm voluntas humana, &c.

nous ne la vaincrions pas, si elle agiſſoit plus fortement qu'elle ne fait; & ainſi Dieu la laiſſe agir, pour nous donner lieu de la combattre; & il fait auſſi qu'elle agit moderément, pour nous donner lieu de la ſurmonter. Et afin que la douleur que pourroit vous cauſer le mauuais ſuccez de vos combats, ne vous accable point, ie veux recreer voſtre ennuy, en vous priant de vous ſouuenir de ce qu'Homere dit du vaillant Ajax, que le haut Iuppiter l'ayant remply d'effroy, il ne pûſt ſouſtenir l'attaque de ſes ennemis. Or vous m'auoüerez bien que dans cette rencontre cet Heros combattit, mais il ceda: ſes forces eſtant rallenties par la frayeur qui le ſaiſit, & peut-on dire neantmoins que les Troyens ne le combattirent, ou ne le vainquirent pas, mais ſ'appreſterent ſeulement à le combattre, & à le vaincre; comme vous dires que les forces de la conuoitiſe eſtant affoiblies, il ſ'enſuit que la volonté ne la combat pas, & ne la ſurmonte pas.

Mais pour temperer vos delices, & pour vous ramener des feintes de la fable, aux veritez diuines de l'Eſcriture ſainɛte; lors que Dieu affoibliſſoit le cœur des nations profanes pour les faire vaincre aux Iſraëlites, ſuiuant la promeſſe qu'il leur en auoit faite, ſ'ils demeuroiét fideles en l'obſeruation de ſes Commandemens: Peut-on dire que les Iſraëlites ne combattoient pas les nations profanes, mais qu'ils ſ'appreſtoient ſeulement à les combattre? Voyez le liure des Iuges, ch. 11. & 24. & il y a vne infinité d'autres lieux ſemblables en l'Eſcriture. Ainſi lors que Dieu fortifie noſtre volonté comme il fortifioit les Iſraëlites, & qu'il affoiblit la conuoitiſe comme il affoibliſſoit les peuples infideles, peut-on imaginer, ſi non tres-vainement, & tres-ridiculemḗt, que la volonté n'ait pas combattu ou vaincu la conuoitiſe, & qu'elle ait merité ſeulement pour ſ'eſtre preparée à la combattre, & à la vaincre? Si vous voulez donc eſtre raiſonnable, mon Cenſeur, & vous garder à l'aduenir de l'ineptie de vos ſimilitudes, ſouuenez-vous que le combat de la volonté auec la conuoitiſe ne doit pas eſtre comparé auec le combat de deux Athletes olympiques, dont l'vn a les mains libres & l'autre les a liées; mais qu'il faut le comparer auec le combat de deux aduerſaires, dont les forces

ſont

sont acreuës en l'vn, & diminuées en l'autre, par la vertu
secrete de celuy qui donne, ou qui oste la victoire à ceux
que bon luy semble, en toute sorte de combats, soit du
corps, soit de l'esprit: Ie laisse à part ce que vous supposez si inconsiderément, Que l'vn de vos Athletes soit lié,
ou mort, & qu'il puisse neantmoins combattre: car la cupidité n'est pas morte en nous, comme cet Athlete le seroit, & il est ridicule de presupposer qu'vn mort ait la
puissance de combattre, comme la conuoitise qui habite encore en nostre chair. Et puis que selon cette doctrine, la cupidité, & la volonté ne sont pas oisiues, mais
combattent reellement l'vne contre l'autre, vous parois-
sez plus enfant, que les enfans mesmes que vous alleguez,
quand vous osez dire, que si on recompensoit la volonté
pour auoir vaincu la conuoitise en la maniere que ie presuppose, ce seroit de mesme que si Dieu recompensoit,
ou punissoit les enfans, pource qu'il a préueu qu'ils auroient fait s'ils auoient vescu; le sens commun voit-il rien
de commun entre ces deux choses?

Et vous vous estes precipité dans vn pareil gouffre,
quand vous auez dit en vn autre lieu, qu'inferer que la
volonté agit en receuant la Grace, parce qu'elle peut la
reietter: C'est comme si on disoit que Milon a tué Clodius, parce qu'il a pû le tuer. Quel égarement! ou quel
equiuoque enorme est-ce que celuy-cy! Quand ie dis
qu'l'homme agit en receuant la Grace, parce qu'il peut
la reietter, ie compare deux actions entr'elles, dont l'vne
est de receuoir la Grace, & l'autre est de la reietter; &
parce que ces deux actions ont vn mesme rapport auec la
volonté, qui ne peut faire l'vne & l'autre qu'en voulant;
on infere tres-bien, que si elle agit en l'vne, il faut aussi
qu'elle agisse en l'autre, & principalement puis qu'il y a
du combat entre la puissance de receuoir la Grace, & la
puissance de la reietter: lequel combat suppose vn mutuel effort, & par consequent vne mutuelle action des
facultez qui se combattent; & vous ne parlez que d'vne
seule action de vostre Milon, qui est celle par laquelle il
eut tué Clodius: & vous dites qu'il ser   absurde de

Le Dissertateur, pag.
151. Idcirco Milonem
occidisse Clodium,
quia potuit occidere.

F f

conclure que Milon l'eut tué, parce qu'il pouuoit le tuer. Cela eſt tres-vray, mon Cenſeur, mais tres-mal appliqué: car afin que j'euſſe fait vn déraiſonnement ſemblable, il faudroit que j'euſſe dit, que nous reiettons la Grace, parce que nous pouuons la reietter : comme ſi l'on diſoit que Milon a tué Clodius, parce qu'il a pû le tuer. Mais c'eſt bien vous, mon Cenſeur, qui vous embarraſſez dans ce paralogiſme, puis que vous inferez que nous reiettons la Grace, ou que nous luy reſiſtons, parce que le Concile dit que nous pouuons la reietter, ou que nous pouuons luy diſſentir; & ainſi c'eſt vous qui nous enſeignez que Milon a tué Clodius, parce qu'il a pû le tuer, & en cela vous ne vous apperceuez pas que vous faites vne iniure tout à fait irremiſſible à voſtre maiſtre Ciceron, qui a déployé tous les ornemens de ſon eloquence, pour prouuer aux Romains que Milon ſon amy n'auoit point fait mourir Clodius.

Enfin, mon Cenſeur, ſi par vne pure compaſſion ie ne voulois eſpargner la honte d'vn homme que j'ayme comme vous; ie vous reprocherois encore vne inſigne calomnie dont vous me noirciſſez, m'accuſant de dire que la volonté agit en receuant la Grace, parce qu'apres elle peut agir en la reiettant; car ie n'ay iamais dit cela : c'eſt vne fiction de voſtre bel eſprit; mais pluſtoſt j'ay dit que dans le meſme temps que la volonté agit pour embraſſer la Grace, elle peut la repouſſer d'vne puiſſance mediate, & éloignée, en ſorte neantmoins que la meſme puiſſance peut deuenir prochaine, ſi Dieu ne continuë de la ſubjuguer par de nouueaux ſecours de ſon Eſprit.

Fecerunt hoc ſerui Milonis, &c.

Le Diſſert. pag. 139. Moliri aliquid & agere, propterea quod eandem poſtea repudiare gratiam poteſt.

CHAPITRE VII.

Quel a esté le but de la Lettre, quand elle a obserué que nous pouuions immediatement reietter la Grace, au regard de ce qu'elle opere dans nostre entendement.

POVRCE que la Lettre obserue que la Grace diuine ayant deux fonctions, dont l'vne éclaire l'entendement, & l'autre amollit la volonté, nous pouuons immediatement resister à la premiere, qui est l'illumination de l'entendement; & non pas à la seconde, qui est le flechissement de la volonté: Vous vous plaignez, & dites *Le Dissert. pag. 158.* que cette maniere de repousser la Grace, n'est pas la seule que le Concile definit: car le Concile disant, que nous pouuons mesme reietter la Grace qui touche nostre cœur, c'est à dire nostre volonté, suiuant le style des Escritures sainctes; il s'ensuit que le Concile veut que nous puissions mesme reietter la Grace, quant à ce qu'elle opere dans nostre volonté. Vous ne serez iamais fidele, mon Censeur, & la souplesse vous est deuenuë desormais si naturelle, que vous ne sçauriez vous en garder. Entre les manieres differentes, selon lesquelles nous pouuons reietter la Grace, j'ay rapporté celle que vous combattez: *La Lettre, pag. 58. & suiuantes.* mais ie n'ay iamais dit que ce fust la seule que le Concile a definie, & qu'elle enfermast le sens entier de son Canon, & de son Decret. Escoutez ce que j'ay dit, & ce qu'il vous a plû de supprimer par vn redoublement de fraude, & de finesse, de crainte qu'on ne vist que vous impugnez, & que vous destruisez secrettement la haute Theologie du grand Sainct Thomas, en la personne de ses sçauans disciples: *Lors que Dieu par sa toute-puissance s'oppose, ou resiste à la puissance de ses creatures, il la reprime simplement sans la destruire; il empesche bien qu'elle n'agisse, mais il n'empesche pas qu'elle ne soit. Et ainsi, bien que nous ne puissions conioindre la volonté du mal à la Grace, par laquelle Dieu nous empesche de le vouloir, nous pouuons neantmoins conioindre la puissance* de le vouloir, à la Grace, par laquelle Dieu fait que nous ne le voulons pas. Et c'est icy le fondement de la distinction fameuse en l'Escole des Thomistes, du sens composé, & du sens diuisé ; par où ces grands hommes veulent dire, que lors que nous auons la Grace de vouloir le bien, nous auons la puissance de ne le vouloir pas, mais non de ne le vouloir pas en presence de la Grace, qui fait que nous le voulons ; & de là vient que Soto, grand personnage, Religieux Dominicain, n'osa iamais dire absolument, & simplement dans le Concile de Trente, que nous pouuons consentir, ou dissentir à la Grace de Dieu ; mais seulement que nous le pouuons en quelque sorte, & dans vne certaine maniere ; par où sans doute il entendoit, comme il le tesmoigne dans ses œuures, que nous le pouuons en sens diuisé, mais non en sens composé ; qui sont les termes dont ces grands disciples du grand Sainct Thomas ont de coustume d'enseigner les mysteres de leur Theologie, c'est à dire, que nous pouuons conioindre & assembler la Grace de vouloir le bien, auec la puissance de vouloir le mal ; mais que nous ne pouuons composer, c'est à dire, conioindre, & mettre ensemble la Grace de vouloir le bien auec la volonté du mal : mais bien qu'en vn sens nous ne puissions vouloir le mal en presence de la Grace, qui nous fait vouloir le bien ; en vn autre sens, nous le pouuons ; c'est à dire, qu'en vn certain sens nous ne pouuons pas seulement conioindre auec la Grace, la puissance de vouloir le mal, mais aussi la volonté du mal. Et pour expliquer cette verité, ie presuppose, Monseigneur, que la Grace enferme deux fonctions qui se forment, & qui resident en deux principales puissances de nostre ame, dont l'vne est l'illumination de l'entendement, & l'autre est l'amollissement de la volonté, dont l'vne nous fait voir le bien, & l'autre nous le fait aymer ; dont l'vne éclaire l'ignorance qui nous empesche de le voir, & l'autre corrige la malice qui nous empesche de l'aymer. Cela estant, ie dis, Monseigneur, que la volonté du mal est incompatible auec la Grace victorieuse, quant à la seconde de ses operations, qui est le flechissement du cœur, puis qu'elle ne nous flechit le cœur qu'en nous faisant vouloir le bien ; mais que la volonté du mal n'est pas incompatible auec la mesme Grace ; quant à la premiere de ses operations, qui est l'illustration de la raison, puis que pour embrasser le bien, il ne suffit pas de le cognoistre, mais il faut auoir encore

Soto. liu. de la Nat. & de la Gr. ch. 16.

la force de l'aymer, que la Grace ne nous donne qu'en nous atten-
drissant le cœur; & ainsi la Grace est composée de deux parties
essentielles, dont l'vne est vne suasion simple de l'entendement,
à laquelle nostre franc arbitre peut dissentir quand il est seul; &
l'autre est vne impression d'amour en nostre franc arbitre, qui le
fait consentir à la suasion de l'entendement, & qui d'vne suasion
simple & imparfaite, en fait vne entiere persuasion.

Or, mon Censeur, i'ay eu trois raisons qui m'ont obligé
de representer cette maniere de rejetter la Grace, de la
part de ce qu'elle opere dans l'entendement. La premiere est, que le Concile de Trente, par vostre propre aueu,
ayant eu esgard en sa definition à cette sentence de Sainct
Augustin, *Le consentir ou le dissentir est de nostre propre volonté;*
Et Sainct Augustin en ce lieu-là n'ayant exprimé precisément que la suasion, ou l'illumination de l'entendement,
il est à croire que le Concile, qui a suiuy ce Pere, a regardé particulierement aussi à la suasion, ou à la lumiere qui
s'éleue dans l'entendement, lors que la Grace commence
à nous toucher. La seconde raison est, que la Grace, selon l'ordre accoustumé de Dieu, ne nous estant pas versée
tout d'vn coup, mais peu à peu, comme nous l'auons dé-
ja marqué; il se peut faire que dans les premiers instans
qu'elle nous est donnée, elle n'atteigne que la superficie
de nostre raison; & alors il est vray de dire que nous pouuons absolument la rejetter, & qu'effectiuement nous la
rejettons, nostre propre volonté demeurant encore du
tout inflexible, & du tout rebelle à l'inspiration diuine, &
ne s'esbranslant aucunement: comme aussi dans les instans suiuans, lors que la Grace commence à effleurer
nostre volonté, & à luy faire dire, Ie voudrois, il est vray
qu'en vn certain sens nous pouuons la repousser, & qu'en
effet nous la repoussons, puis que nostre volonté dit simplement encore, Ie ne le veux pas, quoy qu'elle die, Ie le
voudrois bien. La troisiesme raison est, que certains Docteurs distinguant la Grace en excitante & en secourante,
& enseignant qu'on resiste quelquefois absolument à l'ex-
citáte: Il est vray-semblable que par l'excitante, ils entendent seulement, ou cette premiere atteinte de nostre vo-

lonté, qui n'opere pas vne vraye conuerfion, ou la fuafion
qui éclate dans noftre entendement, & qui eft comme
le leuant, & la premiere pointe de noftre conuerfion à
Dieu, & qui peut compatir neantmoins auec vne entiere
rebellion de noftre volonté : Ce qui eftant ainfi, ils ne difent rien, qui ne foit tres-conforme aux fentimens, & aux
principes de S. Auguftin, & par confequent aux principes
& aux fentimens de l'Eglife Catholique, qui a toufiours
fuiuy dans la doctrine de la Grace, cet Aigle entre les
Peres, & ce commun Maiftre des Docteurs.

CHAPITRE VIII,
*Où l'on fait voir l'abfurde raifonnement du Differtateur,
touchant la nature de la liberté.*

Le Differt. pag. 141.

Mais pour venir au fond de la queftion, mon
Cenfeur, vous nous reuelez vn grand myftere, qui
eft, que lors que Sainct Auguftin definit la liberté, ou veut
nous enfeigner ce qui eft proprement en noftre puiffance,
ou en noftre liberté ; il dit que c'eft ce que nous faifons, fi
nous voulons ; & ce que nous ne faifons pas , fi nous ne
voulons pas ; & de là vous inferez que pour eftre libre, il
eft neceffaire que l'on ait en fa puiffance de vouloir vne
chofe, ou de ne la vouloir pas ; & que fans cette indifference de la volonté, il n'y a point de liberté : Ce que vous
auancez auec vn amas d'opprobres, & de maledictions
fanglantes dont vous nous chargez à voftre accouftumé.
Encore icy donc, vous tefmoignez qu'il n'y a point de
ftyle plus égal, ny plus vniforme que le voftre, puis qu'il
paroift toufiours tres-fort en injures, & tres-foible en raifons ; quelle confequence eft celle-cy, mon Cenfeur?
Nous auons en noftre puiffance ce que nous faifons fi
nous voulons, & ce que nous ne faifons pas, fi nous ne
voulons pas ; Donc pour eftre libres, il eft neceffaire que
nous puiffions vouloir vne mefme chofe, ou ne la vouloir
pas : Quoy, Iefus Chrift & les Bienheureux ne font-ils pas
libres en aymant Dieu? & fi noftre puiffance n'eft autre

chose que nostre volonté, n'ont-ils pas en leur puissance
d'aymer Dieu, puis qu'ils ont vne volonté tres-forte pour
l'aymer? & Dieu n'a-t'il pas d'autât plus en sa puissance de
s'aymer, qu'il luy est impossible de ne s'aymer pas, par vne
impossibilité, s'il faut dire ainsi, toute puissante, estant
luy-mesme son estre, son intelligence, sa volonté, & son
amour? Que si l'hôme en l'estat où il est, a la puissance de
vouloir le bien, ou de ne le vouloir pas, cette indifference
de sa volonté est bien vn tesmoignage, mais non pas vne
cause de sa liberté, puis que toute volonté qui est libre,
n'est pas indifferente; bien que toute volonté qui est indifferente, soit libre; son indifference tesmoignant qu'elle
a dans elle-mesme le principe de son mouuement & de
son operation: Et vous sçauez bien que la puissance de
vouloir le mal, ou de pecher, est vn signe & vn defaut de la
liberté: comme la maladie est vn defaut & vn signe tout
ensemble de la vie en celuy qui languit, & qui ne langui-
roit pas s'il ne viuoit point: mais aussi qui vit imparfaite-
ment, parce qu'il languit. Et si l'homme delibere mesme
en receuât la Grace, côme consultant s'il doit la receuoir,
ou ne la receuoir pas, cette deliberation est vne marque
qu'il ne possede encore qu'vne liberté foible, puis qu'elle
peut pancher au mal; mais c'est la Grace qui arreste, & qui
resout l'incertitude de cette deliberation, en persuadant
le bien à nostre entendement, & en y portant immobilement nostre volonté. Vous auez ouy cy dessus S. Augustin
disputant côtre Iulien, qui estimoit, côme vous, que nostre
liberté consistoit dans l'indifference de nostre volonté.

Mais afin que vous ne pensiez pas que cette doctrine
ait esté bannie de l'esprit des Peres; escoutez Sainct Bernard, qui nous la déploye auec tant de force & de clarté:
[a] *Que personne ne se figure*, dit-il, *que le franc arbitre est ainsi
nommé, parce qu'il consiste dans vne faculté, ou dans vne puissance égale entre le bien ou le mal, puis qu'il a bien pû tomber
par luy mesme, mais non pas se releuer, sinon par l'Esprit du Seigneur; autrement ny Dieu, ny les saincts Anges, qui sont tellement bons, qu'ils ne peuuent estre mauuais, ny aussi les Anges
preuaricateurs, qui sont si mauuais, que maintenant ils ne peu-*

a S. Bernard, au liu. du franc arb. assez loin deuant la fin. Nemo proinde putet, ideo dictum liberum arbitriũ, quòd æquâ inter bonum & malum potestate aut facultate versetur, cùm cadere per se quidem potuerit, non autem resurgere, nisi per Domini Spiritum; alioqui nec Deus, nec Angeli sancti cùm ita sint boni, vt non possint esse & mali; nec præuaricatores itẽ Angeli, cùm ita sint mali, vt iam non valeant esse boni, liberi arbitrij esse dicuntur: sed & nos illud post resurrectionẽ amissuri sumus, quandoutique inseparabiliter alij bonis, alij malis admixti fuerimus: Cæterùm, nec Deus caret libero arbitrio, nec diabolus , quoniam quod ille eſſe non poteſt malus, non infirma facit neceſſitas , ſed firma in bono voluntas , & voluntaria firmitas ; quòd iſte non valet in bonúreſpirare,non aliena facit violéta oppreſſio, ſed ſua ipſius in malo obſtinata voluntas , ac voluntaria obſtinatio : nunc igitur ex eo potius liberum arbitrium dicitur,quod ſiue in bono, ſiue in malo, æquè liberam facit voluntatem , cùm nec bonus quiſpiam, nec item malus dici debeat,aut eſſe valeat, niſi volens.

Nicolaus de Orbellis ſur le 2. liu des Sentences, diſt. 20. qu. 1.

ment eſtre bons , ne ſont pas dits auoir le franc arbitre , où meſme nous deuons le perdre apres la reſurrection , quand nous ſerons meſlez inſeparablement les vns auec les bons, & les autres auec les mauuais. Au reſte Dieu n'eſt point priué du franc arbitre, ny le Diable auſſi : Car ce que celuy-là ne peut eſtre meſchant , cela ne vient pas d'vne infirme neceſſité , mais d'vne volonté ferme dans le bien , & d'vne volontaire fermeté; & ce que celuy-cy, le Demon, *ne peut aſpirer au bien, cela ne viẽt pas d'vne oppreſſion eſtrangere & violente , mais de ſa volonté propre obſtinée dans le mal , & de ſa volontaire obſtination; maintenant donc le franc arbitre eſt pluſtoſt ainſi nommé, parce qu'il rend la volonté également libre , ſoit dans le bien, ſoit dans le mal, dautant que perſonne ne peut eſtre dit , & ne peut eſtre ou bon ou mauuais , ſinon celuy qui veut.*

Et afin que vous ne penſiez pas auſſi que l'Eſchole ait ignoré cette verité, voicy comment elle eſt enſeignée en termes tous formels, par vn excellent Maiſtre de la Theologie Scholaſtique : *On doute en ſecond lieu, dit-il , à ſçauoir ſi le franc arbitre eſt également en tous ceux dans leſquels il eſt, Ie reſponds que le franc arbitre peut eſtre comparé auec la choſe de laquelle il eſt libre, ou auec la choſe pour laquelle il eſt libre. Au premier ſens, il y a trois ſortes de liberté; C'eſt à dire (d'affranchiſſement) de la contrainte, de la coulpe, & de la miſere. La liberté (qui eſt l'affranchiſſement) de la coulpe n'eſt pas également dans les bons & dans les mauuais, ny ãans les voyageurs ny dans les bienheureux; d'où vient que Sainct Auguſtin dit en ſon Manuel, Le franc arbitre ſera beaucoup plus libre,quand il ne pourra plus ſeruir au peché: La liberté auſſi (qui eſt l'affranchiſſement) de la miſere, n'eſt pas également en tous comme il paroiſt; mais la liberté,qui eſt l'affranchiſſement de la contrainte, eſt également en tous , parce que la volonté ne peut eſtre nullement contrainte , ſelon S. Bernard: Car bien qu'il y ait dans Dieu & dans les bienheureux vne neceſſité d'immutabilité; ce n'eſt pas neantmoins (vne neceſſité) de contrainte, mais la neceſſité d'immutabilité ne repugne pas à la liberté, dautant que le franc arbitre eſt appellé libre ſimplement, non parce qu'il veut tellement cecy qu'il puiſſe vouloir le contraire; mais parce que tout ce qu'il veut,il le deſire auec vn empire ſur luy meſme , dautant qu'il veut*

vne

Neceſſitas autem immutabilitatis non repugnat libertati; dicitur enim arbitrium liberum ſimpliciter , non quod ſic velit hoc, vt poſſit velle oppoſitum , ſed

une chose en telle sorte, qu'il veut bien la vouloir, & partant
dans l'acte de vouloir il se meut luy-mesme, & regne sur luy-
mesme; & à cet égard il est dit libre, bien qu'il soit ordonné
immuablement à cela. Que si l'on compare le franc arbitre auec
la chose pour laquelle il est libre, c'est à dire, pour faire ce qui est
droit; auquel sens, selon S. Anselme, c'est vne faculté, & vne
puissance de garder la droicture, de cette sorte il n'est pas également en tous : car vne telle puissance est en Dieu par luy-mesme;
mais dans les creatures, elle est empruntée d'vn autre, & cette
puissance est aussi dauantage dans ceux qui sont confirmez, que
dans ceux qui ne sont pas confirmez; & dauantage dans les bons,
que dans les mauuais. Mais puis que la puissance de pecher diminuë la liberté, pour cette raison, selon S. Anselme, la puissance de pecher n'est point la liberté, ny vne partie de la liberté, prenant le franc arbitre selon sa commune notion ; mais la puissance qui tombe sur l'acte auquel est annexée la difformité, est bien
vne partie de la liberté, non simplement, mais seulement de la
liberté creée : d'où vient que la difformité dans l'acte conuient
plustost au franc arbitre, entant qu'il est creé, ou entant qu'il est
tiré du neant, qu'entant qu'il est libre. En troisiesme lieu, l'on
doute si le franc arbitre peut estre contraint ? Ie responds, que
bien que Dieu pût destruire la nature du franc arbitre creé,
toutefois la puissance naturelle du franc arbitre subsistant,
il ne peut estre contraint ; autrement ce seroit faire des
choses contradictoires, puis qu'alors le libre arbitre ne seroit
pas libre ; mais Dieu peut bien l'incliner efficacement, & faire
qu'il se meuue librement du costé que Dieu aura voulu; c'est
pourquoy il est dit dans les Prouerbes, *Le cœur du Roy est en la
main du Seigneur, il le fera pancher du costé qu'il voudra.* Et
puis que Dieu ne peut contraindre le franc arbitre, à plus forte
raison la creature ne le peut.

> quia omne quod vult,
> appetit ad sui ipsius im-
> periū, quia sic vult ali-
> quid, vt velit se velle il-
> lud, & ideo in actu vo-
> lendi se ipsum mouer,
> & sibi dominatur, &
> pro tanto dicitur libe-
> rum, quamuis immuta-
> biliter ordinetur ad il-
> lud.

Au reste, mon Censeur, quelque furieux que vous
soyez dans la fierté de vos inuectiues, vous ne laissez pas
de paroistre d'vne humeur agreable, & diuertissante, en
essayant tousiours de nous entretenir de choses ridicules.
Car il est ridicule, dites-vous, de raisonner de cette sorte, comme fait l'Autheur de la Lettre : *Lors que le Concile defend de dire qu'on ne peut dissentir à la Grace si l'on veut,*

> Le Dissert. pag. 161.
> Porrò similiter facit,
> &c.
> La Lettre, pag. 58.

Gg

il establit là vne liberté , laquelle estant ostée à la volonté, il
s'ensuiuroit que la volonté n'agiroit point du tout. Voulez-vous
le voir euidemment ? Lors que le Concile condamne ceux qui
disent, que le franc arbitre ne peut dissentir s'il veut, mais qu'il
est comme vne chose inanimée , & purement passiue ; n'est-ce
pas comme s'il disoit, que si le franc arbitre ne peut dissentir s'il
veut, il faut qu'il soit comme vne pierre, & comme vn tronc
inanimé, & qu'il n'agisse point du tout ? Le Concile donc en enseignant que le franc arbitre peut dissentir s'il veut, establit vne
liberté, laquelle estant rauie à la volonté, il s'ensuiuroit que la
volonté n'agiroit aucunement : mais qui ne voit que l'on ne peut
dire de la liberté d'indifference à consentir, ou dissentir, que cette
liberté estant ostée à la volonté , il s'ensuiuroit que la volonté
seroit priuée de toute action, puis que Iesus-Christ & les Bien-
heureux qui n'ont pas cette liberté, pour cela ne laissent point
d'agir ; & bien qu'ils suiuent inéuitablement l'empire de la
Grace, ne peuuent estre comparez, qu'auec vne horrible impieté,
à des troncs inanimez ? Le Concile donc necessairement quand
il definit en ce Canon, que l'on peut dissentir si l'on veut, de
crainte qu'on ne soit semblable à vn tronc inanimé, establit vne
liberté, qui n'est autre chose qu'vne faculté reelle de vouloir, &
d'agir, quand nous consentons, ou dissentons : de laquelle faculté reelle de vouloir & d'agir, quand on consent, & quand
on dissent ; le Concile enseigne doctement, que si elle estoit ostée
à la volonté, il faudroit que la volonté fust comme vne pierre,
vne souche, vn tronc inanimé, sans mouuement, & sans action.
Maintenant, mon Censeur, comment nous faites-vous
cognoistre l'imbecillité de ce raisonnement ? A vostre ordinaire par vne similitude simple, familiere, & merueil-
leusement conforme à la portée des petits esprits, comme les nostres. Lors que le sieur Abbé, dites-vous, raisonne
contre l'opinion commune , (c'est mon opinion qui est la
commune, & non pas celle de vostre maistre Molina) touchant le Canon du Concile de Trente : Il fait de mesme que si
quelqu'vn voulant prouuer que l'homme est pourueu de mouuement naturel, & d'action, & qu'il n'est pas oisif à la façon d'vn
tronc ; & voulant le demonstrer, parce qu'il raisonne, & qu'il
entend, luy contrediroit ainsi, & luy opposeroit cet argument.

Si quelqu'vn pretend de prouuer qu'vn homme n'eſt pas comme
vne ſouche, priué de toute action, & de tout mouuement ; il doit
alleguer, pour monſtrer cela, vne eſpece d'action, laquelle eſtant
oſtée, il ſeroit ſemblable à vn tronc ; qui pourroit ſouffrir vn hom-
me qui argumenteroit en cette maniere ? & qui ne le renuoyeroit
auec iniure, & auec deriſion ? Vous y reüſſiriez à merueille,
mon Cenſeur. *Enfin on peut prouuer, comme on fait pour l'or-*
dinaire, qu'vne ſubſtance eſt pourueüe de ſentiment, parce que
elle eſt raiſonnable ; & pour prouuer cela, il n'y a point de regle
de la Dialectique qui m'oblige à choiſir vn moyen, lequel n'ayant
pas lieu, il s'en enſuiue que cette ſubſtance n'ait point de ſen-
timent.

Vous allez apres l'ombre de vos fantaiſies, mon Cenſeur,
& bien que vous les combattiez ſans ceſſe, elles reuien-
nent inceſſammét. Qui eſt-ce qui vous dit, que pour prouuer qu'vne cauſe agit, il ſoit neceſſaire d'alleguer vn genre d'action, ſans lequel elle n'agiroit point ? Mais comme
on n'eſt pas obligé de le faire, ne peut-on pas le faire
auſſi ? Et ne peut-on pas prouuer que l'homme agit, parce qu'il eſt le principe de ſes actions ? ce qui n'eſtant pas,
il n'agiroit point ; & c'eſt ce que le Concile fait icy : Car
voulant prouuer que l'homme agit en receuant la Grace,
il luy attribuë vne eſpece de liberté, laquelle eſtant oſtée,
il n'agiroit point du tout. Ce qui ne ſe peut dire de la liberté d'indifference, parce que cette liberté eſtant rauie
à l'homme, il ne laiſſeroit pas d'agir : car il eſt bien vray,
que s'il a la liberté d'indifference, il s'enſuit qu'il agit ;
mais bien qu'il n'ait pas cette liberté, il ne s'enſuit pas
qu'il n'agiſſe point ; au lieu que ſi nous parlons de la liberté du volontaire, non ſeulement s'il a cette liberté,
il s'enſuit qu'il agit, mais encore s'il n'a point cette liberté, il s'enſuit qu'il n'agit point. Et pour vous expliquer ce raiſonnement auec plus de clarté, bien qu'il n'en
ayt pas beſoin : Repreſentez-vous que le Concile ayt
voulu condamner cette alternatiue en la perſonne de Luther, que le franc arbitre n'agit point en receuant la Grace, ou que s'il agit, c'eſt la Grace qui le determine à ſon
action ; en ce cas il eut fallu ſans doute que le Concile eut

dit, Si quelqu'vn enseigne que le franc arbitre ne coopere pas auec la Grace, & qu'il ne peut dissentir s'il veut,
mais qu'il est comme vne chose inanimée, ou que s'il
agit, c'est la Grace qui le determine à son action, qu'il
soit anatheme : ou bien encore, il eut fallu que le Concile
eut dit plus expressément, Si quelqu'vn enseigne que le
franc arbitre ne se determine pas luy-mesme à consentir
ou à dissentir, mais qu'il est sans action, comme vne chose
inanimée ; ou que c'est la Grace qui l'applique determinément à son action, qu'il soit anatheme : mais le Concile dit seulement, Si quelqu'vn asseure que le franc arbitre ne coopere pas auec la Grace, & ne peut dissentir
s'il veut ; mais qu'il est comme vne chose inanimée, &
concourt passiuement, qu'il soit anatheme. Le Concile
donc ne condamne pas la liberté qui vient de la Grace,
qui fait agir la volonté, en la determinant à son action,
mais oppose plustost immediatement cette liberté viue
& agissante, à la necessité qui estouffe l'action de la volonté, autrement cette aduersatiue ; mais que le franc
arbitre est comme vne chose inanimée, ne seroit pas pleine, & pour la remplir, il eut fallu dire alternatiuement.
Mais que le franc arbitre est comme vne chose inanimée,
n'ayant point d'action ; ou que s'il agit, c'est la Grace qui
l'applique immobilement à son action.

Vous repliquerez, peut estre, que bien que le Concile
n'ayt pas condamné cette liberté, qui n'est autre chose
que le volontaire, il ne s'ensuit pas qu'il l'ayt establie. Ie
responds que le Concile establit cette liberté en cela
mesme qu'il ne la condamne point : car il est sans doute
que ce S. Synode, & il n'y a point de Catholique qui en
puisse faire vn autre iugement, a eu dessein d'attribuer à
la Grace toute l'efficace & toute l'energie, qui ne destruit
pas la liberté : Il a donc eu dessein d'attribuer à la Grace
la vertu de determiner nostre volonté, puis qu'il a recogneu que cette vertu predeterminante ne destruisoit pas
la liberté, mais l'augmentoit plustost que de la diminuer. Cherchez donc maintenant cet homme, mon
Censeur, qu'il falloit renuoyer auec tant d'opprobres &

de derifion : mais ne vous mettez pas en peine, vous l'aurez bien toft trouué, il n'eft pas éloigné de vous.

CHAPITRE IX,

Où font apportées quelques obferuations qui doiuent eftre faites touchant les fentimens des Docteurs Scholaftiques, qui ont affifté au Concile de Trente.

MAIS maintenant nous voicy venus, mon Cenfeur, ou pluftoft nous voicy entrez dans cette belle lice, où vous introduifez[a] comme en des ieux [b] facrez, tant de Combattans & tant d'Athletes, à ce que vous dites, pour defendre la doctrine de l'Eglife, en la perfonne du Concile de Trente ; & c'eft ce ramas que vous auez fait de quelques Docteurs de la Theologie Scholaftique, que vous produifez pour eftre interpretes du mefme Concile, fi on vous en croyoit, au preiudice de S. Auguftin, & de fes anciens difciples, aufquels ce Synode nous renuoye, comme aux vrays Autheurs de fes definitions. Et fur ce fujet, ie pourrois vous alleguer premierement, que les Theologiens de differens Ordres, & de differentes opinions, & ceux-là mefmes qui ont affifté au Concile de Trente, n'ayant pas laiffé de difputer du fens de fes decifions, recourir aux ouurages & aux efcrits de ces Docteurs : ce n'eft pas vne voye auffi aifée, & auffi certaine que vous eftimez, pour interpreter ce facré Synode aux lieux controuerfez parmy les Catholiques.

Vous fçauez que les Religieux de Sainct Dominique, qui font profeffion d'eftre difciples de Sainct Thomas; & les Religieux de l'Ordre de Sainct François, qui font profeffion d'eftre difciples de l'Efcot, expliquent ce Concile diuerfement, felon la diuerfité de leurs principes. Vous fçauez que ç'a efté pour cette raifon que Soto, Religieux de l'Ordre de Sainct Dominique; & Vega, Religieux de

Gg iij

a *Le Differt. pag.* 163.
b *Pag.* 179. Ad illud par nobiliffimum pugilum, quos iccirco primos in hanc velut arenam produximus.

l'Ordre de S. François, bien qu'ils eussent esté presens au mesme Concile, firent la mesme année des liures entiers l'vn contre l'autre, sur l'intelligence des définitions de ce Synode, & particulierement sur la maniere dont il auoit decidé, que les Iustes peuuent estre asseurez qu'ils sont en la grace de Dieu. Vous sçauez que Catarin, outre sa fantaisie particuliere, qui luy a fait escrire qu'il y auoit deux sortes de sauuez, dont les vns sont predestinez, & les autres ne le sont pas; bien qu'il se soit trouué au mesme Concile, n'a pas laissé de le choquer, & sans y penser peut-estre, en ce qui regarde le peché originel : Ce que Bellarmin & Posseuin Iesuites luy ont reproché si iustement aussi bien qu'à Pighius, comme vne heresie, ou vne erreur contraire à ce sainct Synode : *Et Pighius mesme, dit Posseuin, en la premiere controuerse du peché originel, & Ambroise Catarin en sa petite œuure de la cheute de l'homme, & du peché originel, au chapitre sixiesme, ont auancé vne chose fausse & heretique, en ce qu'ils ont dit que le peché originel n'estoit autre chose que la premiere transgression actuelle d'Adam, & que dans les enfans, il n'y auoit rien de particulier & d'inherant en chacun, qui eût la veritable nature du peché : Car il y a vne definition claire du Concile de Trente, en la cinquiesme Session, où l'on lit quatre Sentences touchant le peché orignel, qui sont autant d'argumens contre la doctrine de Pighius, & de Catarin.* Vous sçauez que ç'a esté pour la mesme cause que Molina n'a pas crû faire vne chose ridicule, en reprenant, comme il fait à tout moment les mesmes Docteurs Soto, Vega, & Catarin, d'auoir contreuenu aux definitions du Concile de Trente, & de n'auoir pas compris le sens de celle-là mesme, de laquelle vous pretendez icy auec tant de faste, qu'ils soient infaillibles interpretes.

Et ne sçauez-vous pas que le fondement de cette dissention qui regne entre les Theologiens qui ont esté presens à ce sainct Concile, touchant l'intelligence de ses decisions, est que le Concile par vne prudence loüable & necessaire, s'estant abstenu, autant qu'il pouuoit, de condamner en termes expres les Docteurs Catholiques, composa ses Canons en sorte, qu'aucun de ces Docteurs n'y trouuaſt ouuertement ſa condamnation : d'où vient que ces Canons ayant eſté en meſme temps enuoyez à Rome, & communiquez aux Ordres Religieux, comme l'hiſtoire le teſmoigne : Ils furent approuuez d'vn commun accord, chacun ſe perſuadant qu'il luy ſeroit facile de les interpreter en ſa faueur. Ce qui eſtant ainſi, cette diuerſité, & cette conteſtation des Theologiens meſmes qui ont eu part à ce Concile, touchant le vray ſens de ſes Canons, ne nous obligent-t'elles pas de recourir aux Peres, & aux anciens Conciles, comme aux Iuges & aux Arbitres legitimes de tous les differens de ces nouueaux Docteurs, & principalement puis que ce ſont les ſources dans leſquelles le Concile nous aſſeure tant de fois, qu'il a puiſé tous ſes decrets, & tous ſes reglemens ?

Et ne ſçauez-vous pas auſſi, que ç'a eſté pour ce ſujet que le grand Pape Clement huictieſme fit ſi ſagement, lors que dans les Conferences qui ſe faiſoient en ſa preſence, entre les Peres Dominiquains & les Peres Ieſuites, il ne voulut iamais ſouffrir que ceux-cy ſe ſeruiſſent de l'authorité des Docteurs Scholaſtiques, non pas meſme lors qu'il ſ'agiſſoit de l'explication des lieux du Concile de Trente ; mais ordonna pluſtoſt que ſelon l'intention du meſme Concile, on alleguaſt ſeulement le teſmoignage de l'Eſcriture ſaincte, de la tradition des Conciles, & des Peres, où l'on doit rechercher les veritables regles, & les veritables fondemens de la foy Chreſtienne. *Apres que le Pere Valentia eut dit ces choſes*, diſent les actes de ces Congregations, *noſtre tres-ſainct Seigneur leut dans le Concile de Trente, comment en traitant, & en definiſſant les choſes de la Foy nous deuons nous ſeruir de ces teſmoignages : Premierement, des liures ſacrez : ſecondement, de l'authorité des Conciles approuuez ; & troiſieſmement, de l'authorité des ſaincts Peres ; c'eſt là dequoy vous deuez vous ſeruir, leur dit-il* (aux Peres Ieſuites) *& non des autheurs Scholaſtiques que vous apportez.* Par où vous voyez que ç'a eſté principalement de ce grand Pape que le grand Docteur de Sorbonne, dont ie vous ay deſia parlé, auoit appris cette belle maxime, touchant les moyens les plus raiſonnables, d'expliquer les de-

Dans les actes des Conferences tenuës en preſence de ce Pape.

Congr. 8. vn peu apres le commenc. Poſtquã autẽ hæc dixit Pater Valentia, ſanctiſſimus Dominus noſter legit in Concilio Trident. quoniodo ad res fidei tractandas, & definiendas, his debemus vti teſtimoniis : 1. libris ſacris : 2. auctoritate approbatorum Conciliorum : 3. auctoritate Sanctorum Patrum : his vti debetis, ait, non autem ſcholaſticis authoribus, quos adducitis.

Monsieur le Bossu, voyez le Latin cy-dessus.

crets du Concile de Trente, aux choses de la Grace & de la Iustification. *La commune opinion des Theologiens, dit ce Docteur, touchant la iustification, ne peut estre mieux entenduë que par la definition du Concile de Trente, dans laquelle definition s'il y a quelque chose qui paroisse ambigu, ou controuersé, on ne pourra mieux le resoudre,* (remarquez la force de ce mot, Resoudre) *que par la doctrine de S. Augustin, le Docteur de la Grace, comme on l'a nommé cy-dessus, & par son tres-fidele Interprete S. Thomas.*

Et quant au Canon du mesme Concile, dont nous recherchons l'explication, ne nous enseignez-vous pas vous mesmes que nous deuons l'apprendre de Sainct Augustin, duquel, apres les Escritures, ce S. Synode, par voltre propre aueu, a emprunté sa forme de croire, & sa regle de parler? *Ce n'est autre chose,* dites-vous, *que ce que le Concile de Trente a definy, que l'on dissent à la Grace, en sorte que l'on pourroit y consentir. Mais afin que les Heretiques pretendus Theologiens, & leur defenseurs touchant le franc arbitre, qui ne se vantent que d'Augustin, & qui se glorifient d'auoir passé tant d'années à le lire, rougissent de leur folie; ie rapporteray vn tesmoignage de ce Pere, tres-excellent, & vrayement decisif,* (Vous auez donc voulu donner au Concile vne interpretation vrayement decisiue par Sainct Augustin.) *par lequel tesmoignage leur opinion est conuaincuë, leur obstination brisée, & l'opinion commune confirmée : Car c'est la source de laquelle le Concile de Trente, APRES LES ESCRITVRES,* *A PRIS SA FORME DE CROIRE, ET SA REGLE DE* *PARLER.* Il est donc sans doute, par voltre doctrine propre, que pour interpreter ce Canon du Concile, il vaut beaucoup mieux auoir recours à Sainct Augustin, qui a esté, comme vous dites, la regle du Concile, & qui ne se contredit point luy-mesme, que d'auoir recours aux Docteurs Scholastiques qui ont assisté à ce Synode, desquels les opinions n'ont point seruy de regle à celle du Concile, & qui se contredisent les vns les autres, en le tirant chacun de son costé, pour le rendre fauorable à leurs opinions particulieres.

Tom. 3. l. 4. de l'ouvrage des 6 iours, ch. 5. §. 8. & 9.

En second lieu, ie pourrois vous alleguer, qu'enuiron le
temps

temps du Concile de Trente, & vn peu apres la naissance de l'Heresie Lutherienne, les esprits des Catholiques estans eschauffez à la combattre, s'emportoient bien souuent à l'autre extremité, & sembloient quelquefois pencher vers l'erreur de Pelagius; & c'est vn desordre que le Cardinal Contarenus, qui a vescu en ce temps là, reprend & déplore en ces paroles: *Les autres*, dit-il, *se vantant du tiltre de la Religion Catholique, & se glorifiant d'estre les aduersaires des disciples de Luther, lors qu'ils essayent excessiuement d'establir la liberté du franc arbitre, ne s'apperçoiuent pas qu'ils dérogent beaucoup à la Grace de Iesus Christ, & par vn desir immoderé de combattre les Lutheriens, ils s'opposent à de tres-grandes lumieres de l'Eglise Chrestienne, & aux plus grands Docteurs de la verité Catholique, declinant plus qu'il ne faudroit vers l'heresie de Pelagius.* Apres quoy le mesme Cardinal blasme iustement aussi l'inconsideration de quelques autres Catholiques, qui n'enseignoient pas la doctrine de S. Augustin auec toute la prudence necessaire, ou ne l'entendant pas eux-mesmes, soit par leurs prejugez, soit par leur negligence, ou ne la preschant pas en sorte qu'elle pût edifier ceux ausquels on la preschoit. Mais en vn autre lieu ce grand Prelat obserue, qu'en plusieurs endroits on auoit inspiré au peuple vne auersion si aucugle contre l'opinion de Luther, que l'on ne pouuoit luy prescher les plus importantes, & les plus essentielles veritez de la Religion, sans le troubler, & sans le scandaliser: *Il s'est esleué de certains hommes*, dit-il, *qui font profession d'estre les ennemis & les aduersaires des Lutheriens, & les defenseurs de la verité Catholique; & ceux cy dés qu'ils entendent que l'on parle au peuple de l'imbecillité de la nature humaine, de la maladie du franc arbitre, de la Grace, de la Foy que nous deuons auoir en Iesus Christ, crient aussi tost que c'est là la doctrine des Lutheriens,* (Combien y a-t'il aujourd'huy de cette espece d'hommes, mon Censeur? & qui sont ceux qui les ont faits naistre, & qui les multiplient tous les iours?) *& lors qu'ils veulent soustenir opiniastrement la liberté du franc arbitre, ils esleuent l'homme peu à peu, depriment la grace de Dieu; de Catholiques qu'ils estoient, se rendent eux-mesmes Pelagiens, & empeschent*

Liu de la Predest. pag. 624. Alij enim Catholicæ se se religionis titulo venditantes, & Lutheranorum aduersarios iactitantes, dum arbitrij libertatem nimium adstruere conantur, Christi se gratiæ plurimum detrahere nõ intelligunt, & nimio Lutheranos oppugnandi studio, maximis Ecclesiæ Christianæ luminibus, primisque Catholicæ veritatis Doctoribus aduersantur, in Pelagij hæresim plus æquo declinantes.

Là mesme. pag. 610. Exorti quidam sunt, qui se Lutheranorum hostes atque aduersarios, Catholicæque veritatis patronos esse profitentur, qui statim atque de humanæ naturæ imbecillitate, de arbitrij ægritudine, de gratia, de fide, qua erga Christum affici debemus, verba apud populum fieri audiunt, Lutheranorum doctrinam esse clamãt, & cùm pertinaciter arbitrij libertatem asserere volunt, hominem paulatim extollunt, diuinam gratiam deprimunt, ipsi ex Catholicis

Pelagianos se se faciūt, & ne, quod in Christiana relligione caput & radix est, propagetur, & latius diffundatur, impediunt; imperitam verò multitudinem multis modis offendunt, multorumque seditionum ac dissentionum telas ordiuntur.

a *Sur l'année 490.*

que ce qui est la source & la racine de la Religion Chrestienne, ne se prouigne, & ne s'estende plus au long : & offensent le peuple ignorant, en plusieurs manieres, & ourdissent la toile de beaucoup de dissentions, & de seditions.

Et c'est ce zele immoderé de quelques Catholiques, qui pensent que l'Eglise ne peut subsister sans l'ayde du mensonge, & qu'on ne peut combattre vne erreur que par vne autre: qui a fait escrire au grand a Baronius ces paroles iudicieuses : *Puis donc que l'on a condamné par tout, l'opinion de Fauste, que certains nouueaux Docteurs auisent auec quel peril ils abandonnent le sentiment de sainct Augustin touchant la Grace, & la predestination ; principalement puisque nous ne manquons point d'armes pour nous rendre superieurs à nos aduersaires.* Cela estant, il ne faut pas douter que ce n'ait esté cette passion brulante & excessiue d'impugner les Heretiques, qui au temps du Concile de Trente a porté quelques Docteurs à passer les bornes de la verité, ou à defendre certaines opinions, soit dans le Concile, soit hors du Concile, parce que ils les estimoient plus propres à combattre les heresies de leur siecle, & à les rendre odieuses au commun peuple ; & bien que le Concile se seruant tousiours religieusement des propres expressions des Conciles & des Peres, se soit tousiours retenu & enfermé tres-exactement dans les limites de la tradition Ecclesiastique, quelques Docteurs n'ont pas fait scrupule de les exceder, & s'estant aueuglez eux mesmes dans leurs preiugez particuliers, n'ont pas crû s'esloigner de la doctrine du Concile, dans les choses mesmes dans lesquelles ils la quittroient ouuertement.

Et puis que nous auons parlé de Fauste, dont les sentimens ont esté condamnez de toute l'Eglise, comme dit Baronius, ie pourrois vous alleguer en troisiesme lieu, que quelques Docteurs Scholastiques ayant pris certains liures & certains Autheurs pour Catholiques, qui en effect ne l'estoient pas, essayoient innocemment de les suiure en plusieurs choses ; & bien qu'ils fissent tout ce qu'ils pouuoient pour adiuster, ou pour ramener l'opinion de ces Autheurs, à l'opinion de Sainct Augustin, à laquelle ils s'attachoient immobilement, ils ne pouuoient faire neantmoins cette conciliation de sentimens en telle sorte, qu'elle ne parut accompagnée de quelque violence, ou de quelque obscurité; ces Autheurs, ou plustost les liures de ces Autheurs sont ceux de Fauste, de la Grace, & du franc arbitre, celuy des Dogmes Ecclesiastiques, faussement attribué à Sainct Augustin, car il est de Gennadius, & le Commentaire des Epistres de Sainct Paul, publié sous le nom de Sainct Ambroise, bien qu'il soit d'vn Escriuain atteint de l'erreur de Pelagius. Ainsi Soto allegue ces paroles du liure des Dogmes Ecclesiastiques, qui est, comme on sçait, vn ouurage de Gennadius. *Mais après que l'homme, le Serpent l'ayant seduit par Eue, est tombé, il a perdu en mesme temps le bien de la nature, & la vigueur du franc arbitre; mais il n'a pas neantmoins perdu l'élection, de crainte que ce qu'il euitoit, ne fust pas sien, & qu'on ne luy imputast pas à merite ce qu'il n'auroit pas effacé par son franc arbitre.* Et là mesme Gennadius adjouste, mon Censeur, ce que vous auez iugé necessaire de supprimer. *La liberté donc du franc arbitre pour chercher le salut, demeure, c'est à dire, vne volonté raisonnable: Mais Dieu l'aduertissant premierement, & le conuiant au salut, afin qu'il choisisse, ou qu'il suiue, ou qu'il agisse dans l'occasion du salut; c'est à dire, auec l'inspiration de Dieu; mais qu'il acquiere ce qu'il a choisi, ou ce qu'il suit, ou ce qu'il fait dans cette occasion; nous confessons librement que cela est de Dieu. Nous auons donc le commencement de nostre salut, Dieu nous faisant misericorde, & il est en nostre puissance d'acquiescer à l'inspiration salutaire; que nous receuions ce que nous desirons, en acquiesçant à cette admonition, Cela est vn don de Dieu, & que nous ne dechoyons pas du don du salut que nous auons acquis, cela dépend de nostre sollicitude tout ensemble, & du secours celeste; & que nous dechoyons, cela vient de nostre puissance, & de nostre paresse.*

Or il est sans doute qu'en ces paroles, Gennadius exprime l'herefie Semipelagienne dans laquelle il estoit, comme les Docteurs de Louuain l'ont obserué, mettant à la marge, *Ce chapitre doit estre leu prudemment, & l'antidote est mis en suite.* Et comment donc osez-vous alleguer Soto,

---

Les Docteurs Scholastiques du precedent siecle qui ont suiuy ces Autheurs auec la precaution que ie viens de dire, sont entr'autres Driedo, l'Euesque Roffensis, le Cardinal Hosius, & Ruard Tapper, comme tout le monde le sçait de celuy-cy.

Au liu. de la Nat. & de la Gr. ch. 15.

Chap. 21. des Dogmes Ecclesiastiques.

eſtant ce texte pour nous enſeigner en quel ſens le Concile dit qu'il eſt en la puiſſance de noſtre franc arbitre de conſentir à la Grace, ou de ne pas y conſentir. Ie vous demande, ſi Gennadius a eſcrit ces paroles en vn ſens Catholique, ou en vn ſens Semipelagien ? Vous ne pouuez dire qu'il les ait eſcrites en vn ſens Catholique, puis que c'eſtoit vn Preſtre de Marſeille manifeſtement Semipelagien ; & s'il les a eſcrites en vn ſens Semipelagien, comment voulez-vous qu'elles nous enſeignent en quel ſens le Concile de Trente definit que nous pouuons conſentir à la Grace, ou ne pas luy conſentir ? Quant à Soto qui allegue ces paroles de ce Marſeillois, ou il y ſous-entéd la predetermination phyſique qui nous fait conſentir : Et en ce cas, il explique le Canon du Concile de Trente de la meſme ſorte que ie l'explique ; ou il ne ſous-entend pas cette predetermination, mais preſuppoſe, comme Gennadius, que noſtre franc arbitre eſt dans vne prochaine & abſoluë indifference à receuoir la Grace, ou à la rejetter, & en ce cas, Soto eſt manifeſtement Semipelagien auſſi bien que Gennadius : Et par conſequent vous alleguez ce Docteur Scholaſtique ſacrilegement, pour interpreter le Concile de Trente, & pour attribuer à ce ſainct Synode la veritable erreur des Semipelagiens.

Mais il vaut bien mieux dire qu'il y a cette difference entre vous & Soto, que Soto ſous-entendoit en ces paroles de Gennadius, la predetermination, ou la preparation de la volonté qui nous fait conſentir, à l'imitation de S. Auguſtin, qui auoit accouſtumé de corriger de cette ſorte ce qu'il auoit dit eſtant dans l'erreur des Semipelagiens, au lieu que vous ne ſous-entendez pas cette predetermination, ou cette preparation de noſtre franc arbitre, mais la fuyez, & la combattez, comme le poiſon de noſtre liberté ; ou ſi vous la ſous-entendez, il n'y a plus entre nous de different ſur ce ſujet. Et partant il faut que vous expliquiez le Concile de Trente comme ie l'explique, & que vous diſiez auec moy, apres Sainct Auguſtin, *Qu'il dépend de noſtre franc arbitre de conſentir à la Grace, ou de n'y conſentir pas : mais qu'en ceux qui conſentent, la volonté eſt preparée par le*

oignent. Quand à Fauste, le Cardinal Hosius, Driedo, & Ruard Tapper l'ont allégué, le croyant Catholique; & vous sçauez que Tapper pour cette cause a esté repris nomément par Bellarmin & par Possevin, vos sçauans Controuersistes, & qu'il demeura mesme tout estonné quand il fut aduerty par l'Eschole de Louuain, que ce Fauste qu'il approuuoit, n'estoit pas Catholique.

Mais que les Docteurs Scholastiques, qui se sont seruis innocemment de ces autheurs Semipelagiens, & de quelques Peres qui ont parlé obscurément ou de la Grace, ou de la predestination, ayent essayé de les expliquer fauorablement, & de les entendre, autant qu'il se pouuoit, en vn sens Catholique, suiuant la regle que Sainct Augustin nous auoit desia prescrite. Driedo nous le tesmoigne en ces paroles iudicieuses: *a Ie respons que tous les escrits des Peres, & principalement de ceux qui ont vescu deuant la naissance, ou la condamnation de l'heresie Pelagienne, ont besoin de sel, & d'vne saine interpretation selon la regle de Sainct Augustin.* Et bien que ce Docteur ait estimé que les autres Peres ne fussent pas contraires à Sainct Augustin en la matiere de la Grace & de la predestination, il ne craint pas neantmoins de dire, que quand mesmes ils seroient contraires à Sainct Augustin, il ne s'ensuiuroit pas que sa doctrine touchant la predestination des Saincts, ne fut pas vn poinct de Foy. *b Et puis, dit-il, quoy que les Peres qui ont precedé Sainct Augustin, n'ayent pas exprimé & éclaircy aussi bien que luy la vocation des saincts Eleus, selon le propos de Dieu, toutefois ils n'ont rien prononcé de contraire à sa doctrine, mais en plusieurs lieux l'ont assez approuuée, ou tacitement, ou expressément.* Et vn peu plus bas, *c Que si nous accordons, dit-il, que cette doctrine de l'Apostre, escrivant aux Romains, de la vocation des Eleus, selon le propos eternel de Dieu, n'a pas esté entenduë de cette sorte par aucun Pere de l'Eglise; il ne s'ensuit pas pour cela que la doctrine de Sainct Augustin contre les Pelagiens, touchant la predestination des Saincts, ou ne soit pas dans la necessité de la Foy, ou n'appartienne pas, ou repugne à la Foy Chrestienne.*

Ces choses estant presupposées, nous deuons en inferer les deux veritez suiuantes; la premiere est, que quelque

Hh iij

a *Dans la Concorde du franc arbit. fol.* 55. Respondeo omnia Patrum scripta, ante exortam atque damnatam Pelagij hæresun, egent sale, & interpretatione sanâ, secundum Augustini regulam.

b *Là mesme, fol.* 55. *verso.* Deinde quamuis Patres Augustini prædecessores, vocationem Sanctorum secundum Dei propositum electorum; non perinde atque Augustinus expresserim, non sic elucidauerint, nondum exortâ Pelagiana hæresi; nihil tamen contrarium doctrinæ eiusdem Augustini protulerunt, sed multis in locis eâdem, aut tacitè, aut expressè satis approbarunt.

c *Et vn peu apres.* Quod si donemus à nullo Ecclesiasticorum Patrum, doctrinam illam Apostoli scribentis ad Romanos, de vocatione electorum, secundum æternum Dei propositum, sic fuisse intellectam, non tamen inde consequens est, doctrinam Augustini de prædestinatione Sanctorū contra Pelagianos, aut non esse in necessitate fidei, aut esse fidei Christianæ impertinentem, seu contrariam.

different qui se rencontre parmy les Docteurs, soit modernes, soit anciens, nous deuons recourir à l'oracle de Sainct Augustin, pour les reconcilier entr'eux, & pour apprendre de sa bouche les veritables sentimens de l'Eglise Catholique, dont il est la voix & l'organe aux choses de la Grace & de la predestination diuine, selon du Perron. La seconde est, que si quelques Scholastiques du siecle precedent semblent approuuer certaines opinions qui ne s'accordent pas auec celles de ce Pere, cela vient en partie de ce qu'ils ont veu que ces opinions estoient soustenuës par quelques anciens, qu'ils prenoient innocemment pour des Peres Catholiques; mais alors, où ils essayoient autant qu'il se pouuoit, de ramener ces opinions à celle de Sainct Augustin, ou ils les proposoient simplement, comme vrayes semblables & problematiques. Ainsi Driedo prenant le faux Ambroise pour le veritable, tasche de le concilier auec Sainct Augustin, & dit sur ces paroles de l'Apostre, *Dieu veut que tous les hommes soient sauuez.* *Ambroise* (le faux Ambroise) *interprete ce mot de l'Apostre, en y sous-entendant cette condition, s'il veulent eux aussi, parce que Dieu ne sauue personne s'il ne le veut, & cette interpretation conspire en vn mesme sens auec l'interpretation de S. Augustin.* Mais Driedo nous tesmoigne plusieurs fois, que selon Sainct Augustin, c'est Dieu qui nous fait vouloir par vne Grace qu'il donne aux vns, & non pas aux autres; au lieu que selon ce faux Ambroise, c'est l'homme qui se fait vouloir luy-mesme par son franc arbitre; dequoy Driedo ne s'apperceuoit pas, prenant ce Pelagien pour le veritable Sainct Ambroise.

Cependant, mon Censeur, obseruez, ie vous prie, quelle difference il y a entre ceux qui accordent, ou qui essayent d'accorder cet Ambroise pretendu auec S. Augustin, & ceux qui opposent secrettement ce pernicieux Ambroise à Sainct Augustin. Ainsi le mesme Driedo ayant veu dans Fauste, que Dieu donne à tous les hommes des moyens suffisans pour se sauuer, n'ose pas ouuertement condamner cette opinion; parce qu'il ne sçauoit pas que Fauste, qui la soustenoit, estoit heretique: mais

Là mesme . fol. 18.
Ambrosius interpreta-
tur verbum Apostoli ;
subintellectâ conditio-
ne, si & ipsi velint, quia
Deus neminem saluat,
nisi volétem; & hæc in-
terpretatio concurrit in
eiusdem sensum, cum
interpretatione Augu-
stini.

auffi voyant que la mefme opinion n'eſtoit pas conforme aux principes de Sainct Auguſtin, il ſe contente de la propoſer douteuſement, & de la traicter en forme de probleme: [a] *Maintenant, dit-il, ſi vous me demandez, ſi vn homme qui n'a pas eſté encore illuminé d'aucun principe de la foy, peut ſe preparer au commencement de la foy? On reſpondra, que peut-eſtre* (obſeruez Peut-eſtre) *tout homme ayant l'vſage de ſon franc arbitre, a deſia Dieu luy parlant au dedans en quelque façon, par la lumiere de la raiſon interne, qui rend teſmoignage de la grace, de la miſericorde, & de la iuſtice diuine ſur les pecheurs, en telle ſorte, que ſi quelqu'vn r'entroit au fond de ſon ame, il entendroit aſſez Dieu l'appellant, & le conuiant à receuoir quelque commencement de la foy iuſtifiante. Ainſi l'ont penſé quelques venerables Peres, ſentant pieuſement de la Grace diuine preparée à tous. Et* (ces Peres) *croyent que tous les hommes ſont deſia conuiez, & appellez ſuffiſamment, afin qu'ils puiſſent s'appliquer à receuoir quelques principes de la foy. De quoy i'ay traicté aſſez amplement dans le liure de la captiuité, & de la redemption du genre humain.* Mais quoy qu'il en ſoit, cecy doit eſtre manifeſte, ſelon la doctrine de l'Egliſe, que perſonne ne peut s'appliquer à receuoir le don de la foy iuſtifiante, ſans vne gratuite ſuaſion de Dieu, ou ſans vne teſtification conuenable, par laquelle il ſoit meu à croire, ou à penſer, ou à conſulter des choſes, qui luy ſont teſtifiées. C'eſt à dire, comme ce Docteur nous l'explique tant de fois, que la Grace generale ne peut nous conuertir, ſi elle n'eſt accompagnée d'vne Grace ſpeciale, par laquelle Dieu nous donne efficacement la volonté de nous conuertir. Et c'eſt pourquoy le meſme Driedo ayant bien cogneu l'inutilité de cette Grace generale, qui ne fait iamais rien ſeule, n'apprehende point d'eſcrire deciſiuement, & rondement: [b] *Nous entendons dire volontiers, que la Grace de Ieſus-Chriſt eſt offerte à tous, & qu'elle eſt également propoſée à tous; mais de quoy ſert cela aux reprouuez, ou qui la meſpriſent, ou qui la negligent, & auſquels il vaudroit beaucoup mieux que cette Grace ne fuſt pas donnée, que d'eſtre faits coulpables en la meſpriſant?*

De la meſme ſorte le Cardinal Contarin, au meſme temps que Driedo, ayant fait de grands efforts pour nous

a *Là meſme, fol.* 14. Iam ſi roges an quiſquam nondum illuſtratus vllis fidei initiis, poſſit ſeſe ad fidei initia præparare? reſpondebitur forſitan, omnem hominem habentem liberi arbitrij vſum, iam habere Deum vtcunque intus loquentem, per lumen rationis internæ teſtificantis de gratiâ, miſericordiâ, ac iuſtitiâ ſuper peccatores ; ad quem conſulendum, ſi ad cor ſuum quiſque intus rediret, ſatis audiret Deum vocantem, atque inuitantem ad accipiendũ quædam initia fidei iuſtificantis ; ſic ſunt venerabiles quidã Patres piè ſentientes de diuinâ gratia, omnibus parata, qui credunt omnes iam tum ſufficienter vocari, atque inuitari; vt valeant ſe ſe accommodare ad accipiendũ quædam fidei initia; de qua re ſatis diſſerui in libro de capt. & red. hum. gen. Sed vtcunque ſit, hoc debet eſſe ex Eccleſiaſticâ prædicatione manifeſtum, quòd nemo poteſt ſe ſe accommodare ad accipiendum fidei iuſtificantis donum, niſi ſit gratuita Dei ſuaſio, ſeu teſtificatio idonea, quâ moueatur, vel ad credendum, vel ad cogitandum, & conſulendum ſuper his quæ teſtificantur.

b *Au meſme lieu, fol.* 59. Libēter audimus, Chriſti gratiã omnib' oblatam, omnibus ex æquo propoſitam, ſed quid confert hoc reprobis, illam aut contemnentibus, aut negligentibus, quibus melius fuisset illam gratiam non impendi; quàm ipsos hanc contemnêtes, reos fieri.

En ses gloses, sur l'Ep. à Timot. ch. 2. Qui vult omnes homines saluos fieri, &c. Quomodo Deus velit omnes homines saluos fieri, in 1. sent. agitur, vbi multa ex sancto Augustino.

Naclantus sur le 2. *ch. de l'Ep. aux Rom.* Cùm nec omnibus adsit gratia Dei, & quibus adest, vt plurimùm non adest quolibet tempore.

Bellarm. liu. 2. *de la Gr. & du fr. arb. ch.* 7. Auxilium sufficiens ad conuersionem, non semper adest peccatoribus.

faire entendre que tous les hommes ont le pouuoir de se sauuer, entant, dit-il, qu'ils peuuent au moins par vn acte priuatif se laisser toucher, ou ne se laisser pas toucher à la Grace de Dieu, qui leur est offerte generalement, se voit enfin accablé du poids de la difficulté, & iugeant tres-bien que par cet acte priuatif, qui dépendroit immediarement des hommes, les hommes s'éliroient, & se discerneroient eux-mesmes; se trouue reduit à la necessité d'auoüer humblement son ignorance, & de s'escrier auec l'Apostre: O abysme des richesses de la sagesse, & de la science de Dieu! D'où vient que le mesme Cardinal voulant nous expliquer ces paroles de l'Apostre, Dieu veut que tous les hommes soient sauuez; nous renuoye au Maistre des Sentences, alleguant S. Augustin, & le suiuant sur ce sujet: *Au premier liure des Sentences, dit ce Cardinal, il est examiné comment Dieu veut que tous les hommes soient sauuez; où sont rapportées beaucoup de choses de Sainct Augustin.* Et par occasion j'ay bien voulu vous faire obseruer ces particularitez, touchant l'idole de vostre Grace suffisante, afin que vous voyez quelle estime en ont faite, & à quel rang d'honneur l'ont éleuée les Scholastiques mesmes que vous alleguez pour l'establir.

Par où l'on voit qu'il n'est pas necessaire que ie vous parle icy d'vn Pere du Concile de Trente, qui dit expressément, que tous les hommes n'ont pas les aides necessaires pour faire des œuures spirituelles, & superieures aux œuures morales, & politiques. Que si le mesme Pere traicte problematiquement la mesme question en vn autre lieu, il le fait pour exercer la sublimité de son esprit, fondant, & pressant la difficulté sans la resoudre; mais supposant tousiours que la Grace opere, ou n'opere pas, selon la diuerse disposition de ceux ausquels elle est donnée, & non selon le simple mouuement de leur volonté, comme enseigne Molina.

Il n'est pas necessaire de vous parler icy de Bellarmin, qui dit que nous n'auons pas tousiours la Grace necessaire pour nous conuertir, & qu'il tient pieusement que Dieu nous la donne en temps & lieu; & il n'est pas ne-

cessaire

ceſſaire de vous parler icy des Facultez de Doüay, & de
Louuain, qui ont cenſuré cette Theſe ſouſtenuë par quelques Regens de voſtre Compagnie : *Que ceux qui ſont endurcis, & qui ſont aueuglez, ont vne ayde ſuffiſante de la part de
Dieu, pour ſe conuertir.* Et plus bas : *Tous les infideles ont toujours, & par tout vne aide ſuffiſante à ſalut de la part de Dieu.*
Ce que l'Eſchole de Louuain reprouue en ces termes :
[a] *Il eſt eſtrange qu'on die cecy, non ſeulement des infideles, mais
auſſi des endurcis, & des aueuglez, puis que cet endurciſſement,
& cet aueuglement meſme vient de la priuation, & de la deſer-
tion du ſecours d'enhaut, & de la lumiere de Dieu. Et comment
donc ceux-cy peuuēt-ils auoir vn ſuffiſant ſecours? Mais puis qu'il
eſt certain que Dieu ne donne pas à cette ſorte d'hommes cette
Grace, qui oſte & l'aueuglement, & le cœur de pierre, il eſt euident qu'ils n'ont pas vne aide ſuffiſante pour ſe conuertir, puis
que ſans la Grace ſu alleguée, nul ſecours ne leur ſuffit, ſoit que ce
ſoit vne predication externe, meſme auec miracle, quoy que ce ſoit
vn ébranlement interne par l'eſprit de crainte; ſoit que ce ſoit
enfin l'inſpiration d'vne certaine velleité; d'où vient que l'E-
gliſe ne prie pas ſeulement pour les incredules, afin qu'ils croyent,
& afin que Dieu leur ouure la porte de la foy; mais encore afin
qu'il pouſſe, & qu'il attire miſericordieuſement à ſoy leurs rebelles
volontez. Et que demandent-elles en priant, ſi ce n'eſt vn ſecours que l'on n'a pas ſuffiſamment, puis que la priere eſt vne
marque d'inſuffiſance, & de beſoin, ſi ce n'eſt peut-eſtre afin que
l'on faſſe plus facilement, par où Pelagius autrefois eſſayoit d'é-
chapper ?*

Et en meſme temps l'Eſchole de Doüay condamna la
meſme Theſe en cette maniere : [b] *Toute cette propoſition
doit eſtre rejettée entierement, comme dérogeant beaucoup au benefice de cette ſinguliere Grace de Ieſus-Chriſt, qui n'eſt pas commune à tous, & qui eſt neantmoins neceſſaire à la conuerſion, &
au ſalut de tous. Car celuy qui eſt endurcy, ne peut eſtre conuerty,
ſinon par la Grace qui oſte le cœur de pierre, & qui donne le cœur
de chair : laquelle Grace il n'a pas pendant le temps qu'il eſt endurcy ; ny celuy qui eſt aueuglé ne peut voir la lumiere de la verité, ſinon par la Grace qui illumine les tenebres, & qui oſte le
voile de ſon cœur ; & il n'a pas auſſi cette Grace durant le temps*

Propoſ. 14. *cenſurée.* In-
durati & excæcati ha-
bent ſufficiens auxiliũ
ex parte Dei, vt conuer-
tantur; *& infrà.* Omnes
infideles ſemper & vbi-
que habent ſufficiens
auxilium ex parte Dei.
[a] Mirũ eſt iſtud, non de
infidelibus modò, ſed
de induratis etiam &
excæcatis dici ; cùm
hæc ipſa obduratio ar-
que excæcatio, à ſuper-
ni auxilij, & diuinæ lu-
cis intercluſione, deſer-
tionéque deſcendat ;
quomodo id ergo au-
xilium haberi ab iſtis
ſufficiens poteſt ? at verò cùm certum ſit, non
præſtari à Deo eiuſmo-
di hominibus gratiam
eam, quæ cor lapideum,
& cæcitatem auferat,
manifeſtum eſt eos non
habere ſufficiens auxi-
lium, vt conuertantur;
cùm ſine iam dicta gra-
tia, nullum eis auxilium
ſufficiat, ſiue illa exte-
rior ſit, etiam cum mi-
raculis prædicatio ; ſiue
interior, per ſpiritum
timoris concuſſio, aut
velleïtatis etiã cuiuſdã
inſpiratio; vnde Eccleſia
non ſolum pro incredu-
lis omnibus orat, vt cre-
dãt, fideiq. illis Deus o-
ſtiũ aperiat, verũetiã vt
rebelles eorũ ad ſe cõ-
pellat propitiùs volun-
tates; quid autẽ orando
petit, niſi auxiliũ quod
ſufficiẽter non habetur;
ſi quidẽ inſufficiẽtiæ &
indigẽtiæ argumentum
oratio eſt, niſi forte, vt
faciliùs fiat, quomodo
elabi olim Pelagius co-
natus eſt ?
[b] Rejicienda penitus tota hæc aſſertio eſt, velut

beneficio singularis illius gratiæ Christi, quæ non omnibus est cõmunis, & tamẽ omnibus ad conuersionem & salutem est necessaria, plurimum detrahens. Nam neque induratus conuerti potest, nisi per gratiam auferentem cor lapideum, & tribuentem cor carneum, quam vtique, quandiu induratũ est, non habet; neque excæcatus aspicere potest lumen veritatis, nisi per gratiam tenebras eius illuminantem, & velamen de corde eius auferentem; quam similiter, quamdiu excæcatus est, non habet; neque infidelis quisquam credere potest, nisi per gratiam quã cor eius ex infidelitate ad fidem mutetur, quam gratiam eum non habere dum infidelis manet, perspicuum est; si ergo donũ Dei nondum habet infidelis, quomodo dicendus est habere sufficiens auxilium ad salutem, ex parte Dei, cùm absque dono fidei, non possit esse fidelis? quantum autem tota hæc doctrina à sensu scripturæ dissonet, satis ostendunt ea loca, in quibus legitur, quosdam non tantum deseri à Deo, ac dimitti secundum vias suas, & secundum desiderium cordis sui, verumetiam obdurari, & excæcari; ideoque quod ad præsentem eorum attinet dispositionem, credere & benefacere non posse, quosdam item tradi tos in passionem ignominiæ, & in reprobum

qu'il est aueuglé; & nul infidele aussi ne peut croire, sinon par la Grace, par laquelle son cœur est changé de l'infidelité à la foy. Et il est clair qu'il n'a point cette Grace, lors qu'il est infidele. Si donc l'infidele n'a pas encore le don de Dieu, comment dit-on qu'il a vne ayde suffisante à salut de la part de Dieu, puis qu'il ne peut estre fidele sans le don de la foy? Et combien toute cette doctrine est éloignée du sentiment de l'Escriture, on le voit assez par les passages, dans lesquels on lit qu'il y en a quelques-vns, qui ne sont pas seulement abandonnez de Dieu, & qui sont delaissez selon leurs voyes, & selon le desir de leur cœur, mais encore qui sont endurcis, & aueuglez; & qui partant en ce qui regarde leur disposition presente, ne peuuent croire, ny bien faire; & vouloir leur attribuer à tous vne aide suffisante pour leur conuersion, & pour leur salut de la part de Dieu, c'est vne chose trop absurde. De plus, comment dit-on qu'ils ne manquent pas d'vne aide suffisante à salut de la part de Dieu, lors que selon le tesmoignage des autres Escritures, le rempart de la protection diuine estant souuent osté, & renuersé, & les nuées de la Grace celeste estans arrestées par le commandement de Dieu, il fait pleuuoir des lacets sur les pecheurs, lors que leur table leur deuient vn piege, & vn scandale, lors qu'ils courbent tousiours leur dos, afin qu'il s'oppose au Seigneur, lors que leurs voyes deuiennent tenebreuses, & glissantes, & qu'ils sont persecutez par l'Ange du Seigneur? Quoy? celuy qui est dans les tenebres, & qui est sur le penchant, son ennemy le poursuiuant à dos, peut-il marcher droit? Et vn peu plus bas: *Et qu'y a-t'il de plus absurde? le benefice de la Grace de Christ ne pourra estre empesché, ny repoussé par aucun mespris de Christ, & de ses benefices? Tous ceux donc qui ont persecuté Christ, & ses disciples auec vne haine, & auec vne malice extreme, ont eu part aux benefices de son Incarnation, & de sa Redemption;* en telle sorte que ce qu'ils auoient desia de la part de Dieu, leur suffisoit à salut. Comment au contraire, (escoutez mon Censeur) le Concile de Trente tesmoigne-t'il que bien que Iesus-Christ soit mort pour tous, tous neantmoins ne reçoiuent pas le benefice de sa mort: mais ceux-là seulement, ausquels le merite de sa Passion est communiqué? Et comment encore ce Concile se seruant des termes de celuy d'Orange, prononce-t'il anatheme contre celuy qui dit, que l'homme sans vne preuenãte inspi-

ration du Sainct Esprit, & sans son secours, peut croire, esperer, aymer, ou se repentir comme il faut, afin que la Grace de la iustification luy soit donnée? Que si l'on pense que cette preuenante inspiration du S. Esprit est communé à tous, par tout, & toujours; dès là le S. Esprit ne souffle pas où, & quand il veut, mais par tout, & tousiours ; & il ne faudra pas prier Dieu qu'il preuienne, qu'il meuue, & qu'il amollisse les cœurs des infideles, & des endurcis par l'inspiration de son Esprit : mais il faudra seulement les aduertir qu'ils consentent, & qu'ils cooperent à l'inspiration diuine, puis qu'ils ont desia de la part de Dieu ce qui leur suffit, afin qu'ils croyent, & qu'ils se conuertissent. Celuy-là sans doute se trompe, qui s'imagine vn tel estat en chaque pecheur, qui selon Sainct Prosper, auant qu'il soit deliuré de la domination du diable par la Grace de Dieu, croupit dans l'abysme, dans lequel il s'est plongé par sa liberté, aymant cependant ses propres langueurs, & s'estimant sain en cela mesme qu'il ne sçait pas qu'il est malade, iusques à ce que l'on donne à ce languissant cette premiere medecine, qui est de commencer à cognoistre qu'il languit, & de pouuoir rechercher l'ayde du Medecin, par laquelle il se releue. Et afin que vous compreniez icy, mon Censeur, ce que vaut le tesmoignage, & la voix commune de ces Facultez celebres, qui foudroyent les erreurs que vous attribuez iniustement à tant de doctes Scholastiques; souuenez-vous de ce que dit vn de vos confreres, Salmeron,

sensum, quibus quidem omnibus, adhuc velle tribuere auxilium sufficiens ad conuersionem & ad salutem ex parte Dei, nimis absurdum est; cùm eiusmodi dimissio, desertio, obduratio, excœcatio, & traditio, significent auxilij necessarij negationem, vel substractionem; deinde quomodo sufficiēs ad salutem auxilium ex parte Dei, ne tum quidē deesse dicitur, quando vt aliæ scripturæ testantur, ablata sæpe & diruta maceria, protectionis diuinæ, inhibitis ad Dei mandatum nubibus gratiæ cœlestis, pluit super peccatores laqueos; cùm mensa eorum sit iis in laqueum, & in scandalum, cùm dorsum corū vt fiant contra Dominum, ipse semper incuruat, cum denique fiunt viæ illorum tenebræ, & lubricum, & Angelus Domini persequés eos, qui enim poterit quis & in tenebris & lubrico, hoste à tergo prose-

quente, rectè ambulare? &c. & quod absurdius, nullo contemptu Christi & beneficiorum eius, poterit hoc eius gratiæ beneficium à quopiam excludi, aut repelli; ergo quotquot Christum & discipulos eius, extremo odio & malitiâ sunt persecuti, beneficiorum incarnationis, & redemptionis eius fuerunt participes, eò vsque, vt hoc quod ex parte Dei haberent, iam eis ad salutem sufficeret; quomodo è contrario testatur Synodus Tridentina, quod etsi pro omnibus mortuus est Christus, non omnes tamen mortis eius beneficium recipiunt, sed ij duntaxat quibus meritum passionis communicatur? denique rursum verbis Arausicani Concilij vsa, anathema in eum pronunciat, qui dixerit hominem sine præueniente Spiritus sancti inspiratione, atque eius adiutorio credere, sperare, diligere, aut pœnitere posse, sicut oportet, vt ei iustificationis gratia conferatur, quæ quidē Spiritus sancti præueniens inspiratio, si putatur omnibus vtique, & semper esse cōmunis, iam non vbi, & cum vult, sed semper & vbiq; spirat Spiritus sanctus, neque orandus erit Deus, vt Spiritus sui inspiratione præueniat, moueat, & emolliat infidelium & induratorum corda; sed illi tantum erunt monendi, vt diuinæ inspirationi consentiant, & cooperētur, quandoquidem iam satis habent ex parte Dei, vnde credant, & conuertātur; fallitur profecto qui talē imaginatur statum, cuiuscunque peccatoris, qui, vt ait Prosper, priusquā à dominatione diaboli, per gratiam Dei liberetur, in illo profundo iacet, in quod se suâ libertate demersit; amans interim languores suos, & pro sanitate habēs, quod ægrotare se nescit, donec prima hæc medela cōferatur ægroto, vt incipiat nosse quod langueat, & possit opem medici desiderare, qua surgat.

Sur le 5. chap. de l'Ep. aux Rom. disp. 32. Secunda via sit à determinationib' multarū Vniuersitatum, quarū testimonium tantò est grauius, quantò collectus animorū cōsensus fortior est, quàm dispersus.

dans vne occasion pareille : *Que le second moyen, adiouste-il, fait pris des determinations de plusieurs Vniuersitez, dont la deposition est d'autant plus considerable que le consentement de plusieurs esprits est plus puissant lors qu'il est vny, que lors qu'il est épars.*

Ie pourrois vous reprocher en quatriesme lieu, que par cet artifice qui vous est si ordinaire, vous auez obmis tout ce que i'ay rapporté de l'histoire du Concile, pour monstrer que la force ou l'efficace inuincible de la Grace fut soustenuë par les plus graues Theologiens, & particulierement par les Religieux de l'Ordre de Sainct Dominique, ausquels toute l'Eglise doit rendre des loüanges, & des couronnes immortelles, pour auoir si constamment en ces derniers siecles, defendu le regne de la Grace du Sauueur.

a Pag. 67. de la Lettre. b L'histoire du Concile, sous l'année 1546.

Mais Frere Leüis de Catanée, dit la Lettre [a], rapportant l'histoire, [b] soustenoit, selon la doctrine de Sainct Thomas, que Dieu opere en l'ame deux sortes de Graces preuenantes, l'vne suffisante, & l'autre efficace; que la volonté peut consentir, & resister à la premiere, mais non à la seconde; pource qu'il y a de la contradiction à dire que l'on puisse resister à ce qui fait faire. Pour appuyer son opinion, il citoit Sainct Iean & Sainct Paul, & vne explication tres-claire de Sainct Augustin sur les lieux de ces Apostres, & à ce que l'on objectoit que tous ne se conuertissent pas à Dieu: Il respondoit que cela venoit de ce que Dieu ne nous preuient pas tous efficacement. Quant à ce que l'on apprehendoit que le franc arbitre ne fust offensé par l'efficace de cette Grace, il respondoit que Sainct Thomas nous auoit deliurez de cette apprehension, disant que ces choses là se meuuent auec violence, qui sont meües par vne cause contraire, mais que rien n'estoit meu violemment par sa propre cause; & ainsi que Dieu estant la cause de la volonté, c'estoit la mesme chose que Dieu la meust, ou qu'elle se meust soy-mesme. Dauantage, il condamnoit, ou il traitoit plustost de ridicule le langage des Lutheriens, que la volonté fust comme vne chose inanimée, ou priuée de raison; dautant que la volonté estant naturellement vne puissance raisonnable, & estant meuë de Dieu, comme de sa cause, il faut qu'elle le suiue, & qu'elle soit meüe, comme estant pourueüe de raison. Pareillement il blasmoit aussi cette locution, que Dieu conuertit les hommes à soy, encore

qu'ils refusent, & qu'ils regimbent, pource qu'il y a de la contradiction à dire qu'un effet regimbe contre sa propre cause: qu'il peut
bien arriuer que Dieu conuertisse efficacement quelqu'vn, qui
autrefois ait resisté à vne suffisante preuention de Dieu; mais
qu'il ne se peut faire qu'il resiste quand il se conuertit, pource que
l'efficace de la motion diuine est naturellement suiuie d'vne suauité, qui plie agreablement la volonté de l'homme. Et vn peu
plus bas, la Lettre continuant de rapporter l'histoire, dit:
*Soto repliquoit, que toute inspiration diuine prise en elle mesme,
estoit suffisante simplement: mais que celle à laquelle le franc
arbitre consent, deuient efficace par ce consentement du franc
arbitre; que si le franc arbitre ne donne point de consentement,
elle demeure sans effet, non par son defaut, mais par le defaut de
l'homme. Mais il defendoit cette opinion auec beaucoup de crainte
& de retenue, d'autant que l'autre luy objectoit qu'il s'ensuiuroit
de là que la difference des Eleus auec les reprouuez, viendroit du
costé de l'homme, contre le sentiment perpetuel de l'Eglise Catholique; que c'est par grace que les vaisseaux de misericorde sont
distinguez des vaisseaux d'ire; qu'il s'ensuiuroit aussi que l'élection de Dieu seroit fondée sur les œuures preueües, & non sur
le seul bon plaisir de Dieu. A quoy il adjoustoit que la doctrine des
Peres & des Conciles d'Afrique & des Gaules contre les Pelagiens, a tousiours esté, que Dieu nous fait vouloir: Ce qui veut
dire, qu'il nous fait consentir; & partant qu'il faut attribuer à
l'efficace de l'operation diuine, le consentement que l'on posoit en
nous; & que si Dieu traitoit tous les hommes également, à sçauoir
ceux qui sont damnez, & ceux qui sont sauuez; ceux-cy ne luy
seroient pas plus obligez que ceux-là.* Et vn peu plus bas: *On
n'approuuoit pas que Soto ne parlast pas librement & nettement,
en ce qu'il disoit, que la volonté d'elle-mesme consent en quelque
sorte, & qu'en quelque sorte aussi elle peut resister à l'inspiration
de Dieu, comme si entre l'affirmatiue & la negatiue il y pouuoit
auoir quelque milieu, ou quelque moyen entre-deux.* Mais nous
auons obserué desia que par ces mots, *en quelque maniere*,
Soto sous-entendoit la distinction celebre qu'il a enseignée dans ses liures du sens composé & du sens diuisé. *Et
d'ailleurs*, poursuit l'histoire, *on s'estonnoit de la franchise de
parler dont vsoit Catanée & les autres Dominicains*, (remar-

quez, mon Cenſeur, & les autres Dominicains) *qui auoüoient ne ſçauoir comment diſtinguer cette opinion, qui attribuë la iuſtification au conſentement, d'auec l'opinion des Pelagiens, & auertiſſoient qu'on ſe gardaſt bien de ne ſauter pas au delà de la barriere par vne exceſſiue enuie de condamner les Lutheriens; mais ſur tout cet argument-cy eſtoit peſé, que de l'aduis contraire il faudroit conclure que la predeſtination ou l'election ſeroit fondée ſur la preuiſion des œuures, ce que nul Theologien ne vouloit admettre.* (Qu'il eſt dommage, mon Cenſeur, que vous n'ayez eſté là, car vous l'auriez admis, & voſtre voix ſeule auroit pû, ſans doute, balancer toutes les autres!) *Et ce fut ce qui donna lieu de traiter le poinct de la predeſtination.*

Or comme le teſmoigne l'hiſtoire du Concile, puis que Louys de Catanée eſtoit appuyé non ſeulement des autres Religieux Dominicains, mais auſſi generalement parlant, des plus habiles Theologiens qui fuſſent au Concile. Et puis que ce grand homme, & ceux qui le ſuiuoient, n'eſtoient pas ſeulement fondez ſur Sainct Thomas, & ſur l'Eſcot, qui ſont les Chefs de deux Eſcoles ſi celebres, mais auſſi triomphoient abſolument de leurs aduerſaires, lors qu'ils les ramenoient à la tradition, & à la regle des Eſcritures ſainctes. Ne ſeroit-ce pas vne abſurdité, & vne folie extreme de s'imaginer que l'opinion de ce Theologien, & de ſes defenſeurs euſt eſté condamnée ſolennellement dans le Concile; qu'en meſme temps ny luy, ny ceux qui le ſouſtenoient, n'euſſent fait aucune plainte de cette condamnation, ou dans le Concile, ou hors du Concile; & que le bruit dés lors ne ſe fuſt point eſpars dans toute l'Egliſe, que l'opinion fameuſe des ſçauans diſciples du grand S. Thomas touchant la Grace predeterminante, auoit eſté proſcrite, & anathematiſée dans vn Synode Oecumenique de cette doctrine, & de cette ſainceté. Cherchez, mon Cenſeur, autant qu'il vous plaira, parmy vos eſtudians des eſprits aſſez dociles pour vous croire, quand vous auancerez vne incongruité ſi eſtrange : car il eſt tres-certain que vous n'en trouuerez point ailleurs.

Dauantage, preſuppoſez que dans vn ſi grand nombre

Voyez la meſme hiſtoire au lieu deſia cité.

d'opinions qui regnoient alors parmy les Scholastiques,
ce sacré Synode, pour des considerations particulieres,
n'ayt pas voulu marquer manifestement l'opinion qu'il
embrassoit preferablement aux autres : y a-t'il quelqu'vn
si impie qui osast nier, que l'intention de ce S. Concile
n'ayt esté d'aoüer pour sienne, l'opinion qui seroit trouuée la plus conuenable à celle des Conciles, & des Peres,
& de l'antiquité Chrestienne, qu'il s'estoit proposé de
suiure auec tant d'exactitude : & voyant que les Scholastiques estoient partagez en tant de sentimens, si on luy
eust demandé, auquel il s'arrestoit particulierement dans
vne varieté si grande ; n'eut-il pas respondu dans le mesme esprit, qui a fait dire à vn grand Euesque si iudicieusement dans vne pareille conioncture : *I'ay dit cela, à cause*
des Peres, desquels i'ay mieux aymé suiure l'opinion, que celle des
Scholastiques, puis qu'en ce sujet ils ne s'accordent pas les vns
auec les autres ? Et le Concile mesme ne nous a-t'il pas assez
tesmoigné, qu'il n'a point eu d'autre sentiment, lors qu'il
a renfermé, & comme resserré dans ses Reglemens, &
dans ses Canons, l'esprit des Conciles, & des Peres,
vsant par tout de leurs expressions, & particulierement
de celles de Sainct Augustin en la matiere de la Grace &
de la predestination des Saincts ?

Roffensis sur la 36. as-
sers. de Luther, voyez
le Latin cy-dessus.

    Mais enfin, mon Censeur, venons au poinct & à l'estat
précis de la question qui est agitée entre vous & moy ; ne
parlons point icy de la Grace suffisante, & commune à
tous les hommes ; ne parlons point de la volonté de Dieu,
par laquelle il veut le salut de tous les hommes ; ne parlons point aussi des œuures des Payens, qui vous semblent si excellentes, bien qu'elles soient faites sans l'ayde
de celuy dont vous portez le nom, pour en destruire la
vertu : ce sont des sujets que nous auons traictez assez amplement dans la suite de ce liure. Mais quant aux œuures
des Payens, souuenez-vous de cette sage, & vrayement
Chrestienne pensée d'Horantius escriuant contre Cal-
uin : *Et afin qu'il ne nous accuse plus,* dit-il, *de ce que faisant*
profession d'estre disciples de Iesus-Christ, nous cherchons encore
le franc arbitre dans l'homme perdu & abysmé dans vne perte

Horantius des lieux
Catholiques, ch. 28 Et
ne nos amplius incuset,
quod cùm Christi disci-

pulos nos esse profitea-
mur , in homine perdi-
to , & in spirituale exi-
tium demerso , liberum
arbitrium adhuc quæ-
ramus, vt inter philoso-
phorum placita, & cœ-
lestem doctrinam par-
tiendo , planè desipia-
mus, neque cœlum, ne-
que terram attingentes,
&c.

*spirituelle ; & que nous sommes insensez de faire vn partage
entre la doctrine celeste , & les maximes des Philosophes , ne touchant ny la terre , ny le ciel , &c.* Où vous voyez sans doute,
que cet excellent homme a recogneu qu'il estoit mes-
seant à vn Chrestien de s'empresser à persuader aux hommes , que le fondement de toutes bonnes œuures n'est
pas la foy Chrestienne , & la confiance en celuy qui a dit:
Sans moy vous ne pouuez rien faire.

De quoy donc est-il proprement question entre vous &
moy ? Il est question proprement de la Grace , par laquelle Dieu nous conuertit ; & il s'agit de sçauoir si le
Concile de Trente definit, qu'on la reiette quelquefois,
ou que l'on peut prochainement la reietter, & ne pas luy
consentir. Or en toute la rapsodie que vous auez tissuë
de tant de passages des Docteurs modernes , il n'y en a pas
vn seul qui touche le poinct de nostre different , & qui
die expressément, que la Grace de celuy qui ne consent
pas, est égale à la Grace de celuy qui consent ; ou que
estant pareille absolument en l'vn & en l'autre, elle est
simplement efficace en l'vn , parce qu'il veut , & n'est pas
efficace en l'autre, parce qu'il ne veut pas ; ou qui die ouuertement, que celuy qui reçoit la Grace, a vn pouuoir
prochain de la reietter , & de ne pas luy consentir.

Et quand ces passages contiendroient expressément ces
propositions , ils vous seroient expressément contraires:
Car vous ne voulez pas vous-mesme, que la Grace de celuy qui n'obeyt pas, soit aussi forte que la Grace de celuy
qui obeyt , puis que vous voulez , si toutefois vous voulez
quelque chose, que la Grace soit congruë en celuy qui
consent , & qu'elle ne soit pas congruë en celuy qui ne
consent pas ; d'où il s'ensuit, comme nous l'auons obserué desia, que celuy qui reçoit la Grace, a vn pouuoir congru de la receuoir , & vn pouuoir incongru de la reietter,
ou de ne la receuoir pas : Ce qui est sans contredit vne
conception tres-belle , & tres-delicate ; & vne explication bien douce, bien coulante, & bien naturelle du Canon du sainct Concile. Que si vous presupposez que dans
les textes de ces nouueaux Autheurs , ils ont sous-enten-

du

du cette diſtinction de Grace congruë, ou non congruë,
bien qu'ils ne l'expriment point : pourquoy voulez-vous
que ie ne croye pas auſſi que dans les meſmes textes ils
ont ſous-entendu la diſtinction fameuſe du ſens compoſé,
& du ſens diuiſé, s'il ne ſe trouue pas qu'ils l'ayent combattuë ouuertement ?

CHAPITRE XI.

Quel eſt le ſentiment de Soto, & de Vega, touchant l'effi-
cace de la Grace; & comment Molina combat ces
deux Theologiens, comme ayans enſeigné l'vn & l'au-
tre vne Grace efficace, qui predetermine noſtre volonté.

MAIS deſcendons au particulier, & voyons cette
couple de puiſſans Athletes que vous produiſez,
nous dites-vous, ſur le ſable de vos combats : c'eſt Dominicus Soto, & Andreas Vega, qui ont eſté preſens au
Concile de Trente, qui ont eu beaucoup de part en la
diſcuſſion de la matiere de la Grace & de la Iuſtification,
& qui ſe ſont neantmoins chocquez l'vn l'autre dans la
meſme matiere, & en la meſme année qu'ils auoient ouy
& veu prononcer les definitions de ce Concile. Mais
quelle que puiſſe eſtre leur authorité en ce ſujet, vous ne
vous apperceuez pas, mon Cenſeur, qu'ils ſont vos aduerſaires, & qu'il leur ſera d'autant plus aiſé de vous dé-
faire, que vous auoüez qu'il n'eſt pas permis de leur
reſiſter.

Et en premier lieu, eſt-il poſſible que vous ne ſçachiez
pas, non ſeulement que Suarez auoüe que les Theologiens
ont de couſtume de les alleguer, comme des Autheurs
qui ont enſeigné ce monſtre de la predetermination phyſique, qui vous fait tant d'horreur ? En ſecond lieu, eſt-il
poſſible que vous ne ſçachiez pas que Molina combat par
des chapitres tous expres ces deux Autheurs, preſuppoſant touſiours qu'ils ont enſeigné cette predetermination

Le Diſſert. pag. 163.

Liu. 3 *des Aydes, ch.* 7.
& 13 *Et ex* Vega, *dit-il,*
quamuis ſoleat in con-
trarium citari.

K k

de nostre volonté, & les accusant ou de ne pas entendre, ou de combattre le mesme Canon du Concile de Trente, duquel vous pretendez qu'ils soient les interpretes, & les expositeurs, comme souuerains, & infaillibles. Escoutèz les paroles de vostre excellent Maistre. *Dominicus à Soto*, dit-il, *au premier liure de la Nature & de la Grace, chap. 16. & Andreas à Vega au liu. 6. sur le Concile de Trente, chap. 6. 7. 8. & 9. asseurent que le franc arbitre, pour produire vn chacun des actes susnommez, outre le secours particulier de la Grace preuenante, a besoin d'vn autre secours particulier, par lequel Dieu concoure immediatement auec le franc arbitre, & le meue à ces mesmes actions : Ils appellent le premier, le secours de la Grace preuenante, & excitante ; & le second, le secours de la Grace coadiuuante. Ils disent que le premier est quelquefois frustré (de son effect) lors que le franc arbitre estant meu & excité par la Grace preuenante, ne veut pas donner son consentement, ny produire l'acte, auquel il est conuié, & excité.* (Nous auons veu comment la Grace excitante peut estre distinguée de la secourante, sans blesser l'efficace de la Grace medicinale du Sauueur. Mais vous sçauez, mon Censeur, que nostre dispute est touchant toute la Grace qui precede nostre consentement, & nous demandons de quelle sorte on peut luy resister.) *Mais ils disent que le second secours n'est iamais frustré, (de son effect) mais qu'il pousse necessairement le franc arbitre, toutes les fois qu'il est meu de Dieu. Au reste, lors que d'vne part ils asseurent que le franc arbitre ne produit point ces actes, s'il n'est meu premierement par ce second secours;* dites-vous cela, mon Censeur, auec vos Athletes ?) *& que d'autre part ils disent qu'en la presence de ce secours, le franc arbitre produit necessairement ces actes, parce que ce secours ne peut estre rendu vain.* (dites-vous aussi cela?) *Ils ont grand' peine à defendre en quelle sorte la necessité de ce secours estant admise, la liberté de nostre franc arbitre à produire ces actes, ou à ne les produire pas, demeure en son entier. Et ils ont recours au sens composé, & au sens diuisé; & à peine sçait-on ce qu'ils veulent dire, & comment ils soustiennent par ce moyen la liberté du franc arbitre; touchant quoy, lisez André de Vega au liure 13. sur le Concile de Trente, chap. 13. Ils adjoustent, outre cela, que selon*

Marginal notes:

Qu. 14. art. 13. disp. 39.

Affirman t liberum arbitrium ad eliciendum quemcun que prædictorum actuum, præter auxilium particulare gratiæ præuenientis, indigere alio auxilio particulari, quo Deus cum libero arbitrio immediatè concurrat, illud moueat ad eosdem actus, &c.

Secundùm verò dicunt nunquam frustrari, sed necessariò agere liberum arbitrium, quoties per illud à Deo mouetur, &c.

Confugiuntque ad sensum compositum & diuisum, vixque intelligas quid sibi velint, & quo pacto eâ ratione libertatem arbitrij tueantur, &c.

l'intention qui se considere en ce secours particulier de la Grace coadjuuante, il faut prendre la mesure de l'intention de l'acte, que le franc arbitre produit, estant aydé par vn tel secours, à sçauoir de contrition, de ferueur dans le consentement de la foy, d'esperance, ou de charité. Car, disent-ils, le mouuoir, & l'estre meu, estant choses correlatiues, qui se respondent mutuellement, il ne se peut faire, & l'on ne peut comprendre que quelqu'vn se conuertisse auec plus d'ardeur, & qu'il produise quelque acte plus tendu, qu'il ne soit secouru de Dieu par vne plus grande, & par vne plus puissante ayde de sa grace. Or en cette doctrine, adjouste Molina, il y a beaucoup de choses, qui ne me plaisent pas. Et ie pense, mon Censeur, qu'elles ne vous plaisent pas aussi. Mais ce qu'il faut que vous obseruiez particulierement en ce combat de Molina contre vos puissans Athletes, est qu'il ne cesse de les attaquer de tous costez, par la force du Canon, & du Chapitre de la doctrine du Concile de Trente, desquels vous pretendez qu'ils soient les truchemens irreprochables, & inuincibles.

Toutefois, mon Censeur, ce n'est pas icy que finit la guerre, ou le combat de Molina contre vos Champions insurmontables : Car vn peu apres ce premier conflict ; les Theologiens qui suiuoient la doctrine de Soto & de Vega, ayant entrepris de les defendre contre Molina : Celuy-cy en l'edition seconde de son liure, fut obligé d'y adjouster vne dispute expresse pour combattre de nouueau le mesme Soto, & le mesme Vega, en la personne de leurs defenseurs ; mais auec plus de force, & auec plus d'aigreur qu'auparauant, puis qu'il va iusques là que de lancer sur eux vne foudre d'anathemes, qui tombent aussi sur vous, si vous ne vous hastez de les abandonner. *Apres la dispute precedente, dit Molina, & mesmes apres la composition de tout cet ouurage, i'ay appris qu'il y en auoit qui s'attachoient plus qu'il ne faudroit à l'opinion de Soto & d'André Vega ; c'est pourquoy i'ay crû deuoir adjouster cette dispute à la precedente, soit afin qu'en peu de mots on entende au fond quelle est nostre opinion, & que l'on voye mieux en quoy elle differe de l'opinion contraire, & principalement comme elle est entenduë & defenduë aujourd'huy par quelques-vns ; afin qu'outre les choses qui ont*

Là mesme, disput. 40.
Post præcedentem disputationem, quin & post totum hoc opus compositum, nonnullos plus iusto Soti ac Andreæ à Vega opinioni adhærere intellexi. Idcirco, disputationem hanc, &c.

esté dites en la dispute precedente, on puisse iuger plus facilement par celles que nous ajousterons en celles-cy laquelle de nos opinions contient la verité, nous ayant suiuy non seulement les vestiges, mais aussi les paroles, & le sentiment manifeste du Concile de Trente en la Session sixiéme au chapitre cinquiéme, & au Canon quatriéme, (considerez les armes dont cet homme continuë d'atterrer vos combattans) *ayant ioint ce qui precede auec ce qui suit, où certainement la doctrine de la iustification contre les Pelagiens & les Lutheriens, a esté traitée plus clairement & plus exactement qu'en aucun autre Concile, asseurons les choses qui s'ensuiuent.* Et entre les choses qui s'ensuiuent, & qu'il pretend fonder sur les lieux sus-alleguez du Concile de Trente, on y trouue celle-cy : [a] *Nous soustenons que les secours de la grace preuenante & secourante, qui selon la loy ordinaire sont donnez aux voyageurs, reçoiuent d'estre efficaces ou inefficaces pour nostre conuersion, ou nostre iustification, du libre consentement, & cooperation de nostre franc arbitre, & que par consequent il est en nostre puissance libre, de les rendre efficaces en consentant, & en cooperant auec eux aux actes, par lesquels nous sommes disposez à nostre iustification ; ou de les rendre inefficaces en retenant nostre consentement, & nostre cooperation ; ou en produisant vn dissentiment contraire ; & c'est là sans doute ce que le Concile de Trente definit en termes tres-formels, aux deux precedentes definitions.*

Voyez, mon Censeur, comment cet homme impugne Soto & Vega, en attribuant aux decisions du Concile de Trente vne opinion, dont Bellarmin [b] dit qu'elle est opposée au sentiment de Sainct Augustin, & à celuy des Escritures sainctes. Mais vn peu plus bas voulant expliquer en quoy consiste la doctrine de Soto & de Vega, & des Theologiens qui la soustenoient, escoutez ce qu'il adjouste : [c] *Voila comment nous auons proposé en peu de mots, & expliqué auec plus de soin nostre opinion sur toute cette matiere. Apprenez maintenant en quoy les autres different d'auec nous. Ils asseurent qu'il y a deux secours qui sont necessaires pour la iustification d'vn homme adulte ; l'vn de la Grace preuenante & excitante, qu'ils disent pouuoir estre rendu vain par nostre franc arbitre, ne prestant pas son consentement ; & ils pensent*

a *Là mesme*, §. *Hinc, quinto loco.* Auxilia præuenientis atque adiuuantis gratiæ, quæ lege ordinaria viatoribus conferuntur, quod efficacia aut inefficacia ad conuersionem seu iustificationé sint, pendere à libero consensu, & cooperatione arbitrij nostri cum illis, atque adeo in libera potestate nostra esse, vel illa efficacia reddere, consentiendo, & cooperando cum illis, ad actus quib' ad iustificationem disponimur, vel inefficacia illa reddere, continendo consensum & cooperationem nostrã, aut etiam eliciendo contrarium dissensum ; hoc sanè est quod disertissimis verbis definit Conciliũ Tridentinum, duabus definitionibus relatis.

b *Liu.* 1. *de la Gr. & du franc arb. ch.* 12. Hæc opinio aliena est omnino à sententia beati Augustini, & quantum ego existimo, à sentẽtiã etiã scripturarum diuinarũ.

c §. *Ecce tibi.*

que c'est seulement de celuy-cy qu'il faut entendre les definitions du *Concile de Trente*, rapportées cy dessus ; (il falloit adjouster que ces Theologiens disoient encore, que l'on peut resister au second secours, en sens diuisé, comme Molina mesme l'auoüera cy apres.) *& l'autre est celuy de la Grace coadjuuante, qu'ils disent estre vn secours efficace de luy-mesme, & non par la libre determination & cooperation de nostre volonté, & [a] que partant on ne peut nullement le rendre vain, mais qu'il meut & determine en sorte nostre volonté à croire, à esperer, à aymer, & à se repentir, qu'estant present, il n'est pas en la puissance de nostre volonté de ne produire point ces actes; & ils disent que c'est à la mesure de ce secours-là que répond la force & la ferueur dans lesquelles on croit, on espere, on ayme, & on se repent. Ils adjoustent [b] que sans vn tel secours efficace de luy-mesme, qui preuienne, & meue nostre volonté; personne quelque touché qu'il soit du secours de la Grace preuenante & excitante, ne peut former les actes necessaires à sa iustification. Ils disent que c'est par ce moyen seul que se verifie cette parole de l'Apostre en la premiere aux Corinthiens, Qui est-ce qui te discerne? qu'as-tu que tu n'ayes receu? Car, disent-ils, supposé que quelqu'vn ayt vn secours, par lequel il soit reellement iustifié, s'il dépend du consentement, & de la determination libre de la volonté que ce secours soit efficace, & que celuy-là se conuertisse, ou ne se conuertisse point ; & si au contraire cela ne vient pas de ce que ce secours estant efficace de luy-mesme, il determine tellement la volonté, que sans luy elle ne peut estre determinée; mais qu'estant present, elle ne peut n'estre pas determinée, sans doute il y aura quelque chose en la iustification de la part de nostre franc arbitre, par où celuy qui est iustifié, soit discerné de celuy qui n'est pas iustifié: à sçauoir ce libre consentement, & cette libre cooperation de nostre franc arbitre. De plus, si deux secours égaux de la part de Dieu estant posez, il se peut faire que l'vn se conuertisse selon sa seule liberté, & par son seul consentement; & que l'autre ne se conuertisse pas; indubitablement c'est le seul consentement libre qui les discerne, toutes les autres choses estans pareilles : ce qui toutefois repugne à la doctrine de Sainct Paul. Ils affirment que c'est aussi pour cette raison seule qu'il n'y a point de cause de la predestination, & de*

---

[a] Ac proinde nulla ratione posse cassum reddi, sed ita mouere & determinare voluntatem ad credendum, &c. vt eo præsente in facultate volentis non sit, eos actus non elicere.

[b] Addunt sine tali auxilio ex se efficaci, quod voluntatem præueniat, ac moueat, neminem, quantumuis illo alio præuenientis ac excitantis gratiæ auxilio moueatur, posse elicere actus ad iustificationem necessarios, &c.

la reprobation des adultes , mais qu'elles dépendent de la seule libre volonté de Dieu : car ceux ausquels par sa seule libre volonté il a resolu de donner ce secours efficace , par le moyen duquel immediatement ils se conuertiroient , sont predestinez ; dautant que ce secours estant present, ils ne peuuent pas ne se conuertir point : mais ceux ausquels par sa libre volonté il a resolu de ne pas donner ce secours efficace , sans lequel ils ne pouuoient se conuertir , mais seulement d'autres inefficaces pour leur conuersion, ce sont ceux qu'il n'a point predestinez , & qui par consequent sont demeurez dans le nombre des reprouuez. Et vn peu plus bas ne pouuant souffrir la distinction celebre du sens composé & du sens diuisé, selon laquelle les Thomistes disent que l'on peut resister au secours efficace, en sens diuisé , mais qu'on ne le peut pas en sens composé, il adjouste : *Et ie ne suis point satisfait de la responsé qu'ils apportent , en disant qu'vn homme adulte en sens composé ne peut ne se conuertir pas en cet instant , mais qu'il le peut en sens diuisé; & que cela suffit pour sauuer la nature de la liberté.* Mais Molina eut esté content, sans doute, de cette distinction, si Soto & Vega l'eussent entenduë comme vous nous dites qu'ils l'entendoient, & comme Molina dit aussi qu'il faudroit l'entendre, pour ne point blesser nostre liberté; comme si on disoit que supposé qu'vn homme croye , il ne se peut faire qu'il ne croye pas : Et c'est là vostre sens composé à vostre maniere Molinienne , bien que cette hypothese n'estant point posée, il se puisse faire qu'on soit indifferent à croire, ou à ne croire pas ; & c'est là le sens diuisé selon l'intelligence de vostre mesme Maistre.

Mais apres tout, y a-t'il quelqu'vn si stupide qui ne voye que les defenseurs de Soto & de Vega, & Molina mesme qui s'efforce de les refuter, ont beaucoup mieux entendu que vous ces deux Theologiés, que vous auez, ie m'asseure, effleurez à peine, & que vous tordez violemment pour les ramener, en dépit d'eux, à vostre opinion; bien qu'ils l'ayent combattuë de toute la puissance de leur esprit. Et Molina n'auroit-il pas pû voir quelle est la doctrine de Soto en cette matiere, quand il n'auroit veu dans les ouurages de ce fameux Docteur que ces paroles seules rapportées par la Lettre, [a] & supprimées adroitement par voſtre Reuerence. [b] *Il ne faut pas douter, dit-il, que le concours de Dieu n'accompagne, comme l'on dit, l'action, & qu'il ne ſoit neantmoins requis à chaque cauſe ſeconde pour agir, & pluſtoſt meſme prerequis par nature. Et plus bas, Il y a donc, dit-il, d'autres œuures d'vn ſecond genre que Dieu produit en nous, ſi toutefois nous preſtons noſtre conſentement, comme ſont celles qui deſignent quelque libre mouuement de noſtre eſprit ; & partant celles-cy quant au temps, ne ſont pas faites de Dieu deuant qu'elles le ſoient par nous, mais elles ſont faites tout enſemble par luy & par nous ; toutefois par luy premierement quant à la nature, comme de nous tirer à luy, d'ouurir noſtre cœur, & cela meſme qui eſt de nous conuertir ; C'eſt pourquoy dans l'Eſcriture Dieu nous promet ces œuures, & nous les luy demandons auec des prieres continuelles, en telle ſorte qu'il les exige reciproquement de nous.*

Or quand Soto dit icy que le concours de Dieu doit preceder le noſtre par vne priorité qu'on appelle de nature ; n'eſt-ce pas comme ſil diſoit, que le concours de Dieu, & le concours de noſtre franc arbitre ſ'accompagnent, & ſont enſemble quant au temps ; mais que le concours de Dieu precede celuy de noſtre franc arbitre quant à l'ordre d'agir, de mouuoir & d'operer : ce qui poſe abſolument la predetermination de noſtre franc arbitre par la Grace que vous fuyez comme la peſte de noſtre liberté ? Ie ſçay bien qu'il y a vne equiuoque dans cette expreſſion ; mais ie ne me ſoucie pas beaucoup de cette ambiguité. Et quand nous demandons, comme dit Soto, cet antecedent concours de Dieu, en luy demandant qu'il nous conuertiſſe, & qu'il nous tire à luy ; ſelon voſtre aduis, que luy demandons-nous ? eſt-ce qu'il nous offre, ou qu'il nous preſente ce concours ? mais il nous l'offre, & nous le preſente à toute heure, ſans que nous le demandions. Eſt-ce donc qu'il nous le donne, & qu'il nous l'applique actuellement ? Mais ſi on veut vous croire, c'eſt à nous de nous l'appliquer. Et ainſi, mon Cenſeur, ſi on vouloit vous croire, la priere par laquelle nous demanderions ce concours diuin, ſeroit abſurde & ridicule, puis qu'en cette priere nous demanderions ce qui dépend de nous, & non pas de Dieu, & ce que nous deuons nous donner nous mesmes à nous mesmes, qui est l'application actuelle de ce diuin concours.

Et quant à ce que Soto dit; ce que vous alleguez assez legerement, & inutilement pour vous; que Dieu peut necessiter nostre volonté, & en la necessitant, luy oster la liberté: il veut dire que Dieu peut mouuoir nostre volonté en luy ostant l'vsage & la deliberation de la raison; ce qui estant, elle n'agiroit pas auec liberté, d'où vient que Soto dit, qu'en ce cas Dieu nous mouuroit comme des bestes brutes & insensées : Or à vostre aduis Dieu meut-il les Bienheureux comme des bestes brutes, en les determinant à l'amour de sa bonté ? Mais ce n'est pas d'à cette heure qu'on en fait à croire à ce bon Soto: car on osa l'alleguer à Rome [a], comme s'il auoit dit, aussi bien que Molina, que Dieu ne dénie point sa Grace à celuy qui fait ce qui est en luy par ses forces naturelles; mais il fut trouué que Soto au liure mesme qu'on auoit cité de luy pour authoriser cette opinion, traictoit cette opinion d'erreur en la foy.

Quant à Vega, que pouuoit-il escrire, ou de plus fort, ou de plus expres pour nous expliquer l'efficace de la Grace, que ce qu'il escrit en ces paroles rapportées par Suarez? [b] *Dieu nous excite par sa saincte vocation, & illumination, afin que nous nous releuions du peché; & n'estant pas content de nous exciter, il nous ayde benignement par vne certaine application de sa vertu, qui nous est incognuë, & par vne admirable inflexion, & inclination de nostre volonté, afin que zous consentions, & que nous obeyssions à sa vocation. Et le mesme, là mesme, pourfuit Suarez, luy seul fait que nous fassions, soit par quelques bonnes inspirations, soit en appliquant, & en flechissant nostre volonté à son operation en quelque autre maniere qui nous est incognuë.* Et pour vous faire voir que Suarez se trompe, quand il doute, ou semble douter si Vega a entendu que cette puissante Grace soit donnée generalement à tous ceux qui croyent, & qui se conuertissent: Vega confond ce doute ou cette feinte de Suarez, en ces

paroles

paroles que i'ay desia citées : *Les secours du second genre* Liu. 13. ch. 13. voyez le Latin cy-dessus.
sont certains concours particuliers de Dieu, par lesquels Dieu
conuertit à luy singulierement & immediatement nos volontez
rebelles, se ioignant & s'unissant à elles par vne certaine intime
& tres-benigne maniere, & les rendant plus puissantes à operer, &
les flechissant afin qu'elles se repentent de leurs pechez, & qu'elles
changent leur mauuaise vie en vne bonne, & ces secours sont
appellez communément efficaces, & on peut les appeller simulta-
nez & concomitans, (c'est à dire quant au temps, & non pas
quant à l'efficace) ou conjoints aux operations mesmes, parce
qu'ils accompagnent l'acte de la penitence, & luy sont attachez
inseparablement, & sont ensemble auec luy, & ne sont iamais
frustrez, ny ne peuuent estre frustrez par nous (de leur effet) *&*
tous ceux qui se repentent de leurs pechez, ont ces secours, & eux
seuls les ont. Et Suarez neantmoins doute, si selon Vega, il
n'y a qu'eux qui les ayent.

Que si ce Theologien enseigne que nostre iustification
est en nostre puissance; il veut dire que nous agissons pour
estre iustifiez : au lieu que les Lutheriens qu'il combat là
dessus, disoient que nous n'agissions point, mais que Dieu
nous mouuoit comme des troncs inanimez, ou en despit
de nostre volonté. Il est vray que ce Docteur estime, que
Dieu pour l'ordinaire entretient dans nos cœurs quelque
mouuement de pieté, pour nous garantir des embusches
de Sathan ; mais il veut aussi que Dieu quelquefois retire
presque entierement toute sa lumiere de certains grands
pecheurs, & qu'il les endurcisse en telle sorte, qu'ils ne se
puissent conuertir par les voyes ordinaires ; quoy que
nous deuions tousiours, selon ce Docteur, les conuier à
penitence : parce qu'en cette vie il n'y a point de si grands
pecheurs que Dieu ne puisse conuertir par des remedes
extraordinaires, & par vn excez de sa bonté.

CHAPITRE XII.

Les sentimens d'Horantius, de Catarin, de Salmeron, &
de Couarruuias, touchant l'efficace de la Grace,
& la liberté du franc arbitre.

VOs Athletes donc Soto & Vega, de qui vous espe-
riez de si grands aduantages, s'estans rebellez contre vous, aussi bien que Molina contre eux; aurez-vous
recours à Horantius, qui a esté present comme eux au
Concile de Trente? Mais Horantius ne deuroit-il pas
vous déplaire dés là mesme qu'il a dit que Sainct Augustin estoit absolument le Prince de tous les Docteurs,
dans l'éclaircissement des mysteres de la Foy? Ne sçauez-
vous pas que c'est cet Horantius qui suit si exactement &
si fidelement Soto, qu'il le copie mot à mot: comme quand
il dit, *Ce sont toutes les choses qui designent quelque libre mou-*
uement de nostre esprit; celles-là, quant au temps, ne sont pas faites
de Dieu deuant qu'elles soient faites librement par nous, mais
elles sont faites tout ensemble de Dieu & par nous : mais toutefois
de Dieu premierement par nature. Et nous venons d'obseruer
que cette priorité ou cette principauté de nature, ne veut
dire autre chose que la predetermination de nostre franc
arbitre, par l'influence precedente du concours de Dieu.
Et pour vous monstrer qu'Horantius veut seulement
que nostre volonté, pour estre libre, soit exempte de contrainte; escoutez-le qui dit: *L'homme est dit auoir vn franc*
arbitre, non parce qu'apres sa cheute nous auons vne puissance
égale pour penser, ou pour operer le bien ou le mal; mais seulement
parce que nous sommes puissans & efficaces pour le mal par nostre
liberté seule; & pour le bien, par la Grace de Dieu seule, estant
tousiours exempts de toute contrainte. Et aussi pour vous monstrer que le mesme Horantius escriuant contre Caluin, a
tousiours presupposé que Caluin estimoit que la Grace
agissoit seule, & que nostre volonté n'agissoit point du
tout, escoutez-le qui dit: *Ausquels lieux il asseure* (Caluin)

Liu. I. *des lieux Catho-*
liques, chap. 51. Longè
omnium in perlustran-
dis fidei nostræ sacra-
mentis, princeps Augu-
stinus.

Là mesme, chap. 53. Ea
sunt omnia, quæ motum
quempiam liberum ani-
mi nostri designât, hæc
non priùs tempore à
Deo, quàm liberè à no-
bis, sed simul à Deo &
à nobis fiunt, à Deo ta-
men priùs naturâ.

Là mesme, ch. 51.

Sed duntaxat quod ad
malum, nostrâ solâ li-
bertate; ad bonum verò,
non nisi Dei gratia, om-
ni semper coactione
soluti, efficaces simus.

Là mesme, ch. 54. Sic

que la Grace regne tellement, qu'elle agisse seule, & que la volonté la suiue par vne certaine propension, & auec vne obeyssance souueraine.

Que si vous doutez qu'Horantius ayt creu que les Graces que Dieu donne aux Predestinez, soient plus grandes, & en plus grand nombre que celles qu'il donne aux reprouuez, d'où il s'ensuit que les vns consentent, & les autres ne consentent pas, escoutez-le qui dit : *Si nous parlons encore des secours du premier ordre, & des graces que Dieu opere subitement en nous sans nous, & sans nostre libre consentement;* [a] *sans doute il confere aux Eleus par sa misericorde des aydes plus grandes, & en plus grand nombre qu'aux reprouuez : car il frappe le cœur de tous, & toutefois inégalement.* Et bien que vous ayez tronqué ces paroles d'Horantius, en ne les rapportant, à vostre ordinaire, qu'à demy, vous auoüez [b] neantmoins tres-bien que selon ce Docteur, l'inégalité du secours diuin est la cause pour laquelle les Eleus consentent à leur vocation, & les autres luy resistent. Mais comme nostre volonté sous ce regne de la Grace est de soy flexible & ployable au mal; pour cette raison Horantius escrit de la liberté des Bienheureux, qui n'est plus sujette à ce changement : [c] *C'est là l'excellente liberté, que selon les loix de nostre estat, n'est deüe qu'aux comprehenseurs, & aux confirmez, par laquelle la volonté ne peut decheoir du bien; au lieu que pendant que nous viuons icy, cette volonté mesme est flexible au mal.*

Et en ce lieu, mon Censeur, ne pourrois-je pas vous dire raisonnablement ce qu'Horantius dit à Caluin, dont l'esprit violent & iniurieux a tant de rapport auec le vostre; [d] *Ne diray-je pas,* dit-il, *que vous estes vn homme agité par les furies ? ne vous appelleray-je pas . . . . & médisant ? ne nommeray-je pas vostre bouche vn sepulchre ouuert; moy qui applique tout mon soin, & tout mon esprit à conseruer la modestie Chrestienne ? Mais ie voudrois vous demander vne seule chose; Auez-vous laissé vne seule parole infame & vilaine, que vous n'ayez iettée & vomie sur les autres, lors qu'il en a esté besoin ? Ie ne doute pas que vous n'en ayez besoin, vous qui vous repaissez de ces médisances, qui vous en diuertissez, & qui en iouyssez*

regnare gratiam asserit vt ipsa sola agat, &c.

Là mesme.

a Procul dubio maiora ac plura subsidia pro sua misericordia confert electis, quàm reprobis; adest enim omnium corda pulsans, impariter tamen.

b *Le Dissert. pag.* 183. Quamuis impariter, quo fit vt alij trahentem sequantur, alij resistant.

c *Là mesme, chap.* 55. Hæc est præclara illa libertas, quæ secundum status nostri leges, non nisi comprehensoribus & confirmatis debetur, qua scilicet à bono decidere voluntas nõ possit, cùm interim quod hîc versamur, flexibilis sit in malum ipsa voluntas.

d *Là mesme, chap.* 55. Num te furiis exagitatum ? num te impudentem & maledicum nominabo ? num illud os tuum patens sepulchrũ appellabo ? quippe qui in Christianam modestiam, toto animo & studio incũbo; sed de vno te percontari libe : reliquisti-ne, vel verbu vnum obſcœnū ac turpe, quod in alios, ſi neceſſe fuerit, (non dubito quin tibi ſit opus, vt pote qui hiſce maledictis paſceris, his delectaris, his perfrueris) euomas, foraſque projicias?

a La Faculté de Doüay, en la Cenſure de la 13. propoſit: Apparet autem aſſertorem ex Catarini paradoxis, hanc duplicis doni perſeuerantiæ distinctiōe sumpſiſſe.

b La Cenſure de Louuain, en ſa Preface, §. Mirum verò.

c Henriquez, liu. derm. de la fin de l'homme, dans la gloſe, lettre C.

d Molina, qu. 23. art. 4. & 5. diſp. 1. memb. 3.

e Catarin en ſon Comment. ſur l'Epiſtre aux Rom. ſur ces paroles, Quos præſciuit. Quandoquidem iſti tales præſciti ſunt, id eſt prædilecti videlicet ante alios, & ante quælibet eorum opera, quia in hoc prædilecti, vt faciant opera, & omnia eis cooperentur in bonum. *Et là meſme,* Sed

---

comme de voſtre ſouuerain bonheur.

Mais Horantius vous ayant manqué auſſi malheureuſement que vos deux Achilles, (ce terme ne vous plaiſt-il pas?) Soto & Vega, implorerez-vous le ſecours de Catarin, qui a eſté preſent, comme eux, au Concile de Trente? Or ie laiſſe à part les opinions bizarres de cet homme, qui l'ont expoſé à la cenſure des plus ſçauans Docteurs, & particulierement à celle des Facultez de Doüay **a**, & de Louuain **b**, en l'occaſion que vous ſçauez. Vous n'ignorez pas auſſi les plaintes que fait Henriquez **c** Ieſuite comme vous, de ce que vos Peres entreprirent à Rome, en faueur de Molina & de Catarin. Et nous auons obſerué deſia que ce Catarin entre ſes autres reſueries a mis deux ſortes de ſauuez, dont les vns ſont predeſtinez apres la preuiſion, & les autres deuant la preuiſion de leurs merites; qui eſt vne bigarrure inſupportable dans la Religion. Mais eſcoutons-le, mon Cenſeur, non dans les choſes qui regardent ſon erreur, & que vous alleguez pour authoriſer la voſtre: mais dans les choſes qu'il enſeigne, & qu'il eſcrit en Catholique, touchant la vraye Grace des vrays predeſtinez; & où l'on ne voit pas qu'il ayt eſté repris des Theologiens modernes, ſi ce n'eſt, peut-eſtre, par voſtre Molina **d**, & par les franc-arbitraires ſes approbateurs. Catarin donc ayant poſé qu'il y auoit certains éleus ou fauoris de Dieu, qui deuant la preuiſion de leurs bonnes œuures, eſtoient preordonnez au ſalut eternel; de peur qu'on ne penſaſt que la force de la Grace, qui doit les conduire à ce ſouuerain bonheur, ne bleſſaſt leur liberté, dit tres-doctement ce qui s'enſuit: **e** *Dautant que ceux-cy ont eſté preueus, c'eſt à dire, plus aymez deuant les autres, & deuant toutes leurs œuures, parce qu'ils ont eſté plus aymez, afin qu'ils faſſent des œuures, & que toutes choſes leur cooperent en bien &c. Mais il y en a qui lors qu'ils entendent que cette vocation eſt telle, qu'on ne puiſſe luy reſiſter; & vne iuſtification telle, que ceux qui ſont predeſtinez enfin, ne puiſſent en decheoir, penſent que le franc arbitre eſt oſté par là: au lieu qu'il eſt eſtably pluſtoſt par la certitude de la lumiere, & par la fermeté de la force qui leur eſt ajoutée. Car* (ceux qui ſont éleus) *respondent plus certainement, & reçoiuent la Grace, & tendent à la gloire par vne volonté tres-libre, tres-ferme, & tres-constante, & sans aucune sorte de contrainte ; dautant que l'opinion de quelques-vns est fausse, qui estiment que l'essence du franc arbitre consiste à pouuoir refuser vn bien, quel qu'il soit, quelque bon qu'il paroisse, & à choisir, & poursuiure le mal : mais la chose n'en va pas ainsi ; car le franc arbitre n'est pas de tendre au mal, puis que c'est vn defaut de la creature : car personne ne choisiroit le mal, s'il n'auoit quelque apparence de bien. Dieu donc illumine en sorte l'entendement de ceux qu'il ayme d'vn amour special, & guerit en sorte leur volonté, qu'ils iugent tres-bien de ce qui est bon, & de ce qui est mauuais. Quelque object donc qui regarde leur salut, leur estant proposé deuant leurs yeux, ils s'y portent d'autant plus librement, qu'ils s'y portent puissamment ; parce que chacun poursuit son bien auec vne volonté tres-prompte : car c'est Dieu qui fait en eux ces choses auec vn tres-grand soin, & vne tres-grande prouidence.* Et le mesme Catarin auoit dit auparauant : *La iustification suit cette vocation, parce que la vocation des predestinez est certaine, & efficace, & personne ne resiste à cette espece de vocation ; l'Apostre l'ayant appris par experience, a dit ailleurs de cette vocation : Qui nous a appellez de sa vocation saincte, en sorte que la iustification suit necessairement la vocation.*

Mais Salmeron, qui suit Catarin en beaucoup de choses, & qui quelquefois le transcrit mot à mot, vous sera-t'il plus fauorable, comme estant vostre confrere ? Non certainement : car il escrit aussi bien que Catarin, que la Grace inuincible des predestinez affermit leur liberté ;

sunt qui cùm talem vocationē audiunt huiusmodi esse, cui non possit resisti, & talem iustificationem à qua tandem non valeant excidere, qui prædestinati sunt, putant per hoc auferri liberum arbitrium, cùm potius statuatur, & validius fiat, per certitudinem luminis, & per adiectum robur fortitudinis : etenim certiùs & longè libentiùs qui electi sunt, respondent vocationi, & accipiunt gratiam, & potentiùs iustificati, liberrimâ & firmissimâ, atque constantissimâ voluntate, absque vllâ penitus coactione tendunt in gloriâ ; falsa est enim quorundam persuasio putantium, liberi arbitrij essentiam in hoc consistere ; videlicet vt possit quodlibet bonum refutare, quantumvis bonū appareat ; & eligere, ac prosequi malum : sed nō ita se res habet ; nō enim liberum arbitrium est posse tendere in malum, si quidem istud est creaturæ defectus ; nullus enim malum vnquam eligeret, nisi haberet speciem boni ; Deus ergo eorum quos prædili-

git, mentem sic illuminat, eorumque voluntatem ita sanat, vt rectè iudicent quod est bonum, & quod malum ; malum igitur ante oculos, posito illis aliquo obiecto ad salutem, quantò vehementius mouentur, tantò etiam liberius ; quoniam promptissimâ voluntate, bonum suum quisque prosequitur. Deus est enim qui hoc in illis magnâ prouidentiâ & curâ efficit. *Et de là Catarin conclua, que rien ne peut empescher les predestinez de paruenir à la fin à laquelle Dieu les meut.* Vocationem autem istam sequitur iustificatio, quia prædestinatorum vocatio, certa est & efficax, & huic generi vocationis nullus resistit, Apostolus de illa tali vocatione tanquam experientia edoctus, alibi dixit, Qui vocatione sancta vocauit nos, ita vt iustificatio necessariò consequatur vocationem.

bien loin de la deſtruire, ou de la diminuer : [a] *Il n'y a point de vocation*, dit-il, *à cauſe des œuures, ou d'vne ſainĉteté precedente : car deuant la vocation nous ſommes tous pecheurs ; d'où vient que le Seigneur a dit : Ie ne ſuis pas venu appeller les iuſtes, mais les pecheurs. Et bien qu'on puiſſe dire que la vocation commune dépend de noſtre conſentement, ſi nous voulons la receuoir, ou la rejetter, de laquelle S. Pierre a dit : Eſſayez de rendre certaine voſtre vocation, & voſtre élection par les bonnes œuures ; parce que dans le commencement elle peut eſtre empeſchée, & negligée en ſuite : toutefois ceux-cy ne ſont pas delaiſſez, pour eſtre appellez de cette ſorte ; dautant que Dieu nous conuiant aux nopces, ou au ſoupper, n'eſt point vn trompeur, ou vn menteur, ou vn tentateur de maux, pour appeller les hommes en cette maniere ; afin qu'eſtans appellez ainſi, ils dechoyent de la vocation, & qu'ils ſoient plus griefuement punis : mais la vocation ſelon le propos eſt excellente, ferme, & efficace, & telle, que le franc arbitre eſtant pourueu d'vn ſi grand don, ne la repouſſe point ; en quoy le franc arbitre n'eſt point bleſſé, mais eſt d'autant mieux eſtably, qu'il s'éloigne dauantage du peché, & qu'il s'vnit dauantage à Chriſt ſon ſouuerain bien : & en cela il deuient plus ſemblable à Dieu qui l'appelle, aux Anges, & aux Bienheureux ; bien qu'il faille touſiours aſſeurer que le franc arbitre des appellez ſelon le propos, conſideré en ſoy & en ſa nature, eſt flexible tant au bien qu'au mal ; & apres meſme que les Bienheureux iouyſſent de la vie eternelle. Telles ont eſté les vocations des Apoſtres, qui eſtans appellez auec vne ſeule parole de Chriſt, laiſſerent toutes choſes pour le ſuiure ; & telle a eſté celle de l'Apoſtre Sainĉt Paul, auquel il fut dit ; C'eſt vne choſe dure que tu regimbes contre l'aiguillon ; & telles ont eſté les vocations des autres Saincts : Car ceux qu'il a preueus, il les a predeſtinez pour eſtre faits conformes, &c.* Et en vn autre lieu le meſme Salmeron expli-

[a] *Salmeron ſur le chap. 8. de l'Epiſt. aux Rom. diſp. 19.* Nulla enim vocatio eſt propter opera, aut ſanĉtitatem præcedentem ; omnes enim ante vocationem peccatores ſumus ; vnde Dominus dixit, Non veni vocare iuſtos, ſed peccatores ; etſi communis vocatio dici poſſit pendere ab aſſenſu noſtro, ſi volumus eam recipere, aut renuere; de qua Petrus dixit, Satagite per bona opera certam veſtram vocationem, & electionem facere, quia à principio impediri poteſt, & poſtea etiam negligi, nec tamen propterea iſti, quia ſic vocantur, benedicti ſunt ; quia Deus cùm vocat eos ad cœnā vel ad nuptias, non eſt illuſor, aut mendax, aut tentator malorum, vt vocet ea ratione homines, vt ſic vocati decidant à vocatione, & ſic grauiùs puniantur : at vocatio ſecundum propoſitum excellens eſt, firma & efficax, & talis, vt illi liberum hominis arbitrium tanto dono Dei affectum non renuat, in quo liberum arbitrium non læditur, ſed magis ſtatuitur quanto magis à peccato declinat, & ſummo bono Chriſto vnitur ; atque in eo magis ſimile redditur Deo vocanti, Angelis & Beatis ; etſi ſemper aſſerendum ſit, tale vocatorum ſecundum propoſitum liberum arbitrium, ex ſe & ex ſuâ naturâ conſideratum, flexibile eſſe tam ad bonum quàm ad malum, etiam poſtquam beati æternâ vita perfruuntur, tales fuerunt vocationes Apoſtolorum, qui vno verbo Chriſti vocati, relictis omnibus ſecuti ſunt eum ; talis & illa Apoſtoli Pauli, cui dictum eſt, Durum eſt tibi contra ſtimulum calcitrare ; tales etiam extiterunt aliorum Sanĉtorum vocationes : nam quos præſciuit, & prædeſtinauit conformes, &c.

quant tres-amplement la mesme verité. [a] *Et que le franc arbitre, dit-il, puisse subsister auec cette certitude de salut, & auec le bon vsage de la Grace, il n'est pas difficile de le faire voir; car non seulement le franc arbitre n'est pas osté par cette Grace, mais il est estably & perfectionné; dautant que bien que l'on supposast que la puissance de pecher luy fust ostée, le vulgaire pense fausse-ment qu'il n'y a point de franc arbitre, où il n'y a point de faculté pour le mal aussi bien que pour le bien,* (escoutez mon Censeur) *comme le tesmoignent expressément Sainct Augustin, S. Bernard, & Sainct Anselme, qui au liure du franc arbitre chapitre premier, enseigne que pouuoir pecher ne fait point partie du franc arbitre; dautant que ce qui estant posé, diminuë la liberté, & ce qui estant osté, l'augmente, n'est point la liberté, ny partie mesme de la liber-té: Adjoustez que comme la definition de l'animal doit conuenir à tout animal, selon la force de ce nom; ainsi la definition du franc arbitre doit conuenir à tout franc arbitre, soit de Dieu, soit de l'Ange, soit de l'Homme, soit du Demon: Mais il est certain qu'il ne peut pecher dans Dieu, & dans les Anges; Pouuoir pecher n'est donc pas la liberté, ou vne partie de la liberté: Ce que Sainct Anselme confirme aussi au chapitre second, & Richard de Sainct Victor enseigne la mesme chose, parce que le franc arbitre estant la souueraine dignité de l'homme, s'il estoit de son essence de pou-uoir pecher, nous osterions vne si grande dignité, non seulement aux Bienheureux, & aux Anges, qui ne peuuent pecher, mais encore à Dieu mesme, qui n'a aucune puissance pour le mal: Ce qui est neantmoins faux. Dauantage, ce n'est pas vne puissance dans le franc arbitre, de pouuoir operer le mal, mais c'est vne certaine foiblesse & impuissance, qui vient d'vn defaut de lumie-re, & d'vne infirmité: Car la nature du franc arbitre, qui est la volonté, ou l'acte de la volonté, que l'on appelle option ou ele-ction, est de se porter & de tendre au bien; & ce qu'elle se porte au mal, cela vient de ce qu'il luy est proposé & representé, comme bien; & ce qu'il luy est ainsi representé, cela procede ou d'vne offuscation, ou d'vn defaut de lumiere, à cause de la corruption du franc arbitre: en ce que, comme le goust, lors qu'il est blessé, il estime bonnes les choses qui ne le sont pas.* Outre cela, nous sçauons que le franc arbitre en cette nature corrompuë estant delaissé, ne peut sinon se porter au mal, comme dit Sainct Augustin: Et

a Le mesme Salmeron, disp. 20. Quod verò liberum arbitrium cùm hac certitudine salutis, & bono vsu gratiæ sta-re possit, non est difficile ostendere; nam non solum per illam nō tol-litur, sed statuitur & perficitur liberum arbi-trium: nam si daremus ablatam potētiam pec-candi, falsò vulgus pu-tat liberum arbitrium non esse, vbi non sit fa-cultas ad malum, sicut & ad bonum, sicut ex-pressè & planè testan-tur Augustinus, & Ber-nardus, & Anselmus, qui lib. de liber. arbitr. cap. 1. asserit posse pec-care non esse partem li-beri arbitrij: nam id quod additum minuit libertatem, ablatum ve-rò illam auget, nec li-bertas est, nec pars li-bertatis: adhæc, vt de-finitio animalis debet conuenire omni ani-mali secundum nomen animalis; ita liberi ar-bitrij definitio, debet conuenire omni libero arbitrio, siue Dei, siue Angeli, siue hominis, siue dæmonis: at cōstat in Deo & Angelis pec-care non posse; non er-go posse peccare liber-tas est, aut pars liberta-tis, quod etiam capite secūdo confirmat. Idem docet & Richardus de sancto Victore; quia cùm liberum arbitrium summa sit hominis dig-nitas, si ad eius essen-tiam spectaret posse peccare, iam tantam di-gnitatem non solum à beatis, & Angelis, qui peccare nequeunt, immò ab ipso Deo qui in malum nihil potest, adimeremus, quod tamē falsum est: deinde non est potentiæ liberi arbitrij posse malū operari, sed imbecillitas & impotétia quædā, quæ venit à defectu lucis, & infirmitate, natura siquidē liberi arbitrij, quod est volūtas, siue voluntatis actus, qui dicitur optio siue electio, est ferri & tendere in bonum; quod autem feratur in malum inde est, quia objicitur illi, & repræsentatur vt bonum; quod autem sic repræsentetur, vel à defectu luminis, vel ab eius offuscatione, propter deprauationem liberi arbitrij prouenit, quod vt gustus læsus caprobat vt bona, quæ bona non sunt. Adhæc scimus liberum arbitrium in hac naturâ corrupta dimissum, non posse nisi in malum tendere, vt docet Augustinus, & scimus, stāte gratiâ cōmuni, quæ nulli denegatur, nisi ipsam quisque suâ culpa recuset, posse etiam in malum flecti, & sæpè flecti, sed si cum illa communi gratiâ ponamus prædestinationis donum, asserimus cum Augustino & Diuo Thoma à via non deflexurum, & propter eiusmodi Dei protectionem, & assistentiam, & tot gratiæ adminicula, posse illud ita erigi, vt non obdormiat in peccato, sed præseruetur à morte secundâ, quia & si cuique per gratiam communem concedatur posse perseuerare, prædestinatis tamen amplius datur, vt omnino perseuerent, non quidem coacti & inuiti, sed magis volentes, & cum maiori virtute liberi arbitrij; est siquidem Deo perfacile ita illustrare intellectum, & ita charitatis feruore voluntatem incendere, & alia quæcunque obiecta, quæ obstare poterant, ita amouere, vt proposito sibi bono, non contingat eius recusatio, & proposito sibi malo non accidat eius electio; quod non est ab vllo defectu liberi arbitrij, sed potiùs ab eius sanitate & robore; non tamen propterea existimandum est, tale esse liberum arbitrium in eiusmodi, etiam cùm confirmatur in gratia, quale est in beatis: quia in prædestinatis & confirmatis, vt in Apostolis & similibus verè dici potest ex se esse peccabile, & per se omni motui gratiæ posse resistere, sed propter Dei protectionem & adminicula prohiberi ne peccet, in beatis verò omnino impeccabile redditum est.

nous sçauons que la Grace commune estant posée, qui n'est déniée à personne, (si chacun ne la refuse par sa faute,) il peut aussi se tourner au mal, & s'y tourne souuent. (C'est icy que Salmeron copic Catarin. Et quant à cette Grace commune, elle ne nuit de rien, puis qu'elle ne sert de rien, si elle n'est suiuie, ou accompagnée de la Grace speciale des predestinez.) Mais si auec cette commune Grace nous posons le don de la predestination, nous soustenons auec Sainct Augustin, & auec Sainct Thomas, que le franc arbitre ne se destournera point de son chemin, & qu'à cause de cette assistance, & de cette protection de Dieu, & de tant d'aides de la Grace; il peut estre secouru de sorte, qu'il ne s'endorme pas dans le peché, mais qu'il soit preserué de la seconde mort: Car bien que par la Grace commune il soit donné à chacun de pouuoir perseuerer, toutefois on donne dauantage aux predestinez, qui est de perseuerer absolument, non comme estans forcez & contrains, mais comme le voulant encore mieux, & auec vne plus grande force de leur franc arbitre: Car il est tres-facile à Dieu d'éclairer en sorte leur entendement, & d'enflammer en sorte leur volonté par la feruecur de la charité, & d'éloigner en sorte tous les autres objets qui leur peuuent faire obstacle, que le bien leur estant proposé, il n'arriue point qu'ils le refusent; & que le mal leur estant proposé, il n'arriue point qu'ils le choisissent, ce qui ne vient pas d'aucun defaut de leur franc arbitre, mais plustost de sa santé & de sa force. Il ne faut pas croire neantmoins que le franc arbitre en ceux-cy, non pas mesme lors qu'il est confirmé en Grace, soit tel qu'il est dans les Bienheureux; parce que dans ceux qui sont predestinez, ou qui sont confirmez, comme dans les Apostres, & dans leurs semblables; on peut dire auec verité, que leur franc arbitre est de soy peccable, & que par luy-mesme il peut resister à tout mouuemens mouuement de la Grace; mais il est empesché de pecher, à cause des aides & de la protection de Dieu: mais dans les Bienheureux il est rendu tout à fait impeccable. Et n'est-ce pas là l'explication que nous auons donnée au Concile de Trente, quand il dit que le franc arbitre peut dissentir s'il veut? Car il est vray qu'à le regarder en soy, il le peut s'il veut, mais la force de la Grace inuincible fait qu'il ne le veut pas; & c'est pourquoy Salmeron conclud, [a] *Nous ne blessons donc nullement le franc arbitre, en disant qu'estant pourueu d'vne excellente grace, ou d'vn excellent don de Dieu, il est retiré du peché, nous qui attendons tous de Dieu l'impeccabilité dans la recompense de la vie eternelle.* C'est à dire, que nous ne blessons pas la liberté de nostre franc arbitre, en luy attribuant sous le regne de la Grace, vne prochaine impuissance de pecher, puis que nous esperons dans le regne de la gloire vne impeccabilité parfaite, & eternelle, comme le dernier comble de nostre liberté.

Voila donc la base, mon Censeur, & le fondement de la predestination gratuite, que vostre Salmeron veut estre preschée, & publiée dans l'Eglise, disant [b] que Sainct Paul ne l'eut pas reuelée, & que les anciens Peres ne l'eussent pas preschée, s'ils n'eussent voulu qu'on la preschast aussi bien qu'eux; & soustenant [c] mesme qu'il faut refuter l'opinion contraire, comme l'erreur de Caluin, qui dit que Dieu est l'autheur du peché. Et afin que vous ne pensiez pas qu'il ayt appuyé sur la science moyenne, comme Molina, la certitude, & l'infaillibilité de la predestination, escoutez-le qui refute cette science imaginaire en termes si energiques: [d] *Sainct Augustin dit contre les Pelagiens: Comment appellez-vous futures des choses qui ne sont point futures? c'est à dire, comment ces choses-là peuuent-elles tomber sous la cognoissance de Dieu, qui ne sont futures determinément, ny dans elles-mesmes, ny dans leurs causes?* Et en vn autre lieu: [e] *Il voit, dit-il, qu'elles existent dans le temps auquel elles subsistent, ou dans elles-mesmes, ou dans les causes qui sont ordonnées pour les produire; parce que ce qui n'est pas en soy, ou dans ses causes determinées, ne peut pas mesmes estre veu determinément par l'œil de Dieu.*

Mm

a *Là mesme.* Non igitur per hoc quod libero arbitrio excellenti Dei gratiâ prædito, à peccando retrahimur, in aliquo ei derogamus, cùm impeccantiam in præmium æternæ vitæ à Deo expectemus omnes.

b *Là mesme.*

c *Là mesme, disp. 11.*

d *Là mesme.* Ait enim Augustinus in Pelagianos, Quomodo dicitis futura, quæ non sunt futura, hoc est, quomodo possunt in cognitionem Dei venire, quæ nec in se, nec in causis determinatè sunt futura? *lib. 2. contra 2. Epistol. Pelag.*

e *Là mesme, disp. 11.* Et ideo eas cernit existere, pro eo tempore quo existunt, vel in seipsis, vel in suis causis

Or Salmeron, voftre ancien confrere, vous ayant eſté ſi peu propice, il n'y a point d'apparence que vous recouriez à vn eſtranger, comme eſt Didacus Couarruuias; & ainſi ie le paſſe ſous ſilence, puis que ce que vous en alleguez de vague & d'indefiny, peut eſtre expliqué pour moy auſſi bien que pour vous; & d'autant plus, qu'il fait profeſſion de ſuiure Driedo, qui eſt ſi religieux, & ſi fidele ſectateur de S. Auguſtin.

CHAPITRE XIII.

Comment l'Eueſque Naclantus, qui a aſſiſté au Concile de Trente, a recogneu l'effficace de la Grace de la meſme maniere que l'a eſtablie l'Autheur de la Lettre, ſelon les principes de S. Auguſtin, & de S. Thomas.

MAIS parmy ceux qui ſe ſont trouuez au Concile de Trente, d'où vient que vous ne parlez pas de l'Eueſque Naclantus, qui eſtoit, comme l'on dit, entre les Peres du Concile, ce qu'eſt l'Eſtoille du matin entre les autres Aſtres? a cela vient certainement, ou de ce que vous ne l'auez pas leu, ou de ce que l'ayant leu, vous l'auez trouué entierement conforme à S. Auguſtin, touchant la victorieuſe, & inuincible force de la Grace des Eleus. Et en effect ce grand Prelat s'eſtant fait cette objection, Que s'il y a des hommes qui ſoient predeſtinez au ſalut eternel, il faut qu'ils marchent ſelon le bon plaiſir de Dieu, ſoit qu'ils vueillent, ou qu'ils ne le vueillent pas: Il reſout cette difficulté en la maniere qui s'enſuit. *Premierement, dit-il, il faut* b *conſiderer que pouuoir pecher, n'eſt pas de la nature du franc arbitre; autrement Dieu, qui ne peut pecher, n'auroit point de franc arbitre; & par la meſme raiſon, il n'y auroit point de franc arbitre dans les Bienheureux: Il n'y en auroit pas eu dans Ieſus Chriſt, ny dãs ſa bienheureuſe Mere; mais au contraire, pouuoir pecher, c'eſt pouuoir perdre la liberté; dautant que celuy qui ſuit le peché, eſt eſclaue du peché. Mais il eſt de la nature du franc arbitre, de iuger volontairement, & de*

---

ordinatis, quas habent, quia quod nondum eſt in ſe, vel in ſuis cauſis determinatis, non poteſt vel Dei oculo determinatè videri.

a *En la Preface de ſes œuures.* Nam de eruditione, doctrina, ingenio tantiPatris, nõ eſt quod dicam ; cùm iam toti Chriſtianæ Eccleſiæ, ne dicam orbi, ſole clarius innotuerit: quis enim neſciat illum in Conc. Trid inter tot præclariſſimos Patres, doctiſſimos Theologos, ſanctiſſimos Præſules , ac mũdi lumina, quaſi luciferum quédam inter micantes ſtellas per tot annos enituiſſe? multos certè, tum doctrinã, tũ pietate habet æquales, ſed ipſe multis ſuperior, abſit inuidia dicto, nullum habet ſuperiorem.

b *Naclantus ſur le 1. ch. de l'Ep. aux Epheſ. dans vne digreſſion qui a pour titre, Que la predeſtination n'oſte pas le franc arbitre dans les predeſtinez, mais l'en-*

consentir volontairement aux choses, dont il a iugé si elles sont bonnes, ou de dissentir volontairement, si elles sont mauuaises: car l'asme de ces choses appartient à l'entendement, dont le propre est de iuger, de discerner, & de definir; & l'autre appartient à la volonté, dont le propre est de donner son consentement, ou de le refuser, de choisir, ou de reietter. Et partant comme les Peres l'ont fort bien entendu, la faculté volontaire d'operer, soit dans l'entendement, soit dans la volonté, est la liberté du franc arbitre; & bien que ie ne dispute pas à laquelle de ces deux puissances il faut l'attribuer principalement: toutesfois, si ie ne me trompe, la plus constante opinion est celle de Sainct Thomas, qui rapporte la racine de la liberté à l'entendement, & la consommation à la volonté: mais comment qu'il en soit, c'est assez que l'on sçache que cette faculté, ou si ie l'osois dire, cette spontanéité constituë essentiellement le franc arbitre: ce qui estant bien entendu, exclut du franc arbitre la seule violence, & la seule contrainte; c'est pourquoy ce n'est pas sans raison qu'on la nomme liberté, non pas tant pour la douceur du mot, que pour l'expression naturelle de la chose; parce qu'elle est opposée directement à la seruitude, qui n'aperant pas pour l'amour d'elle-mesme, mais par le commandement d'autruy, semble n'estre pas sans quelque contrainte, & sans quelque violence. Et vn peu plus bas: *Et partant*, dit-il, *quant à ceux que Dieu a predestinez; si en les persuadant il les conduit par la voye qu'il a prescrite par son eternelle volonté, il ne fait neantmoins aucun preiudice à leur liberté; dautant qu'estans excitez par les aiguillons du Sainct Esprit, & estant doucement persuadez, ils obeyssent, & s'auancent volontairement, & l'estre definy ou predestiné n'empesche pas que nous n'operions tres-bien selon nostre franc arbitre, puis qu'il estoit aussi definy que le fils de Dieu deuoit souffrir la mort; & il estoit necessaire qu'il souffrist; & il estoit impossible que ce calice passast, & il a esté neantmoins offert, parce qu'il l'a voulu, & personne ne luy a osté son ame, mais il l'a quittée volontairement, & l'a reprise volontairement aussi. Et bien que les euenemens des choses qui sont predestinez, soient infaillibles, nous les commettons tres-bien à la volonté de Dieu, & toutefois selon la disposition de Dieu, ce qui dépend de nous, n'aduient iamais sinon volontairement, quoy qu'auparauant nous soyons interieurement*

tretient, & l'augmente. In secundo autem membro considerandum imprimis, quod de ratione arbitrij liberi non est, posse peccare, alioqui penes Deum non esset, qui peccare non potest, nec pari ratione esset in Beatis, non fuisset in Christo, nec in Deipara eius matre; immò posse peccare, est posse libertatem amittere, quandoquidē qui facit peccatum, seruus est peccatis sed de ratione liberi arbitrij est, spontaneè iudicare, & iudicatis, si recta sunt, spontaneè consentire, aut spōtaneè, si praua sunt, dissentire; Illud enim pertinet ad intellectū, cui proprium est arbitrari, discernere, diffinire; Istud verò spectat ad voluntatem, cuius est consensum vel dissensum præbere, eligere, vel respuere; ergo vt probè acceptum fuit à Patribus, spontanea operandi faculcas, tum intellectus, tum voluntatis libertas arbitrij est, & quamquam non digladior, vtri eorū potius, vtrive prius tribuatur; constantior tamen, si non fallor, Thomæ sententia est, qui intellectui adscribit libertatis nostræ radicē, voluntati verò tribuit consummationem. Verum vtcumq. res habet satis exoratum si fuerit, eam facultatem seu (vt mallem, si ritus loquēdi permitteret) spontaneitatem essentialiter liberum arbitrium constituere, quod acutè perspectû, solam ab eo violẽtiam, solamve coactionẽ excludit, quare non immeritò, non tam euphoniæ causâ, quàm cõmodâ rei expressione libertas nuncupata est, eò quod è regione seruituti opposita, quæ non sui gratia, sed ad imperium alterius operas, prorsus sine aliquâ violentiâ & coactione esse non videtur. *Et plus bas.* Qua de re si Deus quos prædestinauit, per semitam quam vnicuique æterna voluntate præscripsit, persuadẽdo conducit, nullo tamen pacto illorum libertati præiudicium facit, quandoquidem stimulis Spiritus sancti excitati, suauiter persuasi, spontaneè obsequuntur, ac progrediũtur; nec esse definitum

instruits & persuadez. Et quoy que cette persuasion estant excluë, nous soyons également enclins à faire ou à ne faire pas, toutefois la mesme persuasion estant supposée, nous sommes determinez à faire en telle sorte, que par la suggestion, & par la cooperation du S. Esprit nous nous tournons volontairement, mais fermement vers ce costé-là.

Or ie vous prie, mon Censeur, quand ce sçauant Euesque escriuit ces choses, n'auoit-il pas esté present au Concile de Trente, & n'auoit-il pas esté tesmoin, & en partie autheur des definitions de ce sainct Synode; & neantmoins pouuoit-il rien escrire, ou de plus fauorable pour Sainct Augustin, & de plus mortel pour Molina, & pour ses defenseurs touchant la force de la Grace du *Saueur?* Et à vostre aduis, comment eût-il conceu ou expliqué cette Sentence Synodale, que l'on *peut dissentir à la Grace si l'on veut?* Et n'eust-il pas dit, comme j'ay fait, & comme vous auez fait autrefois vous-mesmes, qu'on le peut, si on le veut; mais que la Grace fait inuinciblement qu'on ne le veut pas?

ac prædestinatum obsistit, quin rectè pro arbitrio operemur, quando & definitum erat Dei filium obiturum mortem, & necessarium fuerat illum pati, & impossibile calicem illũ transire, & tamen oblatus est, quia voluit, & nemo tulit ab eo animam suã, sed spontè illam deposuit, sicut & spontè resumpsit; & licet prædestinati rerum euentus sint infallibiles, licet eos rectè diuinæ volũtati committamus, illud tamen quod (Deo disponente) pendet à nobis, non nisi voluntariè proficiscitur, tametsi priùs internè sumus edocti, ac persuasi, & quamquam persuasione seclusâ, essemus pariter ad exequendum & non exequendum propensi : ea tamen inclusâ, ad exequẽdum sumus determinati, ita vt hanc in partem Spiritu suggerente, ac cooperante, spontaneè quidem, sed firmiter declinemus.

CHAPITRE XIV.

Les sentimens du Cardinal Hosius, & de Melanchthon apres son changement, touchant l'efficace de la Grace, & le franc arbitre de la volonté.

OR estant ainsi delaissé de toutes parts, faut-il que vous cherchiez vostre dernier refuge chez le Cardinal Hosius, qui a esté l'vn des Presidens de la troisiesme tenuë du Concile? Mais vous estes enfin si malheureux, que voftre dernier afyle fera voftre detniere perte. Et de vray, mon Cenfeur, pour ne produire pas les tefmoigna-ges de ce Cardinal, où il copie prefque mot à mot des textes tous entiers de S. Auguftin, & de fe³ tres-fideles difciples Sainct Chryfologue & Sainct Bernard, comme quand il dit: [a] *Maintenant que Chrift vit en nous; qu'il habite par la foy dans nos cœurs; que c'eft luy qui opere toutes chofes en tous; que c'eft luy qui opere en nous & le vouloir, & le parfaire; que c'eft luy qui fait en nous ce qui eft agreable deuant luy; & comme efcrit Pierre Chryfologue, c'eft luy que nous auons pour ayde dans les biens; qui nous donne de pouuoir ce qu'il nous commande, & qui fait luy-mefme ce qu'il nous ordonne: que Sainct Bernard appelle vn tres-puiffant Athlete, qui combat, & vaint dans les fiens, & pour les fiens, & qui couronne pour cela ceux qui font victorieux.* Comme quand il dit: [b] *Nos bonnes œuures font de Dieu, & font noftres auffi, parce que c'eft luy qui en nous infpirant nous preuient, afin que nous vueillions; & qui nous fuit en nous aydant, afin que nous ne vueillions pas inuti-lement, mais que nous puiffions accomplir ce que nous voulons. La grace donc nous preuenant, & la bonne volonté venant en fuite, ce qui eft vn don de Dieu, deuient noftre merite.* Comme quand il dit: [c] *Voicy le Seigneur nous aduertit que nous pre-parions noftre volonté, en ce que nous lifons que c'eft à l'homme de preparer le cœur; & toutefois Dieu ayde l'homme à faire cela mefme, parce qu'il eft preparé par le Seigneur, & il ouure la bouche en commandant, de forte que perfonne ne le peut s'il ne le fait luy-mefme par fon ayde; d'où vient qu'on luy dit: Tu ouuriras mes levres.* Comme quand il dit: [d] *La charité donc nous commande la charité, & Dieu charité nous donne luy-mefme ce qu'il nous commande. Il nous ayme le premier, & nous enflam-me à l'aymer; il fe donne à nous, & fait fa demeure en nous; de-meurons en luy, & luy en nous. Mais bien qu'il nous ayde le premier, il ne nous quitte iamais le premier, fi nous ne le quittons auparauant; Ce qu'il nous quitte, c'eft noftre faute; & ce qu'il fait fa demeure en nous, cela vient de fa grace, & il eft plus preft à nous la donner, que nous ne le fommes à la receuoir, tant fa*

[a] *En la confeffion de la foy Catholique, ch. 66. voyez le Latin cy-deffus.*

[b] *Là mefme, vers la fin.* Itaque noftra, in-quit, & Dei funt & no-ftra, quia ipfe nos præ-uenit vt velimus adfpi-rando, qui adiuuando fubfequitur ne inaniter velimus, fed poffimus implere quod volumus: præueniente ergo gra-tiâ, & bona voluntate fubfequente, hoc quod Dei donum eft, fit me-ritum noftrum, ante vtrumque verò Greg. Pontifex, &c.

[c] *Chap. 67. deuant le milieu.* Ecce Dominus admonet, vt præpare-mus voluntatem, in eo quod legimus hominis eft præparare cor, & tamen vt hoc faciat ho-mo, adiuuat Deus, quia præparatur à Domino, & aperit os, ita iuben-do, vt nemo poffit nifi ipfe id faciat adiuuan-do, cui dicitur, Labia mea aperies.

[d] *Chap. 68. fur la fin.* Deus charitas eft, dicit Ioânes; Charitas igitur charitatem nobis præ-cipit, & quod iubet, ipfe nobis præftat; Deus charitas prior ipfe dili-git nos, & ad fe diligē-dum accendit nos, fe-ipfum impertit nobis, manfionem facit apud nos, in ipfo maneamus, & ipfe in nobis; quam-uis autem prior diligit, nunquam tamen prior deferit nos, nifi priùs deferatur à nobis; quod nos deferit, culpa no-

ftra; quod manfionem in nobis facit, ipfius fit gratiâ, qui paratior eft ad eam nobis impertiendam, quàm fimus nos ad recipiendam, tam eft illius obuia bonitas, tam eft noftra fupina negligentia.

a *Là mesme, chap.* 21. Ipse fecit nos, & non ipsi nos, vt non minùs ipsius opus sit quod iusti sumus, quàm quod homines sumus; melius enim est iustum esse, quàm hominem esse ; quod si nos homines facit Deus, & iustos ipsi nos facimus, melius aliquid facimus nos quàm facit Deus, quod cùm vel cogitare cùm primis absurdum sit, tenedum est firmiter quemadmodum quod homines sumus, ita & quod iusti sumus, Dei donum esse; ipsius opus est, vt credamus, ipsius opus est, vt amemus.

b *Là mesme.* Totum, inquit, ex Deo, non tamen quasi dormientes, non quasi vt non conemur, non quasi vt non velimus, sine voluntate tuâ non erit in te iustitia Dei.

c *Dans Hosius, liu.* 1. *des heresies de son temps,* pag. 443. Hæc senten-

bonté est prompte, & tant nostre negligence est lasche. Comme quand il dit : a *C'est luy qui nous a faits, nous ne nous sommes pas faits nous mesmes ; en sorte que ce que nous sommes iustes, n'est pas moins son ouurage, que ce que nous sommes hommes : car il vaut bien mieux estre iustes que d'estre simplement hommes. Que si Dieu nous fait hommes, & si nous nous faisons iustes, nous faisons quelque chose de meilleur que ce que Dieu fait : ce qui estant absurde de penser, il faut croire fermement que c'est vn don de Dieu que nous soyons iustes, comme c'est vn don de Dieu que nous soyons hommes ; c'est son œuure que nous croyons, & c'est son œuure que nous aymions.* Comme quand il dit, pour nous faire voir qu'il vouloit seulement, contre Luther, que nostre volonté agist, & qu'il falloit donner tout le reste à Dieu : b *Tout est de Dieu, non pas toutefois comme si nous dormions, comme si nous ne faisons point d'effort, & comme si nous ne voulions point ; la iustice de Dieu ne sera pas en toy sans ta volonté.*

Ne pourrois-je pas vous conuaincre, en iustifiant quels ont esté les sentimens de ce Cardinal, en me seruant de la mesme voye dont vous vous seruez pour les déguiser ? Et en effect ne presupposez-vous pas que le mesme Cardinal a suiuy & approuué la seconde opinion de Melanchthon, touchant la Grace & le franc arbitre de nostre volonté? Or il est sans doute que Melanchthon n'a iamais nié l'efficace de la Grace qui applique & determine nostre volonté ; le Cardinal Hosius n'a donc pas nié cette efficace de la Grace, puis qu'il n'a point eu d'autre sentiment que Melanchthon, touchant la Grace & la liberté. Et que tel ayt esté lors le sentiment de Melanchthon, cela paroist en premier lieu, en ce que changeant d'opinion il quitta seulement celle de Luther, qui disoit que l'homme en receuant la Grace n'agissoit point du tout ; pour prendre celle de S. Augustin, qui dit que l'homme en receuant la Grace, agit d'autant plus puissamment, que la Grace ne luy est donnée que pour le faire agir. Escoutez Melanchthon rapporté fidelement par le Cardinal Hosius : c *Dans cette opinion,* dit-il, *touchant le franc arbitre, il n'y a rien d'absurde, & c'est la veritable opinion de plusieurs Autheurs*

Ecclesiastiques, & de plusieurs Synodes, & particulierement de Sainct Augustin; & elle ne iette pas les bonnes ames dans le desespoir, & ne les empesche pas de s'efforcer: mais au contraire elle amplifie le secours du Sainct Esprit, & aiguise le soin & la diligence de la volonté. Melanchthon a donc quitté l'opinion de Luther, pour suiure celle de Sainct Augustin, & les anciens Conciles qui ont approuué celle de S. Augustin : [a] *Ie n'approuue pas*, dit-il en suite, *les resueries des Manicheens, qui n'attribuoient aucune action du tout à la volonté, non pas mesme quand elle estoit aydée par le Sainct Esprit, comme s'il n'y auoit nulle difference entre vne statuë & la volonté.* Melanchthon a donc seulement changé en accordant que la volonté agit en faisant le bien, ou en faisant le mal; au lieu qu'il disoit auparauant que la volonté n'agissoit point du tout, ny dans le bien, ny dans le mal; mais que Dieu faisoit l'vn & l'autre en nous par sa vertu seule, en telle sorte que l'adultere de Dauid n'eut pas moins esté l'œuure de Dieu, que la vocation de Paul.

En second lieu, Melanchthon en sa derniere opinion a creu [b] que l'homme estoit libre en faisant le bien, parce qu'il agit en le faisant : comme Sathan est libre en pechant, & en faisant le mal, parce qu'il agit en le faisant. Or Melanchthon n'a iamais pensé que Sathan fust libre en faisant le mal, parce qu'il est indifferent à le faire, ou à ne le faire pas; Il n'a donc iamais creu que l'homme fust seulement libre en faisant le bien, parce qu'il est indifferent à faire le bien, ou à ne le faire pas.

En troisiesme lieu, Melanchthon a tousiours crû qu'il y auoit cette difference entre celuy qui fait le bien, & celuy qui ne le fait pas; que celuy qui fait le bien, est aidé de Dieu; & que celuy qui ne le fait pas, n'est pas aidé de Dieu : Ce qu'il n'auroit pas crû si celuy qui fait bien & celuy qui fait mal pouuoient auoir vne mesme Grace, à laquelle l'vn consentist, & l'autre ne consentist pas : *Icy*, dit-il, *on ne déroge point au franc arbitre, il peut en quelque sorte nous regler dans la discipline externe, & estant aidé par le S. Esprit, il a de nouueaux mouuemens qui consentent à la loy de Dieu.* Par où l'on voit entr'autres lieux, que Melanchthon

tia de libero arbitrio nihil habet absurdi, & est germana cùm aliorum Scriptorum Ecclesiasticorum ac Synodorum, tùm verò Augustini sententia, nec adigit ad desperationem bonas mentes, nec deterret eas, quòminus conentur, immò & amplificat Spiritus sancti auxilium, & acuit curam ac diligentiam voluntatis.

a Non probo deliramenta Manichæorum, qui prorsus nullam voluntati tribuebant actionem, nec quidem adiuuante Spiritu sancto, quasi nihil interesset inter statuam & voluntatem.

b *Art. 19. de la Conf. d'Ausbourg, composée par Melanchthon apres son changement, d'où vient que cet article fut approuué par l'Empereur, & par les Princes Catholiques d'Alemagne, en ces termes :* Articulus 19. Itidem probatur, & acceptatur; &c. *Cet article est tel,* de causa peccati docet, quod tametsi Deus creat, & conseruat naturam; tamen causa peccati est volūtas malorum, videlicet diaboli & impiorum, quæ nō adiuuante Deo, auertit se à Deo, sicut Christus ait, Ioan. 6. Cùm loquitur mendacium, ex se loquitur, &c.

c *Dans les Actes de Vvormes, pag.* 668. Neque hîc detrahitur libero arbitrio, id disciplinam externam vtcunque regere potest,

& adiutum à Spiritu sancto, habet nouos motus consentientes legi Dei. *La mesme verité paroist par l'art. 19. de la Confession, cité cy-dessus.*
a *Au liu. de la Gr. de Christ, ch. 14.*

a estimé, comme S. Augustin, a *qu'il dépend du franc arbitre de venir ou de ne venir pas, mais qu'il peut estre seul s'il ne vient pas, & qu'il ne peut estre sinon secouru s'il vient, & secouru de sorte, qu'il ne sçache pas seulement ce qu'il doit faire ; mais aussi fasse ce qu'il sçait.*

En quatriesme lieu, Melanchthon a tousiours approuué la Grace qu'il auoit exprimée dans la Confession d'Ausbourg, dont il a esté l'autheur : Or on ne voit pas qu'on l'ait iamais blasmé d'auoir condamné dans la Confession d'Ausbourg la Grace efficace, qui a tousiours son prochain effet : Il a donc tousiours crû cette Grace victorieuse, qui n'est iamais priuée de son prochain effet, puis qu'il a tousiours crû la Grace qu'il auoit establie dans la Confession d'Ausbourg. Or comme d'vne part Melanchthon a establi dans la Confession d'Ausbourg la Grace qui domine sur nostre volonté, & comme d'autre part cette Confession, quant à cet article, fut receüe par les Docteurs, & par les Princes Catholiques d'Allemagne; il s'ensuit de là necessairemét que les Lutheriens n'estoient pas condamnez, parce qu'ils enseignoient vne Grace qui appliquast, & qui determinast l'action de nostre volonté; mais seulement parce qu'ils enseignoient dans leur commencement vne Grace qui opprimoit, & qui estouffoit l'action de nostre volonté. Et dautant que la plus part des Docteurs Catholiques auoient enseigné cette Grace victorieuse de nostre volonté : de là vient que Bucer auoüe ingenument, que ceux de son party imposoient à ces Docteurs, en les accusant de combattre, ou d'ignorer la vraye Grace du Sauueur. *Ie ne voy pas pour quelle raison*, dit vn Docteur b sur le dixhuictiesme article de la Confession d'Ausbourg, *Philippe Melanchthon sur cette matiere tourmente si fort les Scholastiques, lesquels Bucerus neantmoins, qui estoit mieux versé que Melanchthon dans les Escholes des Scholastiques, ce que la chose crie d'elle-mesme, excuse auec raison & auec candeur, disant ingenument, tous les Theologiens non seulement anciens, mais aussi modernes, entre lesquels il suffit à bon droict d'alleguer vn seul Thomas, confessent que le franc arbitre ne peut rien s'il n'est meu & aidé de Dieu; & partant en ce que certains*

Peres,

b *En l'Harmonie de la Confess. d'Ausbourg, de l'edit. de Cologne, 1573. pag 354. Ioannes Hoffmeisterus, sur le 18. art. de cette Confession.* Et non queo satis videre quid causæ sit, cur Philippus, in hoc negotio tam miserè vexet Scholasticos, quos tamen Bucerus, qui certè diligentiùs versatus est in Scholasticorû gymnasiis, (id quod res ipsa clamat) quàm Philippus, candidè & meritò excusat, dicens ingenuè non veteres modò, sed & recentiores Theolo-

Peres, ou certains Autheurs nouueaux ont enseigné touchant le franc arbitre, on ne voit pas l'impieté que pensent quelques-vns, si on prend bien ce qu'ils ont dit, & à la maniere que les Escriuains mesmes ont voulu qu'il fust pris. Toutefois si Melanchthon n'eut recogneu que la necessité d'vne Grace dépendante de nostre volonté, quel pretexte, ou quelle apparence de raison auroit-il eüe de blasmer les Scholastiques, puis qu'il n'y en a pas vn qui n'ayt estimé cette Grace necessaire pour les œuures spirituelles, & vtiles à salut?

En cinquiesme lieu, l'Empereur Charles, & les autres Catholiques d'Allemagne voulant trouuer vn moyen d'accord & de pacification entr'eux & les Protestans; à ce dessein composerent vn liure, qui fut presenté aux Protestans. Or en ce liure il est dit en termes expres, que la liberté qui nous reste maintenant, consiste en l'affranchissement de la violence & de la contrainte : à quoy Melanchthon & les autres Protestans, soit Princes, soit Ministres qui suiuoient son opinion, n'ayant rien trouué du tout à redire, n'est-ce pas vne preuue manifeste que Melanchthon & ses adherans tenoient alors que nostre liberté est d'agir sans contrainte, sans force, & sans violence ? [a] *Mais cette liberté composée de faire le bien, & de s'abstenir du mal,* dit ce liure de pacification, *a esté perduë par la cheute de l'homme; la seule liberté, qui est l'exemption de la contrainte, estant demeurée, soit dans les mauuais, soit dans les bons; de laquelle (liberté) il a esté dit: Combien de fois ay-je voulu recueillir tes enfans, & tu ne l'as pas voulu? Et cette liberté est inefficace, ou impuissante à commencer, & à produire la vraye iustice, & à faire des œuures bonnes deuant Dieu; comme il est escrit : L'homme animal ne conçoit point les choses qui sont de l'Esprit de Dieu. Et en vn autre lieu: Le sens de la chair est inimitié contre Dieu; car elle n'est point sousmise à la loy de Dieu, & ne peut mesme luy estre sousmise, ayant seulement de la force pour faire des œuures exterieures, & appartenantes à la vie presente, soit bonnes, soit mauuaises. Car ce qui n'est point fait par la foy, est peché; d'où vient que Sainct Augustin dit : Ie n'appelle point bonnes œuures celles qui ne viennent pas d'vne bonne racine.* Si donc l'Empereur, & les autres Catholiques d'Al-

N n

gi, inter quos haud iniuriâ satis sit, vnum Thomam laudasse testem; liberum arbitrium nisi & moueatur, & iuuetur à Deo, ad bonum nihil valere confitētur, nec inest igitur iis quæ de libero arbitrio Patres quidam, aut etiam Neoterici asseruerunt, ea, quam nonnulli putant, impietas, si hæc ritè modò accipiantur, & sic vt ipsi Scriptores ea accipi voluerunt.

a *Dans les Actes de Ratisbône, art.* 2 *pag.* 699. Verùm huiusmodi concreta libertas faciendi boni, & continendi se à malo, per hominis lapsum est amissa, sola libertate à coactione retenta, quæ tam est in malis quàm in bonis; de qua dictũ est, Quoties volui congregare filios tuos, & noluisti? Mat. 23. Inefficax quidem ad inchoandam & efficiendam iustitiam veram, & opera coram Deo bona, sicut scriptũ est, Animalis homo nõ percipit ea, quæ sunt Spiritus Dei, 1. ad Cor. 2. Et iterum : Sensus carnis, inimicitia est aduersus Deũ. Legi enim Dei non est subiecta, ac ne potest quidem subjici, Rom 8. Valens tantum ad efficienda opera externa & vitæ præsenti; tam bona quàm mala : nam quod non ex fide fit, peccatum est. Rom. 14. Vnde Augustinus in præfat. Psf. 33. Neque bona opera, inquit, appellauerim, quæ non de radice bona procedunt.

lemagne s'accorderent auec Melanchthon, & auec ſes ſectateurs, ſur ce poinct particulier, que noſtre liberté conſiſte à n'eſtre pas contraints ; ne s'enſuit-il pas que Melanchthon, & ceux qui luy adheroient, tenoient alors que l'homme fait auec liberté ce qu'il fait volontairement, bien qu'il ne puiſſe ne le faire pas ?

Ce qui eſtant ainſi, ſeriez-vous bien ſi eſtrange que de vouloir nous faire croire que ce Lutherien celebre reuint enfin dans voſtre opinion touchant la liberté, qui ſelon vos principes, ne peut ſubſiſter que dans vne prochaine indifference à faire ou ne faire pas, ſoit le bien, ſoit le mal qu'on fait ? Par où l'on voit combien foiblement vous alleguez le liure de Melanchthon, de l'Ame, pour nous perſuader que dans ce liure il a enſeigné voſtre nouueauté : Car Eccius fit mention de ce liure en la Conference de Wormes, [a] qui fut faite deuant celle de Ratiſbonne, au temps de laquelle Melanchthon & les autres ſectateurs de la Confeſſion d'Auſbourg, comme nous venons de le monſtrer, eſtimoient qu'eſtre libre, c'eſt agir ſans contrainte ; ou que noſtre liberté n'eſt autre choſe qu'vn affranchiſſement de violence en nos actions.

Mais voyons, mon Cenſeur, quel témoignage de Melanchthon vous produiſez en particulier, pour nous faire voir qu'il a eſtimé auſſi bien que vous, que nous pouuions immediatement reietter la Grace. Vous empruntez celuy-cy du Cardinal Hoſius, où Melanchthon eſcrit, [b] *Qu'il y a trois cauſes qui concourent à vne bonne action, la parole de Dieu, le S. Eſprit, & la volonté de l'homme qui conſent, & ne repugne pas à la parole de Dieu : car elle pourroit la ſecoüer, comme Saül la ſecoüa. Par où, dit Hoſius, chacun peut voir clairement, comment Philippe Melanchthon a condamné tout ce qu'il auoit eſcrit peruerſement du franc arbitre en ſes lieux communs de l'année vingt & vn, & qu'il a condamné tout enſemble l'opinion de Martin Luther ſon maiſtre ſur ce ſujet, comme eſtant impie, & conforme à l'hereſie des Manicheens, &c. Ce qu'il a fait auſſi plus amplement dans ſon Abregé de la Philoſophie Morale qu'il a imprimé à Strasbourg l'année trente huict.*

Mais qu'inferez-vous de là, mon Cenſeur ? car en ces

a *Dans les Actes de Vvormes, au commenc.* pag. 644. Sicut contendit Dominus collocutor meus, multis verbis in Apologia ſcripſit in lib. de Anima.

b *Voyez le Differt. pag.* 201. Concurrere tres cauſas bonæ actionis, verbum Dei, Spiritum ſanctum, & humanam voluntatem aſſentientem, nec repugnantem verbo Dei ; poſſet enim excutere, vt excutit Saül, &c. Hæc Staniſlaus Hoſius Cardinalis, ex quibus ait, Idem, planum cuique fieri poteſt, quemadmodum Philippus Melanchthő quidquid ab eo peruerſè ſcriptum fuerit de liber. arb. in locis communibus, an. 21. ſimul & Magiſtri ſui eadem de re ſententia, tamquā impiam, & eam hæreſi Manichæorű congruētem condemnauit, &c. quod pluribus etiā verbis ab eo factum eſt, in Epitome Philoſophiæ moralis, quam edidit Argentorati an. 38.

paroles de Melanchthon on voit bien qu'il dit, que la volonté humaine peut reietter, ou receuoir la parole de Dieu : mais on ne voit pas qu'il die que la volonté humaine puisse reietter le mouuement du Sainct Esprit, qui la fait consentir à la parole de Dieu ; & l'on voit seulement que Melanchthon veut dire que la parole de Dieu nous estant preschée, nous pouuons la receuoir, ou la reietter, entant qu'il est vray que nous la receuons, quand l'Esprit de Dieu nous ayde à la receuoir, & que nous la reiettons quand l'Esprit de Dieu ne nous ayde pas pour ne point la reietter : ce que Melanchthon confirme icy par l'exemple de Saül, qui reietta la parole de Dieu, parce que l'Esprit de Dieu ne l'ayda point à la receuoir, & à la conseruer. Et comment est-il possible que cet exemple seul n'ayt pas suffi pour vous guerir de vostre aueuglement, ou pour reprimer vostre hardiesse, & vostre subtilité?

Et comment n'auez-vous pas veu que c'est aussi dans le mesme sens que Melanchthon a dit en ce que vous alleguez de luy vn peu plus bas : *Dans ce combat il est certain que la volonté humaine peut reietter la parole de Dieu, & partant quand elle la retient estant aydée par le Sainct Esprit, elle repugne à son imbecillité naturelle, & se soustient par la parole de Dieu.* Quoy! ne voyez-vous pas que Melanchthon veut dire que dans le combat interne de la chair contre l'esprit, la volonté humaine peut repousser, ou retenir la parole de Dieu, entant qu'elle peut estre aydée, ou n'estre pas aydée par le Sainct Esprit pour la retenir ; & que par consequent elle retient la parole de Dieu quand le S. Esprit l'ayde ; ou la repousse, & ne la retient pas quand le Sainct Esprit ne l'ayde point? Auquel sens le mesme Melanchthon auoit dit autrefois dans la Confession d'Ausbourg: *Bien que Dieu crée & conserue la nature, toutefois la cause du peché est la volonté des meschans : c'est à dire, du diable, & des impies ; qui n'estant pas aydée de Dieu, se détourne de Dieu, comme Iesus Christ dit : Il parle de luy-mesme quand il profere le mensonge.*

Seriez-vous si aueugle que de ne voir pas que Melanchthon enseigne icy, suiuant Sainct Augustin, que l'homme

Le Dissertat. pag. 101.
In hoc certamine, inquit, constat humanam voluntatem posse ejicere verbum Dei ; itaq. cùm retinet adiuta à Spiritu sancto, repugnat naturali imbecillitati, & sustentat se verbo Dei.

Art. 19 voyez le Latin cy-dessus.

fait le bien, & qu'il obeyt à la parole de Dieu quand Dieu l'assiste, & que l'homme cesse de faire le bien, & se rebelle contre la parole de Dieu quand Dieu cesse de l'assister; ce qu'on ne pourroit dire, si posé que deux hommes fussent secourus également pour receuoir la parole de Dieu, il pouuoit arriuer que l'vn obeyst, & que l'autre n'obeyst pas à la parole de Dieu; & quand Melanchthon diroit quelquefois que l'on peut reietter ou secoüer l'esprit de Dieu, il faudroit entendre par l'Esprit de Dieu, le don habituel, & non pas le mouuement actuel de l'Esprit de Dieu; & par secoüer le S. Esprit, Melanchthon voudroit dire le perdre, ou le chasser de nostre ame par le peché mortel, lors que Dieu ne nous ayde pas à le retenir, & à nous abstenir du peché mortel; & en ce sens ce

Dans les Actes de Ratisbonne, pag. 775. Et quoniam in Sanctis, in hac vita manent peccata, adjiciendum est discrimen peccatorum, propter quæ non amittitur gratia, & aliorum qui excutiunt gratiam & Spiritum sanctum.

Lutherien dit au nom des Princes Protestans : *Parce qu'en cette vie il y a des pechez qui demeurent dans les Saincts, il faut adjoûster la difference des pechez à cause desquels on ne perd pas la Grace, & des autres qui secoüent la Grace & le Sainct Esprit.* Et quand mesmes Melanchthon auroit dit, que nous pouuons en quelque sorte reietter le mouuement actuel du S. Esprit, qu'auroit-il dit que nous ne disions aussi bien que luy en vn sens tres-catholique ? car il est certain que l'on peut repousser, & que l'on peut vaincre vn mouuement du Sainct Esprit par vn mouuement plus fort de la conuoitise; auquel cas nous pechons, & sommes induits en tentation; Dieu ne voulant pas selon la profondeur de ses iugemens, reprimer l'effort de la cupidité par vn plus grand effort de la charité.

Mais pour conclure ce discours, si nous deuons iuger de l'opinion du Cardinal Hosius, par l'opinion de Melanchthon; & s'ils n'ont eu en ce sujet l'vn & l'autre qu'vn mesme sentiment, comme vous le supposez, ne s'ensuit-il pas bien clairement de ce que ie viens de dire, qu'ils sont également contraires à vostre nouueauté, & que selon leur doctrine il faut expliquer le Concile de Trente comme l'a expliqué l'Autheur de la Lettre, & dire qu'à la verité par le fond de conuoitise qui habite en nostre chair, on peut dissentir à la Grace si l'on veut, mais que

la Grace fait infuperablement qu'on ne le vueille pas;
parce que celuy qui eſt aydé, confent touſiours; comme
celuy qui n'eſt pas aydé, ne confent iamais à la predication de la parole de Dieu? Et puis que Bucerus, qui a eſté
fans contredit de l'opinion de Melanchthon, comme
eſtant fon adjoint dans les Conferences d'Allemagne,
dit apres les actes de Ratiſbonne, que la contrainte ſeule
eſt oppoſée à la liberté: ne s'enſuit-il pas que Melanchthon eſtoit alors dans le meſme ſentiment?

Que ſi Eccius en ſa replique à Bucerus repart, que cette
doctrine eſt condamnée de tous les Catholiques, il a raiſon, ſil entend parler des actes imparfaicts & indeliberez
de la volonté, qui ne ſont pas libres, encore qu'ils ne
ſoient pas contraints; mais il ſe trompe ſil entend parler
des actes parfaicts & deliberez de la volonté, puis qu'il
n'y a que la contrainte qui les empeſche d'eſtre libres,
ſelon les Peres, ſelon le Maiſtre des Sentences, ſelon
Sainct Thomas, ſelon l'Eueſque Naclantus, que i'ay deſia
cité, & ſelon meſme Alphonſus à Caſtro que vous oſez
alleguer pour vous, bien qu'il ait eſcrit ce qui ſenſuit:
Il faut combattre cette erreur auec vn tel temperament, que
nous défendions en ſorte la neceſſité de la Grace, que nous ne
dérogions pas au franc arbitre; & de plus, que nous ſouſtenions
en ſorte la liberté de la volonté, que nous conuainquions qu'elle a
beſoin de la Grace; & pour mieux faire cela, il faut aduertir
premierement qu'il y a trois ſortes de liberté; qu'il y a vne liberté
qui eſt vne exemption de coulpe, & l'Apoſtre dit de cette liberté:
Lors que vous eſtiez eſclaues du peché, vous auez eſté faits libres
de la Iuſtice; & en vn autre lieu: Où eſt l'Eſprit du Seigneur, là
eſt la liberté; & cette liberté n'eſt point celle ſelon laquelle nous
diſons, que tout franc arbitre de l'homme eſt libre: Il y a vne
autre liberté qui eſt oppoſée à la ſeruitude, & à la miſere; &
l'Apoſtre dit de cette liberté, La creature meſme ſera deliurée de la
ſeruitude de la corruption pour la liberté de la gloire des enfans
de Dieu, & cette liberté ne fait point encore à noſtre propos:
Car ce n'eſt point par elle que le franc arbitre de l'homme eſt ap-
pellé libre. Troiſieſmement, il y a vne liberté qui eſt oppoſée à la
neceſſité, ou pour dire mieux, à la contrainte, parce qu'il y a des

Liu 7. contre les hereſ.
fol. 131. verſ. ſous le mot,
Gratia.

Tertia libertas eſt, quæ
opponitur contra ne-
ceſſitatem, aut veriùs
coactionem; quoniam
aliqua neceſſariò ſunt,

Nn iij

choses qui sont necessairement, comme par exemple, la production du Sainct Esprit, (c'est là l'erreur qui vous semble si monstrueuse) & la dilection mutuelle des personnes diuines qui se font librement, bien qu'elles se fassent necessairement, non toutefois par contrainte, & auec violence, parce qu'elles ne s'efforcent pas au contraire. C'est à l'esgard de cette liberté que nous appellons libre le franc arbitre de l'homme ; l'homme a cette liberté dés sa creation, & elle luy est si attachée, qu'on ne peut la luy arracher. Et selon les principes de ce Docteur, il paroist que Dieu ne nous oste pas la liberté, quand il nous meut efficacement à faire vne bonne œuure, bien qu'il nous oste alors tout sujet de vanité; d'où vient que cet Autheur adjouste vn peu plus bas: *La coignée ou la sie ne couppera iamais le bois, si elle n'est meüe par vn autre; & ainsi le franc arbitre ne pourra iamais operer aucun bien, s'il n'est meu de Dieu pour le faire; comme donc si la sie s'éleuoit contre celuy qui couppe auec elle; de mesme est tout homme qui se glorifie de la bonne œuure, & ne s'en glorifie pas au Seigneur.*

CHAPITRE XV.

Les sentimens de l'Euesque Fischerus, de Driedo, & de Stapleton, touchant la Grace & la liberté.

POVR Ioannes Fischerus Euesque de Roff, & excellent Martyr de la Foy Catholique, vous luy imposez à vostre accoustumé, quand vous voulez nous persuader qu'il a crû, sans exception, que Dieu donnoit à tous les pecheurs vne Grace suffisante pour se conuertir; car à toute heure il excepte les pecheurs qui sont entierement delaissez de Dieu; comme quand il dit: [a]*Tout pecheur peut se repentir des crimes qu'il a commis, s'il n'est tout à fait delaißé.* Et ailleurs, [b] *Ce secours special ne manque à personne, si ce n'est à ceux qui sont du tout endurcis, & qui sont liurez en sens reprouué; & c'est auec raison que ce secours leur est osté, à cause de leur souueraine ingratitude.* Mais outre cette ayde speciale que ce Martyr veut estre donnée à ceux-là mesmes qui ne

---

Marginalia (left column):

vt gratia exempli, productio Spiritus sancti, dilectio mutua personarum diuinarum, quæ liberè fiunt; quamuis necessariò, non tamen ex coactione, aut violentiâ, quia non nituntur in oppositum, ab hac libertate vocamus hominis arbitrium liberum, hanc libertatem habet homo à suâ conditione, estque illi à Deo insita, vt ab eo diuelli non possit.

Aut securis, aut serra nunquam lignum scindet, nisi ab alio ad hoc moueatur; sic etiam nostrum liberum arbitriũ, nunquam bonum aliquid operari poterit, nisi à Deo moueatur ad illud agendum; quomodo ergo si exaltetur serra contra eum qui secat in ea: sic omnis qui de bono opere gloriatur, & non in Domino gloriatur.

a *En la refut. de la 36. assert. de Luther, edit. de Colog.* 1569. *fol.* 351. Accedit his, quod cuiuis peccatori, nisi prorsus derelicto, liberum est suorum admissorum pœnitere

b *Fol.* 378. Nemini deest auxilium istud speciale, nisi prorsus induratis & traditis in reprobum sensum, à quibus nec iniuriâ propter summam ipsorum ingratitudinem id subtractum est.

se conuertissent pas, il en recognoist vne autre plus particuliere encore, qui n'est donnée qu'à ceux qui se conuertissent; & qui leur donnant comme il dit, le vouloir
mesme, leur oste tout sujet de se [a] glorifier. Et vous n'auiez
garde de nous dire que ce Docteur escrit contre l'opinion
de Molina, que toute œuure qui n'est pas faite auec vn
secours special de Dieu, est vn peché; & que cet Euesque pour s'attacher aux Peres, [b] abandonne les Scholastiques, qui sont contraires les vns aux autres, & partagez
sur ce sujet. Or generalement parlant, le but de cet Euesque disputant contre Luther, est de faire voir que nostre
volonté n'est pas violentée par la Grace; & que toutes les
œuures qui sont faites deuant la Grace iustifiante, ne sont
pas des pechez, comme soustenoit cet heresiarque.

Quant à Ruard Tapper, qui est l'approbateur de Fauste,
Stapleton [c], qui dit que la Grace secourante n'est iamais sans son prochain effect, & Iean de Bologne, qui est
l'autheur de vostre petit conte du Nonce d'Allemagne,
vous trouuerez bon que ie les renuoye aux Vniuersitez de
Doüay & de Louuain, [d] dont ils ont fait partie enuiron le
temps qu'elles ont censuré si pieusement, & si doctement
les erreurs estranges que vous soustenez dans le liuret de
vostre elegante & Ciceronienne dissertation. Ie m'arre-
steray seulement à Driedo, que vous auez tasché de rendre complice de vos nouueautez & de vos factions contre Sainct Augustin; bien que ce Docteur ayt enseigné,
expliqué, & defendu auec tant d'exactitude, & de fidelité, la doctrine de ce Pere, & qu'il nous en ayt proposé
les sentimens, comme la regle de tous les Theologiens
qui l'ont precedé, & qui l'ont suiuy, quant à ce qui regarde les mysteres de la Grace & de la Predestination
des Saincts.

Ce Theologien donc, qui appelloit Sainct Augustin le
tres-puissant Marteau des Heretiques [e], pouuoit-il mieux
nous representer l'efficace de la Grace, que lors qu'il establit cette difference entre les habitudes & les motions
actuelles de la Grace mesme? [f] *Il est en la puissance du franc
arbitre*, dit-il, *d'vser ou de n'vser pas des habitudes, ou des dons*

a *En la refutat. de la mesme assert.*

b *Là mesme, fol. 366. voyez le Latin cy-dessus.*

c *Stapleton liu. de la Gr. & du fr. arb. ch. 8.* Notandum est ergo, aliud esse quærere an voluntas adiuta à Deo, gratiam de facto repudiet, aliud an repudiare possit? ideoque non diximus adiuuanti gratiæ à voluntate resisti; sed resisti posse, si velit, sicut etiam Concilium Trident. solet er loquitur, sess. 6. can. 4. Quod verum est, quamuis nunquam propter gratiæ efficaciam resistat : *N'est-ce pas ainsi que l'Autheur de la Lettre explique le Concile de Trente? & il dit en suite, apres Vega.* Nempe cùm ad omnes dispositiones iustifica-tioni præuias habendas gratia adiuuans ordinetur, fieri potest, & nonnunquam fir, vt per illam adiuuantem gratiam aliquas dispositiones habeamus consentiédo, vltimatas verò non habeamus dissentiendo.

d *Les Cēsures de Doüay & de Louuain ont esté faites l'année 588. & Stapleton est mort enuiron dix ans apres.*

e *Liu. de la Concorde du fr. arb. fol. 20.* Sic olim ante mille annos, eruditissimus Scripturæ sacræ illustrator Augustinus, hæreticorum malleus, intellexit, &c.

f *Là mesme, fol. 65.* Cæterum in potestate

gratuits qui nous sont infus, cōme de la Foy, de la Charité, & des autres vertus, si la volonté veut en vser: Mais Dieu par sa preue-nante Grace gratuite, fait que la volonté vueille en vser. Ouy mais, dites-vous, Driedo veut que l'on puisse resister à la motion mesme de la Grace, quād il dit, *a* *Dieu produit en nous non seulemēt la vertu par laquelle nous sommes disposez à bien ope-rer, mais encore en nous faisant bons ou iustes, il enuoye l'acte & le mouuement par lequel nous voulons bien opérer; & bien que cet acte, ou ce premier mouuement n'ait pas esté en la puissance de nostre volonté; il est neantmoins en la puissance de nostre volonté, ainsi tirée & allechée de consentir à ce mouuement, & derechef luy dissentir, principalement la conuoitise resistant, & tirant nostre ame du costé contraire, & opposé.* Mais en tronquant ce pas-sage, vous *b* vsez du priuilege de vostre finesse accoustu-mée: Car vous auez obmis ces mots qui suiuent immedia-tement, par où l'on voit que la volonté est determinée par la Grace mesme à luy consentir; Car ce Docteur ayant dit, *c* *Principalement la conuoitise resistant & tirant nostre ame vers le costé contraire,* adiouste incontinent, *l'ame iuste vse, si elle veut, de la Foy, de la Charité, & des autres vertus infuses; mais Dieu protegeant l'ame, & la confortant par ses aydes iour-nalieres, afin qu'elle perseuere, fait qu'elle vueille en vser & per-seuerer en cet vsage, selon l'opportunité des temps, entre vn si grand nombre, de si grandes tentations qui nous portent au con-traire.*

Et de cette sorte il est manifeste que quand cet excel-lent homme dit, que la volonté peut consentir à la Grace diuine, & derechef ne pas luy consentir, il tesmoigne seulement la mutabilité de nostre franc arbitre, par la-quelle en consentant il conserue la puissance de ne con-sentir pas; & cesse en effet de consentir, si la Grace ne con-tinuë de l'accompagner, pour l'empescher de dissentir; & en ce sens Driedo dit, *d* *Il est faux ce que l'on suppose, que les predestinez reçoiuent vne telle ayde, qu'ils ne puissent s'éloigner de la bonne volonté; car pendant qu'ils viuent en ce mōnde, Dieu ne les rend pas immobiles dans la bonne volonté, mais il les gou-uerne auec tant de douceur, qu'ils viuent bien volontairement; ayant toutesfois en eux-mesmes ce qui peut les faire tomber, &*

ce qui

Notes marginales :

liberi arbitrij est quidē vti, & non vti habitib', seu infusis donis gra-tuitis, vt pote fide, cha-ritate, cæterisque virtu-tibus, si voluntas his vti velit; sed vt volūtas his vti velit, operatur Deus præueniente gratuitâ sua motione.

a Là mesme, fol. 47. Deus ergo non solum operatur in nobis vir-tutē, qua parati sumus benè operari, sed etiam faciens nos bonos, seu iustos, immittit actum & motum, quo bene operari volumus, qui sanè actus seu primus motus, quamuis non fuerat in potestate vo-luntatis; vtique tamen est in potestate volun-tatis sic cœlituis allectæ & tractæ, eidem motui consentire, & rursus dissentire, præsertim reluctante concupiscē-tiâ, & ex aduerso alior-sum trahente animam.

b Le Differt. pag. 113.

c Fide, charitate, cæte-risque virtutibus infu-sis, anima iusta vtitur quidem si velit, sed vt velit vti, & secundum temporum opportuni-tates perseuerare in vsu, inter tot & tantas tentationes aliorsum trahentes, Deus opera-tur quotidianis suis au-xiliis, protegēs, & con-fortans animam, vt pēr-seueret.

d Là mesme, fol. 60. Respondeo falsum est quod assumitur, præde-stinatos tale ac tantum accipere adiutorium, vt à bona voluntate de-clinare non possint; nā

e Deus non facit eos

ce qui fait qu'ils sont enclins à se conformer à ce siecle.

Et ainsi selon Driedo, la grace des Eleus est insupera-ble en vn sens, & en vn autre elle ne l'est pas; estant in-superable, entant qu'elle surmonte inuinciblement le mouuement present de la conuoitise; & n'estant pas in-superable, entant qu'elle subsiste auec le fond de la con-uoitise, qui pourroit produire vn mouuement plus fort pour la surmonter. C'est pourquoy le mesme Autheur escrit: a *Iesus Christ luy-mesme, & le S. Esprit habitans dans nous par la foy, par l'esperace, & par la charité; bien qu'ils fassent que la volonté de l'homme, infirme & impuissante d'elle mesme, vueille efficacement, & soit meüe & poussée indeclinablement, & insuperablement.* Ne voila-t'il pas vne motion inuincible & insurmontable? Mais voicy comment en vn autre sens elle peut estre surmontée, à cause de la source des mau-uais desirs qui nous reste encore, pour cesser d'operer le bien, & pour nous port●●●vice: *Il fait neantmoins que cette volonté vueille & op●●ibrement & volontairement, & il ne la confirme pas maintenant au bien, & ne luy oste pas la puissance de cesser, d'agir, & de se tourner au vice;* & le reste que nous auons allegué desia en vn autre lieu.

Ouy mais, dites-vous, b Driedo n'enseigne-t'il pas que l'on peut resister à l'inspiration diuine, bien que l'on ne puisse resister à la volonté de Dieu, que l'Apostre appel-le, Selon le propos? Mais ne voyez-vous pas que cet Au-theur veut dire seulement, que la conuoitise qui combat l'inspiration diuine, peut croistre en telle sorte, qu'elle preuaille enfin sur l'inspiration diuine, si l'inspiration di-uine ne s'augmente de sa part pour surmonter la cupidité qui luy resiste; au lieu que la conuoitise, quelque forte qu'elle soit, ne peut empescher la volonté de Dieu, par laquelle il veut nous sauuer, puis que supposé que Dieu vueille nous sauuer, il est necessaire qu'il nous donne des graces si puissantes, qu'elles domtent & subjuguent in-uinciblement nostre conuoitise, quelque violente qu'el-le soit; & c'est pourquoy Driedo dit: c *On ne dit pas cela comme si la volonté de l'homme qui est predestiné, estoit confirmée au bien, & immuable, & ne pouuoit se porter au vice: mais parce*

Oo

---

quandiu hic viuunt, in bona voluntate immo-biles; sed tam suauiter gubernat eos, vt volun-tariè bene viuant; ha-bentes tamen in se que decidere possint, & pro-cliues sint conformare se huic sæculo.

a *Fol. 6a.* Ipse autem Christus, & Spiritus sanctus, sic per fidem, spem, & charitatem in-habitans; quamuis vo-luntatem hominis ex se inualidam atque infir-mam facit at efficaciter velle, indeclinabiliter ac insuperabiliter agi: hanc tamen facit liberè atque spontanè velle & operari: neque fir-mat nunc eam in bonū, neque adimit illi pote-statem cessandi ab ope-re, aut declinandi ad vi-tia.

b *Le Dissert. pag.* 212

c *Là mesme, fol.* 61. Nam hoc dicitur, non quod humana volun-tas hominis prædesti-nati, sit in bono con-firmata & immutabilis, seu indeclinabilis ad vitia; sed quod volun-tas Dei intendentis suâ gratiâ sic iuuare ele-

Left margin notes:

ctos, vt eant, & fructum afferant, qui maneat, sit efficax, certa & immutabilis, & ab humanâ voluntate non impedibilis, aut superabilis.

a *Le Differt. pag.* 106. Quem locum Yprensis schola stultè negat, ad præsentem naturæ statum referri contra cõmunem, &c.

b *Driedo fol.* 45. *verso.* Ad Scripturas autem quæ dicunt, Deus ab initio fecit hominé rectum, & ab initio reliquit illum in manu cõsilij sui, &c. Dicimus eiuscemodi Scripturas accijiendas de homine secundum eum statum in quo fuit conditus à Deo.

c *Liu. de la perf. de la Iust. ch.* 19.

d 1. 2. *qu.* 109. *art.* 8. *au* 3. Ad 3. dicendum: quod sicut Augustinus dicit in hypognostico, verbum illud intelligitur de homine, secundũ statum naturæ integræ, quando nondum erat seruus peccati, vnde poterat peccare & non p ccare ; nunc etiam quodcunque vult homo, datur ei: sed hoc quod bonum velit, habet ex auxilio gratiæ.

e *Fol.* 59. *voyez le Latin cy-dessus.*

f *Au mesme liure.*

g *Fol.* 46. Sub qua (diuinâ prouidentiâ) tamen nihil rectè & benê operatur, donec spiritu fidei in Iesu corrigatur.

Main text:

que la volonté de Dieu qui a resolu d'ayder en telle sorte ses Eleus par sa grace, (Voyez comment cette certitude du salut des Eleus est appuyée sur la force de la Grace qui leur est donnée!) *qu'ils aillent, & qu'ils portent vn fruict qui demeure, est efficace, certaine, & immuable, & ne peut estre empeschée, ou surmontée par la volonté de l'homme.*

Au reste, mon Censeur, vous auriez bien pû vous passer de mettre sur les rangs ce Docteur celebre de l'Eschole de Louuain, puis que vous osez bien le traicter d'absurde, & de ridicule; en traictant d'absurdes, & de ridicules a ceux qui disent comme luy, que ces paroles de l'Escriture, *I'ay mis devant toy la vie & la mort,* se doiuent entendre du premier homme: car escoutez-le qui nous dit, ne se souciant gueres d'estre absurde & ridicule à vostre goust: b *Quant aux Escritures qui disent, Dieu a faict l'homme droict, & dés le commencement l'a laissé en la main de son conseil,* & le reste; nous [illegible] que ces Escritures doiuent estre entenduës de l'homme [illegible] l'estat auquel Dieu l'a creé. A quoy ie dois adjouster que vous nous imposez à vostre ordinaire en ce sujet: Car nous ne disons pas que ces Escritures ne se puissent nullement entendre de l'estat present de l'homme; ce qui seroit contraire à Sainct Augustin c: mais nous disons seulement après S. Thomas, d qu'il faut les entendre principalement du premier estat de l'homme, si ce n'est peut-estre que vous vueilliez aussi traicter d'absurde & de ridicule, aussi bien que Driedo, ce souuerain Maistre de la Theologie Scholastique.

Et quant à Driedo, il estoit bien iuste que vous fissiez peu d'estime d'vn Docteur, qui en fait si peu de vostre Grace suffisante, de laquelle il dit e qu'il vaudroit bien mieux qu'elle ne fust pas donnée aux reprouuez; d'vn Docteur qui refute f ceux qui appellent comme vous, ineptes & violentes les explications que Sainct Augustin donne à ces paroles de l'Apostre, *Dieu veut que tous les hommes soient sauuez.* Et enfin d'vn Docteur qui dit g contre Molina, & ses Approbateurs, que la volonté de l'homme ne fait rien de droict, ny de bien, iusques à tant qu'elle soit corrigée par l'esprit de la foy en Iesus Christ. Mais ne vous parlons plus d'vn homme qui vous doit estre si odieux que celuy-cy, & concluons ce discours en vous entretenant de deux de vos confreres, dont l'vn est Pererius, & l'autre Henriquez, Iesuites comme vous.

Le premier rapporté par l'Eschole de Doüay dans la Censure faite contre qui vous sçauez, dit : [a] *Bien que la volonté n'opere rien, si elle n'est meüe & determinée de Dieu; parce neantmoins que Dieu la meut conuenablement à sa nature, & en la maniere qu'elle est propre naturellement à estre meüe, c'est à dire non necessairement, mais librement ; c'est pour cela qu'on l'appelle vrayement, & qu'elle est vrayement libre : car si la volonté estoit meüe de Dieu en telle sorte, qu'elle ne se meust nullement elle-mesme, & ne se determinast point à son action, certainement toute raison de liberté, de merite, & de demerite seroit entierement ostée : mais parce que Dieu la meut en sorte, qu'elle se meut toutefou elle-mesme tout ensemble, & se determine par sa deliberation à faire cecy ou cela. C'est pour cette raison qu'elle est appellée iustement, & qu'elle est vrayement libre : car il ne faut pas estimer que la volonté soit libre tout à fait, & tellement, qu'elle ne dépende d'aucun autre, & ne soit sousmise à aucun autre, Dieu estant seul libre en cette maniere : Car l'essence de toute creature emporte vne necessaire, & inseparable dépendance de son Createur; soit dans l'existence, soit en toute operation. La liberté donc de nostre volonté, dit-il, est celle qui peut conuenir à vne creature, à sçauoir celle qui distingue la volonté, & la separe de l'agent naturel.* Et au mesme lieu : [b] *En ce que Sainct Thomas adjouste,* dit-il, *que les causes secondes, & entr'elles, nostre volonté est meüe, appliquée, & determinée de Dieu à vouloir ; bien que quelques Theologiens n'en demeurent pas d'accord, j'embrasse neantmoins cette opinion de tout mon cœur, & de toute mon affection,* Et le second, [c] qui est Henriquez, dit : *Ils ne sçauent point sauuer autrement l'vsage de nostre liberté en son*

[a] *En la Censure de la* 10. *propos.* Licet volūtas nihil operetur nisi mota & determinata à Deo ; quia tamen mouetur à Deo conueniēter naturæ suæ, & vt suapte naturâ, apta est moueri, id est, non necessariò, sed liberè; ideo verè dicitur veréque est libera : si enim voluntas ita moueretur à Deo, vt ipsa se nullo modo moueret, & ad agendum determinaret, omnis profectò meriti ac demeriti & libertatis ratio funditus tolleretur; sed quia Deus eam sic mouet, vt ipsa nihilominus simul etiam seipsam moueat, ac per suam deliberationem se determinet ad agendum hoc vel illud quippiam; ob eam causam meritò appellatur, & verè est libera ; non enim intelligendum est voluntatem esse liberā omnino, ita vt à nullo pendeat, nullique subjiciatur, quomodo solus Deus liber est; ratio enim cuiusuis creaturæ necessariam & inseparabilem continet depēdentiam eius à Creatore, tam in existentiâ quàm in omni operatione ; ergo libertas, ait, nostræ voluntatis ea est, quæ potest competere creaturæ ; nempe quæ distinguit ac separat voluntatem ab agente naturali, &c. *Et à la marge de ce Texte rapporté dans la Censure, on voit ces paroles.* Similia leges apud R. P. Franciscum Caussetum, in Comrou. de lib. arb. [b] *Liu.* 8. *ch.* 8. Naturalium : In eo quod adiungit Diuus Thomas, causas secundas, & in his voluntatem nostram à Deo moueri, applicari, & determinari ad volendum, etsi nonnulli dissentiant Theologi ; ego tamen manibus pedibusque in eam sententiam perquàm libenter eo. *Et au ch. suiu. il accorde cette predetermination auec la liberté.* [c] *Henric. liu. deru. de la fin de l'homme, ch. 14. dans le Texte. §. 5. voyez le Latin cy-dessus.*

a *Au mesme liu. ch. 6.*
Nec iam difficile est intelligere quàm quidam putant, quod saluo vsu liberæ nostræ cooperationis, Deus temperans vim sui concursus efficaci auxilio moueat, tum physicè ex parte potentiæ nostræ, tum moraliter ex parte obiecti ; ita vt stante illo efficaci auxilio præueniente, infallibile sit, (quæ infallibilitas pertinet ad scientiam Dei) hominem agere, & tamen liberè agit, vt dicetur cap. 14. § 5. Tanta enim est diuinæ voluntatis, prouidentiæ, & motionis efficacia, ac suauitas sapientiæ, vt prouideat, agatque rem ipsam & modum ipsius, id est prouidet, vt ab homine fiat actus, seu effectus, & liberè sint cum omnibus circunstantiis loci, temporis, & modi. *Et vn peu apres il adjouste,* Pium ac sobrium Theologum conaturum probabiliter soluere argumenta, vt probet mysteria fidei, solutione argumentorum, de quibus certus est nihil conuincere contra veram fidem.

b *Là mesme, voyez le Latin cy-dessus.*

c *Là mesme, voyez le Latin cy-dessus.*

exercice contre les heretiques , qu'en niant qu'il y ayt vn secours nommé preuenant, qui soit la cause predeterminante & efficace de nostre libre operation, & conuersion ; mais que c'est seulement vn secours suffisant, ou concomitant, duquel l'homme peut se seruir, & par lequel il peut se conuertir s'il veut. Et en vn autre lieu : [a] *Il n'est pas si difficile,* dit-il, *à conceuoir comme quelques-vns pensent que Dieu, sauf l'vsage de nostre libre cooperation, temperant la force de son concours, nous meuue par vn secours efficace, soit physiquement, de la part de nostre puissance ; soit moralement de la part de l'objet : tellement que ce secours efficace preuenant estant posé, il soit infaillible (laquelle infaillibilité regarde la science de Dieu) que l'homme agisse, & toutefois il agit librement, comme nous le dirons ; Car l'efficace de la volonté, de la prouidence, & de la motion de Dieu, & la suauité de sa gesse sont si grandes, que par sa prouidence il fait la chose & la maniere de la chose mesme ; c'est à dire, qu'il pouruoit en sorte, que l'acte ou l'effect soit produit par l'homme, & qu'il soit fait auec liberté, auec toutes les circonstances du lieu, du temps, & de la maniere.* Et ce Docteur adjouste : *Qu'vn pieux & modeste Theologien mettra peine à resoudre les argumens (contraires) auec probabilité, pour establir les mysteres de la foy par la solution des preuues qu'il voit certainement ne conclure rien contre la vraye foy.* Et là mesme : *Quelques-vns,* dit-il, [b] *nient faussement que Sainct Thomas ayt osé traicter expressément cette difficulté, comment Dieu predeterminant, & premouuant nostre volonté, il est necessaire en sens composé que l'homme se meuue ; (1. 2. qu. 9. art. 6. au 3. qu. 112. art. 3.) & que toutefois nostre volonté se meuue librement en telle sorte, qu'en sens diuisé & simplement elle puisse ne se mouuoir pas. Cordubensis liu. 1. qu. 55. doute 8. estant conuaincu par cet argument, a quitté son Scot, & nie que le secours efficace, lequel estant posé, il est necessaire que l'effect soit aussi soit preuenant, mais seulement concomitant.* Et afin que vous ne pensiez pas que vostre Henriquez ayt appuyé, comme Molina, l'infaillibilité du secours efficace sur la science que vous appellez moyenne ; escoutez le iugement qu'il a fait de cette science, & de ceux qui n'ont pas craint de la soustenir deuant les Papes. *Cette dispute*[c], dit-il, *touchant la presence des choses futures conditionnées, a esté suscitée par nous depuis vingt ans, & l'opinion dont il est parlé dans le texte, a esté receüe malgré nous en Italie, afin que l'on soustint en faueur de Catarin, qu'il y en auoit plusieurs de sauuez sans vne veritable predestination antecedente.*

Que si vous me demandez pour quelle cause ie ne parle point du petit Concile de Sens, composé de sept Euesques, où il est dit, que Dieu frappe incessamment à la porte de nos cœurs: Ie vous responds que ie ne parle point de ce petit Concile, parce que s'il marque seulement vne Grace externe, il ne dit rien ny contre moy, ny pour vous; & s'il designe vne Grace interne, il parle contre vous aussi bien que contre moy, si ce n'est peut-estre que vous vueillez blasmer le sentiment commun des Scholastiques mesmes, qui ne nient pas qu'il n'y ait des aueuglez & des endurcis, à qui Dieu ne parle pas à chaque moment au fond du cœur; & vous n'ignorez-pas que Bellarmin dit, ᵃ que les communs pecheurs n'ont pas tousiours vne Grace suffisante pour se repentir, & mesmes il dit seulement,ᵇ qu'il croit pieusement que cette ayde leur est donnée en temps & lieu.

a Liu. 2. ch 7.

b Là mesme, c. 8.

CHAPITRE XVI.

Jugement de l'Epilogue confus & embroüillé du Disserta-
teur, & où l'on explique en quel sens Sainct Thomas
dit, que l'on ne merite pas en ce que l'on fait neces-
sairement.

Qᴜᴀɴᴛ à la closture ou à la couronne de vostre bel ouurage, tout ce qu'elle contient se peut reduire à ces trois chefs: Le premier est, vne inuectiue toute embarrassée, & toute confuse contre deux propositions soustenuës par la Lettre, dont l'vne est, que la contrainte seule repugne à la liberté; & l'autre est, que la Grace du Sauueur a tousiours l'effet prochain, pour lequel elle est donnée. Le second est, vne vaine ostentation de la Bulle du Pape Vrbain VIII. touchant le liure de l'Euefque d'Ypre. Et le troifiefme eft, vne vanterie infupportable de l'antiquité de voftre doctrine, bien que Molina, que vous auez fi fortement fouftenu à Rome, fe glorifie d'en eftre l'autheur.

Quant au premier poinct, qui touche les propofitions fus-alleguées, vous ne pouuez nier qu'elles ne foient tres-iuftes, & tres-conformes à la faine Theologie, comme nous l'auons iuftifié fuffifamment en plufieurs endroits de cet ouurage: Et pource que vous dites [a] que S. Thomas [b] declare heretique la premiere, quand il dit, que l'on ne peche pas en ce que l'on fait par neceffité, ou en ce que l'on fait fans pouuoir l'éuiter. Ne voyez-vous pas que Sainct Thomas entend là parler de la neceffité que l'on appelle abfolument antecedente, parce qu'elle ne dépend pas de la deliberation de la raifon; comme fi la deliberation de la raifon ne deuoit pas naturellement preceder le choix de noftre volonté, ou comme fi le choix de la volonté ne deuoit pas fuiure naturellement la deliberation de la raifon: ou pour m'expliquer plus clairement, comme fi la volonté eftoit determinée à fuiure vne feule chofe, quelques confiderations que l'entendement pûft luy propofer pour l'en deftourner; & cette neceffité, fans doute, deftruit la liberté, & peut s'appeller iuftement contrainte ou violence, parce qu'elle rauit à la volonté fa façon d'agir naturelle, qui eft de fuiure la lumiere, & la direction de la raifon; & de là vient que Sainct Thomas dit en ce mefme lieu, [c] *que fi la volonté eftoit foufmife à* cette neceffité, *on ofteroit la deliberation, l'exhortation, le precepte, le chaftiment, la loüange, & le blafme, qui font les fujets de la Philofophie morale.* Et c'eft à dire proprement, que nous delibererions en vain, fi nous eftions determinez à ne faire qu'vne chofe, quelques raifons que l'on pûft nous alleguer pour nous la diffuader, & nous en diuertir.

Et parce que cette neceffité, comme nous venons de dire, eft vne efpece de contrainte; Sainct Thomas pour dire que l'homme eft encore libre, dit tres-bien au mefme lieu, qu'il luy refte encore vne liberté qui l'exempte de

---

a *Le Differt. pag.* 233.
b *Qu.* 6. *de malo, art. vnique.*

c Si enim non fit liberum aliquid in nobis; fed ex neceffitate mouemur ad volendum, tollitur deliberatio, exhortatio, præceptum, & punitio, & laus, & vituperium, circa quæ moralis Philofophia confiftit.

contrainte; par où nous voyons qu'en vn certain sens il oppose la contrainte immediatement à la liberté. [a] *Il faut dire que l'homme en pechant*, dit-il, *a perdu le franc arbitre, quant à la liberté, ou quant à* (l'affranchissement) *de la coulpe, ou de la misere; mais non pas quant à la liberté, ou quant à l'affranchissement de la contrainte.* Estre donc libre, & n'estre pas contraint, selon Sainct Thomas, est vne mesme chose, & par consequent, lors qu'il parle icy d'vne necessité qui exclut la liberté, il faut qu'il parle d'vne necessité qui apporte quelque violence, ou quelque contrainte à nostre volonté.

Mais il y a vne autre espece de necessité, douce, & raisonnable, qui ne destruit pas la liberté, mais plustost l'affermit, & l'accomplit; & c'est la necessité de bien iuger, & de ne pas errer dans le progrez de la deliberation, & de choisir en suite ce que la raison nous ordonne de choisir. Et dautant que cette necessité ne prejudicie pas à la liberté, mais plustost l'establir, comme les Theologiens solides nous l'enseignent à tout moment: Sainct Thomas dit en ce mesme lieu, que Dieu mouuant efficacement, & immuablement nostre volonté, ne luy oste pas la liberté, parce qu'il luy conserue la façon d'agir, qui luy est naturelle, en la mouuant selon le conseil & le gouuernement de la raison. *Il faut dire au troisiesme, que les bestes brutes,* dit-il, [b] *sont meües par l'instinct d'vn agent superieur, à vn objet determiné, selon la maniere de leur forme particuliere, dont la conception est suiuie par l'appetit sensitif; mais Dieu meut bien nostre volonté immuablement, à cause de l'efficace de la vertu mouuante qui ne peut defaillir; mais à cause de la nature de la volonté meüe, qui a vne habitude indifferente à diuers objets, il ne se forme pas de necessité, mais la liberté demeure; comme aussi la prouidence diuine opere infailliblement en toutes choses, & neantmoins les causes contingentes produisent leurs effects contingemment, entant que Dieu meut toutes choses proportionnément selon la maniere de chacune.*

Et ainsi nous voyons que Sainct Thomas ne se contredit point, quand il dit en vn lieu que l'on ne peche pas en faisant ce qu'on ne peut éuiter; & en vn autre lieu,

a *Ad* 23. Dicēdum quod homo peccans, liberum arbitrium perdidit, quātum ad libertatem quæ est à culpa & miseria; non autem quantum ad libertatem, quæ est à coactione.

b *Là mesme.* Ad 3. dicendum quod animalia bruta mouentur per instinctum superioris agentis ad aliquid determinatum, secundū modum formæ particularis, cuius conceptionem sequitur apperitus sensitiuus; sed Deus mouet quidem voluntatem immutabiliter, propter efficaciam virtutis mouentis quæ deficere nō potest: sed propter naturam voluntatis motæ, quæ indifferenter se habet ad diuersa, non inducitur necessitas, sed manet libertas: sicut etiam in omnibus prouidentia diuina infallibiliter operatur, & tamen à causis contingētibus proueniunt effectus contingenter, in quantum Deus omnia mouet proportionabiliter, vnumquodque secundum suum modum.

que l'on peche en faisant ce qu'on ne peut éuiter. Car s'estant proposé cette difficulté, que le Fils de Dieu n'a pû meriter en faisant le bien qu'il n'a pû ne faire pas; comme on ne peche point en faisant le mal qu'on ne peut éuiter, ou qu'on ne peut ne faire pas. Il respond que, a *L'impuissance de la coaction qui est opposée au volontaire, oste la raison du merite ou du demerite, mais non pas l'impuissance qui vient de la perfection, ou de la consommation dans la bonté, ou dans la malice; parce que cela n'oste pas le volontaire, mais pose la volonté confirmée dans vne seule chose.* Et ce lieu de Sainct Thomas, où il enseigne que l'on ne peche point en faisant le mal qu'on ne peut éuiter, ne contredit pas à celuy-cy, où le mesme Sainct enseigne que l'on peut pecher en faisant le mal qu'on ne peut éuiter: car au premier lieu S. Thomas parle d'vne necessité contraire à la façon d'agir qui est naturelle à la volonté; & au second lieu S. Thomas parle d'vne necessité conforme à la façon d'agir qui est conuenable à la volonté, & qui luy laisse suiure la conduite ou le flambeau de la raison; & en ce sens S. Thomas dit b que, *Bien qu'en Iesus Christ le franc arbitre fust determiné à vne seule chose en nombre, comme à aymer Dieu, ce qu'il ne peut ne faire pas; toutefois il n'eut point perdu pour cela la liberté ou la raison de la loüange ou du merite; parce qu'il ne se fut pas porté à cet objet auec contrainte, mais volontairement; & qu'ainsi il eut esté le maistre de son action.* Et suiuant ces principes; Sainct Thomas suppose que pouuoir errer dans le choix du bien, ou pouuoir s'en esloigner quand on l'a cogneu, est vn defaut de la liberté. c *Il faut dire au troisiesme, que le franc arbitre, dit-il, se conduit en choisissant les choses qui sont pour la fin, comme l'entendement, en tirant des conclusions. Or il est manifeste qu'il appartient à la vertu de l'entendement, qu'il puisse tirer diuerses conclusions selon les principes qui luy sont donnez: mais s'il tire quelques conclusions en s'éloignant de l'ordre des principes, cela vient de son defaut; & partant que le franc arbitre ayt la puissance de choisir diuerses choses, en gardant l'ordre de la fin, cela appartient à la perfection de sa liberté: mais s'il choisit quelque chose en s'éloignant de l'ordre de la fin, ce qui est peché; cela appartient au defaut de sa liberté;*

a *Sur le liu. 3. des Sentences, distinct. 12. qu. 2. art. 1. au 3.* Impotentia coactionis quæ opponitur voluntario, tollit rationem meriti & demeriti, non impotentia quæ est ex perfectione in bonitate vel malitia, quia hoc volūtarium non tollit, sed ponit voluntatem confirmatam ad vnum.

b *Sur le 3. liu. des Sentences, dist. 18. art. 2. en la resp. au 5* Dicendum quod etiam si esset determinatū ad vnum numero, sicut ad diligēdum Deum, quod non facere non potest; tamen ex hoc non amittit libertatem, aut ratiōne laudis, siue meriti; quia in illud non coactè, sed spontè tendit, & ita est actus sui dominus.

c *1. part. qu. 62. art. 8.* Ad 3. dicendum, quod liberum arbitrium sic se habet ad eligendum ea quæ sunt ad finem, sicut se habet intellectus ad conclusiones; manifestum est autem quod ad virtutem intellectus pertinet, vt in diuersas conclusiones procedere possit, secundum principia data; sed quod in aliquam con...

liberté, ce qui fait qu'il y a vne plus grande liberté d'arbitre dans les Anges, qui ne peuuent pecher, que dans nous qui pouuons pecher. Quand donc la Grace nous excite à suiure vn bien que nous sommes obligez de suiure, direz-vous que selon Sainct Thomas nous ne le suiuons point auec liberté, si nous n'auons vne puissance prochaine & immediate de ne le suiure pas? ce qui est proprement la puissance de pecher: Et partant pour suiure, ou pour aymer ce bien auec liberté, c'est assez, selon Sainct Thomas, que nous le suiuions, ou que nous l'aymions volontairement, & sans contrainte, dans le temps que la Grace ne nous determine pas à le suiure, ou à l'aymer, en nous mouuant comme des bestes brutes, & en nous ostant la faculté de deliberer de nos actions; mais en nous mouuant d'vne façon douce & conuenable à nostre nature, & en nous dirigeant selon l'intelligence & le conseil de la raison.

Ce qui estant ainsi, qui est-ce qui ne verroit combien celuy-là [a] paroist ridicule, qui veut nous faire croire que Sainct Thomas dans sa Somme a retracté ce qu'il auoit dit en son Commentaire sur le Maistre des Sentences, que bien que le franc arbitre de Iesus Christ eust esté determiné à vne seule chose, il n'eust pas laissé d'estre libre, & de meriter? Car pourquoy Sainct Thomas eût-il retracté, ou condamné cette doctrine? C'est parce qu'on pretend que c'est l'opinion mesme qu'il appelle heretique aux lieux sus-alleguez des questions disputées, où ce Sainct dit [b], que la volonté ne seroit pas libre, si elle estoit necessitée à eslire vn bien plustost qu'vn autre: Mais en ce lieu des questions disputées, puis que Sainct Thomas refute vne opinion, qu'il n'appelle pas seulement heretique, mais estrange, contraire aux principes de la Philosophie morale, & fondée sur des raisons vaines & sophistiques: N'est-il pas absurde de penser que ce soit l'opinion qu'il a enseignée, quand il a escrit sur le Maistre des Sentences, que le franc arbitre en Iesus Christ eût esté libre, & eût merité, bien qu'il eût esté determiné à vne seule chose? est-il croyable que Sainct Thomas traitant vn sujet de si grand poids, qu'est le merite & la liberté

---

clusionē procedat, prætermittendo ordinem principiorum, hoc est ex defectu ipsius; vnde quod liberum arbitriū diuersa eligere possit, seruato ordine finis, hoc pertinet ad perfectionem libertatis eius: sed quod eligat aliquid diuertendo ab ordine finis, quod est peccare, hoc pertinet ad defectū libertatis; vnde maior libertas arbitrij est in Angelis, qui peccare non possunt, quàm in nobis, qui peccare possumus.

a *L'Autheur des sentimens de S. Aug. pag 54.*

b Huiusmodi autem opiniones, quæ destruūt principia alicuius partis Philosophiæ, dicuntur positiones extraneæ, sicut nihil moueri, quod destruit principia scientiæ naturalis; ad huiusmodi autem positiones ponendas inducti sunt aliqui homines, partim quidem propter proteruiā, partim propter aliquas rationes sophisticas, quas soluere non potuerunt, vt dicitur in, &c.

de Iesus Chriſt, ſe ſoit fondé ſur vne opinion, ou ſur vne maxime qui eſtoit heretique, eſtrange, monſtrueuſe, inſolente, deſtructiue des principes de la Philoſophie morale, & appuyée ſur des raiſons captieuſes & ſophiſtiques?

Mais en quel lieu de ſa Somme a-t'il retracté ce qu'il auoit dit ſur le Maiſtre des Sentences, que le franc arbitre de Ieſus Chriſt n'eût pas laiſſé d'agir librement, & de meriter, bien qu'il eût eſté determiné à vne ſeule choſe? C'eſt, dit le pauure Autheur d'vn certain libelle qui eſt intitulé ridiculement, *les Sentimens de Sainct Auguſtin*, au lieu de ſa Somme, où il dit, que Ieſus Chriſt vſoit d'élection, parce qu'encore qu'il fuſt determiné au bien en general, il n'eſtoit pas neantmoins determiné à ce bien-cy pluſtoſt qu'à celuy-là; mais puis que Sainct Thomas en vn meſme lieu de ſon Commentaire ſur le Maiſtre des Sentences, dit que Ieſus Chriſt pouuoit eſtre libre, & meriter, pour ces deux raiſons enſemble, & parce qu'il n'eſtoit pas determiné à vn bien pluſtoſt qu'à vn autre, & parce que ſuppoſé meſme qu'il fuſt determiné à vn ſeul bien particulier, il n'euſt pas laiſſé d'agir librement, & de meriter, puis qu'il euſt agy volontairement, & euſt eſté maiſtre de ſon action, comme il ne laiſſoit pas d'agir librement, & de meriter en aymant Dieu, quoy qu'il ne peuſt ne l'aymer pas: y a-t'il rien de plus ridicule que de dire ou de penſer que l'vne de ces raiſons contienne la retractation de l'autre, puis qu'elles peuuent ſubſiſter enſemble, ſelon Sainct Thomas, & qu'elles ſ'entr'aydent mutuellement pluſtoſt que de ſe combattre & de ſe ruiner? Ainſi on peut tres-bien dire, ſelon ce grand Docteur, que le Fils de Dieu eſtoit libre en deux manieres, dont l'vne eſt accidentelle, & l'autre eſſentielle; qu'il eſtoit libre en ce qu'il eſtoit indifferent à choiſir vn bien pluſtoſt qu'vn autre : ce qui eſt vn accident & vn teſmoignage de la liberté, & qu'il eſtoit libre en ce qu'il ſe portoit raiſonnablement & volontairement à ſon objet, ſoit qu'il y fuſt determiné, ou qu'il ne le fuſt pas; en quoy conſiſte l'eſſence & la perfection de la liberté. Et il eſt eſtrange que ce pauure Autheur qui fait

Pag. 54.

debiter son petit ouurage par les grilles des maisons reli-
gieuses, ait tesmoigné d'ignorer encore vne verité qui est
si vulgaire, & qu'il se soit imaginé de la contrarieté entre
l'accident & l'essence d'vne chose, en se figurant de l'op-
position entre estre libre simplement, parce que l'on veut:
ce qui est essentiel à la liberté; & estre libre, parce qu'on
est indifferent à vouloir ou ne vouloir pas : ce qui est acci-
dentel à la liberté.

Quant à la seconde proposition, qui est que la Grace
du Sauueur n'est iamais priuée de l'effect prochain pour
lequel elle est donnée ; n'auez-vous pas de honte [a] d'as- a *Le Dissert. pag.* 235.
seurer qu'elle est condamnée dans les Bulles de Pie V. &
de Gregoire XIII. touchant Baïus, puis que cette proposition n'y fut iamais, & que vous l'y auez mise seulement
par vne des fictions, ou par vn des estres de raison dont
vostre esprit est si fertile, pour destruire autant qu'il est en
luy, les veritez les plus importantes de la foy? Et nous
voicy venus au second article de vostre Epilogue, où
vous vous vantez si legeremét de la Bulle d'Vrbain VIII.
touchant le liure de Iansenius, comme si elle decidoit le
principal different qui est entre vous & nous, bien qu'elle
n'en parle point du tout : Car explique-t'elle en quel
sens Iesus Christ est mort pour tous? en quel sens Dieu
veut nous sauuer tous? en quel sens ses commandemens
sont possibles à tous? en quel sens la Grace est efficace, &
non commune à tous, qui sont les matieres principales de
nostre contestation? Et si elle n'en parle point du tout,
comment l'alleguez-vous pour les decider? Ouy mais,
direz-vous, ne censure-t'elle pas cette proposition, Que
tout ce qui est volontaire, est libre? Et ne la censurons-
nous pas aussi, puis que les premiers mouuemens de la
conuoitise ne sont pas libres, bien qu'ils soient volontaires?

Et quant à ce que cette Bulle regarde Iansenius, en ce
qu'il soustient quelques propositions censurées en Baïus;
pouuez-vous monstrer qu'elle condamne en Iansenius
vne seule proposition, comme erronée ou heretique? Et
en effect que porte la Bulle touchant les propositions cen-

P p ij

ſurées en Baïus? Elle porte qu'elles ſont reſpectiuement,
c'eſt à dire alternatiuement, ou erronées, ou heretiques,
ou ſcandaleuſes, ou ſuſpectes, ou offenſiues des pieuſes
oreilles. Si donc la Bulle diſoit que toutes les propoſitions
qui ſont cenſurées en Baïus, ſe liſent en Ianſenius; il faudroit conclure que dans Ianſenius il y en a d'erronées &
d'heretïques auſſi bien que dans Baïus: mais puis que la
Bulle dit ſeulement que dans Ianſenius il y en a pluſieurs
de celles qui ſont cenſurées en Baïus, tout ce qu'on peut
inferer de là eſt, qu'il y en a indefiniment dans Ianſenius,
ou d'heretiques, ou d'erronées, ou de ſuſpectes, ou de
ſcandaleuſes. Que ſi d'ailleurs on voit clairement que ces
propoſitions ne ſont pas moins de Sainct Auguſtin que de
Ianſenius; le reſpect que l'Egliſe porte à ce Docteur incomparable ne nous oblige-t'il pas à leur appliquer la
cenſure la moins dure, & la moins rigoureuſe, & à les
mettre au rang de celles qui ſont ſimplement ou ſuſpectes, ou ſcandaleuſes; qui eſt vne cenſure dont les propoſitions les plus catholiques peuuent eſtre notées, & en
effect l'ont eſté par accident, à cauſe de la condition des
temps, c'eſt à dire, à cauſe ou de l'ignorance, ou de la malice, ou de l'obſtination des hommes; comme la doctrine
du Fils de Dieu a eſté ſuſpecte, & ſcandaleuſe parmy les
Iuifs; comme la lecture de l'Eſcriture ſaincte peut eſtre
en ſcandale aux ames infirmes; comme ces propoſitions
tres-ſainctes ont eſté par accident ſuſpectes & ſcandaleuſes: *Vn de la Trinité a eſté crucifié pour nous; Le Verbe a
ſouffert par ſa propre chair; Le Fils eſt ſemblable en ſubſtance
au Pere; La glorieuſe Vierge eſt la Mere de Chriſt;* & ce qui
paſſe tout eſtonnement celle-cy; *Le Verbe s'eſt fait chair.*
Ce que j'ay deſia monſtré plus particulierement en ma
Lettre, & vous auez fait tres-ſagement de ne pas entreprendre d'y reſpondre, parce que vous auez veu que vous
ne l'euſſiez pû, & que vous euſſiez perdu la belle occaſion que vous auez priſe, de nous oſter par voſtre ſoup-
pleſſe le moyen de defendre le grand Eueſque d'Ypre:
Car au lieu que les Bulles de Pie V. & de Gregoire XIII.
ont cenſuré les propoſitions enſeignées par Baïus, non

*La Lettre d'vn Abbé à
vn Eueſque, pag.* 40.
& 41.

pas abſolument, & determinément, mais reſpectiuement,
c'eſt à dire, comme eſtant auec diſionction ou erronées,
ou heretiques, ou ſcandaleuſes, ou ſuſpectes, ou offenſiues des pieuſes oreilles : Vous auez hardiment ſupprimé
le mot, reſpectiuement, pour nous faire croire que toutes ces cenſures tomboient enſemble ſur chacune des propoſitions de Baïus ; ce qui eſtant, il faudroit croire que
ces deux propoſitions tres-ſainctes contenuës dans la Bulle, & enſeignées depuis la Bulle par Vaſquez & Suarez,
vos celebres confreres ; que ſans la Grace on ne peut reſiſter à la tentation, ny faire aucun bon vſage du franc
arbitre, auroient eſté condamnées par les Papes comme
erronées & heretiques ; ce qu'on ne peut dire, ny penſer
meſme, ſans faire vn outrage inſupportable à la dignité
du Siege Apoſtolique, comme ie l'ay deſia marqué. Voyez
ma Lettre, s'il vous plaiſt, mon cher Lecteur, où ce ſujet
eſt examiné plus ſoigneuſement que ie n'ay pû faire icy,
pour éuiter l'ennuy des redites ſuperfluës.

 Au reſte, mon Cenſeur, (& c'eſt icy le troiſieſme chef
de voſtre elegante peroraiſon) à quoy penſez-vous quand
vous voulez defendre, ou pluſtoſt couurir la nouueauté
de voſtre doctrine par les Bulles de ces Papes ? Ces Bulles
qui eſtant bien entenduës ne nous prejudicient point du
tout ; n'eſtoient-elles point faites & publiées depuis long
temps, quand on examinoit, & quand on condamnoit à
Rome les erreurs de Molina que vous defendiez lors, &
que vous defendez encore auec tant d'obſtination ? Le
Pape Clement VIII. & le Pape Paul V. en condamnant
Molina, condamnoient-ils, ou auoient-ils deſſein de
condamner leurs predeceſſeurs Pie V. & Gregoire XIII.
qui eſtoient les autheurs de la cenſure de Baïus ? ou la
cenſure de Baïus fauoriſe-t'elle les erreurs eſtranges de
voſtre confrere, qui deſtruiſent la vertu de voſtre Sauueur, & aneantiſſent le myſtere de ſa Croix ?

 Pour ce que vous nous accuſez d'auoir aſſiegé le Troſne
Apoſtolique par des brigues & des cabales ; ie ne m'arre-
ſte pas à refuter vne ſi iniuſte calomnie ; ie ſerois obligé
de vous reprocher les violens efforts que vous auez faits

Pag 39. & ſuiu.

P p iij

depuis peu d'années pour corrompre cette source de la verité, & pour arracher de sa Saincteté vne condamnation de la doctrine de ses predecesseurs. Mais graces à Dieu, vous n'auez pû vaincre cette Pierre que les portes de l'Enfer n'ébranleront iamais : tous vos efforts ont esté vains, & le mauuais succez de vos entreprises, comme ie dis souuent, est vne des raisons qui me font cognoistre plus sensiblemét la main de Dieu qui repose sur ce Siege, & l'effect de la promesse qui luy a esté faite, qu'il n'erreroit iamais en la doctrine de la foy. Et de vray quelle voye n'auez-vous pas tentée pour faire mettre au rang des heretiques le fidele Augustin de l'Euesque d'Ypre, & le liure salutaire de la frequente Communion; & quel triomphe n'auriez-vous pas chanté si ce grand dessein eust pû vous reussir ? mais comme i'ay dit, ie ne veux pas m'estendre sur vn si fascheux sujet.

Ie ne veux pas m'arrester aussi à descouurir la legereté, & la bizarrerie des imaginations dont vous auez tâché de flestrir ce que i'ay dit dans vne de mes Lettres touchant la desertion des Iustes. Ie n'allegue pas que vous m'imposez comme les Semipelagiens [a] imposoient aux Catholiques, d'enseigner que Dieu soustrait aux Iustes les aydes de sa Grace [b]; comme si deuant qu'ils l'eussent merité, il leur ostoit les graces qu'il leur a données; au lieu que i'ay dit seulement que Dieu cesse, quand il veut, de donner aux Iustes de nouuelles graces, pour conseruer celles qu'il leur a desia données; toute créature s'estonnant auec Sainct Prosper [c], pourquoy Dieu retient l'vn, & ne retient pas l'autre : & aduoüant humblement qu'il n'est pas possible de comprendre ce mystere, ny permis de le sonder.

Ie ne produis pas la noble fantaisie de vostre grande eschelle [d], qui aboutit de la terre au ciel, & dont les premiers eschellons estans brisez, dites-vous, ce seroit en vain que Dieu nous l'offriroit pour monter au Ciel. Mais ne voyez-vous point, mon Censeur, que les Iustes ne sont pas au pied de cette eschelle, mais au haut, & que s'ils mouroient en l'estat, & au lieu où ils sont esleuez par la

---

a *Au liu du don de la Perseu. ch.* 15 *. les Semipelagiens font dire aux Catholiques pour les diffamer,* & si qui obeditis , si prædestinati estis rejiciendi, SVBTRAHENTVR OBEDIENDI VIRES, vt obedire cesseris.

b *La* 2. *differt. pag.* 85. Ista gratia posterior nõ priùs eripitur, quàm priore SVBTRACTA, diuinam opem humiliter implorare desistimus.

c Obi de Vincent. 14.

d *La differt. post. en la pag.* 88.

grace ſanctifiante, ils ſe trouueroient au Ciel ; mais iuſques à la mort ils ont beſoin que Dieu les ſecoure pour
demeurer fermes au ſommet de cette eſchelle ; & ce ſecours Dieu le donne à ceux qui le demandent, mais il
donne à ceux qu'il veut, de le demander comme il faut le
demander. Au reſte que nous direz-vous des iuſtes qui
n'ont pas ou la Grace congruë, ou la Grace predeterminante pour perſeuerer ? Ne voyez-vous pas qu'ils pourroient ſe plaindre, ſelon vos belles regles, qu'il manque
vn eſchellon à l'eſchelle ſpirituelle qui les doit conduire
au Ciel ?

Ie n'exagere pas auſſi l'equiuoque eſtrange que vous
faites en diſant [a], que ie mets le don de la perſeuerance
dans la foy & dans l'oraiſon, & non pas dans les œuures.
Vous eſtes vn pauure homme, mon Cenſeur ; i'enſeigne
que le don parfait de perſeuerer enferme deux perſeuerances ; l'vne dans la foy & dans l'oraiſon, & l'autre dans
les œuures ; & ie dis que de l'vne de ces perſeuerances on
paruient à l'autre, entant que ceux qui perſeuerent à
bien croire, & à bien prier, obtiennent infailliblement la
perſeuerance à bien viure, & le don de bien mourir.

Quant à ce que vous dites [b] que Sainct Auguſtin eſcrit
que Dieu nous guerit non ſeulement en effaçant nos pechez paſſez, mais en faiſant auſſi que nous ne pechions
point ; ſur quoy vous pretendez baſtir voſtre Grace
ſuffiſante : Sainct Auguſtin [c] veut dire que c'eſt Dieu
qui doit faire que les iuſtes ne pechent point, en s'abſtenant de l'orgueil & des autres pechez, en telle ſorte, que s'ils ſabſtiennent de l'orgueil, Dieu les preſerue
de tout autre peché ; auquel ſens il ne les quitte point s'ils
ne le quittent : mais cela n'empeſche pas que les iuſtes
meſmes n'ayent beſoin de la grace de Dieu pour éuiter
l'orgueil auſſi bien que les autres pechez ; d'où il s'enſuit
que s'ils tombent dans l'orgueil, cela ſuppoſe que Dieu
les a laiſſez à leur franc arbitre, ne leur donnant pas le don
de s'humilier. Mais vous dites ineptement que Dieu
guerit les iuſtes, en faiſant qu'ils ne pechent pas, entant
qu'il leur donne au moins pour ne pecher pas, vne ayde

a *La diſſert. poſt. en la pag.* 121.

b *Pag.* 99.

c *S. Aug. liu de la Gr. ch.* 26. Sanat ergo De⁹, non ſolum vt deleat quod peccauimus, ſed vt præſtet etiam ne peccemus.

suffisante auec laquelle ils pechent toufiours. Est-ce là
faire qu'ils ne pechent pas, que de leur donner vne ayde
auec laquelle ils pechent infailliblement, & sans laquelle
ils ne pecheroient pas, ny ne pourroient pecher? Et vous
osez neantmoins appeller cette pensée, ou cette imagination grotesque, *vne preuue inuincible, & plus claire que
l'éclat du midy.* Dieu vous pardonne vos égaremens & vos
resveries, mon Censeur.

Pag 99. Hæc inuicta
funt, & meridiano splé-
dore clariora.

Pag. 26.

Toutefois vous dites, que si en vn certain sens Dieu
abandonne l'homme auant que l'homme abandonne
Dieu; il ne sera pas vray de dire absolument ce que dit le
Concile de Trente apres Sainct Augustin, que Dieu
n'abandonne point les iustes, s'ils ne l'abandonnent auparauant. Vous n'entendez pas cette matiere, mon Con-
seur, ou vous feignez de ne la pas entendre. A propte-
ment parler, Dieu ne nous abandonne pas en cessant de
nous donner de nouuelles graces, mais en nous ostant
celle qu'il nous a donnée en nous iustifiant. Or il ne nous
oste point cette Grace tout le temps que nous sommes
humbles, & que nous recognoissons que c'est par elle
que nous faisons le bien; & ainsi à proprement parler,
Dieu n'abandonne point les iustes s'ils ne l'abandonnent
auparauant, puis qu'il ne les abandonne pas en leur ostant
sa grace, s'ils ne l'ont abandonné, se rendant indignes de
sa grace par l'ingratitude de leur orgueil: *Parce que tu es
superbe,* dit Sainct Augustin, *Dieu t'abandonne vn peu de
temps, afin que tu fçaches que le bien que tu fais, ne vient pas
de toy, mais de luy; & que tu apprennes à n'estre pas superbe.*
I'auois preuenu cette objection en ces termes qu'il vous
a plû de mettre en oubly. *Il faut observer icy, que comme Dieu
ne nous delaisse, & ne nous abandonne proprement, que lors
qu'il nous oste ce qu'il nous auoit donné, & qui estoit comme le
lien qui l'vnissoit auec nous: Pour cette raison lors que Sainct
Augustin & Sainct Prosper disent que Dieu nous delaisse, & nous
abandonne; ils entendent proprement que Dieu nous priue de la
grace qu'il nous auoit donnée, & par consequent des pieuses affections qu'elle nous inspiroit; & non qu'il nous refuse les secours
actuels dont nous auons besoin pour la conseruer.* Bien que

*De la Nat. & de la
Gr. chap.* 18. Deserit
aliquantùm Deus vnde
superbis, vt scias non
tuum, sed eius esse, &
discas superbus non
esse.
Lettre au President, ch.
7. *vers la fin.*

la per-

la permiffion de noftre cheute dans le peché mortel, &
la perte de la Grace en fuite du peché mortel, compo-
fent enfemble vne pleine & entiere defertion, lors que
Dieu nous quitte, en nous laiffant tomber dans le peché
mortel en peine des veniels. N'eut-il donc pas mieux
vallu vous taire que de dire, comme vous auez fait en fi
peu de chofes, tant d'eftranges chofes ?

Mais le principal objet que ie me propofe en cet ouurage, pour ce qui vous concerne, eft de vous toucher le
cœur, & de vous donner, s'il fe peut, de la reuerence pour
voftre Redempteur, dont vous combattez la grace auec
fi peu de force, & auec tant de violence ; & dont vous
eftouffez les membres en efteignant fa grace, qui eft l'ame
de fon corps. Et quoy, mon cher Cenfeur, eft-ce vn crime vulgaire, ou vne legere faute à vn Chreftien, à vn
Preftre, à vn Religieux d'attaquer le regne de fon Dieu,
& d'accabler d'opprobres & de maledictions ceux qui le
defendent ? Quant à l'amas d'iniures dont vous m'auez
chargé fans aucun fujet, n'ayant iamais penfé à vous
offenfer, ou à vous déplaire ; ie ne puis dire que ie les
mefprife, puis qu'elles m'affligent, entant qu'elles re-
tombent fur vne perfonne que j'ayme comme vous, &
qu'elles me confolent auffi, entant qu'elles m'acquierent
la gloire de fouffrir pour la Grace de celuy qui a fouffert
la mort pour me fauuer. Et afin que vous ne penfiez pas
que ie porte aucune aigreur, ou aucune amertume dans
l'ame contre vous ; ie veux vous traicter, autant qu'il
m'eft poffible, dans toute l'eftenduë de la charité Chreftienne, & conclure ce difcours auec ces paroles du
grand Sainct que ie defends : [a] *Si vous auez dit quelque
chofe en difputant, qui puiffe tourner à mon deshonneur, ie veux
croire que vous ne l'auez pas fait par vne enuie de médire, mais
par vne certaine neceffité, où la diuerfité de vos fentimens vous
a engagé. Car voftre deffein en mon endroit m'eftant incogneu,
& incertain, j'ayme mieux prefumer le bien, que de blafmer ce
que ie ne cognois pas ; puis que c'eft peut-eftre l'amitié que vous
auez pour moy, qui vous a fait dire ce que vous auez dit, ne voulant pas que j'erre dans les chofes dans lefquelles vous vous per-*

Liu.i. de l'orig. de l'A-
me S. quid inter dif-
putandum, quod in meâ
contumeliam redunda-
ret, expreffit, non cum,
conuiciantis voluntate
crediderim, fed diuerfa
fentientis neceffitate
feciffe; vbi enim mihi
animus erga me homi-
nis ignotus eft & incer-
tus; melius arbitror
meliora fentire, quam
inexplorata culpare :
fortaffis enim amore

mei fecit, sciens ad me peruenire posse quod scripsit; & ideo debeo etiam eius habere gratam beneuolêtiam, cuius me necesse est improbare sententiam.

...suadez que vous n'etriez par vous-mesmes; & ainsi ie dois vous rendre graces de vostre bien-veillance, au mesme temps que ie suis obligé de condamner vos sentimens. Adieu, mon Censeur, ie prie nostre commun Sauueur qu'il luy plaise vous combler de toutes sortes de benedictions dans le temps, & dans l'eternité.

Fin de la derniere Partie.

Fautes suruenuës en la Preface.

En la Preface, page 6. ligne 3. c'est amy, *lisez*, cet amy. pag. 8. lig. 10. vers la fin, mise de, *lisez*, misericorde. Pag. 11. l. 9. vers la fin, que luy fait, *lisez*, qui le luy fait. Pag. 13. l. 4. deuant la fin, infallibilité, *lisez*, l'infaillibilité. Pag. 16. l. 2. renuoier, *lisez*, renuier. Lig. dern. donc, *lisez*, dans. Pag. 28. l. 11. deuant la fin, auec teu, *lisez*, auez teu. Pag. 29. l. 8. deuant la fin, le vœu, *lisez*, ce vœu. Pag. 34. à la marge, ou que Molina, *lisez*, oh! que Molina. Là mesme, articles adjoustées, *lisez*, adjoustez. Pag. 37. l. 18. mais actes, *lisez*, mais les actes. Pag. 38 l. 1. luy reproche, *lisez*, leur reproche.

En la premiere Partie.

En la premiere Partie, pag. 2. lig. 11. deuant la fin, par seigneur, *lisez*, par le seigneur. Pag. 5. à la marge, Apenna, *lisez*, à Penna Pag. 11. l. 4. refuser, *lisez*, refuter. Pag. 19. l. 21. se qui, *lisez*, ce qui. Pag. 33. l. 18. & ils ne l'eussent, *lisez*, ou ils ne l'eussent. Pag. 38. l. 14. Iesus Christ, *lisez*, que Iesus Christ Pag. 63. lig. 5. deuant la fin, inferieur, *lisez*, inferieurs. Pag. 65. l. 19. aux reines, *lisez*, par ceux qu'il adresse aux Reines. Pag. 68 l. 19 aux liures, *lisez*, au liure. Pag. 75. lig. 5. l'opinion de la doctrine, *lisez*, l'opinion & la doctrine. Lig. 22 le R. Petau, *lisez*, le R. P. Petau. Pag. 96. l. 22. qui l'auroit, *lisez*, qui ne l'auroit. Lig. 5. deuant la fin, condamnent d'erreur à S. Augustin, *lisez*, condamné d'erreur en S. Augustin. Pag. 100. l. 13. approuuez par S. Leon, *lisez*, approuué par S. Leon. Pag. 113 l. 9. deuant la fin, c'est de pouuoit, *lisez*, est de pouuoit. Pag. 117. l. 6. vers la fin, pour domter, *lisez*, & pour domter. Pag. 121. l. 3. vers la fin, veut & ne veut, *lisez*, veut ou ne veut. Pag. 125. l. 5. appelle, *lisez*, appellez. Pag. 145. l. 17. le l'imiter, *lisez*, limiter. Pag. 146. l. 7. ou dont, *lisez*, & dont. Pag. 159. l. 14. parle dont, *lisez*, par le don. Pag. 169. l. 11. pour ce ver, *lisez*, pour se sauuer. Pag. 177. l. 15. qu'il se blessassent, *lisez*, qu'ils ne blessassent. Pag. 183. l. 14. & n'estime pas, *lisez*, & n'estimez pas.

En la seconde Partie.

Page 2. ligne 18. Suarez vn des plus illustres, *lisez*, Suarez de l'vn des plus illustres. Pag. 3. l. 3. vers la fin, & à la marge, Zumer, *lisez*, Zumel. Pag. 4. l. 11. vers la fin, n'estant pas, *lisez*, n'est pas. Pag. 16. l. 8. vers la fin, par le foudre, *lisez*, par la foudre. Pag. 27. l. 21. luy qui n'oste, *lisez*, qu'il n'oste. Pag. 31. l. 21. ce qu'il est dit, *lisez*, ce qui est dit. Pag. 35. l. 4. deuers la fin, que l'on vueille, *lisez*, que l'homme vueille. Pag. 65 l. 17. quoy que, *lisez*, soit que. & l. 23. demandentelles, *lisez*, demande-t'elle. Pag. 66. l. 21. qu'ils courbent, *lisez*, qu'il courbe Pag. 75. l. 10. vers la fin, qui tombent aussi, *lisez*, qui tombe aussi.